普通高等教育"十二五"卓越工程能力培养规划教材

能源管理基础

主　编　刘圣春
副主编　宁静红　张朝晖
参　编　解海卫　田　华　杨俊兰　陈　东

机械工业出版社

本书针对能源与动力工程专业的人才培养定位与特色，并结合"卓越工程师教育培养计划"的要求而编写。全书共 14 章，内容包括：绪论，能源与环境，能源管理行业的基本知识，工业余热、热泵技术及凝结水回收，各个行业系统节能分析，新能源技术，节能管理、规划和清洁生产，清洁发展机制，企业能源审计，能源的科学计量与能源节约，企业能源利用状况报告填报，合同能源管理，能源效率与能源标识，能源管理基础题库。

本书为能源与动力工程专业本科生教材，同时可作为从事能源行业的管理和技术人员的参考书，也可作为能源管理职业培训的参考教材。

本书配有电子课件，向授课教师免费提供，需要者可登录机工教育服务网（www.cmpedu.com）下载。

图书在版编目（CIP）数据

能源管理基础/刘圣春主编 . —北京：机械工业出版社，2013.2（2025.6 重印）
普通高等教育"十二五"卓越工程能力培养规划教材
ISBN 978-7-111-43993-6

Ⅰ.①能… Ⅱ.①刘… Ⅲ.①能源管理—高等学校—教材 Ⅳ.①F206

中国版本图书馆 CIP 数据核字（2013）第 214962 号

机械工业出版社（北京市百万庄大街 22 号 邮政编码 100037）
策划编辑：蔡开颖 责任编辑：蔡开颖 孙 阳 任正一
版式设计：常天培 责任校对：张 征
封面设计：张 静 责任印制：常天培
河北虎彩印刷有限公司印刷
2025 年 6 月第 1 版第 7 次印刷
184mm×260mm · 16.25 印张 · 396 千字
标准书号：ISBN 978-7-111-43993-6
定价：45.00 元

电话服务　　　　　　　网络服务
客服电话：010-88361066　机 工 官 　网：www.cmpbook.com
　　　　　010-88379833　机 工 官 　博：weibo.com/cmp1952
　　　　　010-68326294　金 书 　　网：www.golden-book.com
封底无防伪标均为盗版　机工教育服务网：www.cmpedu.com

序

　　为配合教育部实施"卓越工程师培养计划",加强工科学生,特别是能源专业的学生的综合素质,由天津商业大学刘圣春副教授主编编写了《能源管理基础》一书,书中内容对新世纪我国能源管理理论和实践进行了全面的总结。参加本书编写的还有天津若干高校的中青年学者。作者们汇总了大量的有关能源管理的基础数据和资料,包括了热力学、传热学和流体力学等基础理论,较全面地收集了工业、建筑等行业的节能技术,并详细介绍了清洁发展机制和碳交易、能源审计和合同能源管理等方面的知识。其内容之丰富和对工程技术人员的实用性,可称为我国能源管理中代表性的作品。可以预见,《能源管理基础》的出版将对推广和规范节能技术和能源管理的教学起到重要的促进作用,使各项节能技术在我国"节能减排"工作中发挥巨大的作用。

　　能源管理基础是热力学、传热学和流体力学等基础学科,本科称为热能动力工程,研究生则为工程热物理一级学科。天津大学在这方面也是有雄厚基础,作者多数是天大该学科的学子。在本书出版之际,恰逢我们的导师吕灿仁教授即将九十高寿,让先生目睹中国能源动力技术从无到有、从小到大、从制造大国走向制造强国,是我们每一个学子的福分。

马一太

前　言

目前我国高等工程教育面临的主要问题：一是与工业应用的结合不够紧密；二是学生的知识整体综合运用能力欠佳。为此，教育部决定实施"卓越工程师教育培养计划"。"卓越工程师教育培养计划"是《国家中长期教育改革和发展规划纲要》中的重要内容，相关省市也出台了相应的"卓越工程师教育培养计划"，其目的就是培养造就一大批创新能力强、适应国家和地区经济社会发展需要的各类工程技术人才。

能源动力类专业人才的培养作为培养工程人才的主要分支，在"卓越工程师教育培养计划"中承担着很重要的任务。能源动力类专业主要学习动力工程及工程热物理的基础理论、各种能量转换及有效利用的知识，进行现代能源动力类工程师的基本训练。目前有些院校的课程体系设置中没有呈现能源、节能以及能源管理等方面综合知识的课程。为使能源动力类大学生及相关领域技术人员具备能源管理工程师的能力，本书将全面介绍能源管理相关的知识。其内容有绪论，能源与环境，能源管理行业的基本知识，工业余热、热泵技术及凝结水回收，各个行业系统节能分析，新能源技术，节能管理、规划和清洁生产，清洁发展机制，企业能源审计，能源的科学计量与能源节约，企业能源利用状况报告填报，合同能源管理，能源效率与能源标识，能源管理基础题库。

参与本书各章编写的人员如下：第1~3章，刘圣春、宁静红（天津商业大学）；第4章，杨俊兰（天津城建大学）；第5章，张朝晖（中国制冷空调工业协会）；第6章，田华（天津大学）；第7章，陈东（天津科技大学）；第8章，宁静红、解海卫（天津商业大学）；第9章，宁静红；第10章和第11章，刘圣春；第12章，张朝晖；第13章，宁静红、张朝晖；第14章，刘圣春。全书由刘圣春、宁静红统稿、审改。

在本书编写过程中，刘晓红、吴利平、高珊（中国制冷空调工业协会）、郝影（天津市环境监测中心）、饶志明、宋力钊、刘江彬、李叶、霍岩、刘敬坤、杨旭凯、孙志利、李兰、朱春元、曾凡星（天津商业大学）参与了资料搜集整理工作，对他们为本书付出的辛苦表示感谢。

本书为能源与动力工程专业本科生教材，同时可作为从事能源行业的管理人员和技术人员的参考书，也可作为能源管理职业培训的参考教材。

　　编写人员在本书的编写和修订过程中参阅了已有的大量文献，这些文献尽量在本书的参考文献中全部列举，并对这些文献作者付出的劳动及其对本书的支持和帮助表示感谢！

　　限于编者水平，书中难免有欠妥之处，诚恳欢迎读者予以批评指正。

编　者

目　录

第1章 绪 论

1.1 回归自然与可持续发展

1.1.1 人与自然

随着科学技术的发展，人类在创造巨大财富的同时，也制造了日益严重的环境污染，使地球环境不断偏离其原来的状态。回归自然，是环境治理的最终目标。

在世界范围内，一些数据足以说明，人类正以过量消耗资源来换取文明的进步。为了满足人类对食物、淡水、木材、燃料的需要，在过去的60年中，被人类开垦为农田的土地比18世纪和19世纪的总和还要多。地球陆地表面24%的面积已经被人类开垦为耕地。过度采伐森林可能导致疟疾和霍乱肆虐危险的增加，并有可能引发不知名的疾病。过去40年中，人类从河湖中汲取的水量比过去翻了一番。人类现今消耗的地表水约占所有可利用淡水总和的40%~50%。至少1/4的渔业储备已被人类过度捕杀。一些地区的捕鱼量已经不到大规模工业捕鱼开始前的1%。1980年以来，全世界35%的红树林、20%的珊瑚礁已经不复存在，另有20%的珊瑚礁遭到严重破坏。从工业化到今天，人类已耗尽2/3的世界资源。

恩格斯在《自然辩证法》中说过："我们不要过分陶醉于我们对自然界的胜利。对于每一次这样的胜利，自然界都报复了我们。"人类在享受生产力巨大发展所带来的丰厚回报的同时，也遭到了自然界的无情报复。直到20世纪60年代，全球才开始了对人与自然关系的探讨。1962年，Rachel Carson的《寂静的春天》，犹如旷野中的一声呐喊，用它深切的感受、全面的研究和雄辩的论点改变了历史的进程，揭开了全世界对人与自然共同生存问题的大思考；1972年3月12日，D. L. Meadacscandal执笔为"罗马俱乐部"发表了其第一份研究报告——《增长的极限》，为了人类社会美好的未来，我们再也不能为所欲为地向自然界贪婪地索取，恣意地掠夺。因为，"我们不只是继承了父辈的地球，而是借用了儿孙的地球"——这句话寓意深刻，《联合国环境方案》曾用这句话来告诫世人。1972年6月5日在瑞典斯德哥尔摩召开的联合国人类环境会议（United Nations Conference on the Human Environment），是世界环境保护运动史上一个重要的里程碑。它是国际社会就环境问题召开的第一次世界性会议，标志着全人类对环境问题的觉醒。1981年，当代科学家、思想家莱斯特·布朗在他影响深远的著作《建设一个可持续发展的社会》的扉页上，呼吁人类社会采取有效措施，努力稳定全球人口规模，保护自然资源，开发和利用可再生资源，自觉地改变价值观念，努力探索一条人与自然协调发展的新路，建设一个可持续发展的社会。1987年，挪威首相布伦特兰夫人向联合国环境发展大会提交的报告——《我们共同的未来》开始对可持续发展有了明确定义。

1.1.2 可持续发展

可持续发展是指既满足现代人的需求，又不损害后代人满足其需求的能力。换句话说，就是指经济、社会、资源和环境保护协调发展。它们是一个密不可分的系统，既要达到发展经济的目的，又要保护好人类赖以生存的大气、淡水、海洋、土地和森林等自然资源和环境，使子孙后代能够永续发展和安居乐业。可持续发展与环境保护既有联系，又不等同。环境保护是可持续发展的重要方面。可持续发展的核心是发展，但要求在严格控制人口数量、提高人口素质和保护环境、资源永续利用的前提下进行经济和社会的发展。

可持续发展的内涵包括以下三个方面：

（1）可持续发展的公平性（Fairness）内涵 "人类需求和欲望的满足是发展的主要目标"。然而，在人类需求方面存在很多不公平因素。可持续发展的公平性涵义是：一是本代人的公平。可持续发展要满足全体人民的基本需求和给全体人民机会以满足他们要求较好生活的愿望。二是代际间的公平。这一代不要为自己的发展与需求而损害人类世世代代以公平利用自然资源的权利。三是公平分配有限资源。而目前的现实是，占全球人口26%的发达国家，消耗的能源、钢铁和纸张等都占全球的80%以上。

（2）可持续发展的持续性（Sustainability）内涵 布伦特兰夫人在论述可持续发展"需求"内涵的同时，还论述了可持续发展的限制因素。"可持续发展不应损害支持地球生命的自然系统：大气、水、土壤、生物"，持续性原则的核心是人类的经济和社会发展不能超越资源与环境的承载能力。

（3）可持续发展的共同性（Common）内涵 可持续发展作为全球发展的总目标，所体现的公平性和持续性原则是共同的。并且，实现这一总目标，必须采取全球共同的联合行动。布伦特兰夫人在《我们共同的未来》的前言中写道："今天我们最紧迫的任务也许是要说服各国认识回到多边主义的必要性"，"进一步发展的共同的认识和共同的责任感，这是这个分裂的世界十分需要的"。

1.2 节约能源

《荀子·富国篇》中有："百姓时和，事业得序者，货之源也；等赋府库者，货之流也。故明主必谨养其和，节其流，开其源，而时斟酌焉。"

"故明主必谨养其（指节气）和，节其流，开其源，而时斟酌焉，潢然（指普遍）使天下必有余，而上不忧不足。如是，则上下俱富，交无（指都没有）所藏之（指财货之多，藏不下了），是知国计之极也"。这是最懂得富国的道理与方法了。"开源节流"成语就出自这里。

节能是我国经济和社会发展的一项长远战略方针，也是当前一项极为紧迫的任务。节约资源是我国的基本国策；节约与开发并举，把节约放在首位是我国的能源发展战略。

1.2.1 节能工作存在的主要问题

1）对节能重要性缺乏足够的认识，节能优先的方针没有落到实处。在发展思路上存在重开发、轻节约，重速度、轻效益的倾向，把节能仅仅作为缓解能源供需矛盾的权宜之计；对节能在转变经济增长方式、实施可持续发展战略中的重要地位以及政府在节能管理中的重要作用缺乏足够的认识；在宏观政策的各个方面节能优先的方针还没有充分体现；节能还没有成为绝大多数企业和全体公民的自觉行动。

2）节能法律法规不完善。我国于1998年颁布实施了《节约能源法》，但有法不依，执法不严的现象严重，配套法规不完善，操作性上有待改进。能效标准制定工作滞后，大部分工业用能设备（产品）没有能效标准。

3）缺乏有效的节能激励政策。国内外实践表明，节能在很多方面属于市场失灵的领域，需要政府宏观调控和引导。目前，在财税政策上对节能改造、节能设备研制和应用以及节能奖励等方面，支持的力度不够，没有建立有效的节能激励机制。

4）尚未建立适应市场经济体制要求的节能新机制。在计划经济体制下形成的节能管理体系已不适应新形势的要求。国外普遍采用的综合资源规划、电力需求管理、合同能源管理、能效标识管理、自愿协议等节能新机制，在我国还没有广泛推行，有的还处于试点和探索阶段。供热体制改革滞后，受各种因素影响贯彻落实难度较大。

5）节能技术开发和推广应用不够。节能必须依靠技术进步，改革开放以来，我国开发、示范（引进）和推广了一大批节能新技术、新工艺和新设备，节能技术水平有了很大提高。但从总体上看，对节能技术开发投入不足，创新能力弱，先进适用的节能技术，特别是一些有重大带动作用的共性和关键技术开发不够。同时，由于缺乏鼓励节能技术推广的政策和机制，多数企业融资困难，节能技术推广应用难。

6）节能监管和服务机构能力建设滞后。目前，全国共有节能监测（技术服务）中心300多个，绝大部分受政府委托开展节能执法监督和监测。但总体上看，多数节能监测（技术服务）机构能力建设滞后，监测装备落后，信息缺乏，人才短缺，整体实力不强。能源统计体系不完善、节能信息不畅，难以适应节能工作的需要。

1.2.2 节能工作面临的形势和任务

党的十六大提出，到2020年，我国将实现全面建设小康社会的目标。随着人口增加、工业化和城镇化进程的加快，特别是重化工业和交通运输的快速发展，能源需求量将大幅度上升，经济发展面临的能源约束矛盾和能源使用带来的环境污染问题会更加突出。

1. 能源约束矛盾突出

为实现GDP到2020年比2000年翻两番的目标，我国钢铁、有色金属、石化、化工、水泥等高耗能重化工业将加速发展；随着生活水平的提高，消费结构升级，汽车和家用电器大量进入家庭；城镇化进程加快，建筑和生活用能大幅度上升。如按近三年能源消费增长趋势发展，到2020年，能源需求量将高于40亿tec（1tec = 29.3076GJ）。如此巨大的需求，在煤炭、石油和电力供应以及能源安全等方面都会带来严重的问题。按照能源中长期发展规划，在充分考虑节能因素的情况下，到2020年，能源消费总量需要30亿tec。要满足这一需求，无论是增加国内能源供应还是利用国外资源，都面临着巨大的压力。能源基础设施建设投资大、周期长，还面临水资源和交通运输制约等一系列问题。能源需求的快速增长对能源资源的可供量、承载能力，以及国家能源安全提出严峻挑战。

2. 环境问题加剧

我国是少数以煤为主要能源的国家，也是世界上最大的煤炭消费国，煤烟型污染已相当严重。随着机动车的快速增长，大城市大气污染已由煤烟型污染向煤烟、机动车尾气混合型污染发展。粗放型使用能源，对环境造成了严重破坏。虽然到2020年我国能源结构将继续改善，煤炭消费比例将有所下降，但煤炭消费总量仍将大幅度增加，经济发展将面临巨大的

3）非能源使用能源产品。根据上 1998 年数据显示了《节约能源》，应有环境压力。

能源是战略资源，是全面建设小康社会的重要物质基础。解决能源约束问题，一方面要开源，加大国内勘探开发力度，加快工程建设，充分利用国外资源。另一方面，必须坚持节约优先，走一条跨越式节能的道路。节能是缓解能源约束矛盾的现实选择，是解决能源环境问题的根本措施，是提高经济增长质量和效益的重要途径，是增强企业竞争力的必然要求。不下大力节约能源，难以支持国民经济持续快速协调健康发展；不走跨越式节能的道路，新型工业化难以实现。必须从战略高度充分认识节能的重要性，树立忧患意识，增强危机感和责任感，大力节能降耗，提高能源利用效率，加快建设节能型社会，为保障到 2020 年实现全面建设小康社会目标作贡献。

1.2.3 节能的重点工业领域（"十二五"节能环保产业发展规划）

1. 节能产业重点领域

（1）节能技术和装备

1）锅炉窑炉。加快开发工业锅炉燃烧自动调节控制技术装备；推进燃油、燃气工业锅炉、窑炉蓄热式燃烧技术装备产业化；加快推广等离子点火、富氧/全氧燃烧等高效煤粉燃烧技术和装备，以及大型流化床等高效节能锅炉。大力推广多喷嘴对置式水煤浆气化、粉煤加压气化、非熔渣-熔渣水煤浆分级气化等先进煤气化技术和装备，推动煤炭的高效清洁利用。

2）电动机及拖动设备。示范推广稀土永磁无铁心电动机、电动机用铸铜转子技术等高效节能电动机技术和设备；大力推广能效等级为一级和二级的中小型三相异步电动机、通风机、水泵、空气压缩机以及变频调速等技术和设备，提高电机系统整体运行效率。

3）余热余压利用设备。完善推广余热发电关键技术和设备；示范推广低热值煤气燃气轮机、烧结及炼钢烟气干法余热回收利用、乏汽与凝结水闭式回收、螺杆膨胀动力驱动、基于吸收式换热的集中供热等技术和设备；大力推广高效换热器、蓄能器、冷凝器、干法熄焦等设备。

4）节能仪器设备。加快研发和应用快速准确的便携式或车载式能效检测设备，大力推广在线能源计量、检测技术和设备。

（2）节能产品

1）家用电器与办公设备。加快研发空调、冰箱等高效压缩机及驱动控制器、高效换热及相变储能装置，以及各类家电智能控制节能技术和待机能耗技术；重点攻克空调制冷剂替代技术、二氧化碳热泵技术；推广能效等级为一级和二级的节能家用电器、办公和商用设备。

2）高效照明产品。加快半导体照明（LED、OLED）研发，重点是金属有机源化学气相沉积设备（MOCVD）、高纯金属有机化合物（MO 源）、大尺寸衬底及外延、大功率芯片与器件、LED 背光及智能化控制等关键设备、核心材料和共性关键技术，示范应用半导体通用照明产品，加快推广低汞型高效照明产品。

3）节能汽车。加快研发和示范具有自主知识产权的汽油直喷、涡轮增压等先进发动机节能技术，以及双离合式自动变速器（DCT）等多档化高效自动变速器等节能减排技术，新型车辆动力蓄电池和新型混合动力汽车机电耦合动力系统、车用动力系统和发电设备等技术装备；推广采用各类节能技术实现的节能汽车；大力推广节能型牵引车和挂车。

4）新型节能建材。重点发展适用于不同气候条件的新型高效节能墙体材料以及保温隔热防火材料、复合保温砌块、轻质复合保温板材、光伏一体化建筑用玻璃幕墙等新型墙体材料；大力推广节能建筑门窗、隔热和安全性能高的节能膜和屋面防水保温系统、预拌混凝土和预拌砂浆。

（3）节能服务 大力发展以合同能源管理为主要模式的节能服务业，不断提升节能服务公司的技术集成和融资能力。鼓励大型重点用能单位利用自身技术优势和管理经验，组建专业化节能服务公司；推动节能服务公司通过兼并、联合、重组等方式，实行规模化、品牌化、网络化经营。鼓励节能服务公司加强技术研发、服务创新和人才培养，不断提高综合实力和市场竞争力。

2. 环保产业重点领域

（1）环保技术和装备

1）污水处理。重点攻克膜处理、新型生物脱氮、重金属废水污染防治、高浓度难降解有机工业废水深度处理技术；重点示范污泥生物法消减、移动式应急水处理设备、水生态修复技术与装备。推广污水处理厂高效节能曝气、升级改造，农村水源污染治理，污泥处理处置等技术与装备。

2）垃圾处理。研发渗滤液处理技术与装备，示范推广大型焚烧发电及烟气净化系统、中小型焚烧炉高效处理技术、大型填埋场沼气回收及发电技术和装备，大力推广生活垃圾预处理技术装备。

3）大气污染控制。研发推广重点行业烟气脱硝、汽车尾气高效催化转化及工业有机废气治理等技术与装备；示范推广非电行业烟气脱硫技术与装备；改造提升现有燃煤电厂、大中型工业锅炉窑炉烟气脱硫技术与装备；加快先进袋式除尘器、电袋复合式除尘技术及细微粉尘控制技术的示范应用。

4）危险废物与土壤污染治理。加快研发重金属、危险化学品、持久性有机污染物、放射源等污染土壤的治理技术与装备。推广安全有效的危险废物和医疗废物处理处置技术和装置。

5）监测设备。加快大型实验室通用分析、快速准确的便携式或车载式应急环境监测、污染源烟气、工业有机污染物和重金属污染在线连续监测技术设备的开发和应用。

（2）环保产品

1）环保材料。重点研发与示范膜材料和膜组件、高性能防渗材料、布袋除尘器高端纤维滤料和配件等；推广离子交换树脂、生物滤料及填料、高效活性炭等。

2）环保药剂。重点研发和示范有机合成高分子絮凝剂、微生物絮凝剂、脱硝催化剂及其载体、高性能脱硫剂等；推广循环冷却水处理药剂、杀菌灭藻剂、水处理消毒剂、固废处理固化剂和稳定剂等。

（3）环保服务 以城镇污水垃圾处理、火电厂烟气脱硫脱硝、危险废物及医疗废物处理处置为重点，推进环境保护设施建设和运营的专业化、市场化、社会化进程。大力发展环境投融资、清洁生产审核、认证评估、环境保险、环境法律诉讼和教育培训等环保服务体系，探索新兴服务模式。

1.2.4　能源问题不要弄成最后一盒火柴

宇宙中是不缺乏能源的，太阳发射的功率为 $3.8 \times 10^{28} kW$，到地球大气上界为 1.7×10^{14} kW，太阳常数为 $1.3 kW/m^2$，在可预见的未来不会有所改变。地球得到太阳辐射的十万亿分之一，绝大部又反射到了太空。我们使用的化石燃料，是地球几十亿年一点点积累下来的，人们只不过大力开发了一百来年，现在已经到了捉襟见肘的状态。在遥远的土星、木星，并不像地球主要是由岩石、岩浆组成的，由于巨大的引力和低温，甲烷或单质氢是主要的组成，土星卫星的河流、湖泊或海洋流动的不是水，而是乙烷。那里的氢、甲烷或乙烷放在地球上都是宝贵的能源，只是太遥远了，"远水不解近渴"。

地球上的化石燃料成为当前并且是今后一段时间的主要能源。从上世纪七十年代以来，石油从几个美元一桶飙升到近一百五十美元一桶。问题在哪里，经济学家和政治家们众说纷纭。有的说是石油短缺的结果，有的说是商业投机的结果。其实，短缺和投机是一对孪生兄弟。那些很容易得到的东西，没人会去投机炒作。现在的石油也可以说是结构性短缺，每天的产量比以前并不减少，但用的人多了。现在发展中国家的平民百姓都可以开汽车，石油的供需关系变成求大于供，价格必然上升。

石油需求量大增致使石油资源日渐枯竭，空气污染也随之越来越严重。人们自然把目光转到了开发新能源或非化石能源上来。表面看起来轰轰烈烈，但这里又孕育着新的危机。开发新的能源需要用现有能源，能源的开发，要投入现有的能源为代价，这是必然的，但投入多少，要进行效益分析，也就是能量的投入产出比是否合算。如果这个投入产出比较大，就可以很快过渡到常规能源与新能源共同利用的时代，如果投入产出比不大，新能源没有起到实质性的作用，反而加速了传统能源的消耗，是得不偿失的。现在地下储藏的煤、石油和天然气，就像童话中所说的"最后一盒火柴"，弄不好人们会在各种幻想中将这些火柴提前耗尽。

1）太阳能发电。光电池受到人们的青睐后，那些具有标志性的建筑物一旦蒙上了光电板，就成为"零能耗"或"零排放"建筑。岂不知那些光电池在生产中已经消耗了大量的能源，基本上都是化石能源。严格来说，现阶段的光电池不能称为能源，它仅仅是储能装置。它消耗了生产中的化石能量，在将来有限的寿命中用太阳光再转换出来。现在发达国家，主要是日本和德国，大量购买全世界的光电池，实际上他们间接购买了其他国家（当然也包括中国）的化石燃料。显而易见的是，如果人们决定有10%的电能来自太阳能电池，必须多投入10%的常规能源用于生产光电池，为了这些表面上的"零排放"，人们已经点亮第一根火柴。

2）粮食造酒精技术。目前全球发展燃料乙醇最先进的是美国和巴西。这两个国家都是粮食生产大国，美国将1/3的玉米用于生产燃料乙醇，因为3.3t玉米可以生产1t燃料乙醇。而同样生产1t燃料乙醇，甘蔗需要17t、薯类需要7.5t、甜高粱和秸秆做原料分别需要4t和10t。随着全球对燃料乙醇的需求量不断增加，粮食问题逐渐显现出来。

这项技术的发展，使世界的粮食价格飙升，原本可无偿或廉价提供给贫困国家的粮食，被截流制造燃料，增加了数千万饥民。难怪联合国粮食署的官员说，用粮食制造燃料酒精是"反人类罪"。用粮食转化为燃料，只是看见了在能量上的转化。这个转化不会是1：1的，要排放大量的废热，其结果是最多可能用10kg的化石燃料用于生产3.3kg的玉米，再转化为 1kg 的酒精,其热值基本相当于 1kg 的化石燃料,化石能量的实际效率是 10%;另一方面,应知道粮食不仅仅是能量,还是维持生命的"负熵",这个负熵变为燃料后便不存在了。如果粮食短缺,化石燃料不能代替粮食,酒精也不能代替粮食。因为酒精、煤或石油里是不含有人或动物所需要的"负熵"的。所以,用粮食造酒精,是人们点燃的第二根火柴。

3)氢能也是二次能源。近年来,氢发动机、氢燃料电池、储氢技术的研究非常火爆。氢能的确非常清洁,燃烧产物是水。但是地球上没有自然状态的氢,现在有的人在宣传"氢经济"、迎接"氢时代",但氢在哪里?由于氢的短缺,又造成了制氢的热门,生物制氢、太阳能制氢是其中最具宣传力的话题。目前,这些制氢方式转换效率极低,氢能的未来前景暗淡,其原因在于氢能是高质能,它所含有的做功能力,必然是其他能源的做功能力转化而来。地球上如果出现能源短缺,如果是高质能的短缺,靠低质能转化为高质能是可能的,但是并不会解决大问题。由于氢物质的特殊性能,氢能的转换和储存的代价是巨大的,只能在必要时才可用氢这个二次能源。幻想进入"氢时代",人们正在划亮第三根火柴。

4)煤制油也是很具有吸引力的技术,我国的煤制油已经到了工程运转阶段,据说用 4t 煤才能制 1t 油,热能转换率在 50% ~60% 左右,每生产 1t 油,要消耗 10 ~12t 水来排放废热和废料。我国虽然煤矿相对丰富,也没有富到了可以用 4t 煤换 1t 油的程度,只能说我国石油资源短缺,万一发生战争石油进口受阻,只能靠煤制取燃油,在战略上有意义。如果用人工方法非要将煤矿变为石油,除去要遵循能量守恒的原理外,还要受熵增原理即热力学第二定律的限制,要排放大量的废热。煤变油的当量不会是 1:1,除了向低温热源排热外,还要排放污染物,为了转移污染物,还要消耗额外的能量和大量的水资源。环境污染的代价是不可低估的。随着国际油价的飙升,国际煤价也在迅速上升,用煤制油到底有没有经济效益,结果不好确定。但如果这个项目还要继续扩大规模,第四根火柴很快就点燃了。

总之未来的能源开发,包括新能源的开发前景并不乐观,许多技术的出现,并没有减缓能源危机,反而加剧了常规能源的消耗。不作深刻反思,人们手中这一盒火柴,很快就会用光。

要寻找能源代价小的新能源。太阳能热转换用于生活热水或供暖,可以节约大量的电能或常规燃料,生产太阳能集热器的能量消耗有限,是个合算的方式。风力发电在风场性能优良的地方也是合算的;此外,在农村大量的秸秆通过转化为沼气或集中造气等,都可节约大量的常规能源。

加强"节流"即节约能源是上上策。能量虽然不会有中变无,但能量的做功能力会不断地降级,最终变为废热不可再用。

参 考 文 献

[1] 刘圣春. 超临界 CO_2 流体特性及跨临界循环系统的研究 [D]. 天津:天津大学,2006.

[2] 谢朝阳. 浅议中小企业的可持续发展对策 [J]. 中国集体经济,2009 (1):46-47.

[3] 康富贵. 新世纪海河流域水利必须以可持续发展理论为战略指导 [EB/OL]. (2006-02-23) [2013-03-20]. http://www.studa.net/shuili/060221/08374149.html.

[4] 马娟. 国家发改委:节能中长期专项规划. [EB/OL]. (2004-11-25) [2013-03-20] http://news.xinhuanet.com/zhengfu/2004-11/25/content_2260885.htm.

[5] 国务院. 国务院关于印发"十二五"节能环保产业发展规划的通知 [EB/OL]. (2012-06-29) [2013-03-20]. http://www.gov.cn/zwgk/2012-06/29/content_2172913.htm.

第2章 能源与环境

2.1 人类社会生存发展所面临的危机

一个由各学科专家组成的研究小组为地球做了一次"全身"检查。他们发现，由于人类活动，地球正面临着九大危机。通过分析大量数据，他们竭尽全力设定地球所能承受的这九大危机的安全界限。

2.1.1 化学污染

安全界限：尚未认定。

科学诊断：未知。

据统计，目前地球上人造的化学物质接近10万种。用这些人造的化学物质能够生产上百万种产品。而在生产的同时，又会得到一些额外的副产品。界定化学物质的安全界限意义重大。但是，如何界定还是个难题。人们对化学物质的主要担忧源自它们对人体和野生动物健康的影响。其中人们最为关注的是那些如铅之类的有毒重金属、积累在人体组织中的有机污染物以及放射性化合物等。目前，有些有毒化学物质已经得到控制。但是，其他大部分化学物质的影响尚未得到评估。而且一些温和的化学物质也可能组合起来产生大于其单独使用时的毒性。

2.1.2 土地匮乏

安全界限：≤15%的无结冰土地被用于农业种植。

目前水平：12%的无结冰土地被用于农业种植。

科学诊断：21世纪中期将达到安全界限。

农业的拓展速度继续加快，人们已经开始征用热带雨林作为农业用地。目前，世界上过半的热带雨林已经消失。草原原本是野生动物活动的天堂，现在却被人类圈养的牲畜占据。罗克斯特罗姆分析认为，农业扩张会使地球生态系统丧失服务功能，加剧气候变化，并改变淡水循环。

2.1.3 气候变暖

安全界限：大气中的二氧化碳含量≤350×10^{-6}。

工业革命前期水平：二氧化碳含量280×10^{-6}。

目前水平：二氧化碳含量387×10^{-6}。

科学诊断：已经超过安全界限。

全球气候变暖是近年来讨论最多的话题。大量历史证据显示，大气中不断增多的二氧化碳温暖了地球。研究小组给出的答案是，过量二氧化碳带来的影响不是瞬间的，而是长远的。研究小组解释说，由二氧化碳直接造成的每1℃升温都被其他反馈作用所增强。海冰消融后暴露出深色海洋，这意味着地球将吸收更多的太阳热量。温度越高，水蒸发越快，因此大气中的水蒸气含量增加，这是另一种潜在的大气保温气体。这些反馈作用带来的负面效应正是研究人员最为担心的。他们警戒世人，由二氧化碳造成气温上升 1℃，会通过反馈作用最终使气温升高约 3℃。

另外，地球升温可能带来更恶劣的影响。一些气候学家强调，气候变暖还有其他缓慢的反馈作用。例如，暖和的大气最终会打破二氧化碳和甲烷固有的稳定状态。据此推理，假如二氧化碳造成气温上升 1℃，则最终的结果是气温升高 6℃。

2.1.4　气溶胶"超载"

安全界限：尚未认定。

科学诊断：未知。

人类活动搅乱了地球的生态平衡，在燃烧煤炭、粪肥、森林和废弃农作物时产生灰尘，使得大气中的烟尘、硫酸和其他微粒含量增加。自工业革命以来，地球上的气溶胶浓度已经增加了两倍以上。这些气溶胶不仅影响气候，还会对人类健康构成威胁。气溶胶的影响是多变的。比如：一些硫酸盐之类的气溶胶反射阳光，会造成大气降温；一些烟灰之类的气溶胶吸收阳光和再辐射热量，会造成大气升温。地球如何平衡这些变数，目前尚未明朗。气溶胶还在其他方面影响气候。例如，横贯南亚和东亚上空的几乎永恒不散的褐色烟霾是一个迫切需要研究的课题。因为科学家发现，它可能影响季风到来的时间和地点。如果气溶胶落在农田上，会减少农作物产量，而且还会导致数百万人死于肺病和心脏病。

2.1.5　淡水枯竭

安全界限：每年消耗淡水 $\leqslant 4000 km^3$。

目前水平：每年消耗淡水 $2600 km^3$。

科学诊断：到 21 世纪中期接近安全界限。

人类操控世界上的多条河流。因为修筑大坝，许多条河流终结了生命。人类的行为已经导致许多湿地干涸。

另外，水资源的过度消耗也在威胁着人类的生存。比如，饮用水短缺、农业灌溉缺水以及全球气候变化。50 年来，中亚地区河流上的大坝已使咸海干涸。没有了咸海对气候的调节作用，整个中亚地区夏季更加炎热，冬季更加寒冷，土地一年四季面临干旱。

因为河流干涸，人们不得不抽取宝贵的地下水。一些人还在毁灭森林，破坏自然界的水循环。比如，亚马孙热带雨林的减少，将降低南美洲热带地区水的蒸发速度，甚至有可能改变包括亚洲季风在内的北半球气候模式。

目前，每年淡水消耗量大约为 $2600 km^3$。但是，我们不能掉以轻心，挥霍水资源。随着人口的增加，水资源只会越来越匮乏。为此，我们必须节约地球上的每一滴水。

2.1.6　物种灭绝

安全界限：每年物种灭绝率 $\leqslant 0.01‰$。

目前水平：每年物种灭绝率至少 0.1‰。

科学诊断：远远超过安全界限。

人类的多种生产方式使地球上的许多物种灭绝。比如，在它们的栖息地上开垦农田或者铺路，引进与本地物种无法共存的外来物种，用污染物毒杀它们，猎食它们，以及改变全球气候等。尽管每个物种都是独立个体，但是对于地球这个大的生态系统而言，每个物种都有自身的价值。所以，物种的灭绝将破坏地球一系列生态系统，如回收废物、清洁污水、保持海洋化学结构等系统都会被不同程度地破坏。

生物多样性是健康生态系统的重要指标。目前，我们还不能确定究竟要损失多少物种、哪些物种，才会导致生态系统崩溃。当然，我们也不希望这一天到来。

2.1.7　氮循环失衡

安全界限：每年固氮量≤3500万t。

目前水平：每年固氮量1.21亿t。

科学诊断：远远超过安全界限。

氮是构成生命的基本元素。然而，地球库存的氮气不能被生物直接吸收，需要通过固氮作用成为氨，才能被生物吸收利用。自然界中存在一些固氮和脱氮的微生物。正是借助这些微生物，地球上的氮循环才能得以维持。

不过，人类的种植行为干预了氮循环。为了增加土壤中可吸收的氮，德国化学家弗里茨·哈勃于20世纪初发明了工业固氮方法，从大气中制取氮肥，从而改变了自然界原来的氮循环。如今，采用这种方法每年能从大气中固氮8000万t，并将固态氮撒播到世界各地的农田里。此外，燃烧化石燃料、木材和农作物等方法也能固氮。目前每年人工固氮量达1.21亿t，远远超出了地球所能承受的范围。

过量的氮正在酸化土壤，破坏许多物种。大量的氮注入周边的湖泊和海洋，导致多处水域富营养化。富营养化的水域滋生了大量水生生物，这些生物的生存又耗尽了水域中的氧气，致使许多水域成为一滩死水。

2.1.8　海洋酸化

安全界限：全球海洋的平均碳酸钙饱和度≥2.75：1。

工业时代前期水平：全球海洋的平均碳酸钙饱和度3.44：1。

目前水平：全球海洋的平均碳酸钙饱和度2.90：1。

科学诊断：目前在安全界限内。不过，部分海洋的碳酸钙饱和度到21世纪中期将超过临界值。

当大气中的二氧化碳含量增多时，海洋吸收的二氧化碳会相应增加。这些二氧化碳溶解在海水中，会形成碳酸。从工业时代开始至今，海洋表层海水的pH（酸碱度）从8.16下降到8.05。

目前，海洋酸化尚未对人类构成威胁，不过它已经对海洋的一些化学结构造成严重影响。其中最重要的影响是，它降低了溶解在表层海水中的碳酸钙含量。如果海洋中的碳酸钙含量过低，海洋中用碳酸钙构建外壳的生物就遭殃了。比如珊瑚，当海洋中碳酸钙含量低于临界值时，珊瑚的碳酸钙外壳会溶解在海水中。

目前，全球海洋的平均碳酸钙饱和度已经从工业时代前期的3.44：1下降到2.90：1。而碳酸钙含量在不同海域中存在极大差异。据近期的统计数字估计，北冰洋等部分海域的碳酸钙饱和度可能降至 1∶1。届时，珊瑚等海洋中的一些物种将在酸性海水中灭亡。此外，海洋吸收二氧化碳的能力降低，将加剧全球气候变暖。

2.1.9　臭氧层空洞

安全界限：臭氧层平均厚度≥276 个多布森单位。

目前水平：臭氧层平均厚度 283 个多布森单位。

科学诊断：目前处于安全水平。

臭氧层厚度用多布森单位表示。0℃、标准海平面压力下，10^{-5}m 厚的臭氧层定义为 1 个多布森单位。当臭氧层厚度低于 220 个多布森单位时，臭氧层便出现空洞。20 世纪 70 年代，南极上空的臭氧层空洞向人类发出了警告。世界各国迅速采取行动弥补臭氧层空洞。随着导致臭氧层空洞的化学物质的禁用，臭氧层已经渡过了难关。

然而，噩梦还未完全结束。其中一个令人担忧的问题就是全球气候变暖带来的影响。当全球气候变暖后，更多的热量聚集在地表，致使臭氧层更加寒冷，很有可能促使滞留在大气层中吞噬臭氧的化学物质把臭氧层"凿开"一个空洞。

根据以上诊断结果，地球目前的环境状况不容乐观。其中，全球气候变暖、物种灭绝和氮循环失衡等危机最为严重，已经超出了安全界限。另外，淡水枯竭和田地匮乏等危机正逼近临界值，而不断酸化的海洋上空也笼罩着阴霾。剩余 3 个危机中的 2 个尚未获得科学的诊断方法，也就无法为其设定安全界限。

虽然环境状况不容乐观，但在面对臭氧层空洞时，人类积极补救，臭氧层空洞正在逐步愈合。人们拯救臭氧层的同时，也拯救了自己。这至少给人们一个信心，采取行动是必要的，而且也能取得最终成功。

人口的增长过快对上述危机的作用不可小觑，人类对自然环境的无限度索取，使得一些环境问题提前显现，同时，也使人们越来越深刻地认识到生存的危机！同时，人类在发展过程中，社会需求不断变化，对资源与环境也同样构成了威胁。原始社会人们以采集和狩猎为主，人们对自然的需求仅限于解决温饱的生存问题，人与自然和谐相处；面对自然的挑战，人类那时候还束手无策。随着社会的进步，人们开始使用工具，使用火种，开始群居生活，对自然的适应能力增强，同时增加了对自然的索取能力。虽然这样，人类和自然仍然是和睦相处的。但是，从工业革命以来，人类突然意识到运用科技与运输工具，自然资源似乎唾手可得，这极大地刺激了人类对自然的占有欲和索取欲。尤其在近代社会，随着城市发展步伐的加速，现代文明的出现，在追求财富以及奢华的都市生活背后，一些问题逐渐显现，电力短缺、能源短缺、淡水资源短缺、环境污染、人口贫困、疾病流行等问题如当头棒喝，让人类认识到自然的过度索取所带来的后果不堪设想。在认识到问题的严重性后，人类开始行动了。

2.2　能源形势

2.2.1　全球传统能源生产及消费趋势

1. 全球传统能源蕴藏量及生产量

瑞士银行 2012 年底发布的全球石油领域现状的最新报告公布了目前世界石油储量前 10

个国家的最新排名。它们分别是：沙特阿拉伯、加拿大、伊朗、伊拉克、科威特、阿联酋、委内瑞拉、俄罗斯、中国、利比亚。世界已证实石油储量有 1.8 万亿桶。这意味着，按现有石油消费水平，世界石油还可开采 34 年。

在天然气方面，至 2011 年底，世界天然气蕴藏量约为 189 万亿 m³，储量前五名的是俄罗斯、伊朗、卡塔尔、沙特阿拉伯、美国。估计全球天然气的蕴藏量和年生产量的比值（R/P）为 54 年。

全球煤炭资源分布较为广泛，根据 BP 世界能源统计的数据，2007 年全球煤炭探明储量中，美国以 2427 亿 t 储量稳坐头把席位，俄罗斯为 1570 亿 t 储量排第 2 位，中国和澳大利亚分别为 1145 亿 t 和 766 亿 t 排第 3、4 位。全球煤炭的蕴藏量和年生产量的比值（R/P）为 198 年。

国际原子能机构在公布的一份报告中指出，2006 年，全球铀的总储藏量约为 3500 万 t，远远高于原先估计的 470 万 t，能够维持全球的核电站使用 85 年。

据国际原子能机构的专家们估计，如果各国的核电站都使用发电效率更高的"快反应堆"，那么全球铀的储藏量足够全球使用 2500 年。他们在报告中指出，到 2025 年，核电站的发电量将增长大约 22% ~44%。这将导致对铀的需求大幅度上升。

据国际原子能机构公布的数据，到 2004 年，全球共有 30 个国家拥有核电站，总数为 442 座。它们的总发电量占全球发电总量的比例为 16%。

另据美国能源部提供的数据，至少在 43 个国家中有铀矿分布。估计全球铀矿的 R/P 接近 100，但考虑核燃料的回收及再处理后的重复利用，则其使用年数可增加 50 倍。

2002 年底，全世界已经修建了 49 700 多座大坝（高于 15m 或库容大于 100 万 m³），分布在 140 多个国家，其中中国的大坝有大约 25 000 座。世界上有 24 个国家依靠水电为其提供 90% 以上的能源，如巴西、挪威等国；有 55 个国家依靠水电为其提供 50% 以上的能源，包括加拿大、瑞士、瑞典等国；有 62 个国家依靠水电为其提供 40% 以上的能源，包括南美的大部分国家。全世界大坝的发电量占所有发电量总和的 19%，水电总装机容量为 728.49GW。发达国家水电的平均开发度已在 60% 以上。世界能源供应构成如图 2-1 所示。

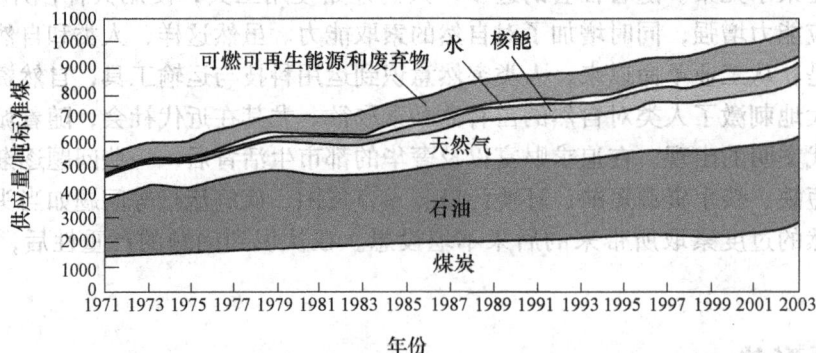

图 2-1 世界能源供应构成

2. 全球传统能源消费趋势

2010 年《BP 世界能源统计年鉴》显示，2010 年，在经济复苏的推动下，全球能源消费强劲反弹。能源消费实现全面增长，其中经合组织国家和非经合组织国家的增幅都高于平均水平。各类能源消费增长强劲，其中化石燃料消费增长表明能源使用导致的全球二氧化碳排放的增长速度达到了 1969 年以来的最高水平。能源价格走势不一。全年大部分时间，石油价格都维持在每桶 70～80 美元之间，第四季度价格上升。石油输出国组织（OPEC）在 2008～2009 年实施的减产协议仍然有效，总的来说，全年平均石油价格创下历史第二高记录。天然气价格在英国以及与油价挂钩的能源市场（包括全球大部分液化天然气市场）增幅强劲，但是北美（页岩气产量继续攀升）和欧洲大陆（部分原因是由于现货定价交货比例增加）天然气价格仍然疲软。日本和北美的煤炭价格继续疲软，但欧洲煤炭价格增幅较大。

全球天然气消费增长 7.4%，为 1984 年以来的最大增幅。除了中东地区以外，其他地区的消费增幅都高于平均水平。美国天然气消费增长（按量计算）居世界之首，增幅为 5.6%，达到历史新高。俄罗斯和中国的天然气消费也有大幅增加，分别达到其历史最大增幅。亚洲其他国家的消费快速增长，增幅为 10.7%，其中印度增幅最大，达到 21.5%。全球天然气产量增加 7.3%。俄罗斯天然气产量快速增长，增幅为 11.6%，为全球增长之冠，美国和卡塔尔的增幅分别为 4.7% 和 30.7%。美国仍然是世界上最大的天然气生产国，尽管北美天然气价格疲软，但美国的非常规能源供应继续增长，而加拿大的天然气产量减幅为全球最大，已连续四年下跌。2010 年，全球天然气贸易增长强劲，增幅为 10.1%。卡塔尔的交货量增长了 53.2%，推动液化天然气贸易增加 22.6%。在所有液化天然气进口国中，最大的气量增幅来自韩国、英国和日本。现在，液化天然气占全球天然气贸易的 30.5%。管道天然气贸易量增长为 5.4%，其推动力来自俄罗斯的出口增长。

2010 年，全球煤炭消费增长了 7.6%，为 2003 年以来全球最快的增长水平。目前，煤炭占全球能源消费的 29.6%，而 10 年前为 25.6%。中国的煤炭消费增加了 10.1%；中国在 2009 年的煤炭消费占全球煤炭消费的 48.2%，几乎占全球消费增长的 2/3。但是，中国以外地区的煤炭消费增长也很强劲：经合组织国家消费增长 5.2%，为 1979 年以来的最高水平，经合组织所有地区煤炭消费都大幅增加。全球煤炭产量增长 6.3%，其中中国煤炭产量增幅达 9%，也占全球增长的 2/3。在其他地区，美国和亚洲煤炭产量大幅增长，但欧盟产量下跌，这也是欧洲煤炭价格相对坚挺的原因。

全球水电和核电产量增长为 2004 年以来最快。水电产量增长 5.3%，其中 60% 以上来自中国，新产能的增加和多雨的天气是主要原因。全球核电产量上涨 2%，其中 3/4 的增长来自经合组织国家。法国核电产量增加 4.4%，增长幅度为全球最高。其他可再生能源继续保持强劲的增长势头。2010 年，全球生物燃料产量增长 13.8%，即 24 万桶/日，为全球液体燃料产量最大的增长源之一。这一增长主要来自美国（+17%，即 14 万桶/日）和巴西（+11.5%，即 5 万桶/日）。在风能发电量持续强劲增长（+22.7%）的推动下，用于发电的可再生能源增长 15.5%。而风能增长由中国和美国带动，两者风能发电量增长总和差不多占全球增长的 70%。这些类型的可再生能源占全球能源消费的比例从 2000 年的 0.6% 上升至 2010 年的 1.8%。

2.2.2　全球各主要地区传统能源消费趋势

依据美国能源信息署《国际能源展望》分析，在 1990 年时，美国耗用全球 24% 的能源，欧盟国家合计耗用 17%，前苏联地区耗用 17%，中国耗用 8%，日本耗用 5%。2001 年的统计数据显示，美国仍耗用全球24%的能源，欧盟国家也合计耗用17%，前苏联地区的比例则降至10%，中国上升至10%，日本维持在5%。

在未来趋势方面，至2010年时，美国仍消耗了全球近24%的能源，欧盟国家合计耗用15%，前苏联地区耗用降至不到10%，中国地区则上升至超过11%，日本仍耗用5%。预估至2025年时，美国耗用全球22%左右的能源，欧盟国家合计耗用13%，前苏联地区耗用不到10%，中国耗用则超过14%，日本耗用降至4%。中国能源国际位置如图2-2所示。

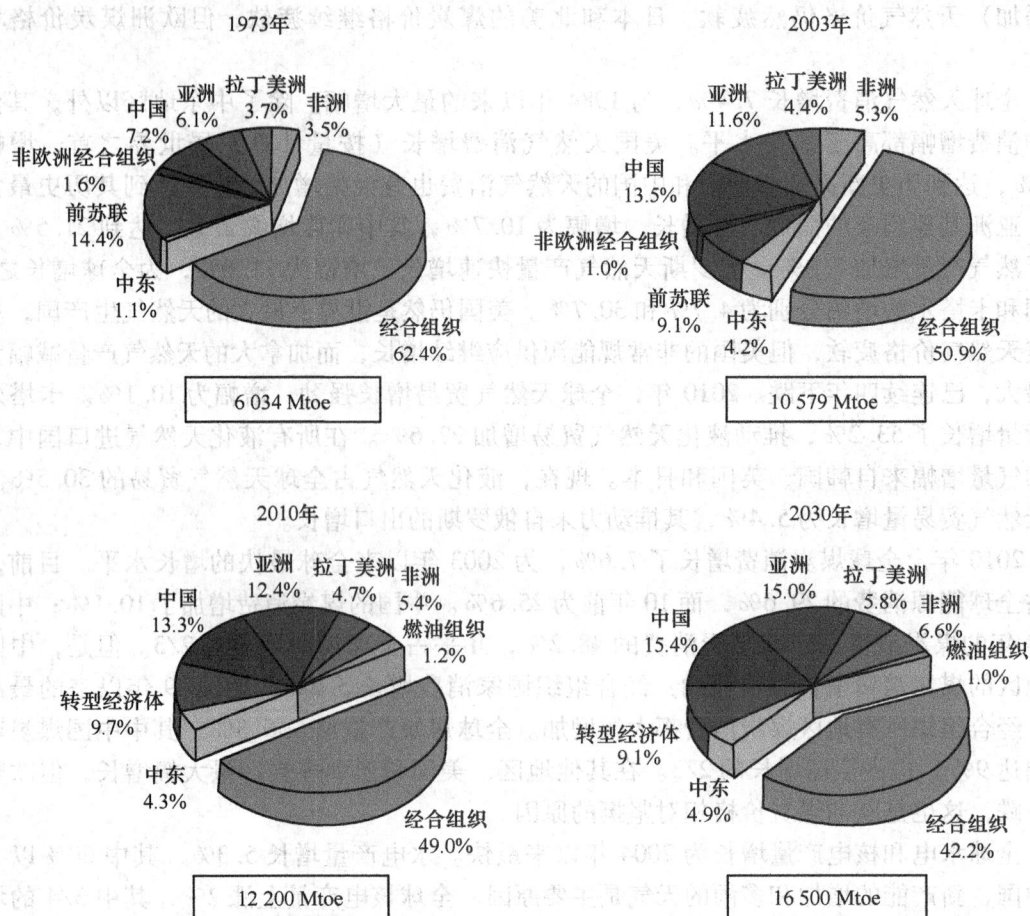

图2-2　中国能源国际位置

另根据美国能源信息署预测，2001～2025年的24年期间，全球能源总消费量增长率可能约为1.8%。预估未来欧盟及日本等先进国家或地区的能源消费增长率将逐渐趋缓，2001～2025年的总能源消费平均增长率约为0.7%及0.8%；美国及前苏联地区2001年至2025年的总能源消费平均增长次之，约为1.4%及1.5%；但预计经济将保持快速增长的中国地区，2001～2025年的总能源消费平均增长率预计将达到3.5%，远高于全球平均值。

2.2.3　中国能源利用现状

1. 能源消费特点

国家统计局发布的《2010年国民经济和社会发展统计公报》显示，中国2010年能源消费总量增长 5.9%，达到 32.5 亿 tec[⊖]。若折算成标准油，中国 2010 年的能源消费总量约为 22.75 亿 toe[⊖]。能源自给率达到 92%，高于 2009 年的 91.3%。2003～2011 年中国能源消费百分比见表 2-1。

表 2-1 2003～2011 年中国能源消费百分比

| 年 份 | 能源消费百分比（%） | | | | | | 能源消费总量/Mtoe |
	原油	天然气	煤	核能	水力发电	再生能源	
2003 年	22.12	2.45	69.32	0.82	5.29		1204.2
2004 年	22.40	2.47	68.71	0.8	5.62		1423.6
2005 年	20.92	2.63	69.95	0.76	5.74		1566.8
2006 年	20.42	2.92	70.24	0.72	5.70		1729.7
2007 年	19.48	3.36	70.51	0.76	5.89		1862.9
2008 年	18.76	3.63	70.23	0.77	6.61		2002.5
2009 年	17.73	3.65	71.29	0.73	6.28	0.32	2180.8
2010 年	17.61	4.03	70.61	0.62	6.64	0.49	2420.0
2011 年	17.62	4.43	70.63	0.67	6.05	0.60	2595.3

中国能源消费呈以下主要特点：

1）能源消费以煤为主，环境问题日益突出。近 70% 的原煤没有经过洗选直接燃烧，燃煤造成的二氧化硫和烟尘排放量约占排放总量的 70%～80%，二氧化硫排放形成的酸雨面积已占国土面积的 1/3；化石燃料的二氧化碳排放是我国温室气体的主要来源。

2）优质能源比例上升，石油安全不容忽视。2002 年，石油、天然气、水电等优质能源消费量占能源消费总量的 33.7%，比 1990 年提高 9.9 个百分点，其中石油占消费总量的比例由 1990 年的 16.6% 提高到 23.5%，提高了 6.9 个百分点。我国自 1993 年开始成为石油净进口国以来，对外依存度逐年提高，2002 年石油净进口量为 8130 万 t，对外依存度达 32.8%。

3）工业用能居高不下，结构调整任重道远。2002 年，一、二、三产业和生活用能分别占能源消费总量的 4.4%、69.3%、14.9% 和 11.4%。其中，工业用能占 68.3%，自 1990 年以来始终保持在 70% 左右的水平。虽然统计口径不完全可比，但与国外能源消费构成相比，我国工业用能比例明显偏高。在推进工业化的进程中，调整经济结构的任务十分艰巨。

4）生活用能有所改善，用能水平仍然很低。2002 年，城乡居民生活用电 2001 亿 kW·h，天然气和煤气 177 亿 m³，液化石油气 1169 万 t，占生活用能的比例分别由 1990 年的 3.7%、1.66%、1.72% 上升到 14.4%、6.8%、11.8%。但用能水平仍然很低，人均生活用电量为 156kW·h，仅相当于日本的 7.7%、美国的 4%。

2. 能源利用情况

改革开放以来，中国能源工业快速增长，实现了煤炭、电力、石油天然气、可再生能源和新能源的全面发展，为保障国民经济长期平稳较快发展和人民生活水平持续提高作出了重

⊖ tec 表示吨标准煤。
⊜ toe 表示吨标准油。

要贡献。

1）供应保障能力显著增强。2011 年，中国一次能源生产总量达到 31.8 亿 tec，居世界第一。其中，原煤产量 35.2 亿 t，原油产量稳定在 2 亿 t，成品油产量 2.7 亿 t。天然气产量快速增长，达到 1031 亿 m³。电力装机容量 10.6 亿 kW，年发电量 4.7 万亿 kW·h。能源综合运输体系发展较快。石油管线长度超过 7 万 km，天然气主干管线长度达到 4 万 km。电网基本实现全国互联，330kV 及以上输电线路长度 17.9 万 km。国家石油储备一期项目建成，能源应急保障能力不断增强。

2）能源节约效果明显。中国大力推进能源节约。1981～2011 年，中国能源消费以年均 5.82% 的增长，支撑了国民经济年均 10% 的增长。2006～2011 年，万元国内生产总值能耗累计下降 20.7%，实现节能 7.1 亿 tec。实施锅炉改造、电机节能、建筑节能、绿色照明等一系列节能改造工程，主要高耗能产品的综合能耗与国际先进水平差距不断缩小，新建的有色、建材、石化等重化工业项目能源利用效率基本达到世界先进水平。淘汰落后小火电机组 8000 万 kW，每年可由此节约原煤 6000 多万 t。2011 年，全国火电供电煤耗较 2006 年降低 37g 标准煤/kW·h，降幅达 10%。

3）非化石能源快速发展。中国积极发展新能源和可再生能源。2011 年，全国水电装机容量达到 2.3 亿 kW，居世界第一。已投运核电机组 15 台、装机容量 1254 万 kW，在建机组 26 台、装机容量 2924 万 kW，在建规模居世界首位。风电并网装机容量达到 4700 万 kW，居世界第一。光伏发电增长强劲，装机容量达到 300 万 kW。太阳能热水器集热面积超过 2 亿 m²。积极开展沼气、地热能、潮汐能等其他可再生能源推广应用。非化石能源占一次能源消费的比例达到 8%，每年减排二氧化碳 6 亿 t 以上。

4）科技水平迅速提高。建成了比较完善的石油天然气勘探开发技术体系，复杂区块勘探开发、提高油气田采收率等技术在国际上处于领先地位。3000m 深水钻井平台建造成功。千万 t 炼油和百万 t 乙烯装置实现自主设计和制造。具有世界先进水平和自主知识产权的煤炭直接液化和煤制烯烃技术取得突破。全国采煤机械化程度达到 60% 以上，井下 600 万 t 综合采集成套装备全面推广。百万千瓦超超临界、大型空冷等大容量高参数机组得到广泛应用，70 万 kW 水轮机组设计制造技术达到世界先进水平。基本具备百万千瓦级压水堆核电站自主设计、建造和运营能力，高温气冷堆、快堆技术研发取得重大突破。3MW 风电机组批量应用，6MW 风电机组成功下线。形成了比较完备的太阳能光伏发电制造产业链，光伏电池年产量占全球产量的 40% 以上。特高压交直流输电技术和装备制造水平处于世界领先地位。

5）用能条件大为改善。积极推进民生能源工程建设，提高能源普遍服务水平。与 2006 年相比，2011 年中国人均一次能源消费量达到 2.6tec，提高了 31%；人均天然气消费量为 89.6m³，提高了 110%；人均用电量为 3493kW·h，提高了 60%。建成西气东输一线、二线工程，全国使用天然气人口超过 1.8 亿。实施农村电网改造升级工程，累计投入 5500 多亿元人民币，使农村用电状况发生了根本性变化。青藏联网工程建设成功，结束了西藏电网孤网运行的历史。推进无电地区电力建设，解决了 3000 多万无电人口的用电问题。在北方高寒地区建设了 7000 万 kW 热电联产项目，解决了 4000 多万城市人口的供暖问题。

6）环境保护成效突出。中国加快采煤沉陷区治理，建立并完善煤炭开发和生态环境恢复补偿机制。2011 年，原煤入选率达到 52%，土地复垦率达 40%。加快建设燃煤电厂脱硫、脱硝设施，烟气脱硫机组占全国燃煤机组的比例达到 90% 左右。燃煤机组除尘设施安装率和废水排放达标率达到 100%。加大煤层气（煤矿瓦斯）开发利用力度，抽采量达到 114 亿 m^3，在全球率先实施了煤层气国家排放标准。五年来，单位国内生产总值能耗下降减排二氧化碳 14.6 亿 t。

7）体制机制不断完善。市场机制在资源配置中发挥出越来越大的作用。能源领域投资主体实现多元化，民间投资不断发展壮大。煤炭生产和流通基本实现市场化。电力工业实现政企分开、厂网分离，监管体系初步建立。能源价格改革不断深化，价格形成机制逐步完善。开展了煤炭工业可持续发展政策措施试点。制定了风电与光伏发电标杆上网电价制度，建立了可再生能源发展基金等制度。加强能源法制建设，近年来新修订出台了《中华人民共和国节约能源法》《中华人民共和国可再生能源法》《中华人民共和国循环经济促进法》《中华人民共和国石油天然气管道保护法》以及《民用建筑节能条例》《公共机构节能条例》等法律法规。

作为世界第一大能源生产国，中国主要依靠自身力量发展能源，能源自给率始终保持在 90% 左右。中国能源的发展，不仅保障了国内经济社会发展，也对维护世界能源安全作出了重大贡献。

2.2.4　全球关注三项能源问题

1）能源供应的安全性。各国和各级消费者面对着同样的挑战：如何确保能够继续获得可负担得起的能源。

2）能源促进发展。

3）气候变化。能源部门是管理全球温室气体排放的主要部门。即使采取最为积极的减排政策，但仍不能无视日趋需要采取各种适应性措施的事实。

2.2.5　未来能源发展的各种趋势

1）预计到 2030 年，世界能源需求量将比目前的能源需求量高出 60%，而且化石燃料仍然将在能源需求的混合体中占据统治地位。

2）经济增长、人口增加以及城市化速度的加快，将会导致在未来 25 年间对能源的需求量每年增加约 1.7%（除非能在提高能源使用效率方面取得重大突破）。

3）对可再生能源生产部门的投资额至少达到 1.6 万亿美元。

4）今后 25 年间，全球能源需求增量的近 2/3 将会产生于发展中国家。

5）到 2030 年时，仍将有 14 亿民众无法获得供电，主要是在南亚和撒哈拉以南的非洲地区。

2.2.6　选择与策略

1）全球能源市场的发展趋势，将使跨地域的竞争更加强烈，使得各国需要新能源策略和技术，以确定一个具有能平衡能源永续安全供应且符合社会环保要求及具有经济竞争力的国家能源政策。

2）未来能源供应规划和研究重点将重新回到以节能及保护自然资源和环境的方向（参考欧美）。

① 提高改善现有能源转化效率、可用率、维护率、先进控制和自动化，使能源利用率提高并减少特定的能源消耗。

② 主要能源多样化，探究如何最佳地混合使用含碳燃料和无碳燃料（H_2 Addition/Combustion, Fuel Cells, Renewable E.），发展新能源。

③ 根据能源可用性、市场需求和地方社会对环境的接受、包容程度来规划集中式或分布式能源系统。

④ 能源转化过程的产物视市场需求作必要可行的调整，并扩展可能的二次燃料和材料的制造，将之用于其他方面。

⑤ 副产品（By-product）的利用及回收也是必须考虑的重点。

能源研究是一个跨学科的课题，包括燃烧、物理、化学、环境、材料、自动化、社会心理、管理、经济、地球科学等学科，是一个长久发展的研究领域。

2.3　环境与能源

当今人类的生活已离不开能源，因此人类不断向自然索取能源。图2-3、图2-4所示分别为海上石油开采和西气东输。

图 2-3　海上石油开采　　　　　　　　图 2-4　西气东输

人类利用能源，满足需要，享受着各种现代工具带来的便捷。人类不断将自己的意志、目的物化在自然物上，随着实践的介入，自然界不断遭到破坏。

人类与自然界是相互作用、对立统一的，过度的索取和破坏自然界导致自然界对人类的"惩罚"，这是一种原因与结果的对立统一的辩证关系。

2.3.1　温室效应

空气中的氮、氧、氢等双原子气体的辐射能力微不足道，均可看作透明体。然而二氧化碳和水蒸气等三原子气体都有相当大的辐射能力和吸收能力。与固体不同，上述这些气体的辐射和吸收有选择性，它们只能辐射和吸收某些波长区间的能量。对于二氧化碳这类气体，能让太阳的短波辐射自由地通过，同时吸收地面发出的长波辐射。这样一来，大部分太阳短波辐射可以通过大气层到达地面，使地球表面温度升高；与此同时，由于二氧化碳等气体强烈地吸收地面的长波辐射，使散失到宇宙空间的热量减少，于是地面吸收的热量多、散失的热量少，导致地球气温升高，这就是所谓的"温室效应"。全球环境气候影响及全球平均气温如图 2-5 所示。

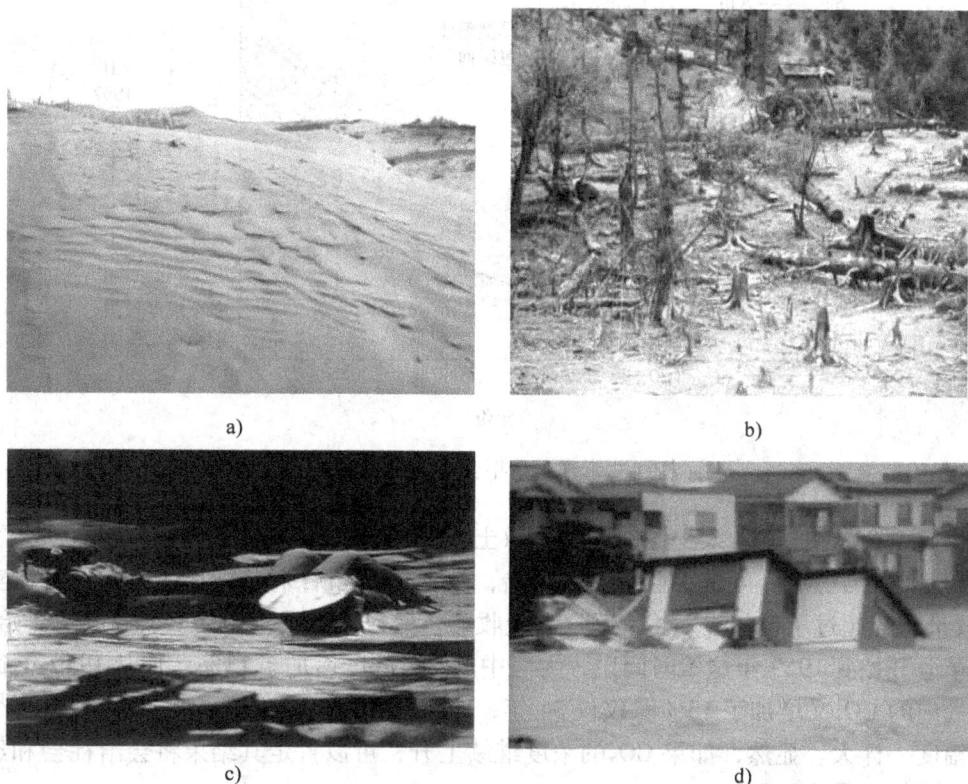

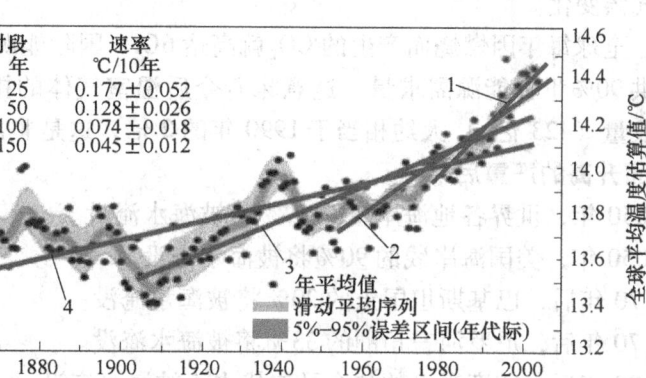

a)

b)

c)

d)

图 2-5　全球环境气候影响及全球平均气温

由图 2-5 可以看出，近 100 多年来，全球平均地表温度经历了一冷一暖两次波动，但总的趋势是上升的。20 世纪 80 年代，全球平均气温比上世纪下半叶升高了 0.6℃。最近的预测发现，当 CO_2 浓度增加为目前的两倍时，地表面平均温度将上升 1.5~4.5℃。这将引起南极冰山融化，导致海平面升高，并淹没大片陆地。图 2-6 所示为未来 100 年全球气温变化预测。

1. CO_2 对环境的影响

对于地球居住环境有最直接影响的是大气中的二氧化碳含量。CO_2 太多，地球就会像金

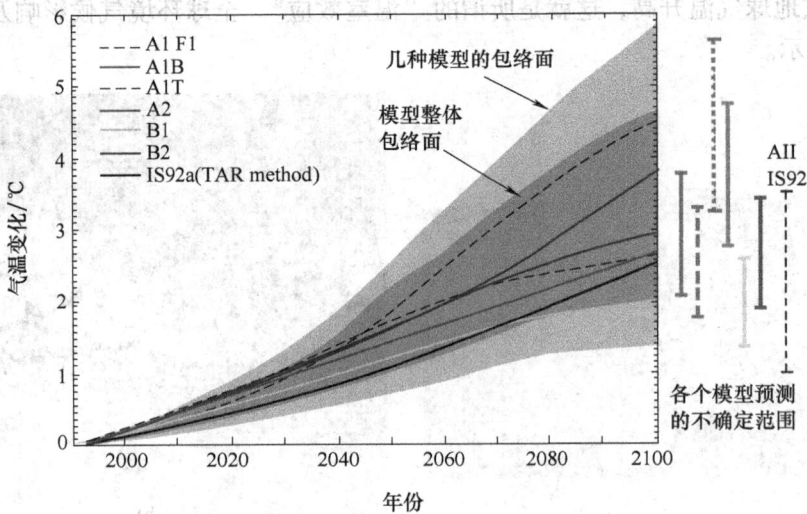

图 2-6 未来 100 年全球气温变化预测

星那样变成一个温室；CO_2 太少，地球就会像土星一样寒冷。直到工业革命以前，大气中的 CO_2 的含量都极为稳定。可是工业革命一开始，由于烧煤和后来燃烧其他化石燃料，实际的 CO_2 排放量已经超过了自然界对 CO_2 固定和吸收的自然速率，大气中的 CO_2 含量便开始上升。在工业革命开始到 1959 年这段时间里，大气中的 CO_2 浓度增加了 13%；而从 1959 年到 1993 年，大气中的 CO_2 又增加了 13%。仅仅 34 年，大气中 CO_2 浓度的上升幅度就与前两个世纪上升的幅度一样大。显然，如果 CO_2 的浓度继续上升，可以肯定其结果将会给社会和经济带来破坏性的气候变化。

据统计，全球每年因燃烧而产生的 CO_2 就高达 6Gt。国际能源机构指出，到 2010 年，化石燃料将提供 90% 世界能源需求量，这意味着今后温室气体的排放量将进一步增加；2030 年的预测排放量（423 亿 t）大约相当于 1990 年的 2 倍，这是非常危险的。

2. 海平面升高的严重后果

1）到 2050 年，世界各地海岸线的 70% 将被海水淹没。

2）到 2050 年，美国海岸线的 90% 将被海水淹没。

3）50 ~ 70 年后，巴基斯坦国土的 20% 将被海水淹没。

4）50 ~ 70 年后，尼罗河三角洲的 33% 将被海水淹没。

5）50 ~ 70 年后，印度洋上的整个马尔代夫将被海水淹没。

6）东京、大阪、曼谷、威尼斯、圣彼得堡、阿姆斯特丹将被淹没。

7）全球变暖会导致气候干旱、土地沙漠化、粮食减产。到 2060 年，世界粮食产量可能减产 1% ~ 7%。

3. 减缓温室效应的对策

1）提高能源的利用率，减少化石燃料的消耗量。

2）开发不产生 CO_2 的新能源，如核能、太阳能、地热能、海洋能。

3）推广植树绿化，限制森林砍伐，制止对热带森林的破坏。

4）减慢世界人口增长速度，在农村发展"能源农场"。一方面利用种植薪柴树木通过

光合作用固定 CO_2；另一方面，燃烧薪柴比燃用化石燃料产生的 CO_2 要少得多。

5）采用天然气等低含碳燃料，大力发展氢能。

2.3.2 酸雨

天然降水本底的 pH 值为 6.55。一般将 pH 值小于 5.6 的降水称为酸雨。可能引起雨水酸化的主要物质是 SO_2 和 NO_x，它们形成的酸雨占总酸雨量的 90% 以上。而上述两类物质的 90% 都是燃烧化石燃料造成的。中国的酸雨以硫酸为主，硝酸的含量不到硫酸的 1/10，这与中国以煤为主的能源结构有关。酸雨的形成如图 2-7 所示。

20 世纪 70 年代，酸雨在世界上仍是局部性问题，进入 80 年代后，酸雨危害更加严重，并且扩展到世界范围。目前酸雨已成为全球面临的主要环境问题之一。

酸雨会以不同的方式危害水生生态系统、陆生生态系统、腐蚀材料和影响人体健康。首先，酸雨会使湖泊变成酸性，引起水生生物死亡。据统计，瑞典的 9 万个湖泊中有 2 万个已遭到某种程度的酸雨的损害，4000 个生态系统被完全破坏；挪威南部的 5000 个湖泊中已有 1750 个鱼虾绝迹；加拿大安大略省已有 2000~4000 个湖泊

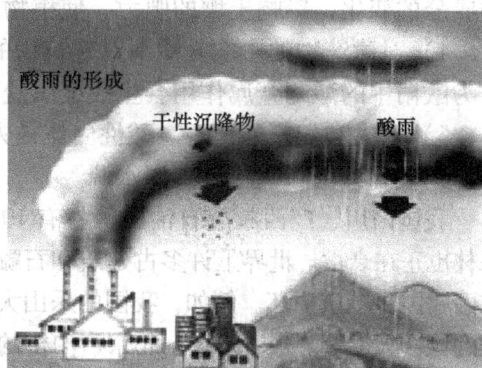

图 2-7　酸雨的形成

变成酸性，鳟鱼和鲈鱼已不能生存。其次，酸雨是造成大面积森林死亡的原因。据报道，德国巴伐利亚州山区的 12 000ha 森林有 1/4 因酸雨而坏死；捷克受害森林占森林总面积的 1/5。酸雨还加速了建筑结构、桥梁、水坝、工业设备、供水管网和名胜古迹的腐蚀，影响人体健康。例如，酸雨使地面水成酸性，地下水中的金属含量增加，饮用这种水或食用酸性河水中的鱼类会对人体健康产生危害。

化石燃料燃烧，特别是煤炭燃烧所产生的 SO_2 和 NO_x 是产生酸雨的主要原因。近一个多世纪以来，全球的 SO_2 排放一直在上升。中国的能源消耗以煤为主，因此 SO_2 的排放更加严重。针对上述情况，世界各国都在采取切实有效的措施控制 SO_2 的排放，其中最为重要的是洁净煤技术。

目前，世界各地的降水均有不同程度的酸化，其中最严重的地区有三个，分别是欧洲（西欧和北欧）酸雨区、北美酸雨区（美国和加拿大东部）和中国的酸雨区。德、法、英等国为酸雨中心，酸雨波及大半个欧洲的北欧酸雨区和包括美国和加拿大在内的北美酸雨区。这两个酸雨区的总面积大约为 1000 多万 km^2，降水的 pH 值小于 0.5，有的甚至小于 0.4。中国的酸雨区主要分布在长江以南，但北方工业集中的大城市如青岛、哈尔滨，北京、天津在夏季大雨和暴雨时，也时常出现酸雨。长江以南，西自四川峨眉山、重庆金佛山、贵州遵义、广西柳州、湖南洪江和长沙，向东直至福建的厦门，形成一条突出的酸雨带，酸雨频率均在 80% 以上。我国最严重的三个酸雨区是以重庆、贵阳为中心的西南酸雨区，以长沙等为中心的华南酸雨区和以福州为中心的东南酸雨区。近年来，我国酸雨污染程度逐年加重，污染区域逐年扩大，1999 年，我国的酸雨面积已达到全国国土面积的 30%。酸雨区的界限已基本和 400mm 等降水线吻合，即东南半壁广大湿润、半湿润区均已受到酸雨的危害。

1. 酸雨的危害

1）对水生生态系统的影响。酸雨降到地面后，导致湖泊酸化，湖泊中生长的各种鱼、虾等动物、水生植物及微生物等都会受到严重影响。

2）对陆地生态系统的影响。陆地上的植物经叶片气孔和根系吸收大量的酸性物质后，会引起植物机体新陈代谢的紊乱。树木的枝枯叶黄、农作物的枯萎死亡（或生长缓慢），在酸雨严重的地区屡见不鲜。

3）对土壤的影响。酸雨进入土壤后，改变了土壤的酸碱性。对于原来呈碱性的土壤，遭遇酸雨倒有一定的缓冲能力；对原本就呈酸性的土壤，其酸性就会更强，从而影响土壤结构成分的变化，影响土壤的肥力，使植物的生长受到影响。

4）对建筑物的影响。酸雨对建筑物的危害明显表现在腐蚀金属建筑物和石膏建筑物。因为酸雨中的酸与金属作用会生成金属盐和气体；酸与石膏作用会生成别的盐类。

5）对人类健康的危害。酸性气体被人吸入后，会严重危害呼吸道系统，造成一系列疾病。同时，酸雨还会污染饮用水源。

我国四川、广西壮族自治区等省有 10 多万 hm^2 森林也正在衰亡。世界上许多古建筑和石雕艺术品遭酸雨腐蚀而严重损坏。例如，我国的乐山大佛、加拿大的议会大厦等。最近发现，北京卢沟桥的石狮和附近的石碑、五塔寺的金刚宝塔等均因遭酸雨侵蚀而严重损坏。酸雨对中国长城的腐蚀如图 2-8 所示。

酸雨还加速了建筑结构、桥梁、水坝、工业设备、供水管网和名胜古迹的腐蚀，影响人体健康。例如，酸雨使地面水成酸性，地下水中的金属含量增加，饮用这种水或食用酸性河水中的鱼类会对人体健康产生危害。

图 2-8　酸雨对中国长城的腐蚀

2. 减少酸雨的措施

（1）工厂应采取的措施

1）采用烟气脱硫装置。

2）提高煤炭燃烧的利用率。

（2）社会和公民应采取的措施

1）用煤气或天然气代替烧煤。

2）处处节约用电（因为大部分的电厂是燃煤发电）。

3）支持公共交通（减少车辆就可以减少汽车尾气排放）。

4）购买包装简单的商品（因为生产豪华包装要消耗不少电能，而对于消费者来说包装并没有任何实用价值）。

5）支持废物回收再生（废物再生可以大量节省电能和少烧煤炭）。

2.3.3　热污染

所谓热污染，是指现代工业生产和生活中排放的废热所造成的环境污染。热污染可以污染大气和水体。火力发电厂排出的生产性废水中均含有大量废热。这些废热排入地面水体后，能使水温升高。在工业发达的美国，每天所排放的废热水达 4.5 亿 m^3，接近其全国用水量的 1/3。这些废热水的热量约为 2500 亿 kcal[⊖]，足够使 2.5 亿 m^3 的水温度升高 10℃。

用江河、湖泊水作冷源的火力发电厂和其他工业锅炉、工业炉窑等用热设备，冷却水吸收热量后，温度将升高 6～9℃，然后再返回自然水源。于是大量的排热进入到自然水域，引起自然水温升高，从而形成所谓的热污染。

热污染会导致水中的含氧量减小，影响水中鱼类和其他浮游生物的生长，同时使水中藻类大量繁殖，堵塞航道，破坏自然水域的生态平衡。

火电厂和核电站是热污染的主要来源，提高电厂和一切用热设备的热效率，不仅可使能量有效利用率提高，而且由于排热减少，对环境的热污染也可随之减轻。

城市热岛效应：由于人的活动和工业生产排放出大量的热量，使城市气温比周围郊区气温高，这一现象称为城市热岛效应。

大气中热量增加，还可延及局部地区乃至全球的气候，从而影响到整个生态系统。按照热力学规律，人类使用的全部能量最终将转化为热能，传入大气，使局部地区气温上升，在大城市形成热岛效应即一年四季中城区的气温比周围农村的气温高出好几摄氏度。夏季骄阳似火，酷热难熬，加上人为的热污染，就会出现过热环境，直接损害人体的健康，诱发各种疾病。

热污染还影响地球外圈的大气层，使地面反射太阳热能的反射率增高、吸收太阳辐射的热量减少，使得地面上升的气流相对减弱。这将妨碍云雨雾雪的形成，加上其他因素的作用，造成局部地区的干旱少雨，影响农作物生长。

热污染还会引起多种疾病病原体的繁衍，使人体的免疫力、抗病能力下降，直接影响人类的健康。热污染使水温上升，热水还能使河面蒸发量加大，失水严重；抬高河床，增加洪水发生次数；引起致病微生物的大量繁殖，对人类健康带来影响。

2.3.4 破坏臭氧层

关于臭氧层耗减对全球环境产生的影响，就目前来说，还不能认为已经产生了明显的严重后果。确切地说，只是从最近十多年的环境情况与十多年前或更早年情况相对比较时，发现了某些异变。

臭氧层耗减的直接结果是使到达地表的中波紫外线辐射 UV—B 增加。很多科学家计算过臭氧层耗减使地面所受 UV—B 辐射量增加的定量关系。通常认为臭氧层浓度降低 1%，UV—B 辐射量增加 1.5%～2%。

UV—B 能破坏蛋白质的化学键，彻底杀死微生物，破坏动植物的个体细胞，损害其中的脱氧核糖核酸（DNA），引起传递遗传特性的因子变化，发生生物的变态反应。

但是，适量 UV—B 则是维持人体健康所必需的。它能增强交感肾上腺机能，提高免疫反应，促进磷、钙代谢，增强人体对环境污染物抵抗力。

紫外线的生物效应与其强度、照射持续时间以及波长有关。定量研究紫外线的生物效应，采用的是一种生物剂量单位，称为最低致红斑剂量（简称红斑剂量或 MED）。1MED 为皮肤照射紫外线后，在 6～12h 内出现刚可见到的红斑所需的 UV—B 辐射量，相当于波长为

⊖ 1kcal = 4.1868kJ。

297nm 单色光 13mJ/cm² 的辐射能量。一般认为，人体裸露可每天接受 0.125MED 的紫外线是有益的。世界卫生组织（WHO）推荐人体可接受 UV—B 辐射不应超过 4MED。

长期接受过量紫外线辐射，将引起细胞内的 DNA 改变，并且引起细胞的自身修复能力减弱、免疫机制减退，使皮肤发生弹性组织变性、角化以至皮肤癌变；还会诱发眼球晶体产生白内障等。

过量的紫外线辐射可使农作物如大豆、玉米、棉花、甜菜等的叶片受损，抑制其光合作用，导致减产；还会改变细胞内的遗传基因和再生能力，使农产品质量劣化。

紫外线辐射能穿透水下 10m。过量的紫外线会杀死水中的微生物，削弱浮游植物的光合作用，破坏水生生物的食物链，引起水生生态系统发生变化，降低水体的自然净化能力，导致水生生物大批死亡。

过量紫外线除了直接危害人和生物机体外，还会使城市环境恶化，进而损害人体健康，伤害植物生长和造成经济损失。城市工业在燃烧矿物燃料时排放氮氧化物（NO 和 NO₂），与某些工业和汽车所排放的挥发性有机物（包括乙烷、丙烷、丁烷等非甲烷烃类），共同在紫外线照射下会较快地发生光氧化反应，主要产生臭氧、过氧化烯烷基硝酸酯，以及硝酸、醛、有机酸和过氧化氢等，从而造成城市内近地面大气的臭氧浓度增高，引起光化学烟雾污染。

近地面臭氧浓度过高，人体吸入呼吸道后，会导致肺功能减弱和组织损伤，引起咳嗽、鼻咽刺激、呼吸短促和胸闷不适等。

近地面臭氧和过氧化烯烷基硝酸酯能损害植物叶片，抑制光合作用，使农作物减产，森林和树木枯萎坏死，其危害比酸雨大得多。

近地面臭氧浓度增高还会使塑料制品（如室内电线、电缆）加速老化。

美国环保局估计，当臭氧层耗减 25% 时，城市光化学烟雾的发生几率将增加 30%，塑料等材料老化的经济损失将达 47 亿美元。

当然，也有一些国内外的科学家对美国环保局的估计持不同看法，认为随地理区域和人种不同，后果并不完全相同。

2.3.5　放射性污染

核燃料的开采与运输以及核废渣的处理也会给环境造成污染。从污染物对人和生物的危害程度看，放射性物质要比其他污染物严重得多。正因为如此，从核能开发以来，人们就对放射性污染的防治极其重视，采取了一系列严格的措施，并将这些措施以法律的形式明确下来。

1. 两次大的核事故

1）1979 年，美国三里岛核电站二回路故障，造成失水，无法导出余热，部分燃料棒熔化、破损，放射性物质泄漏。

2）1986 年，切尔诺贝利核电站严重事故，停堆进行电动机性能试验，反应堆功率失控，被切断的安全保护系统无法动作，引起爆炸与燃烧，堆芯熔化，放射性严重泄漏，大范围污染环境和大量人员伤亡。

2. 放射性污染的后果

核能源对人体健康产生的主要影响来自所涉电离子造成的辐射。

长期深度土地填埋处置办法目前正在逐步取代先前所采取的对核燃料进行再加工的办法，但目前仍需进一步了解相关的地质作用和对材料的长期作用的特性，以便使之成为一种良性备选办法。

与核能源有关的其他问题包括人们对核扩散的关注以及与其辐射排放有关的事故风险等。

2.4 能源规划与环境影响评价

近年来，世界上许多国家在总结环境保护经验、教训的基础上，逐步认识到单纯对建设项目进行环境影响评价已经适应不了全面保护环境和可持续地利用自然资源的需要。为此，一些国家积极开展了以政策和规划为评价对象的"战略环境评价"的研究和推广工作，进一步促进了对环境污染的预防，该评价成为全球环境影响评价制度的新热点。在一些国家所制定的能源规划和战略中已经充分考虑了环境因素，特别是英国的能源政策白皮书，把创造低排放经济作为能源政策的主要目标和出发点。但迄今为止，并没有一个国家对不同类型的规划、尤其是能源规划的环境影响提出一套科学、系统的环境影响评级方法和指标体系。

2.4.1 英国能源政策、规划及其环境影响评估

英国于 2003 年 2 月 24 日发表了能源政策白皮书，名为《我们能源的未来——创造低碳经济》，把创造低排放经济作为能源政策的主要目标和出发点，提出了今后 50 年英国能源政策的纲要。白皮书表明，英国将履行《京都议定书》提出的减排要求，并保证能源的持续、安全和可靠的供应。英国能源政策的四项基本目标分别为：① 到 2050 年，二氧化碳排放量逐步降至目前水平的 60%；② 保持能源供应的可靠性；③ 推动国内外市场，提高生产率；④ 保证每个家庭适当和可接受的供热。白皮书提出通过提高能源效率，实现减少碳排放量一半以上。对英国 2020 年少排 1500～2500 万 t 碳的要求如下：家用能源提高效率，少排 400～600 万 t；工业用能提高效率，少排 400～600 万 t；运输车辆利用生物质能少排 200～400 万 t；增加可再生能源少排 300～500 万 t；通过欧盟二氧化碳排放权交易少排 200～400 万 t。低碳经济要求煤炭采用洁净煤技术，提高燃煤电厂效率，减少碳排放量。白皮书还特别强调碳捕捉和碳贮存技术。

2.4.2 美国能源政策、规划及其环境影响评估

20 世纪 90 年代后期，依据美国能源部组织法第 801 款制定的综合国家能源战略，在基于市场调节的能源政策背景下，提出了五个具体的目标。这些目标反映了美国人民的共同愿望：通过更高的生活标准和经济的安全性以及更清洁的环境来改善生活质量。包括：① 提高能源系统效率。更高效地使用能源资源，协调整个国民经济的运行，加强环境保护和增强国家安全。② 确保能源供应安全。防止美国经济受到外部的能源供应中断和基础设施失效的威胁。③ 在能源生产和利用的过程中要尊重健康和环境的价值。改善当地的、区域的以及全球的环境质量，保障人类健康的需要。④ 扩大未来能源的选择。追求科学与技术的不断发展，为下一代提供充足且价格合理的清洁能源。⑤ 扩大能源问题的国际合作。建立一种机制，用以识别、管理和解决全球经济问题、安全问题和相关环境问题。

2.4.3 中国可持续发展的瓶颈

1）人口再生产与物质再生产的自由分离。

2）自然资源的生产价值与生态价值的急剧背离。

3）对环境容量的无偿占有与对环境质量的自觉养护之间的严重失衡。

4）追求经济增长的效率与保障社会发展公平之间的失调。

5）成本外部化所导致的制度失灵及"绿色 GDP"的概念。绿色 GDP = 现行 GDP - 自然部分扣除 - 人文部分扣除。

参 考 文 献

［1］中国行业研究网. 2012 年世界石油储量情况点评分析 ［EB/OL］. （2012-12-03）［2013-03-30］.
http：//www. chinaim. com/news/20121203/345989. html.

［2］许莉. 世界煤炭资源供需形势分析 ［J］. 中国煤炭地质，2012（24）：70-72.

［3］钱伯章，王馨. 国际可再生能源新闻 ［J］. 太阳能，2011（20）：60-61.

［4］宋洪川，王立敏. 2011BP 世界能源统计解析 ［EB/OL］. （2011-08-19）［2013-03-30］.
http：//oil. in-en. com/html/oil-11101110421111912. html.

［5］庞名立. BP2011 年数据：中国能源消费结构 ［EB/OL］. （2011-06-16）［2013-04-03］.
http：//www. cngascn. com/html/news/show_news_W1_1_9307. html.

第3章　能源管理行业的基本知识

要了解能源管理行业的相关知识，我们就必须掌握能源利用的相关过程，自然界中产生的能源能够合理利用的非常少，所以掌握能源的相关基础知识，就能更加合理地安排用能，为发展社会生产和丰富人类生活服务。

3.1　工程热力学基础知识

工程热力学是能源科学中的一个重要理论学科，其深远意义，在于指导用能实践。一百多年来，特别是近数十年以来，在工程热力学理论的指导下，用能实践获得了前所未有的发展，一些新型热机，以及能量直接转换的新技术不断出现。例如，由燃料的化学能转换为电能的燃料电池，由燃气热能直接转换为电能的磁流体发电，由电子热能直接转换为电能的热电子发电装置，以及清洁无害、储量丰富的太阳能热利用、太阳电池、太阳能卫星发电、太阳能制氢等，都大大地提高了人类科学用能的水平，为能源管理提供了重要的理论依据。

3.1.1　工程热力学的发展史

人们对热的本质及热现象的认识，经历了一个漫长、曲折的探索过程。

在古代，人们就知道热与冷的差别，能够利用摩擦生热、燃烧、传热、爆炸等热现象，来达到一定的目的。例如，中国古代燧人氏的钻木取火、炼丹术和炼金术、火药的发明，以及早期的爆竹、走马灯等。又如，在古希腊就有"火、土、水、气组成世界"的四元素学说，这与我国战国时期（公元前300多年）提出的"水、火、金、木、土为万物之本"的五行学说是类似的。人类对热现象的重视由来已久，但因当时生产力的低下，不可能对这些热现象有任何实质性的解释。

热科学的历史可以追溯到17世纪。在1592～1600年间，伽利略（1564—1642）制作了人类第一个空气温度计，开始了对物体的冷热程度（温度）进行定量测定的研究，可以说是"测温学"（Thermometry）的开端。

1620年，培根首先注意到，两个物体之间的摩擦所产生的热效应与物体的冷热程度（温度）是有区别的。他认为"热是运动"。这可以说是人们对"热量"的本质进行科学研究的开端。

工程热力学发展史，大约可分成四个阶段：

1）17世纪末到19世纪中叶，此时期累积了大量的实验与观察的结果，并制造出蒸汽机。这一阶段的热力学还停留在描述热力学的现象上，并未引进任何的数学算式。

2）19世纪中到19世纪70年代末，此阶段热力学的第一定律和第二定律已完全理论化。

3）19世纪70年代末到20世纪初，这个时间内，热力学诞生。玻耳兹曼提出系综理论建立统计力学的基础。

4）20 世纪 30 年代至今，主要是量子力学的引进，建立了量子统计热力学，同时非平衡态理论更进一步的发展，形成了近代理论与实验物理学中最重要的一环。

工程热力学的发展历史，反映了人类对热能的本质及能量转换规律的认识、掌握和运用的历史，它是随着生产力提高、科技进步及社会发展而发展的，其中有曲折和反复。随着能源问题越来越受到重视，人们对与节能有关的复合循环、新型的复合工质的研究产生了很大兴趣。

3.1.2　工程热力学研究内容及方法

工程热力学研究与热现象有关的能量转换规律及物质的热性质，它诞生于 19 世纪上半叶，是继理论力学和弹性力学之后，与电磁学一起，应用和发展牛顿力学的一门重要学科。热力学具有广阔的研究范围，可以说凡是涉及热现象的任何能量转换过程都是热力学的研究对象。运用热力学的基本理论研究某种领域或范围内能量转换的热现象，就构成了具有不同研究方向的热力学。例如，研究大气流热现象的气象热力学，研究生物体内热现象的生物热力学，研究流体热力学性质的流体热力学，研究化学工艺过程中热现象的化工热力学，研究热机循环的发动机热力学等。

1. 研究内容

1）基本概念与基本定律，如热力系统、状态参数、热力学第一定律、热力学第二定律等。

2）能量的转化过程特别是热能转化为机械能是由工质的吸热、膨胀、排热等状态变化过程实现的，因此过程和循环的分析研究及计算方法是工程热力学的重要内容。

3）常用工质的性质与热力过程。

4）化学热力学的有关内容。

2. 研究方法

1）宏观研究方法。以热力学第一、第二定律为基础，针对具体问题采用抽象、概括、理想化和简化的方法，抽出共性，突出本质，建立分析模型，推导出一系列有用的公式，得到若干重要结论。

2）微观研究方法。利用量子力学和统计方法，将大量粒子在一定宏观条件下一切可能的微观运动状态予以统计平均，来阐明物质的宏观特性，导出热力学基本规律，阐明热现象的本质，预测具体热力学性质。

3.1.3　热力系统及其分类

1. 热力系统

热力学中选取一定的工质或空间作为研究对象。图 3-1 所示为热力系统。

系统：用界面从周围的环境中分割出来的研究对象，或空间内物体的总和。

外界：与系统相互作用的环境。

界面：假想的、实际的、固定的、运动的、变形的。

依据：系统与外界的关系。系统与外界的作用为热交换、功交换、质交换。

2. 热力系统分类

（1）按系统与外界是否进行物质交换分类

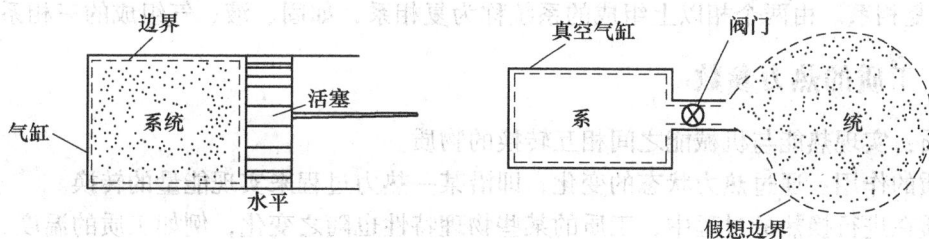

图 3-1　热力系统

1）闭口系统。系统内外无物质交换，系统内物质质量为一不变的常量，称为控制质量，如图 3-2 所示。

2）开口系统。系统内外有物质交换，开口系统总是一种相对固定的空间，称为控制体积，如图 3-3 所示。

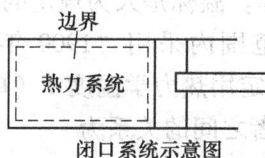

图 3-2　闭口系统

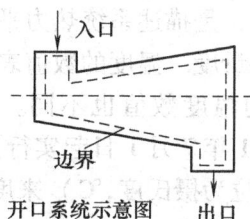

图 3-3　开口系统

（2）按系统与外界之间是否进行能量交换情况分类

1）简单系统。系统与外界只交换热量和一种形式的功。

2）绝热系统。系统与外界之间完全没有热量交换或系统传递的热量可忽略不计，如图 3-4 所示。

3）孤立系统。系统与外界之间既无物质，又无能量交换，如图 3-5 所示。

任何非孤立系统 + 相关边界 = 各相互作用的子系统之和 = 孤立系统。

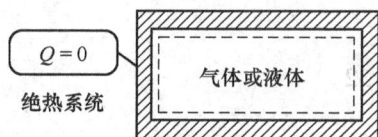

图 3-4　绝热系统

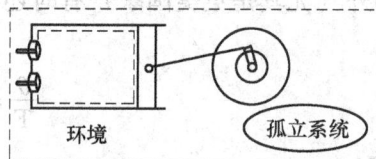

图 3-5　孤立系统

（3）按系统内部状况分类

1）可压缩系统。由可压缩流体组成的系统。

2）简单可压缩系统。与外界只有热量及准静态容积变化功交换。

3）均匀系统。内部各部分化学成分和物理性质都均匀一致的系统，是由单相组成的。

4）非均匀系统。由两个或两个以上的相所组成的系统。

5）单元系统。由一种均匀的且化学成分不变的物质组成的系统。

6）多元系统。由两种或两种以上物质组成的系统。

7）单相系。系统中工质的物理、化学性质都均匀一致的系统称为单相系。

8）复相系。由两个相以上组成的系统称为复相系，如固、液、气组成的三相系统。

3.1.4 工质的热力参数

工质：实现热能与机械能之间相互转换的物质。

工质的作用：通过热力状态的变化，即沿某一热力过程来实现能量的转换。

工质在进行换热的过程中，工质的某些物理特性也随之变化，例如工质的温度、压力等发生改变，这种表征工质在热力变化的物理特性，常称为热力参数。由此可见，研究工质的热力变化时，首先要掌握工质的热力参数。常见的热力参数有温度（T）、压力（p）、比体积（v）或密度（ρ）、内能（u）、焓（h）、熵（s）、亥姆霍兹自由能（f）、吉布斯自由能（g）等。本章着重介绍几个对于流体（包括气体、液体）来说最重要的参数：温度、压力和比体积，其他的参数在这里不多作介绍。

1. 温度

温度在宏观上，是描述系统热力平衡状况时冷热程度的物理量。在微观上，是大量分子热运动强烈程度的量度。温度的数值表示法称为温标。温标是人为规定的，不同的温标对物体同一冷热程度的温度数值也不同。目前，世界范围内采用"1900 年国际温标（ITS—90)"，我国自 1991 年 7 月 1 日起实行。这个温标规定用热力学温度 T（单位为卡尔文，K）及摄氏温度 t（单位为摄氏度，℃）来度量温度。两者之间的关系为

$$\frac{t}{\text{℃}} = \frac{T}{\text{K}} - 273.15 \tag{3-1}$$

或

$$\frac{T}{\text{K}} = \frac{t}{\text{℃}} + 273.15 \tag{3-2}$$

这个温标规定以水的三相点（即水的固、液、气三相平衡共存状态）的温度为基准点，定为 273.15K。这个温标还规定，把 273.15K 作为摄氏度温度的起算点，即摄氏零度。实际上热力学温度和摄氏温度的每一度大小是相等的，所以在热力过程中用热力学温度或摄氏温度计算温度差值是相等的，即 $T_2 - T_1 = t_2 - t_1$。因此，水三相点对应的摄氏温度则为 0.01℃。国外（尤其是英美国家）有时还沿用华氏温度 θ，单位为℉。它与摄氏温度之间的关系为

$$\frac{\theta}{\text{℉}} = \frac{9}{5}\frac{t}{\text{℃}} + 32 \tag{3-3}$$

2. 压力

流体的压力是以垂直作用于容器壁面单位面积上的力的大小来衡量的。物理学称为压强。

压力的单位是帕斯卡（简称帕，Pa）。它是当 1N 的力垂直作用在 1 ㎡面积上时的压力为 1Pa。由于这个单位太小，工程上常用的单位有：kPa、MPa 和巴（bar）。它们之间的关系为

$$1\text{kPa} = 10^3\text{Pa} \tag{3-4}$$

$$1\text{MPa} = 10^3\text{kPa} = 10^6\text{Pa} \tag{3-5}$$

$$1\text{bar} = 0.11\text{MPa} = 10^2\text{kPa} = 10^5\text{Pa} \tag{3-6}$$

在工程上曾用过下面一些单位：工程大气压（at）、标准大气压（atm）、毫米汞柱

（mmHg）和米水柱（mH$_2$O）等，根据我国规定，它们皆为非法定单位。它们之间的换算关系见表3-1。

表 3-1 压力单位换算表

压 力 单 位	标准大气压 atm	工程大气压 at	帕[斯卡]Pa	兆帕[斯卡]MPa	毫米汞柱 mmHg	米水柱 mH$_2$O
atm	1	1.0332	1.010×10^5	0.1013	760	10.332
at	0.9678	1	0.981×10^5	0.0981	735.6	10
Pa	0.98×10^{-5}	1.02×10^{-5}	1	10^{-6}	75×10^{-4}	1.02×10^{-4}
MPa	9.87	10.197	10^6	1	75×10^2	101.97
mmHg	1.31×10^{-3}	1.36×10^{-3}	133.3	1.33×10^{-4}	1	1.36×10^{-2}
mH$_2$O	0.09678	0.1	0.01×10^5	0.00981	73.56	1

工程中工质的压力是由压力表（计）来测定的。一般用弹簧管式压力计来测定，如图3-6所示；较小的压力则用U形管压力计测定，如图3-7所示。这些表（计）的测量原理都是建立在力平衡基础上的。弹簧管式为管内外保持力平衡，U形管式为左右连通管保持为力平衡。由此可见，压力表（计）所测定的压力为工质的真实压力与环境大气压力之间的差值。工质的真实压力称为绝对压力，以 p 表示。绝对压力大于大气压力时，其超出大气压力 p_0 之值，即表（计）所显示出来的测定压力值，称为表压力，以 p_g 表示。根据力平衡原则有

$$p = p_0 + p_g$$

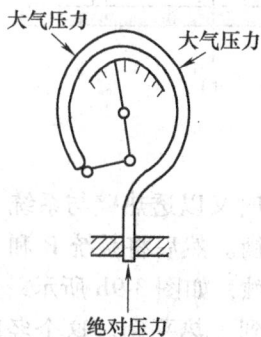

图 3-6 弹簧式压力计

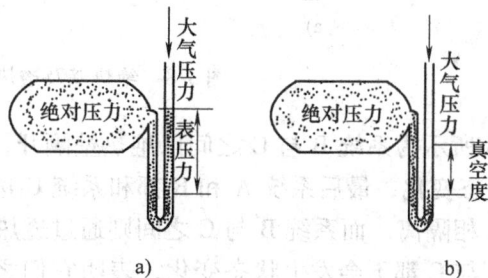

图 3-7 U形管压力计
a) 绝对压力 > 大气压力   b) 绝对压力 < 大气压力

对于低于大气压力的压力，其表压力必然是负值。在这种情况下，通常以真空度 p_v 表示表压力的大小，这时有

$$p = p_0 - p_v$$

注意：只有绝对压力才能代表工质的状态参数。

3. 比体积

比体积：单位质量工质所具有的体积。密度：单位体积的工质所具有的质量。

$$v = \frac{V}{m} \tag{3-7}$$

关系：$\rho v = 1$

式中，ρ 为工质的密度（kg/m^3）；v 为工质的比体积（m^3/kg）。

3.1.5　热力学定律

1. 热力学第零定律

热力学第零定律是有关热平衡的基本公理。其内容为：如果两个物体分别和第三个物体处于热平衡，则它们彼此之间也必然处于热平衡。现在，我们从考察热平衡现象入手来说明这个问题。当一个单相系统与环境之间只有一种形式的功作用，例如只有体积变化功、电功或磁功等之一时，经验表明，只要两个独立的热力学参数便可以完全地确定它的状态。假设有两个系统 1 与 2，它们的独立参数分别为 p_1、V_1 与 p_2、V_2。当系统 1 与系统 2 之间以固定的刚性绝热壁相隔离，如图 3-8a 所示时，对于它们各自的平衡状态来说，上述四个参数的取值是任意的。如果两个系统之间以透热壁相互接触，如图 3-8b 所示，则原先处于平衡状态的系统 1 和 2 的参数都会发生变化，直到建立了新的平衡状态为止。这时参数 p_1、V_1 和 p_2、V_2 的取值都不再是任意的，它们之间存在一定的关系 F_{12}（p_1、V_1、p_2、V_2）。也就是说，当两个系统通过透热壁相互接触并达到热平衡后，其特点是它们参数的取值受到了限制。

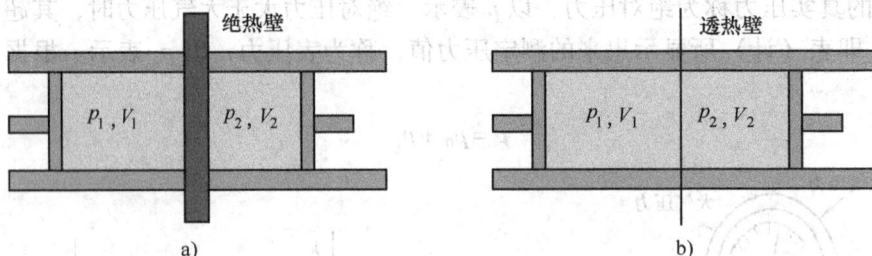

图 3-8　绝热壁及透热壁的性质

图 3-9a 所示为系统 B 与 C 之间以绝热壁隔开，而它们同时又以透热壁与系统 A 相接触时，经过状态变化，最后系统 A 和 B 都和系统 C 达到了热平衡。然后将系统 B 和 C 以绝热壁与系统 A 相隔离，而系统 B 与 C 之间则通过透热壁相互接触，如图 3-9b 所示，这时我们发现系统 B 与 C 都不会发生状态变化，表明它们之间也已达到了热平衡。这个经验事实被总结成下述公理：若两个系统分别与第三个系统处于热平衡，则它们彼此之间处于热平衡。按照福勒〈R. H. Fowler〉在 1931 年提出的建议，上述公理称之为热力学第零定律，它是引出温度概念和建立温标的基础。

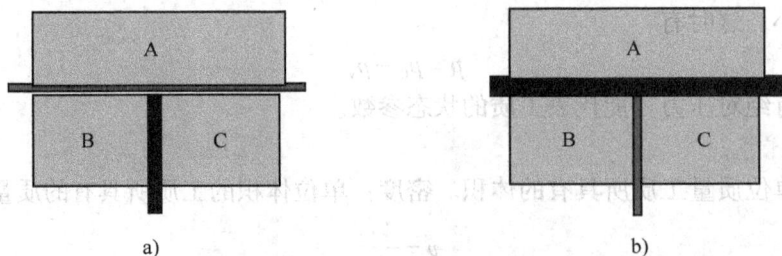

图 3-9　热力学第零定律示意图

a）B 和 C 分别与 C 处于热平衡　b）B 和 C 互相处于热平衡

2. 热力学第一定律

在自然界中，一切物质都具有能量。能量有各种不同的存在形式，能量不能凭空创造，也不能凭空消失，只能从一种形式转换为另一种形式。转换时，转换前、后能量的总量不变，这就是能量转换及其守恒定律。从微观方面来看，不同的能量形式就是不同的物质运动形式。所以说，能量转换及守恒定律的实质是阐明了物质运动的不灭性和永恒性。

在用热力学方法分析问题时，有一个重要的处理方法，就是首先要把分析对象的范围加以划定，这样才能可能弄清楚所分析的对象与其相联系的外在物之间存在的能量和质量交换的关系。所划定作为热力分析对象的那一部分称为热力系统（以下简称系统），系统以外的部分都称为外界。系统和外界的分界面称为系统的边界。通过边界，系统和外界之间可以有能量和质量的交换。热力学第一定律在系统与外界进行能量交换时，作为能量在数量上的守恒关系式（即能量守恒方程）总的表示原则是

进入系统的能量 = 离开系统的能量 + 系统中储存能量的增加

以上原则和形式的能量平衡方程在工程中广泛应用，对能源管理有着重要的指导意义。

3. 热力学第二定律

通过对自然界仔细观察发现，自然界里发生的过程是不可能自发逆向进行的，如高温物体可自发向低温物体传热，但逆向传热即低温物体向高温物体传热，则不能自发进行。前者过程的进行不需要任何条件，能自发进行，称为自发过程。而相反的变化却不能自发进行，称为非自发过程。

热力学第一定律只说明能量的转换及守恒关系，而没有涉及自然界过程进行的方向性问题。例如，上述两物体接触后产生的热交换，热力学第一定律只给出低温物体获得的热量等于高温物体放出的热量，或低温物体放出的热量应等于高温物体获得的热量，而没有指出在这种换热过程中存在着两种不同性质的区别。要实施这种非自发过程是有条件的，要付出代价，这就是热力学第二定律的实质，它指明了在能量交换过程中自发过程及非自发过程的区别。热力学第二定律有多种叙述方式，其中之一就是克劳修斯说法，即"不可能不付代价地把热量从一个低温物体（低温热源）传给另一个高温物体（高温热源）"。

如果付出代价，这种把热量从低温物体传给高温物体的非自发过程是可以实现的，例如空调机中进行的就是非自发过程。夏天，为了使室内保持低于外界环境的温度，这时室内空气是低温热源，而室外环境空气是高温热源，空调机通过机内工质制冷循环工作，不断地从室内抽出热量传给室外环境，使室内保持相对低的舒适温度，这一非自发过程得以完成是靠输入机械功（由电源供给）才能实现，这就是条件（付出代价）。再如冬天，为了使室内温度高于外界环境温度，这时室外环境成为低温热源，室内则成为高温热源，空调内工质进行的是将原来的两个（高、低）热源倒换后的循环（即热泵循环），其结果是不断地从低温热源的外界环境抽取热量传给相对于室外温度高一些的室内（高温热源），使室内保持较高的温度。这也是一个非自发过程，其进行的条件仍是消耗机械功（由电源供给）。

由此可见，非自发过程的实施是有条件的（或要付出代价），是不能自动进行的。这就是热力学第二定律在上述工程实践中的具体体现，是指导人们在工程实践中必须遵循的原则。

3.1.6 热力循环

热力循环在热力学和动力机械发展史上占有重要的位置，是热机发展的理论基础和能源动力系统的核心，也是热力学学科开拓发展的推动力与理论基础之一。历史证明，每一次新的热力循环及其动力机械的发展应用，都带动了能源利用的飞跃，有力推动了社会进步和生产力的发展。

热力循环包括两个循环，一个是正循环，另一个是逆循环。

1. 正循环

正循环中的热转换功的经济性指标：循环热效率。其计算式为

$$\eta_t = \frac{W_0}{Q_1} = \frac{Q_1 - Q_2}{Q_1} = 1 - \frac{Q_2}{Q_1} \tag{3-8}$$

式中，Q_1 为工质从热源吸热；Q_2 为工质向冷源放热；W_0 为循环所做的净功。

2. 逆循环

以获取制冷量为目的。

制冷系数

$$\varepsilon_1 = \frac{Q_2}{W_0} = \frac{Q_2}{Q_1 - Q_2} \tag{3-9}$$

式中，Q_1 为工质向热源放出热量；Q_2 为工质从冷源吸取热量；W_0 为循环所消耗的功。

供热系数

$$\varepsilon_2 = \frac{Q_1}{W_0} = \frac{Q_1}{Q_1 - Q_2} \tag{3-10}$$

式中，Q_1 为工质向热源放出热量；Q_2 为工质从冷源吸取热量；W_0 为循环所消耗的净功。

总体而言，在与能源、环境密切相关的热力学等基础研究方面，国内外还存在着比较大的差距，一些先进国家已经从过去的关键单元、设备、技术的研究走向循环、系统、技术路线的研究。为了明确国内外的差距和解决存在的问题，有必要分析基础科学研究资助课题的重点领域和相关情况，例如是否符合国际发展动态，是否达到国际先进领域的要求等。

3.2 传热学基础知识

传热学是研究热量传递过程规律的科学。

自然界和生产过程中，到处存在温度差，热量将自发地由高温物体传递到低温物体，热传递是一种极为普遍的物理现象。因此，传热学有着十分广泛的应用领域。就各类工业领域而言，例如，锅炉和换热设备的设计以及为强化换热和节能而改进锅炉及其他换热设备的结构；化学工业生产中，为维持工艺流程的温度，要求研究特定的加热、冷却以及余热的回收技术；电子工业中，解决集成电路或电子仪器的散热方法；机械制造工业中，测算和控制冷加工或热加工中机件的温度场；交通运输业中，在冻土地带修建铁路、公路；核能、航天等尖端技术中也都存在大量的传热问题需要解决；太阳能、地热能、工业余热利用及其他可再生能源工程中高效能换热器的开发和设计等；应用传热学知识指导强化传热或削弱传热达到节能目的；其他如农业、生物、医学、地质、气象、环境保护等部门，无一不需要传热学。因此，传热学已是现代技术科学的主要技术基础学科之一。近几十年来，传热学的成果对各部门技术进步起了很大的促进作用，而对传热规律的深入研究，又推动了学科的迅速发展。

为了由浅入深地认识和掌握热传递规律，先来分析一些常见的热传递现象。例如，密实的房屋砖墙或混凝土墙在冬季的散热，整个过程如图 3-10 所示。该过程可分为三个阶段。首先，热量由室内空气以对流换热方式和墙与室内物体间的辐射方式传给墙内表面；然后，墙体内表面以固体导热方式传递到墙外表面；最后，墙外表面以空气对流换热方式和墙与周围物体间的辐射方式把热传递到室外环境。显然在其他条件不变时，室内外温度差越大，传递的热量也越大。从实例不难了解，热量传递过程是由热传导（导热）、热对流、热辐射三种基本热传递方式组合而成的。

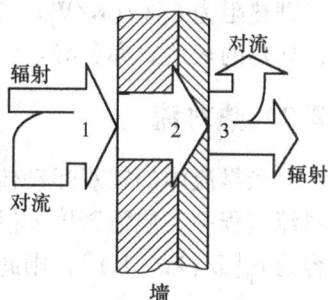

图 3-10　墙壁的热传递

3.2.1　热传导

导热又称热传导，是指物体各部分无相对位移或不同物体直接接触时依靠分子、原子及自由电子等微观粒子热运动而进行的热量传递现象。导热是物质的属性，导热过程可以在固体、液体及气体中发生。但在引力场下，单纯的导热一般只发生在密实的固体中。因为，在有温差时，液体和气体中可能出现热对流而难以维持单纯的导热。

大平壁导热是导热的典型问题之一，由前述墙壁的导热过程看出，如图 3-11 所示，平壁导热量与壁两侧表面的温度差和平壁面积成正比，与壁厚成反比，并与材料的导热性能有关。因此，通过平壁的导热量（单位为 W）的计算式是

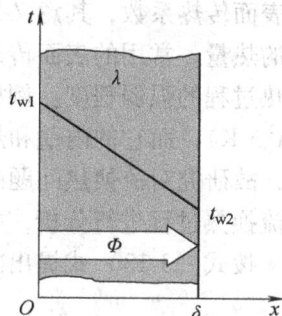

$$\Phi = \frac{\lambda}{\delta} \Delta t A \qquad (3\text{-}11)$$

或热流密度（W/m²）

$$q = \frac{\lambda}{\delta} \Delta t \qquad (3\text{-}12)$$

图 3-11　大平壁导热

式中，A 为壁面积（m²），δ 为壁厚（m）；Δt 为壁两侧表面的温差（K），$\Delta t = t_{w1} - t_{w2}$；$\lambda$ 为比例系数，称为热导率或导热系数，其意义是指单位厚度的物体具有单位温度差时，在它的单位面积上每单位时间的导热量，它的国际单位是 W/(m · K)。它表示材料导热能力的大小。热导率一般由实验测定。

在传热学中，常用电学欧姆定律的形式（电流＝电位差/电阻）来分析热量传递过程中热量与温度差的关系。即把热流密度的计算式改写为欧姆定律的形式

热流密度（W/m²）　　　　　　　　　　$q = \Delta t / R_t$　　　　　　　　　　　　　(3-13)

与欧姆定律对照可以看出，热流相当于电流，温度差相当于电位差，而热阻相当于电阻。如此，得到一个在传热学中非常重要而且实用的概念：热阻。对不同的热传递方式，热阻 R_t 的具体表达式将不一样。以平壁为例改写式（3-12），得

$$q = \frac{\Delta t}{\delta / \lambda} = \frac{\Delta t}{R_\lambda} \qquad (3\text{-}14)$$

用 R_λ 表示导热热阻，则平壁导热热阻为 $R_\lambda = \delta / \lambda$（m² · K/W）。可见平壁导热热阻与壁厚成正比，而与热导率成反比。R_λ 大，则 q 小。利用式（3-14），对于面积为 $A(\text{m}^2)$ 的平

壁,则热阻为 $\delta/\lambda A$（K/W）。热阻的倒数称为热导,它相当于电导。不同情况下的导热过程,导热的表达式亦各异。

3.2.2 热对流

只依靠流体的宏观运动传递热量的现象称为热对流,它是热传递的另一种基本方式。设热对流过程中,质流密度 $m[\text{kg}/(\text{m}^2 \cdot \text{s})]$ 保持恒定的流体由温度 t_1 的地方流至 t_2 处,其比热容为 $c_\text{p}[\text{J}/(\text{kg} \cdot \text{K})]$,则此热对流传递的热流密度（W/m²）应为

$$q = mc_\text{p}(t_2 - t_1) \tag{3-15}$$

但是,工程上经常涉及的传热现象往往是流体在与它温度不同的壁面上流动时,两者间产生的热量交换,传热学把这一热量传递过程称为对流换热（也称放热）过程。因为对流换热过程的热量传递涉及诸多影响因素,是一个复杂的换热过程,因此它已不再属于热传递的基本方式,这种情况下可采用对流换热计算式⊖计算热流密度——通称牛顿冷却公式,即

$$q = h(t_\text{w} - t_\text{f}) = h\Delta t \tag{3-16}$$

或面积 $A\text{m}^2$ 上的热流量（W） $\qquad h(t_\text{w} - t_\text{f})A = h\Delta t A \tag{3-17}$

式中,t_w 为壁表面温度（℃）;t_f 为流体温度（℃）;Δt 为壁表面与流体间温度差（℃）;h 为表面传热系数,其意义是指单位面积上,流体与壁之间在单位温差下及单位时间内所能传递的热量。常用的表面传热系数单位是 $\text{J}/(\text{m}^2 \cdot \text{s} \cdot \text{K})$ 或 $\text{W}/(\text{m}^2 \cdot \text{K})$。$h$ 的大小表达了对流换热过程的强弱程度。例如,采暖热水散热器外壁和空气间的表面传热系数约为 $1 \sim 10\text{W}/(\text{m}^2 \cdot \text{K})$,而它的内壁和热水之间的 h 则可达数千 $\text{W}/(\text{m}^2 \cdot \text{K})$。由于 h 受制于多项影响因素,故研究对流换热问题的关键是如何确定表面传热系数。本书将对一些工程中常见的典型对流换热过程进行分析,并提供理论解或实验解。

按式（3-13）式提出的热阻概念改写式（3-16）,得

$$q = \frac{\Delta t}{1/h} = \frac{\Delta t}{R_\text{h}} \tag{3-18}$$

式中,$R_\text{h} = 1/h$ 即为单位壁表面积上的对流换热热阻（$\text{m}^2 \cdot \text{K/W}$）。利用式（3-17）,则表面积为 $A\text{m}^2$ 的壁面上的对流换热热阻为 $1/(hA)$,单位是 K/W。

3.2.3 热辐射

导热或对流都是以冷、热物体的直接接触来传递热量,热辐射则不同,它是依靠物体表面对外发射可见和不可见的射线（电磁波,或者说光子）传递热量。物体表面每单位时间、单位面积对外辐射的热量称为辐射力,用 E 表示,常用单位是 $\text{J}/(\text{m}^2 \cdot \text{s})$ 或 W/m^2,其大小与物体表面性质及温度有关。对于黑体（一种理想的热辐射表面）,理论和实验证实,它的辐射力 E_b（单位为 W/m^2）与表面热力学温度 T 的 4 次方成比例,即斯忒藩-玻耳兹曼定律

$$E_\text{b} = \sigma_\text{b} T^4 \tag{3-19}$$

$$\Phi = \sigma_\text{b} T^4 A \tag{3-20}$$

上式亦可写作

⊖ 1701 年牛顿在分析热物体被流经其表面的冷流体冷却的现象时,认为换热量将与两者的温度差成正比,提出了 $q \propto (t_\text{w} - t_\text{f})$ 的表达式,后人把它改写为式（3-16）,并称为牛顿冷却公式。

$$E_b = C_b \left(\frac{T}{100}\right)^4 \tag{3-21}$$

$$\Phi = C_b \left(\frac{T}{100}\right)^4 A \tag{3-22}$$

式中，E_b 为黑体辐射力（W/m^2）；σ_b 为斯忒藩-玻耳兹曼常量，$\sigma_b = 5.67 \times 10^{-8} W/(m^2 \cdot K^4)$；$C_b$ 为黑体辐射系数，$C_b = 5.67 W/(m^2 \cdot K^4)$；$T$ 为黑体表面的热力学温度（K）。

一切实际物体的辐射力都低于同温度下黑体的辐射力，即

$$E = \varepsilon \sigma_b T^4 \tag{3-23}$$

$$E = \varepsilon C_b \left(\frac{T^4}{100}\right) \tag{3-24}$$

式中，ε 为实际物体表面的发射率，也称黑度，其值在 $0 \sim 1$ 之间。

物体间靠热辐射进行的热量传递称为辐射换热。它的特点是：在热辐射过程中伴随着能量形式的转换（物体内能→电磁波能→物体内能）；不需要冷热物体直接接触；不论温度高低，物体都在不停地相互发射电磁波能，相互辐射能量，高温物体辐射给低温物体的能量大于低温物体向高温物体辐射的能量，总的结果是热量由高温物体传到低温物体。

两个无限大的平行平面间的热辐射是最简单的辐射换热问题，设它的两表面热力学温度分别为 T_1 和 T_2，且 $T_1 > T_2$，则单位面积高温表面在单位时间内以辐射方式传递给低温表面的辐射换热热流密度的计算式是

$$q = C_{1,2} \left[\left(\frac{T_1}{100}\right)^4 - \left(\frac{T_2}{100}\right)^4 \right] \tag{3-25}$$

或 Am^2 上的辐射热流量

$$\Phi = C_{1,2} \left[\left(\frac{T_1}{100}\right)^4 - \left(\frac{T_2}{100}\right)^4 \right] A \tag{3-26}$$

式中，$C_{1,2}$ 称为 1 和 2 两表面间的系统辐射系数，取决于辐射表面材料性质及状态，其值在 $0 \sim 5.67$ 之间。

3.2.4　传热过程分析

工程中经常遇到冷热两种流体隔着固体壁面的换热，即高温流体的热量从壁面一侧通过壁面传给另一侧的低温流体的过程，称为传热过程。在初步了解前述基本热传递方式后，即可导出传热过程的基本计算式。设有一大平壁，面积为 A；它的一侧为温度 t_{f1} 的热流体，另一侧为温度 t_{f2} 的冷流体；两侧表面传热系数分别为 h_1 及 h_2；壁面温度则分别为 t_{w1} 和 t_{w2}；壁的材料热导率为 λ；厚度为 δ；如图 3-12 所示。又设传热工况不随时间变化，即各处温度及传热量不随时间改变，传热过程处于稳态；壁的长和宽均远大于厚度，可认为热流方向与壁面垂直。若将该传热过程中各处的温度描绘在 t-x 坐标图上，将如图 3-12 中的曲线所示，即该传热过程的温度分布线。按图 3-10 所示的分析方法，整个传热过程分三段分别用下列三式表达

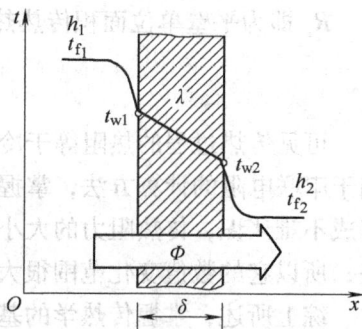

图 3-12　两流体间的热传递过程

热量由热流体以对流换热方式传给壁左侧，按式（3-16），其热流密度为

$$q = h_1(t_{f1} - t_{w1}) \tag{3-27}$$

该热量又以导热方式通过壁，按式（3-11）有

$$q = \frac{\lambda}{\delta}(t_{w1} - t_{w2}) \tag{3-28}$$

它再由壁右侧以对流换热方式传给冷流体，即

$$q = h_2(t_{w2} - t_{f2}) \tag{3-29}$$

在稳态情况下，以上三式的热流密度 q 相等，把它们改写为

$$\begin{cases} t_{f1} - t_{w1} = q/h_1 \\ t_{w1} - t_{w2} = q \Big/ \left(\dfrac{\lambda}{\delta} \right) \\ t_{w2} - t_{f2} = q/h_2 \end{cases} \tag{3-30}$$

三式相加，消去 t_{w1} 及 t_{w2}，整理后得该壁传热热流密度

$$q = \frac{1}{\dfrac{1}{h_1} + \dfrac{\delta}{\lambda} + \dfrac{1}{h_2}}(t_{f1} - t_{f2})$$

$$= k(t_{f1} - t_{f2}) \tag{3-31}$$

对 $A\mathrm{m}^2$ 的平壁，传热热流量 Φ 则为

$$\Phi = qA = k(t_{f1} - t_{f2})A \tag{3-32}$$

式中

$$k = \frac{1}{\dfrac{1}{h_1} + \dfrac{\delta}{\lambda} + \dfrac{1}{h_2}} \tag{3-33}$$

k 称为传热系数，表明单位时间、单位壁面积上，冷热流体间温差 1K 时所传递的热量，k 的单位是 $\mathrm{J/(m^2 \cdot s \cdot K)}$ 或 $\mathrm{W/(m^2 \cdot K)}$，故 k 值的大小反映了传热过程的强弱。为理解它的意义，按热阻形式改写式（3-31），得

$$q = \frac{t_{f1} - t_{f2}}{\dfrac{1}{k}} = \frac{\Delta t}{R_k} \tag{3-34}$$

R_k 即为平壁单位面积传热热阻

$$R_k = \frac{1}{k} = \frac{1}{h_1} + \frac{\delta}{\lambda} + \frac{1}{h_2} \tag{3-35}$$

可见传热过程的热阻等于冷、热流体与壁之间的对流换热热阻及壁的导热热阻之和，相当于串联电阻的计算方法，掌握这一点对于分析和计算传热过程就十分方便。由传热热阻的组成不难认识，传热阻力的大小与流体的性质、流动情况、壁的材料以及形状等许多因素有关，所以它的数值变化范围很大。

综上所述，掌握传热学的基础知识概括起来就是：认识传热规律；计算各种情况下的传热量或传热过程中的温度及其分布；掌握增强或削弱传热过程的措施以及对传热现象进行实验研究的方法。

3.3　流体力学基础知识

流体力学是力学的一个分支，属于宏观力学。它的主要任务是研究流体所遵循的宏观运动规律以及流体和周围物体之间的相互作用。

3.3.1　流体力学的研究对象及意义

流体力学中，研究得最多的流体是水和空气。它的主要基础是牛顿运动定律和质量守恒定律，通常还要用到热力学知识，有时还会用到宏观电动力学的基本定律、本构方程和物理学、化学的基础知识。

1）流体力学的任务：研究流体平衡和运动的力学规律、流体与固体之间的相互作用及其在工程技术中的应用。

2）研究对象：流体（包括气体和液体）。

3）易流动性：处于静止状态的流体不能承受剪切力，即使在很小的剪切力的作用下也将发生连续不断的变形，直到剪切力消失为止。这也是它便于用管道进行输送，适宜于做供热、制冷等工作介质的主要原因。流体也不能承受拉力，它只能承受压力。利用蒸汽压力推动汽轮机来发电，利用液压、气压传动各种机械等，都是流体抗压能力和易流动性的应用。

4）应用：流体力学是机械、采矿、选矿、土建工程等专业的一门主要的技术基础课。其应用十分广泛，如车辆工程、航天航空、水运、航海、矿井通风、机械工业中的润滑、液压传动、高层建筑受风的作用、污染物在大气中的扩散、舰船结构等。

5）流体力学新的分支或交叉学科：如工程流体力学、水力学、流体动力学、空气动力学、计算流体力学、稀薄气体力学、磁流体力学、生物流体力学等。

6）流体力学部分主要内容是将以水为代表的不可压缩流体（简称液体）选作研究对象，介绍表示液体机械运动规律和流体流动阻力损失规律的各种数学公式；讨论这些公式的形式、意义及适用条件；研究它们在分析和解决工程实际问题中，使用的方法、步骤和注意事项。泵与风机部分的主要内容是结合火力发电厂常用的泵与风机，介绍泵与风机的分类构造、工作原理和基本性能参数等基本知识；着重讨论泵与风机性能曲线及其变换原理、工作点和调节原理等基本理论；研究泵与风机结构图的识读、性能曲线的分析比较和变换、工作点和调节方法的确定以及运行维护等基本应用知识。

3.3.2　流体的主要物理性质

1. 密度和重度

流体的质量通常用密度来表示，对于均质流体来说，密度是指单位体积内所含有流体的质量。

$$\rho = \frac{m}{V} \tag{3-36}$$

式中，ρ 为流体的密度（kg/m³）；m 为该均值流体的质量（kg）；V 为质量为 m 的流体体积（m³）。

流体的重量通常用重度这个量来表示。对于均质流体来说，重度是指单位体积内所含有的流体的重量。

$$\gamma = \frac{G}{V} \tag{3-37}$$

式中，γ 为流体的重度（N/m^3）；G 为该均质流体的重量（N）；V 为质量为 m 的流体体积（m^3）。

由于 $G = mg$，所以流体的重度与密度的关系为

$$\gamma = \rho g \tag{3-38}$$

式中，g 为当地的重力加速度（m/s^2）。

2. 压缩性和膨胀性

所谓压缩性是指流体在温度不变的条件下受压强作用后，体积缩小的性质，其大小可用压缩系数 β 来表示，β 的定义是在流体受压有单位压强变化时所产生的体积相对变化量。

液体与气体的特殊性表现在压缩性的概念上。按照流体的分子结构，液体分子的排列比较紧密，间隙小，分子力相对于气体而言要强很多，在极大的外力作用小，体积只有极微小的一点变化，因此难于压缩。通常称液体为不可压缩流体。由于气体分子排列比较松散，间隙大，分子力较弱，在较小的外力作用下，体积可以发生明显的变化，因而易于压缩。通常称气体为压缩流体。例如，当水的压力在 $10 \sim 4900MPa$、温度为 $0 \sim 20℃$ 时，它的压缩系数仅有 $1/20\,000$，几乎是不可压缩。但气体不一样，当温度不变时，压力增加 1 倍，气体体积能缩小为原来的 $1/2$。

所谓膨胀性是指在压力不变的条件下，流体温度升高，其体积增大的性质，常用膨胀系数来表示。膨胀系数表示在压力不变时，温度每增加 1℃ 所发生的体积相对变化量。实验表明，在常压下，温度较低时（$10 \sim 20℃$）温度每增加 1℃，水的体积相对改变量仅为 $1.5/10\,000$；温度较高时（$90 \sim 100℃$），也只改变 $7/10\,000$。所以在实际计算中，一般不考虑液体的膨胀性。因此，液体的压缩性和膨胀性都是很小的。

3. 黏性

黏性是流体具有的一个重要性质。黏性是指当流体微团发生相对运动时产生的切向阻力的性质。由于流体内部分子间存在着吸引力以及流体分子和固体壁面之间的附着力，这两种力以克服摩擦形式表现出来，抵抗着流体运动的阻力。由于黏性存在，流体在运动中因克服摩擦力必然要做功，所以黏性也是流体中发生机械能损失的根源。

流体黏性大小用黏度来表示。它与流体的种类及温度有关，而温度对黏度的影响尤为显著。液体温度升高黏度降低，而气体黏度反而增大。这是由于液体的分子间距较小，相互吸引力起主要作用，当温度升高时，间距增大，吸引力较小。气体分子间距较大，吸引力影响很小，根据分子运动理论，分子的动量交换率因温度升高而加剧，因而使切应力也随之增加。

4. 表面张力

由于液体的分子引力极小，但在液体与大气相接触的自由面上，由于气体分子的内聚力和液体分子的内聚力有显著差别，使自由表面上液体分子有向液体内部收缩的倾向，这时沿自由表面上产生有拉紧作用的力，这就是表面张力。表面张力除在气体和液体接触的自由表面上产生外，还在液体和固体相接触的表面上产生附着力。表面张力一般不大，在工程上一般可以忽略不计。但是，在毛细管中，这种张力可以引起显著的液面上升和下降，即所谓的

毛细现象。

3.3.3　流体压力和流量的测量设备

1. 压力的测量

（1）测压管　直接用液体的液柱高度来测量液体中静压强的仪器。图 3-13 所示为测压管与真空计工作原理示意图。

测压原理

$$p' = \gamma h' \tag{3-39}$$

式中，p' 为被测点相对压强（Pa）；

h' 为测压管内液柱高度（m）。

优点：精确直观。

（2）U 形测压管

测压原理：液体

$$p_A = p_a + \gamma_2 h_2 - \gamma_1 h_1 \tag{3-40a}$$

气体

$$p'_A = p_A - p_a = \gamma_2 h_2 \tag{3-40b}$$

如果测点上的压强小于大气压强，则用 U 形测压管（图 3-14）。

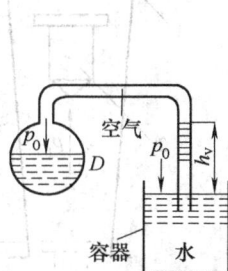

图 3-13　测压管、真空计

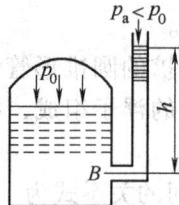

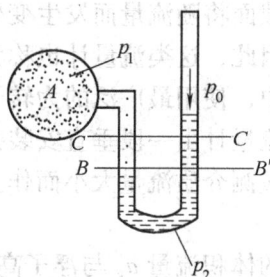

图 3-14　U 形测压管

测压原理

$$p_v = p_a - p_0 = \gamma h \tag{3-41}$$

优点：可用较短的测管来测定较大的压强或真空度。

（3）差压计　如图 3-15 所示。

测压原理

$$\Delta p = p_1 - p_2 = \gamma_M h_c + \gamma_{oil} h_b - \gamma_W h_a \tag{3-42}$$

（4）金属压力表　用于测定较大的压强。

优点：携带方便、装置简单、安装容易、测读方便、经久耐用等，是测量压强的主要仪器。

常用的金属压力表是一种弹簧测压计如图 3-16 所示。其原理为：其内装有一端开口、

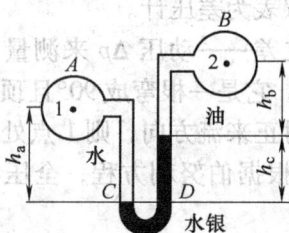

图 3-15　差压计

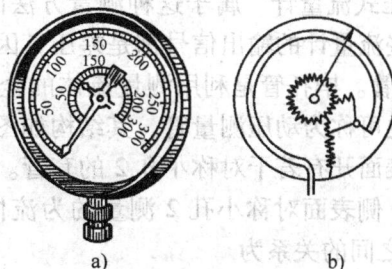

图 3-16　金属压力表

一端封闭且端面为椭圆形的镰刀形黄铜管，开口端与被测定压强的液体连通，测压时，由于压强的作用，黄铜管随着压强的增加而发生伸展，从而带动扇形齿轮使指针偏转，把液体的相对压强值在表盘上显示出来。

2. 流量的测量

流体的流量是指单位时间内流过某一截面的流体的量，称为瞬时流量。在某一段时间间隔内流过某一截面流体的量称为流过的总量。显然，流过的总量可以用在该段时间内瞬时流量对时间的积分得到，所以总量常称为积分流量或累计流量。总量除以得到总量的时间间隔就称为该段时间内的平均流量。

流体的流量可以用单位时间内流过的质量表示，称为质量流量；也可以用单位时间内流过的体积来表示，称为体积流量。

按流量计的作用原理分，目前常用的流量仪表有：面积式、差压式、速度式和容积式等四类，下面分别进行讨论。

（1）面积式流量计（恒压降变截面流量计） 面积式流量计的基本原理是在测量时节流元件前后的差压保持恒定，节流处的流通截面将随流量而发生变化，通过测量通流面积即可得出流量。因此，这类流量计也称为恒压降变截面流量计。在这类流量计中，使用最广泛的为转子流量计。

转子流量计由一段垂直安装并向上渐扩的圆锥形管和在锥形管内随被测介质流量大小而作上下浮动的浮子组成，如图3-17所示。

流体的体积流量 q_V 与浮子高度 H 之间的关系式为

$$q_V \approx \alpha C H \sqrt{\frac{2gV_f}{A_f}} \sqrt{\frac{\rho_f - \rho}{\rho}}$$

图 3-17 转子流量计原理图
1—锥形管　2—转子

也可写成

$$q_V = \alpha \Delta A \sqrt{\frac{2gV_f}{A_f}} \sqrt{\frac{\rho_f - \rho}{\rho}} \tag{3-43}$$

式中，α 为与浮子形状、尺寸等有关的流量系数；C 为与圆锥管锥度有关的比例系数；ΔA 为流通环形面积近似为 CH，V_f、A_f 分别为浮子的体积（m^3）和有效横截面积（m^2）；ρ_f、ρ 分别为浮子材料和流体的密度（kg/m^3）；g 为当地的重力加速度（m/s^2）。

转子流量计使用时，如被测介质与流量计所标定的介质不同时或更换浮子材料时，都必须对原刻度进行校正。

（2）差压式流量计 属于这种测量方法的流量计有：毕托管、均速管、节流变压降流量计等。这些流量计的输出信号都是差压，因此其显示仪表为差压计。

1）毕托管。毕托管是利用测量流体的全压和静压之差——动压 Δp 来测量流体流速的装置，因此也可称为动压测量管，其结构如图3-18所示。它是一根弯成90°且顶端开有一个小孔1和侧表面开有若干对称小孔2的套管。将小孔1对正来流方向，则1点处的压力为流体的全压头，侧表面对称小孔2测量的为流体静压头。根据伯努利方程，全压与静压之差 Δp 与流速 v 之间的关系为

$$v = (1 - \varepsilon) \sqrt{\frac{2\Delta p}{\rho}} \tag{3-44}$$

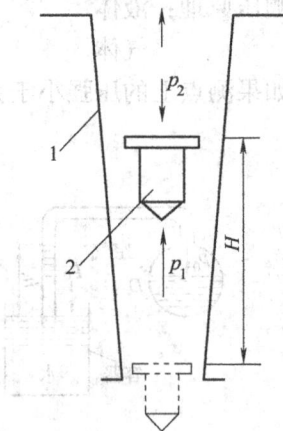

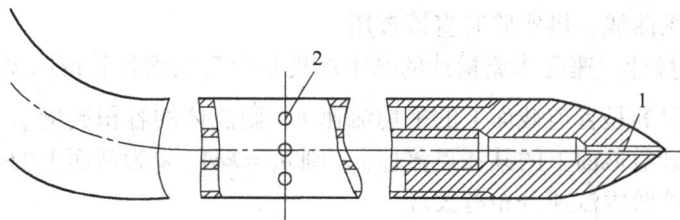

图 3-18　毕托管的椭圆形头部
1—中心孔　2—侧壁孔

式中，$(1-\varepsilon)$ 为可压缩性校正系数，当流体为液体时 $\varepsilon=0$；ρ 为测量点处流体的密度（kg/m^3）。实际上，由于流体滞止过程中不可能没有能量损失，全压和静压也不可能在同一点上测得，以及毕托管支持杆对静压测量的影响等，上述流速和压差关系式中还应乘上一个校正系数 α，α 值可在实验室风洞中测定。对于标准毕托管，此系数等于 1。

2）节流变压降流量计。节流变压降流量计由节流元件和差压计组成。节流元件主要有孔板、喷嘴和文丘里管等，如图 3-19 所示。当流体流过节流件时流束发生收缩，速度增大，于是在节流件前后产生压差 Δp。对于一定形状和尺寸的节流元件，一定的测压位置和前后直管段情况，一定参数的流体，和其他条件下，节流件前后产生的压差 Δp 值随流量而变，并且随着流量的增大而增大。因此可通过测量压差来得出流量。

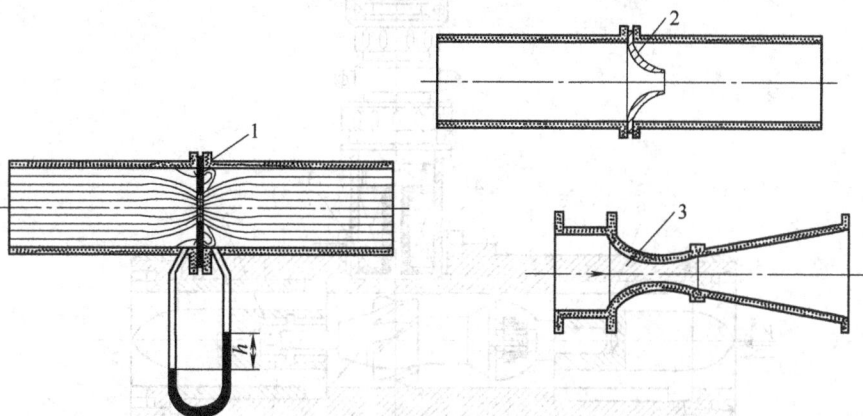

图 3-19　节流式流量计及节流元件
1—孔板　2—喷嘴　3—文丘利管

根据伯努利方程，并考虑有关的影响因素，可导出流量与压差 Δp 之间的关系式为

$$q_V = \alpha\varepsilon\frac{\pi}{4}d^2\sqrt{\frac{2}{\rho_1}\Delta p} = \alpha\varepsilon\frac{\pi}{4}\beta^2 D^2\sqrt{\frac{2}{\rho_1}\Delta p} \tag{3-45a}$$

或

$$q_m = \alpha\varepsilon\frac{\pi}{4}\beta^2 D^2\sqrt{2\rho_1\Delta p} \tag{3-45b}$$

式中，d、D 分别为节流件开孔直径（mm）和管道内径（mm）；β 为直径比，$\beta=d/D$；ρ_1 为节流前的流体密度（kg/m^3）；q_V、q_m 分别为流体的体积流量（m^3/s）和质量流量（kg/s）；α 为流量系数，它与节流件形式、取压方式、β 值、雷诺数 Re_D 和管道表面粗糙度有关，一般由实验确定；ε 为考虑流体可压缩性的流束膨胀系数，对于不可压缩性流体，$\varepsilon=1$。

对于标准节流装置（指节流件的外形、尺寸已标准化，并同时规定了取压方式和前后直管段要求），其 α、ε 值可从有关书籍中查取。对于非标准节流件，则需个别进行校验，绘制流量与压差关系曲线，供实验时直接查用。

（3）速度式流量计　速度式流量计的基本原理是以直接测量管道内流体流速 v 作为流量测量的依据。若测得的是管道截面上的平均流速 $\bar{v}$，则流体的容积流量 $q_v = \bar{v}A$，A 为管道截面积。若测得的是管道截面上的某一点流速 v，则 $q_v = kvA$，k 为截面上的平均流速与被测点流速的比值，它与管壁内流速分布有关。

常用的速度式流量计有：涡轮式、电磁式、超声波式、热式等。在热工实验中以涡轮流量计和热线风速仪（属热式）应用最为广泛。

1）涡轮流量计。涡轮流量计的结构如图 3-20 所示，将涡轮 1 置于摩擦力很小的滚珠轴承中，由磁钢 3 和感应线圈 4 组成的磁电装置装在流量计的壳体 5 上。当被测流体由导流器 6 进入涡轮流量计时，由导磁不锈钢制成的涡轮 1 上的叶片受流体的冲击作用而旋转，顺次接近处于管壁上的感应线圈 4，周期性地改变着感应线圈磁电回路的磁阻值，使通过线圈的磁通量发生周期性变化，这样在感应线圈的两端即感生出电脉冲信号。在一定的流量范围内、一定的流体黏度下，该电脉冲的频率 f 与流经流量计的体积流量 q_v 成正比，即

$$f = \xi q_v \tag{3-46}$$

式中，ξ 为仪表常数，它与仪表结构有关。

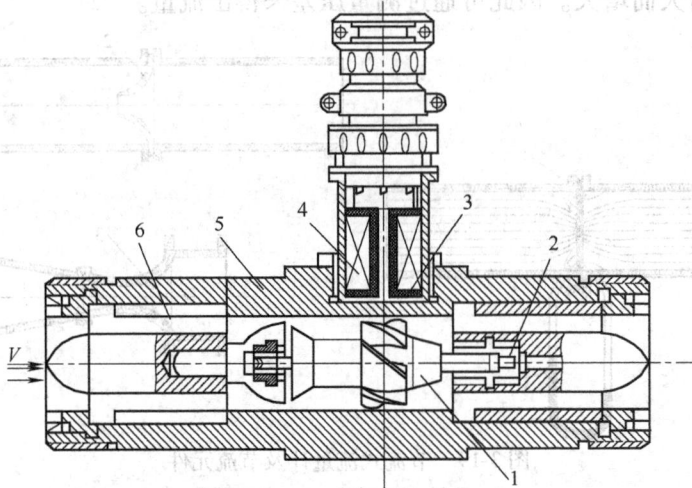

图 3-20　涡轮流量计结构

1—涡轮　2—支承　3—永久磁钢　4—感应线圈　5—壳体　6—导流器

因此，显示仪表即可通过脉冲数求得流体流过的瞬时流量，及某段时间内的累积流量。

2）热线风速仪。热线风速仪是利用一根直径为 0.025 ~ 0.15mm、长度为 1.0 ~ 2.0mm 的铂或镍铬细丝作为感受件，其两端悬挂在叉形不锈钢支架的尖端上，通过绝缘座引出接线，如图 3-21 所示。

热线风速仪的工作原理是：当电流通过热线时，它发热并使其温度高于周围流体介质的温度，热线的散热主要通过对流

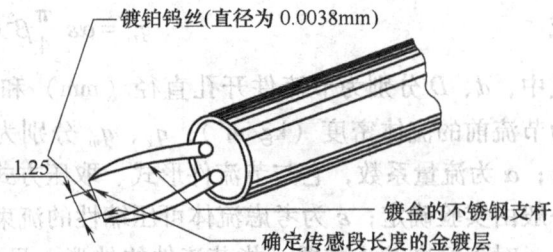

镀铂钨丝(直径为 0.0038mm)

镀金的不锈钢支杆

确定传感段长度的金镀层

图 3-21　热线风速仪感受件示意图

换热方式来进行，当介质密度、比热容和热导率一定时，对流换热量 ϕ 主要与流速 v 有关，即

$$\phi = k_1 \sqrt{v} + k_2 \tag{3-47}$$

式中，k_1 和 k_2 为常数。如热线的电阻值为 R，通过的电流为 I，根据热平衡原理，有

$$\phi = I^2 R = k_1 \sqrt{v} + k_2 \tag{3-48}$$

在测量中，若保持热线电阻值 R 一定，也就是保持热线温度恒定，则上式变为

$$I^2 = k_1' \sqrt{v} + k_2' \tag{3-49}$$

式中，常数 k_1' 和 k_2' 与工质性质、状态参数等有关，由实验求得。

由式（3-48）可见，如果保持电阻值 R 不变，通过直接测量加热电流 I 则可得出流速 v，这就是所谓的恒电阻法；如果测量中保持电流 I 恒定，通过直接测量热线温度的高低，即热线电阻的阻值 R 的变化也可得到流速，这就是所谓恒电流法。热线风速仪中常用电桥电路来测量电流或电阻的变化。

热线风速仪灵敏度很高，既可测量很低的流速，也可测量脉动速度；但由于热线很细，机械强度低，承受的电流较小，所以不适宜在液体或带有固体颗粒的气流中工作。

（4）容积式流量计　容积式流量计是以测量单位时间内经仪表排出流体的固定容积 V 的数目来实现的。如果单位时间内排出固定容积的数目为 n，则流体的体积流量 $q_V = nV$，湿式气体流量计、椭圆齿轮流量计、腰轮流量计等均属此类。

在热工实验中有时用湿式气体流量计测气体的体积流量，其结构如图 3-22 所示。被测气体由入口 1 进入流量计，并推动叶轮转子 5 转动，转子每转动一周就有一定量的气体从上部出口 2 排出，通过指针 6 及累计值显示器 7 即可读出经流量计的气体体积，并由温度计 10 和压力计 11 同时测出其相应的温度和压力，即可换算为标准状态下的气体体积流量。

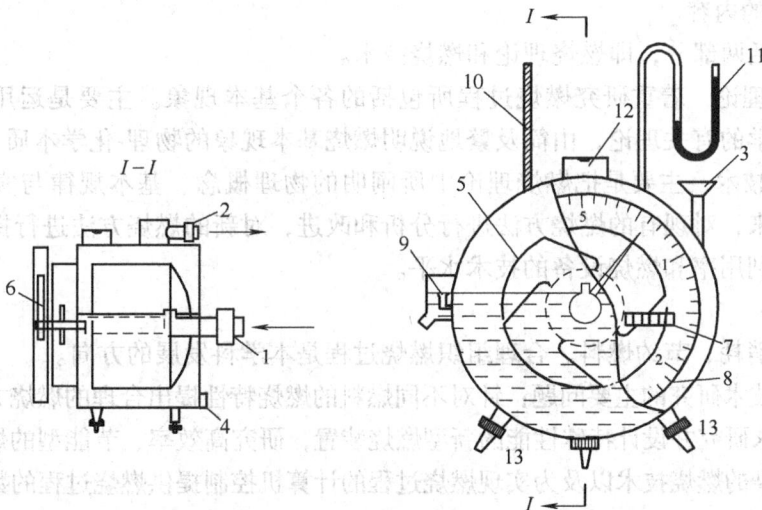

图 3-22　湿式气体流量计

1—入口　2—出口　3—注水器　4—排水口　5—叶轮转子　6—指针　7—累计值显示器
8—刻度盘　9—水位检查口　10—温度计　11—压力计　12—水准泡　13—调平螺钉

湿式气体流量计使用时必须将流量计严格保持水平（用调平螺钉 13 调水准泡 12）放

置，并使水面位置恒定（通过9检查）。由于湿式气体流量计叶轮与壳体之间有水封，不会因泄漏而引起测量误差，因此测量精度较高。但是过大的气体流量会造成水封液面的波动而影响测量结果，故这种气体流量计更适合于实验室中测量较小的气体体积流量。

3.4 燃烧学基础知识

了解燃烧学的基础知识主要是为合理利用燃料、改进燃烧技术、设计和研制高效能的燃烧系统打好必要的基础，对能源管理有着重要的指导意义。

3.4.1 燃烧学的研究内容及其发展

燃料的燃烧从其最终结果来看，是物质间的一种能量转换过程，是通过燃料和氧化剂在一定条件下所进行的具有放热和发光特点的剧烈氧化反应，将燃料的内能转化为热能。

1. 燃烧过程

图3-23所示为燃烧过程示意图，从整个燃烧过程来看，燃烧是物理和化学现象的综合过程。这些物理化学现象之间互相联系和制约，并以其综合关系决定着燃烧的最终结果。

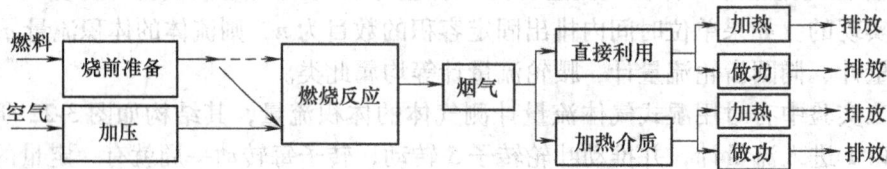

图 3-23 燃烧过程示意图

2. 燃烧学的内容

燃烧学包括两部分，即燃烧理论和燃烧技术。

（1）燃烧理论 着重研究燃烧过程所包括的各个基本现象。主要是运用化学、传热传质学及流体力学的有关理论，由简及繁地说明燃烧基本现象的物理-化学本质。

（2）燃烧技术 主要是把燃烧理论中所阐明的物理概念、基本规律与实际工程中的燃烧问题联系起来，对现有的燃烧方法进行分析和改进，对新的燃烧方法进行探讨和实验，以不断提高燃料利用率和燃烧设备的技术水平。

3. 发展

降低能源消耗、节约燃料、合理组织燃烧过程是本学科发展的方向。

目前燃烧技术研究的主要问题：针对不同燃料的燃烧特性提出合理的燃烧方法，根据生产工艺的具体要求研究并设计特殊性能的新型燃烧装置，研究高效率、节能型的燃烧装置，研究低噪声、低污染的燃烧技术以及为实现燃烧过程的计算机控制提供燃烧过程的数学模型。

3.4.2 燃烧温度

1. 燃烧温度的概念

燃烧温度即燃料燃烧时生成的气态燃烧产物（烟气或炉气）所能到达的温度。在实际条件下，燃烧温度与燃料种类、燃料成分（即发热值）、燃烧条件（指空气、煤气蓄热情况）以及传热条件等因素有关。总体来说，无非是决定于燃烧过程中的热平衡关系。如果收入的热量大于支出的热量则将反映出燃烧温度逐渐升高。反之，则将反映出燃烧温度逐渐下降直到热平衡时燃烧温度才会稳定下来。由此看来，燃烧温度实质上就是一定条件下由热平衡所决定的某种平衡温度。所以，要分析出燃烧过程中热收入和热支出的平衡情况，从中找出估算燃烧温度的方法及提高燃烧温度的具体措施。

根据能量守恒和转化规律可知：燃烧过程中燃烧产物的热收入和热支出必然相等。

热收入各项有：

1）燃料燃烧的化学热（燃料的低发热值）。

2）蓄热空气的物理热：$Q_空 = Ln \cdot c \cdot t_空$

3）燃料带入的物理热：$Q_燃 = c_燃 \cdot t_燃$

热支出各项有：

1）燃烧产物所含的热量：$Q_产 = Vn \cdot c_产 \cdot t_产$

2）由燃烧产物向周围介质的散热损失以 $Q_介$ 表示，它包含炉墙的全部热损失，加热金属和炉子构件等的散热损失。

3）燃料不完全燃烧损失的热量以 $Q_不$ 表示，包括化学性不完全燃烧损失和机械性不完全燃烧损失两项。

4）高温下燃料产物热分解损失的热量以 $Q_分$ 表示。因为热分解是吸热反应，故要损失部分热量。若压力为 5～25atm，则 1500℃以下水和二氧化碳不会分解，而只有当温度高于2300℃时才产生强烈热分解。

当上述的热量收入与支出相等时，其对应的燃烧产物的温度必定为某一定值 $t_产$。由于影响 $t_产$ 的因素很多，特别是 $Q_分$ 在实际条件下很难确定。即使在同一个燃料的低发热值下，由于燃烧条件不同，则所得到的燃烧温度也不一样，为了从燃烧温度的角度来分析说明问题，把燃烧温度区分为：绝对理论燃烧温度、理论燃烧温度、实际燃烧温度和量热计温度。它们的定义分别表述如下。

1）绝对理论燃烧温度：指燃料在理想的绝热条件下实现完全燃烧时的温度，即它不考虑一切热损失下的燃烧温度。

2）理论燃烧温度：不考虑不完全燃烧损失和向介质的散热损失条件下燃料完全燃烧后放出的热量被燃烧产物全部吸收、所能到达的最高温度。理论燃烧温度是燃烧过程的重要指标，它表明某种成分的燃料在一定的燃烧条件下（空气量、空气预热温度、煤气余热温度）烟气所能达到的最高温度。因为加热炉条件下热分解并不十分强烈，而 $Q_分$ 在实际情况下计算十分复杂同时还很不准确（因分解都很难确定），故一般情况下都把它忽略不计，因而实际上的理论燃烧温度就被当成绝对理论燃烧温度。事实上两者并非同一概念。

3）实际燃烧温度：指在实际条件下燃料燃烧后的温度，是把一切实际损失都考虑在内后所得的燃烧产物温度。对于一定的炉子通过长期生产实践总结后，可以找到实际燃烧温度小于理论燃烧温度的值大约在某一范围内波动。炉温系数 η：通常说的炉温的概念与上述的实际燃烧温度不同。通常说的"炉温"实质上是燃烧产物、被加热物和炉壁三者温度的中间值，而不是代表燃烧产物的温度。但是在实践中通常把炉温当成实际燃烧温度，并把实际燃烧温度与理论燃烧温度的比值用 η 表示称之为炉温系数。炉温系数还代表着炉子的温度特性。

4）量热计温度：由于实际燃烧温度和理论燃烧温度都受到燃烧条件影响，故它们都不能单独从燃烧温度角度反映出燃料的性质。为了从燃烧温度高低来直接评价燃料的质量便提出了量热计温度。即它仅仅由燃料的低发热值对燃烧产物得出的热平衡方程而不考虑其他一切因素影响时的燃烧温度。

2. 提高燃烧温度的途径

参照热平衡方程式可以通过以下几种方式来提高燃烧温度：

1）提高炉温系数。对连续加热炉其炉温系数一般为 0.70～0.85。当炉子生产率 $\eta =$ 500～600kg/m^2 时，其炉温系数为 0.70～0.75，而当 $\eta =$ 200～300kg/m^2 时，其炉温系数为 0.75～0.85。这说明炉温系数是随着炉子生产率的增高而降低。在炉子热负荷增加时，炉温系数会升高；另外，加快燃烧速度，尽量保证完全燃烧和提高火焰的辐射能力以及对炉子进行绝热密封等措施都能使炉温系数升高，从而使燃烧温度提高。

2）预热空气与燃料。这对提高燃烧温度的效果最为明显，特别是预热空气效果更突出（空气的量大，预热温度难以限制）。而对燃料的预热温度来说，受到碳氢化合物分解温度、安全和燃料的燃点以及重油闪点的限制（高炉煤气不受限制）。

3）选用高发热值燃料。增加燃料低发热值可以提高实际燃烧温度。但应注意到，低发热值的增大和实际燃烧温度不成正比，当低发热值增大到一定值后，再增大低发热值，其对应的理论燃烧温度几乎不再增高。这是因为此时相应地燃烧产物量也随低发热值的增大而增大的结果。几种燃料的燃烧温度见表3-2。

表3-2 几种燃料的燃烧温度（t量）

燃料名称	低发热值/(kJ/m^3)	燃烧温度/℃	理论燃烧产物量/(m^3/m^3)	低发热值情况下产物量/(kJ/m^3)
高温煤气	4174	1487	1.67	2499
焦炉煤气	16664	2070	4.82	3457
高焦混合煤气	8374	1824	2.72	3079
水煤气	10 660	2210	2.74	3891
天然气	35 171	2040	10.42	3375

4）尽量减少烟气量。在保证完全燃烧的基础上，尽量降低实际烟气量是提高理论燃烧温度的有效措施。具体措施是：选用空气消耗系数 n 小的无焰烧嘴或改进烧嘴结构、加强热工测试以及安装检测仪对炉温、炉压和燃烧过程进行自动调节等都能使实际烟气量降低，从而提高实际燃烧温度。

3.4.3 燃烧污染

人类在生产和生活过程中一方面大量地向自然环境开采自然资源，另一方面又在生产和生活过程中产生各种排泄物，而这些排泄物又返回到环境中去，环境污染问题就是在这样一个过程中产生的。

1. 环境污染

环境污染就是将有害物质排入环境，破坏了环境的机能（破坏了生态平衡），并且给经济发展和人民生活带来不良影响。环境污染种类很多，以下主要讲大气污染。

大气污染：人类在生活和生活过程中向大气排出的各种污染物，其浓度一旦超过环境所能允许的浓度极限就会导致大气质量恶化，使人的健康、建筑物、设备、财产等方面直接或间接地遭受破坏，该现象称为大气污染。

造成大气污染的物质是：CO、CO_2、SO_2、NO_x、烟尘、烃类化合物等，破坏了臭氧层。其中与燃烧有关的物质是：SO_2、NO_x、烟尘等。

（1）SO_2 的污染　SO_2 对人类健康有严重影响，会刺激眼睛、引起呼吸道疾病甚至死亡。SO_2 转变为 SO_3 后遇水会形成酸雨。SO_2 能损伤植物的叶，抑制植物生长，我国每年受 SO_2 污染的农田面积有 4000 多万亩，造成农业经济损失 20 亿元。SO_2 腐蚀性大，会使电线硬化，钢丝绳寿命缩短。

（2）NO_x 的污染　NO 无刺激性，不活泼，毒性不大，但会使人的血液输氧能力下降。NO_2 有刺激性，臭味，毒性很强，约为 NO 的 $4 \sim 5$ 倍。NO_2 对呼吸器官有强烈的刺激作用，会迅速破坏肺细胞引起肺气肿和肺癌。NO_x 最主要的危害引起酸雨和光化学烟雾，对金属有腐蚀作用。

（3）烟尘的污染　$10\mu m$ 以下的烟尘进入肺泡，一部分就会沉积在肺内，与 SO_2 协同作用，使人肺呼吸的 SO_2 质量增大，对人的危害更大。

2. 燃烧污染的治理途径

1）提高设备的燃烧效率，降低单耗，促使燃料完全燃烧。

2）高烟囱排烟。

3）燃料改质转换（脱 S 和脱 N）。

4）在燃烧过程中治理。控制 SO_2 和 NO_x 的生成量和排放量。

5）排烟治理。对烟气余热进行回收利用，利用设备吸收烟气中的有害物质。

3.4.4　合理利用燃料和其他能源对发展国民经济的意义

1）能源是发展国民经济重要的物质基础。我国以燃烧燃料得到能量的方式在相当长的时期内还要占主导地位，有效地、合理地利用燃料十分必要。

2）燃料的资源是有限的，随着大规模的开发、利用，这类能源势必将迅速地减少，尤其是天然气、石油等优质能源。尽管不断有新的矿物燃料资源被探明，但是这类资源的锐减是不可避免的。解决这一类问题的途径就是开发新的能源与合理利用现有的能源。

3）燃料的资源是有限的，而经济的发展每年都以 8% 的速度递增，所以对能源的需求也在迅速地增加。然而经济发展必须以燃料资源为基础，没有丰富的燃料资源，国家国民经济的发展就要受到限制。

4）合理利用燃料，节约能源，降低产品价格有利于企业的发展，促进国民经济的发展。

3.5　电工学基础知识

3.5.1　电路及基本物理量

电路就是电流的通过途径。最基本的电路由电源、负载、连接导线和开关等组成。电路分为外电路和内电路。从电源一端经负载回到另一端的电路称为外电路。电源内部的通路称为内电路。

1. 电流

导体中的自由电子在电场力的作用下，作有规则的定向运动，就形成了电流。习惯上规定正电荷的移动的方向为电流的方向。每秒中通过导体截面的电荷量，称为电流强度，用 I 表示，即

$$I = \frac{Q}{t} \tag{3-50}$$

式中，I 为电流，单位为安培，简称安（A）；Q 为电荷量，单位为库仑，简称库（C）；t 为时间，单位为秒（s）。

2. 电压、电位

电位在数值上等于单位正电荷沿任意路径从该点移至无限远处的过程中电场力所做的功。其单位为伏特，简称伏（V）。

电压就是电场中两点之间的电位差。其表达式为

$$U = \frac{A}{Q} \tag{3-51}$$

式中，A 为电场力所做的功，单位为焦耳，简称焦（J）；Q 为电荷量，单位为库仑，简称库（C）；U 为两点之间的电位差，即电压，单位为伏特，简称伏（V）。

3. 电动势

在电场中将单位正电荷由低电位移向高电位时外力所做的功称为电动势，其表达式为

$$E = \frac{A}{Q} \tag{3-52}$$

式中，A 为外力所做的功（J）；Q 为电荷量（C）；E 为电动势（V）。

规定电动势的方向为由负极指向正极，由低电位指向高电位，且仅存于电源内部。

4. 电阻

电流在导体中流动时所受到的阻力，称为电阻。用 R 或 r 表示。单位为欧姆，简称欧（Ω），常用单位是欧（Ω）或兆欧（MΩ）。导体电阻的大小与导体的长度 L 成正比，与导体的截面积成反比，并与其材料的电阻率成正比，即

$$R = \rho \cdot \frac{L}{S} \tag{3-53}$$

式中，ρ 为导体的电阻率（Ω·m）；L 为导体长度（m）；S 为导体截面积（m^2）；R 为导体的电阻（Ω）。

5. 感抗、容抗、阻抗

当交流电通过电感线圈时，线圈会产生感应电动势阻止电流变化，有阻碍电流流过的作用，称为感抗。它等于电感 L 与频率 f 乘积的 2π 倍，即 $X_L = WL = 2\pi f L$。感抗在数值上就是电感线圈上电压和电流的有效数值之比，即 $X_L = U_L / I_L$。感抗的单位是欧姆（Ω）。

当交流电通过电容时，与感抗类似，也有阻止交流电通过的作用，称为容抗。它等于电容 C 乘以频率的 2π 的倒数，即 $X_c = 1/(2\pi f c) = 1/(WC)$。容抗在数值上就是电容上电压和电流的有效值之比，即 $X_c = U_c / I_c$。容抗的单位是欧姆（Ω）。

当交流电通过具有电阻（R）、电感（L）、电容（C）的电路时，所受到的阻碍称为阻

抗（Z）。它的数值为 $Z^2 = R^2 + (X_L - X_c)^2$。阻抗在数值上就等于具有 R、L、C 元件的交流电路中，总电压 U 与通过该电路总电流 I 的有效值之比，即 $Z = U/I$。

3.5.2　欧姆定律

1. 部分电路欧姆定律

不含电源的电路称为无源电路。在电阻 R 两端加上电压 U 时，电阻中就有电流 I 流过，三者之间关系为

$$I = \frac{U}{R} \tag{3-54}$$

欧姆定律公式成立的条件是电压和电流的标定方向一致，否则公式中就应出现负号。

2. 全电路欧姆定律

含有电源的闭合电路称为全电路，如图 3-24 所示。

图中虚线框内代表一个电源。电源除了具有电动势 E 外，一般都有电阻，这个电阻称为内电阻，用 r_0 表示。当开关 S 闭合时，负载 R 中有电流流过。电动势 E、内电阻 r_0、负载电阻 R 和电流 I 之间的联系用公式表示即为

$$I = \frac{E}{R + r_0} \tag{3-55}$$

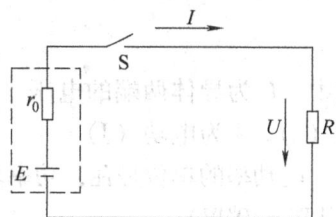

图 3-24　全电路

全电路欧姆定律还可以写为　　$E = IR + Ir_0 = U + U_0$ $\tag{3-56}$

式中 $U = IR$ 称为电源的端电压；$U_0 = Ir_0$ 称为电源的内压降。

3. 电阻的串、并联

（1）电阻的串联　将电阻首尾依次相连，使电流只有一条通路的接法，叫做电阻的串联。

电阻串联电路具有以下特点：

串联电路中电流处处相等，即　　$I = I_1 = I_2 = I_3$ $\tag{3-57a}$

串联电路中总电阻等于各分电阻的和，即　　$R = R_1 + R_2 + R_3$ $\tag{3-57b}$

串联电路中总电压等于各分电压的和，即　　$U = U_1 + U_2 + U_3$ $\tag{3-57c}$

各电阻上的电压降之比等于其电阻比，即　　$\dfrac{U_1}{U_2} = \dfrac{R_1}{R_2}$ $\tag{3-57d}$

（2）电阻的并联　将电阻两端分别连接在一起的方式，叫做电阻的并联。

电阻并联电路具有以下特点：

并联电路中各电阻两端的电压等于电源电压，即　　$U = U_1 = U_2 = U_3$ $\tag{3-58a}$

并联电路中总电流等于各分电流的和，即　　$I = I_1 + I_2 + I_3$ $\tag{3-58b}$

① 并联电路等效电阻的倒数等于各并联支路电阻的倒数之和，即

$$\frac{1}{R} = \frac{1}{R_1} + \frac{1}{R_2} + \frac{1}{R_3} \tag{3-58c}$$

② 各并联电阻中的电流及电阻所消耗的功率均与各电阻的阻值成反比，即

$$\frac{I_1}{I_2} = \frac{R_2}{R_1} \tag{3-58d}$$

3.5.3 电功和电功率

电流所做的功，称为电功；用符号 A 表示。电功的数学表达式为

$$A = IUt = I^2Rt = \frac{U^2}{R}t \tag{3-59}$$

式中，U 为导体两端的电压（V）；I 为电路电流（A）；R 为导体的电阻（Ω）；t 为通电时间（s）。

电功的大小与电路中的电流、电压及通电时间成正比，电功的单位为焦耳（J），另一个单位为千瓦时（kW·h）。它们之间的关系是 $1\text{kW}\cdot\text{h} = 3.6\text{MJ} = 3.6\times10^6\text{J}$。

单位时间内电流所做的功，叫做电功率。用符号 P 表示，即

$$P = \frac{A}{t} = UI = I^2R = \frac{U^2}{R} \tag{3-60}$$

式中，U 为导体两端的电压（V）；I 为电路电流（A）；R 为导体的电阻（Ω）；t 为做功时间（s），A 为电功（J）

电功率的单位是瓦，功率较大时，电功率的单位是千瓦（kW）、兆瓦（MW）。（$1\text{MW} = 10^3\text{kW} = 10^6\text{W}$）

当电流通过电阻时，要消耗能量而产生热量，这种现象称为电流的热效应。根据能量守恒定律，电路中消耗的功率将全部转换成热功率。

3.5.4 常用电工仪表

电工仪表种类很多，如电流表、电压表、电功率表，最常用的是万用表。

万用表是一种多用途的电表，可以用来测量直流电流、直流电压、电阻、交流电压，有的万用表还可以测量交流电流、电功率、电感、电容等。

万用表是由测量机构（又称表头）和不同的测量线路组合，利用转换开关对测量线路切换，实现对多种电量的不同量程测量的仪表。简单地说，各种形式的万用表都是由表头、测量线路和转换开关三部分组成。

3.5.5 用电安全及防雷

人体忍受的极限电流为30mA，该电流也称为安全电流。当电流达到50mA时会导致人昏迷，100mA会导致人死亡。

触电导致死亡的直接原因是电流而不是电压，但通过人体电流的大小，取决于外加电压和人体的电阻，所以安全用电必须考虑安全电压。安全电压等级为42V、36V、24V、12V和6V五种。

电流通过人体的持续时间越长，人体电阻降低越多，后果越严重，而且电流通过人体的途径不同所造成的后果也不同。电流通过心脏，会引起心房震颤或心脏停止跳动，使血液循环中断，造成死亡。电流通过脊髓，会使人的肢体瘫痪。因此，通过人体的途径从手到脚最危险，其次是从手到手，再次是从脚到脚。

一般雷雨天气，经常发生雷电现象，这也会引起用电的安全问题。地球是一个巨大的导体。带电的雷雨云移近地面时，地面上便感应出雷雨云底部电荷相反的电荷。当雷雨电荷聚

集且与地面接近到一定程度，地面上感应电荷特别密集，更容易遭受雷击。雷击的时间是很短的，只有几十微秒，但电流十分强大，可达几万甚至几十万安。雷电电流通过物体时会产生高温，如果附近有可燃物，就会造成火灾，因此在大型贵重易导电的仪器中，要做好避雷措施。普通防雷设备有避雷针、避雷线、避雷器等。避雷针就是在高耸物顶部竖直装上一根金属棒，并且金属引下线和接地体良好连接即可。当雷雨云在避雷针附近时，避雷针顶端密集的感应电荷将雷电引向自身，并通过接地装置将雷电流泻入大地。

参 考 文 献

[1] 童钧耕，等．工程热力学 [M]．北京：高等教育出版社，2007．
[2] 罗运俊，等．太阳能热水器原理、制造与施工 [M]．北京：化学工业出版社，2005．
[3] 杨世铭，陶文铨，等．传热学 [M]．北京：高等教育出版社，2006．
[4] 吴仲华．能的梯级利用与燃气轮机总能系统 [M]．北京：机械工业出版社，1988．
[5] 张东风．热工测量及仪表 [M]．北京：中国电力出版社，2007．
[6] 汪军．工程燃烧学 [M]．北京：中国电力出版社，2008．

第4章 工业余热、热泵技术及凝结水回收

4.1 工业余热的回收及利用

按 GB 1028—2000《工业余热术语、分类、等级及余热资源计算方法》的规定，以环境温度为基准，被考察体系排出的热载体可释放的热称为工业余热。例如，刚出炉的炉锭、炉渣、热水、热烟气等物体携带的热能都是工业余热。

工业余热的来源主要有工业排气余热、高温产品及炉渣的余热、冷却介质的余热、化学反应过程中生成的余热、可燃废气、废液、废料的热能以及废气、废水的余热等。

余热资源指的是在生产过程中由各种热能转换设备、用能设备和化学反应设备中产生而未被利用的热能，其数量大得惊人。据美国在20世纪70年代统计，每年被排弃的余热为用能总量的74%。我国建材、冶金行业的余热占燃料消耗的比例在30%以上，化工、机械、造纸、纺织等行业也在10%以上，可见余热资源的利用潜力是非常大的。

4.1.1 余热分类

工业余热可按温度或来源分类，也可按存在状态或其能量形态分类。通常按温度将工业余热分成高温、中温和低温三级，见表4-1；按余热来源分为高温烟气余热、高温产品和炉渣余热、冷却介质余热、可燃废气、废料和废液的余热、废气、废水余热和化学反应余热六类，见表4-2。

表4-1 工业余热温度分级

温度分级		温度界限/℃
高温		$T \geqslant 500$
中温		$200 < T < 500$
低温	烟气	$T \leqslant 200$
	液体	$T \leqslant 100$

表4-2 工业余热来源分类

来源	所占余热资源比例
高温烟气余热	50%
高温产品和炉渣余热	4%~6%
冷却介质余热	15%~23%
可燃废气、废料和废液做余热	8%
废气、废水余热	10%~16%
化学反应余热	10%

余热按其存在状态可分为：

（1）固态载体余热　包括固态产品和固态中间产品的余热资源、排渣的余热资源及可燃性固态废料，温度为 100 ~ 500℃。

（2）液态载体余热　包括液态产品和液态中间产品的余热资源、冷凝水和冷却水的余热资源、可燃性废液，温度为 80℃。

（3）气态载体余热　包括烟气的余热资源、放散蒸气的余热资源及可燃性废气，温度为 100 ~ 180℃。

工业余热按其能量形态可以分为三大类，即可燃性余热、载热性余热和有压性余热。

（1）可燃性余热　可燃性余热是指能用工艺装置排放出来的、具有化学热值和物理显热、还可作为燃料利用的可燃物，即排放的可燃废气、废液、废料等。

（2）载热性余热　常见的大多数余热是载热性余热，它包括排出的废气和产品、物料、废物、工质等所带走的高温热以及化学反应热等。

（3）有压性余热　有压性余热通常又称余压（能），它是指排气、排水等有压流体的能量。

4.1.2　余热回收

对废弃的工业余热回收利用，能节约一次能源，提高经济效益，减少污染，是节能减排的重要领域和课题，有很高的经济效益和社会效益。

余热资源只有具备一定数量才有回收的可能，同时还必须根据其能量品位的高低评价其回收价值。余热的品位由温度、压力、化学潜热共同构成。温度、压力越高，化学潜热越大，则品位越高。

1. 余热回收的原则

余热回收的方式各种各样，但总体分为热回收（直接利用热能）和动力回收（转变为动力或电力再用）两大类。而在回收余热时，首先应考虑到所回收余热要有用处和在经济上必须合算。例如，为了回收余热所耗费的设备投资甚多，而回收后的收益又不大时，就得不偿失了。进行余热回收的原则是：

1）对于排出高温烟气的各种设备，其余热应优先由本设备或本系统加以利用。例如预热助燃空气、预热燃料等，以提高本设备热效率，降低燃料消耗。

2）在余热余能无法回收用于加热设备本身，或用后仍有部分可回收时，应利用其生产蒸汽或热水，以及生产动力等。

3）要根据余热的种类、排出情况、介质温度、数量以及利用的可能性，进行企业综合热效率及经济可行性分析，决定设置余热回收利用设备的类型及规模。

4）应对必须回收余热的凝结水、高、低温液体、固态高温物体、可燃物和具有余压的气体、液体等的温度、数量和范围，制定具体利用管理标准。

2. 余热回收设备

（1）间壁式换热器　换热器是化工、石油、动力、食品及其他许多工业部门的通用设备，在生产中占有重要地位。在化工生产中换热器可作为加热器、冷却器、冷凝器、蒸发器和再沸器等，应用十分广泛。换热器种类很多，根据冷、热流体热量交换的原理和方式基本上可分三大类，即间壁式、混合式和蓄热式。在三类换热器中，间壁式换热器应用最为广泛。常见间壁式换热器有冷却塔（或称冷水塔）、气体洗涤塔（或称洗涤塔）、喷射式热交换器、混合式冷凝器。

（2）蓄热式换热器　蓄热式换热器用于进行蓄热式换热的设备，一般用于对介质混合要求比较低的场合。换热器内装固体填充物，用以储蓄热量。一般用耐火砖等砌成火格子。

蓄热式换热分为两个阶段进行。第一阶段，热气体通过火格子，将热量传给火格子而储蓄起来。第二阶段，冷却气体通过火格子，接受火格子所储蓄的热量而被加热。这个两个阶段交替进行。通常用两个蓄热器交替使用，即当热气体进入一个蓄热器时，冷却气体进入另一个蓄热器。

（3）节能陶瓷换热器　陶瓷换热器是一种新型的换热设备，在高温或腐蚀环境下取代了传统的金属换热设备。用它的特殊材质——SIC 质，把窑炉原来用的冷却空气变成了热空气来达到余热回收的目的。它可在浓硫酸、盐酸和碱性气、液体中长期使用，且其抗氧化、耐热震、高温强度高，抗氧化性能好，使用寿命长。热工工业窑炉中，把换取的热风作为助燃送进窑炉与燃气形成混合气进行燃烧，可节能 25%～45%，甚至更多的能源。

（4）喷射式混合加热器　喷射式混合加热器是射流技术在传热领域的应用，它是通过汽、水两相流体的直接混合来生产热水的设备。喷射式混合加热器具有很多优点：传换效率高、噪声低（可达到 65dB 以下）、体积小、安装简单、运行可靠和投资少等。

3. 余热回收在各个领域中的应用

（1）在化工行业中的应用

1）小合成氨上、下行煤气余热回收。

2）中合成氨上、下行煤气余热加收。

3）合成氨吹风气燃烧的余热回收。

4）合成氨一段炉烟气余热回收。

5）30 万 t/年合成氨二段转化炉余热回收。

（2）在硫酸工业中的应用

1）在硫酸生产沸腾焙烧炉沸腾层内的余热回收。

2）从沸腾中出来的 SO_2 高温炉气中回收余热。

（3）在石油化工中的应用

1）烃类热解炉中的余热回收（工作温度为 750～900℃）。

2）乙苯脱氢反应器中的余热回收。

3）环己醇脱氢化学反应器中的余热回收。

4）催化、裂化再生取热器中的余热回收。

5）其他各种加热炉中的余热回收。

（4）在建材工业中的应用

1）在高岭土喷雾干燥热风炉中的余热回收。

2）玻璃窑炉中的余热回收。

3）水泥窑炉中的余热回收。

4）各种陶瓷倒燃炉及隧道窑炉中的余热回收。

（5）在冶金工业中的应用

1）轧钢连续加热和均热炉中的余热回收。

2）坯件加热炉中的余热回收。

3）线材退火炉中的余热回收。

4）烧结机中的余热回收。以一台 180M2 的烧结机为例，可回收蒸汽量达 10 ~ 22t/h。

4. 余热回收新技术

近年来，工业余热的利用方法越来越多元化，越来越高效，涌现了很多余热回收利用的新型装置和技术。

（1）热管　热管是一种良好的新型工业废热利用设备，它具有结构简单、不存在交叉污染等特点。最普通的热管是由一密封的管状容器组成、器壁具有毛细芯结构材料，该管状容器充以蒸发液体。热管的作用是基于蒸发-冷凝循环原理。毛细芯结构材料的作用如同泵一样，它将冷凝流体送回热输入端，由废热使热管的液体工质蒸发，蒸发的潜热随蒸气送至热管的冷端冷凝，释放出潜热。然后，冷凝的液体再由毛细芯结构送回到热端，如此循环，高效率地传递热能（图4-1）。常温热管运用于温度控制和回收生产过程的废热。热管还可用于空气干燥器、加热、通风、空调设备和空气预热器等。

（2）热泵　采用热泵可以把热量从低温抽吸到高温。所以热泵实际上是一种热量提升装置，热泵的作用是从周围环境中吸取热量，并把它传递给被加热的对象（温度较高的物体），其工作原理与制冷机相同，都是按照逆卡诺循环工作的，所不同的只是工作温度范围不一样，在 4.2 节中将作详细介绍。

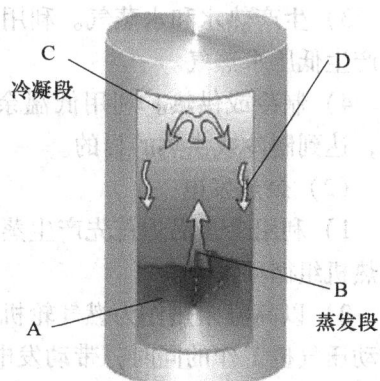

图4-1　热管

5. 余热回收应注意的问题

在余热回收利用过程中，需要特别注意下述几个方面：

1）在余热回收利用中，企业的注意力首先要放在提高现有设备的效率上，尽量减少能量损失，不要把回收余热建立在大量浪费能源的基础之上。

2）余热资源很多，并不是全都可以回收利用，余热回收本身也还有损失问题。在目前的技术和经济条件下，一部分余热是应该而且可以利用的，另一部分目前还难以利用，或利用起来不合算。

3）余热的用途从工艺角度来看基本上有两类，一类是用于工艺设备本身，另一类是用于其他工艺设备。

4.1.3　余热利用

回收生产工艺过程中排出的具有高于环境温度的气态（如高温烟气）、液态（如冷却水）、固态（如各种高温钢材）物质所载有的热能，并加以重复利用的过程，称为余热利用。工业余热利用是节能中的一个重要课题，合理充分利用工业余热可以降低单位产品能耗，取得可观的经济效益和社会效益。

1. 余热利用现状

节能降耗是冶金企业长期的战略任务。冶金企业从原料、焦化、烧结到炼铁、炼钢、连铸以及轧钢的生产过程中，会产生大量含有可利用热量的废气、废水、废渣，同时在各工序之间存在着含有可利用能量的中间产品和半成品。充分回收和利用这些能量，是企业现代化程度的标志之一。

在各种工业窑炉的能量支出中，废气余热约占 15% ~ 35%，这些废气净化处理后是一种输送和使用方便、燃烧后又无需排渣和除尘、不易造成环境污染的优质能源。若能按工艺要求提供合适热值的煤气作能源，还有利于改善产品质量。但是，由于企业生产结构和工业窑炉配置等原因，目前我国许多冶金企业仍排放大量废气。这是造成企业能源消耗高的一个重要原因。

2. 余热利用途径

（1）热利用　余热的直接利用是最常见的回收利用方式。具体的应用领域有：

1）预热空气。利用高温（≥1000℃）烟道排气的热量，通过高温换热器来加热进入燃烧炉或反应炉的空气。

2）干燥。利用工业生产过程的排气来干燥加工零部件和材料，如铸工车间的铸砂模样等；还可以干燥天然气、沼气等燃料。在医学上，工业余热还能用来干燥医用机械。

3）生产热水和水蒸气。利用工业低温余热热源，以产生 70 ~ 80℃ 或更高温度的热水以及产生低压水蒸气。

4）制冷或供热。利用低温余热来加热吸收式制冷机的蒸发器，或作为热泵的低温热源，达到制冷或供热的目的。

（2）余热发电

1）利用余热锅炉首先产生蒸汽，再通过汽轮机发电机组，按凝汽式机组循环或背压式供热机组循环发电。

2）以高温余热作为燃气轮机工质的热源，经加压、加热的工质推动燃气轮机做功，在带动压气机工作的同时，带动发电机发电。

3）采用低沸点工质回收中、低温余热，产生的工质蒸气按朗肯循环在涡轮中膨胀做功，带动发电机发电。

（3）综合利用　余热的综合利用方式是根据工业余热温度的高低而采取不同的方法，以做到"热尽其用"，因而它是最为有效的利用余热的途径。

4.2　热泵技术

4.2.1　热泵技术发展史

热泵的理论起源于十九世纪早期卡诺的著作，他在 1824 年发表了关于卡诺循环的论文。这个理论经过 30 年后，开尔文（L. Kelvin）在 1850 年初提出：冷冻装置可以用于加热。此后许多科学家和工程师对热泵进行了大量研究，这种研究持续了 80 年之久。

1912 年，瑞士的苏黎世已成功安装一套以河水作为低位热源的热泵设备用于供暖，并以此申报专利，这就是早期的水源热泵系统，也是世界上第一套热泵系统。热泵工业在 20 世纪 40 年代到 50 年代早期得到迅速发展，到 1943 年大型热泵的数量已相当客观。1948 年，小型热泵的开发工作有了很大的进展，家用热泵和工业建筑用的热泵大批投放市场。热泵工业在 20 世纪 50 年代到 60 年代初（1952 ~ 1963）的 10 年中，又经历了迅速成长的阶段。由于热泵可以将制冷与采暖合用一套装置，而热泵若在电力充足而电能价格又便宜的地区使用时，其运行费用甚低。因此，用户对热泵产生兴趣，使热泵进入了早期发展阶段。

20 世纪 70 年代初期，由于能源危机的出现，热泵又以其回收低温废热、节约能源的特点，在产品经改进后，重新登上历史舞台，受到了人们的青睐。比如美国，热泵的产量从 1971 年的 8.2 万套/年猛增至 1976 年的 30 万套/年，1977 年再次跃升为 50 万套/年，而此时日本后来居上，年产量已超过 50 万套。目前，热泵市场每年产量仍在成倍增长，发展势头相当迅猛。在欧美大多数发达国家，如澳大利亚、英国、法国、德国以及北欧南欧的一些国家，热泵产品已经进入了大多数家庭。例如澳大利亚 Quantum 公司，从 20 世纪 70 年代生产出家用空气源热泵产品至今，有的产品已正常运行了十几年，其性能得到了用户的高度评价。

热泵在我国起步较早。20 世纪 50 年代，天津大学的一些学者已开始从事热泵的研究工作。60 年代开始在我国暖通空调中应用热泵。例如，从 1963 年起，原华东建筑设计院与上海冷气机厂就开始研制热泵式空调器；1965 年，上海冰箱厂研制成我国第一台制热量为 3720kW 的 CKT—3A 热泵型窗式空调器。1965 年，天津大学与天津冷气机厂研制成国内第一台水冷式热泵空调机，1966 年又与铁道部四方车辆研究所共同合作进行干线客车的空气-空气式热泵试验。1966 年，原哈尔滨建筑工程学院与哈尔滨空调机厂研制成功 LHR—20 恒温恒湿热泵式空调机，首次提出冷凝废热用做恒温恒湿空调机的二次加热的新流程。但是，由于我国能源价格的特殊性，以及一些其他因素的影响，热泵空调在我国的应用与发展始终很缓慢。直至 70 年代末期，才又为热泵空调的发展与应用提供了机遇。80 年代初至 90 年代末在我国暖通空调领域掀起一股热泵热。热泵空调在我国的应用日益广泛，发展速度很快。

4.2.2 热泵的工作原理

一台压缩式热泵装置，主要由蒸发器、压缩机、冷凝器和膨胀阀四部分组成，通过让工质不断完成蒸发（吸取环境中的热量）→压缩→冷凝（放出热量）→节流→再蒸发的热力循环过程，从而将环境里的热量转移到水中或空气中（见图 4-2）。

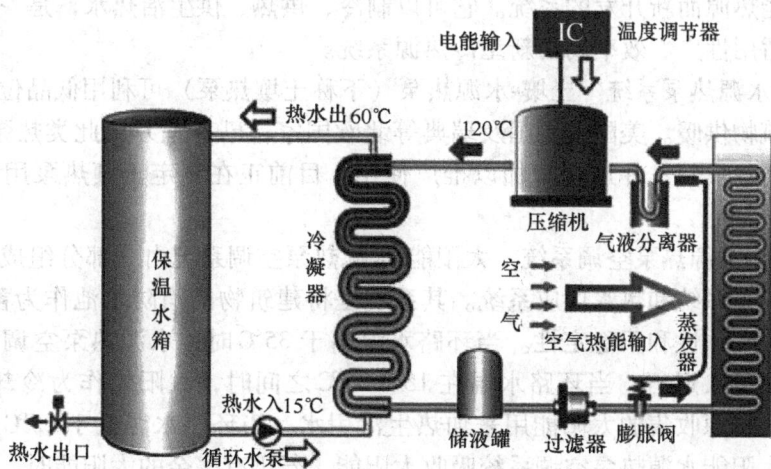

图 4-2　热泵工作原理图

热泵在工作时，把环境介质中储存的能量 Q_A 在蒸发器中加以吸收；它本身消耗一部分能量，即压缩机耗电为 Q_B；通过工质循环系统在冷凝器中进行放热为 Q_C，$Q_C = Q_A + Q_B$。由此可以看出，热泵输出的能量为压缩机做的功 Q_B 和热泵从环境中吸收的热量 Q_A；其制热系数为 $\varepsilon_h = Q_C/Q_B$，可见 ε_h 值恒大于1。因此，采用热泵技术可以节约大量的电能。

4.2.3 热泵的分类

1. 空气源热泵

以空气作为"源体"，空气源热泵通过冷媒作用进行能量转移。目前的产品主要是家用热泵空调器、商用单元式热泵空调机组和热泵冷热水机组。

2. 水源热泵

以地下水作为冷热"源体"，在冬季利用热泵吸收其热量向建筑物供暖，在夏季热泵将吸收到的热量向其排放、实现对建筑物供冷。虽然目前空气源热泵机组在我国有着相当广泛的应用，但它存在着热泵供热量随着室外气温的降低而减少和结霜问题。而水源热泵克服了以上不足，而且运行可靠性又高，近年来国内应用有逐渐扩大的趋势。

3. 地源热泵

地源热泵是以大地为热源对建筑进行空气温度调节的技术。冬季通过地源热泵将大地中的低位热能提高对建筑供暖，同时蓄存冷量，以备夏用；夏季通过热泵将建筑物内的热量转移到地下对建筑进行降温，同时蓄存热量，以备冬用。由于其节能、环保、热稳定等特点，引起了世界各国的重视。欧美等发达国家地源热泵的利用已有几十年的历史，特别是供热方面已积累了大量设计、施工和运行方面的资料和数据。

4. 复合热泵

为了弥补单一热源热泵存在的局限性和充分利用低位能量，各国运用了各种复合热泵。如空气-空气热泵机组、空气-水热泵机组、水-水热泵机组、水-空气热泵机组、太阳-空气源热泵系统、空气回热热泵、太阳-水源热泵系统、热电水三联复合热泵、土壤-水源热泵系统等。

（1）太阳-空气源热泵系统　太阳-空气源热泵系统是在传统的空气源热泵系统的基础上，利用太阳能热源而新开发的系统。它可以制冷、供热、供生活热水，是一种利用自然能源、无污染、适用性广、效率高的新型冷热源系统。

（2）土壤-水源热泵系统　土壤-水源热泵（下称土壤热泵）可利用低品位的土壤热能提供热水或向建筑物供暖。美国、德国及瑞典等北欧国家，已有上万台此类热泵装置在运行，土壤热泵技术已趋成熟，并迅速地加以推广使用。目前正在制定土壤热泵用于供暖的技术规范。

（3）太阳能-水源热泵空调系统　太阳能-水源热泵空调系统由三部分组成，即太阳能集热系统、水源热泵系统和热水供应系统。其系统是将建筑物的消防水池作为蓄水供应系统，以解决太阳能的间歇性和不稳定性。当环路水温高于35℃时，水源热泵空调系统同消防水池断开，冷却塔投入运行，当环路水温在15～35℃之间时，太阳能作为冷却塔停止运行，生活热水供应的热源收集的太阳能用来加热生活用水；当环路水温低于15℃时，环路与消防水池连通，太阳能水源热泵空调系统吸收太阳能。若仍有多余的太阳能时，可继续加热生活用水。

除上述四类热泵以外，还有喷射式热泵、吸收式热泵、工质变浓度容量调节式热泵及以 CO_2 为工质的热泵系统等。

4.2.4　空气源热泵

1. 空气源热泵的工作原理

空气源热泵在运行中，蒸发器从空气中的环境热能中吸取热量以蒸发传热工质，工质蒸气经压缩机后压力和温度上升，高温蒸气通过永久粘结在贮水箱外表面的特制环形管冷凝器冷凝成液体时，释放出的热量传递给了空气源热泵贮水箱中的水。冷凝后的传热工质通过膨胀阀返回到蒸发器，然后再被蒸发，如此循环往复。

2. 空气源热泵的技术特点

1）空调系统冷热源合一，且置于建筑物屋面，不需要设专门的冷冻机房、锅炉房，也省去了烟囱和冷却水管道所占有的建筑空间。

2）无冷却水系统，故无冷却水系统动力消耗及冷却水损耗。空调系统如采用水冷式冷水机组，自来水的损失不仅有蒸发损失、漂水损失、还有排污损失、冬季防冻排水损失，夏季启用时的系统冲洗损失，化学清洗稀释损失等。另外，相当一部分工程在部分负荷情况下冷却水循环量保持不变。或根据主机运行台数，只作相应的台数调节。

3）由于无锅炉、无相应的燃料供应系统，无烟气，无冷却水，故系统安全、卫生、简洁。

4）系统设备少而集中，操作、维护、管理简单方便。一些小型系统可以做到通过室内风机盘管的启停控制热泵机组的开关。

5）单机容量从 3RT⊖ 至 400RT，规格齐全，工程适应性强，利于系统细化划分，可分层、分块、分用户单元独立设置系统等。

6）夏天运行 COP 值较水冷机组低，耗电较多，冬季运行节省能源消耗。

7）造价较高。作为空调系统的冷热源方面的设备投资，空气源热泵冷热水机组造价较高。

8）空气源热泵冷热水机组常年暴露在室外，运行条件比水冷式冷水机组差，其寿命也相应要比水冷式冷水机组短。

9）热泵机组的噪音较大，对环境及相邻房间有一定影响。热泵通常直接置于裙楼或顶层屋面，其隔振隔音的效果，直接影响到贴邻房间及周围一些房间的使用。合理的位置设置与隔振隔音措施，可以使热泵噪声的影响基本消除。

10）空气源热泵的性能随室外气候变化明显。室外空气温度高于 40 ~ 45℃ 或低于 -15 ~ -10℃ 时，热泵机组不能正常工作。

4.2.5　水源热泵

1. 水源热泵国内外发展状况

水源热泵系统（Water Loop source Heat Pump System，WLHPS，国外又习惯称作闭式环路水源热泵系统）20 世纪 60 年代开始在美国提出之后，经过 30 年不断改进和发展，技术日趋成熟，其产品已逐渐商品化，迄今已经在北美建筑中应用了 40 多年。进入 70 年代后，这项技术在日本的推广应用很快。东芝、三菱电机、PMAC 公司均有水源热泵产品出售，东

⊖　RT：冷吨，1RT = 3.5kW。

京、名古屋、横滨等城市在70年代初就有很多采用闭式环路水源热泵空调系统的工程实例。自80年代以来，我国采用水源热泵空调系统的建筑也逐年增多。目前，在深圳、上海、北京以及一些中、小城市均有工程实例，特别是2008年奥运会在北京的成功举行，为办好这届奥运会，北京市主管部门和科研部门全力合作，利用得天独厚的地热条件，充分发挥地热温泉的清洁能源优势和保健作用，相继将一些先进的技术，如地热尾水回灌、水源热泵等应用到地热供暖系统上。并且水源热泵式中央空调在当时成为了2008年北京奥运会指定选用的空调形式。水源热泵在我国的推广应用前景极其广阔。

2. 水源热泵技术的优越性

水源热泵空调系统是一种可以利用地球表面浅层水源（如地下水、河流和湖泊）和人工再生水源（工业废水、中水、地热尾水等）的既可供热又可制冷的高效节能空调系统。水源热泵通过输入少量的高品位能源（如电能），实现低品位热能向高品位热能的转移。将水体和地层蓄能作为冬、夏季的供暖热源和空调冷源，即：在冬季，把水体或地层中的热量"取"出来，提高温度后，供给室内采暖；夏季，把室内的热量"取"出来，释放到水体和地层中去。

水源热泵只取水中的热或冷而不消耗水，并且基本做到水体或地层蓄能的年平均能量平衡，不会造成任何污染。通常水源热泵消耗1kW的能量，用户可以得到4kW以上的热量或冷量。而锅炉供热只能将90%以上的电能或70% ~90%的燃料内能转化为热量，供用户使用，因此水源热泵要比电锅炉加热节省2/3以上的电能，比燃料锅炉节省1/2以上的能量。

3. 工程实例

2002 ~2003年采暖期间，在胜利油田管理局和有关部门的支持下，滨南社区华滨物业管理公司海滨小区使用康特姆水源热泵替代采暖锅炉，2002年12月建成投产，现在运行情况良好。

（1）工程相关背景及项目介绍 滨南社区华滨物业管理公司海滨小区因为近滨南采油厂滨一站，有丰富的污水余热资源，小区地处山东省滨州市和东营市的交界处，采暖面积约为3.7万 m^2，采暖管网最大距离为800m。该小区原有一座采暖生活锅炉房，有2t（蒸汽）、4t（热水）锅炉各一台，一直以原油为燃料，油耗一直保持在700 ~750t/a的水平。安装热泵后表明：水源热泵技术先进，机组集成度高，安装方便；操作全自动化；经济性能良好；安全性能优越；操作简单，实用性强；对废热以及地热丰富的单位、地区而言有很强的实用性，具有广泛的推广价值。

该项目的热源是利用滨南采油厂滨一站外输的40 ~50℃的污水余热，通过高效换热装置加热系统热媒清水，换热后的热媒清水温度上升约10℃左右，然后利用康特姆热泵将10℃的热量提取应用于采暖。其设计污水流量为80m^3/h时，热媒清水温度要求在35℃左右，压力保持在0.3MPa以上。

（2）运行的经济性比较 热泵系统输入功率是556kW，输出功率为2224kW，总输入、输出功率的大小可自动调整。从运行情况看，在停用锅炉的情况下，运行参数稳定，换热能力和系统出力完全符合设计要求。热媒清水进出水温度分别保持在30 ~40℃和20 ~32℃之间，主机做功时的温差在8 ~12℃之间，系统运行时可保证出水温度大于73℃（温度可以设置）。实际耗电情况：2003年1月份零下15℃时，每天耗电量在11 000kW·h电左右；其他时间耗电一般在7000 ~9000kW·h，电价按胜利油田结算价0.37元/kW·h计算，最冷时

"燃料"成本为 4070 元，一般情况下为 2590~3330 元；如果按照工业用电价格 0.5 元/kW·h 计算，那么每天"燃料"成本在 3500~4500 元之间，由此可以推断出水源热泵系统单位面积运行成本约为 0.10~0.13 元，而在水源热泵投产前使用的燃油锅炉每天的燃料成本在 10 800 元左右。热泵系统实现自动化，无需人工操作，这样大大节约了人员工资。热泵供暖系统与原有的燃油锅炉相比每个采暖季可以节省 816 000 元，与电锅炉供暖系统相比每年可以节省 1 653 360 元。热泵运行费用大大低于燃油锅炉的成本，因此热泵产品经济效益明显。

（3）运行的安全及环保性　使用水源热泵系统时燃油锅炉系统完全停用，大大降低了系统危险系数，使单位安全生产管理的压力大为降低；环保方面，由于新系统只消耗二次能源，使得与纯消耗一次能源的老系统相比几乎没有环境污染。无论是废水、废气、固体废弃物、噪声还是其他环境污染物的产生量均大大降低，发生污染事故的可能性基本为零。

4.2.6　污水源热泵

污水源热泵是利用污水处理厂出水量大，水质稳定，常年温度在 13~25℃ 等特点，以污水作为热源进行制冷、制热循环的一种空调装置。污水源热泵具有热量输出稳定、COP 值高、换热效果好、机组结构紧凑等优点，是实现污水资源化的有效途径。

污水源热泵比燃煤锅炉环保，污染物的排放比空气源热泵减少 40% 以上，比电供热减少 70% 以上。它节省能源，比电锅炉加热节省 2/3 以上的电能，比燃煤锅炉节省 1/2 以上的燃料。由于污水源热泵的热源温度全年较为稳定，其制冷、制热系数比传统的空气源热泵高出 40% 左右，其运行费用仅为普通中央空调的 50%~60%。因此，污水源热泵有着广阔的应用前景，但其使用还需解决以下问题：清洁技术的选择、系统形式的选择、污水源水温流量的问题以及其保证性和经济性问题。

4.2.7　地源热泵

1. 地源热泵的基本概念

地源热泵技术是指利用普遍存在于地下岩土层中可再生的浅层地热能或地表热能（温度范围为 7~12℃），即岩土体、地下水或地表水（包括江河湖海水）中蕴含的低品位热能，实现商业、公用以及住宅建筑冬季采暖、夏季空调以及全年热水供应的节能新技术。

根据地下换热系统形式的不同，地源热泵可以分为三种类型：闭环系统、开环系统与直接膨胀系统。对于特定地区，地下换热方式的选择主要取决于水文地质结构、有效的土地面积和系统生命周期费用。

（1）闭环系统　闭环系统是通过水或防冻液在预埋地下的塑料管中进行循环流动来传递热量的地下换热系统。地源热泵环路可以敷设在钻好的孔中（垂直和水平环路）或池塘、湖泊中（池塘环路）。大多数使用地源热泵空调的商业和机构的工程都用的是垂直闭合环路。垂直环路系统是把管道嵌入垂直钻出的孔中，它的优势在于占地面积较小。在设计地下环路场地时要考虑以下几个因素：供暖和制冷的总需求，可使用空间和钻孔条件。虽然每个垂直环路的场地都不太一样，但通常一个钻孔（一个环路）承担 1t 的供暖和制冷量。钻孔之间通常彼此相隔 4.5m，以便使相邻环路之间的相互影响降到最低。选管时应以安装成本最低、运行能耗小、地热换热器中流体流量最小且能保持湍流为原则。大直径管子较小直径管子投资高，所需防冻液多，更难于处理和安装。二者兼顾考虑，地热换热器所用管子的直径一般为 20~50mm 之间。然后用砂石水泥浆或其他密封填料从钻孔底部充填钻孔，使管道周围有结实的接触面，同时确保地表水不会直接流入地下含水层。在钻孔、下管、充填钻孔几个工序完成以后，再把每个钻孔中的管道和水平管道及集管连接起来。通常要用几条集管连接各并联管道。

（2）开环系统　开环系统通常指利用传统的地下水井传递地下水中或地下土壤中热量的地源热泵系统（见图4-3）。此外，地表水热泵中的池塘或湖水直接利用的系统也属于开环系统。开环系统以设抽水井和回灌井的形式较为常见，该方式因将使用过的废水回灌地下，不会影响地下水位。开环系统比较经济，但必须考虑水质、水量和对废水的处理问题。

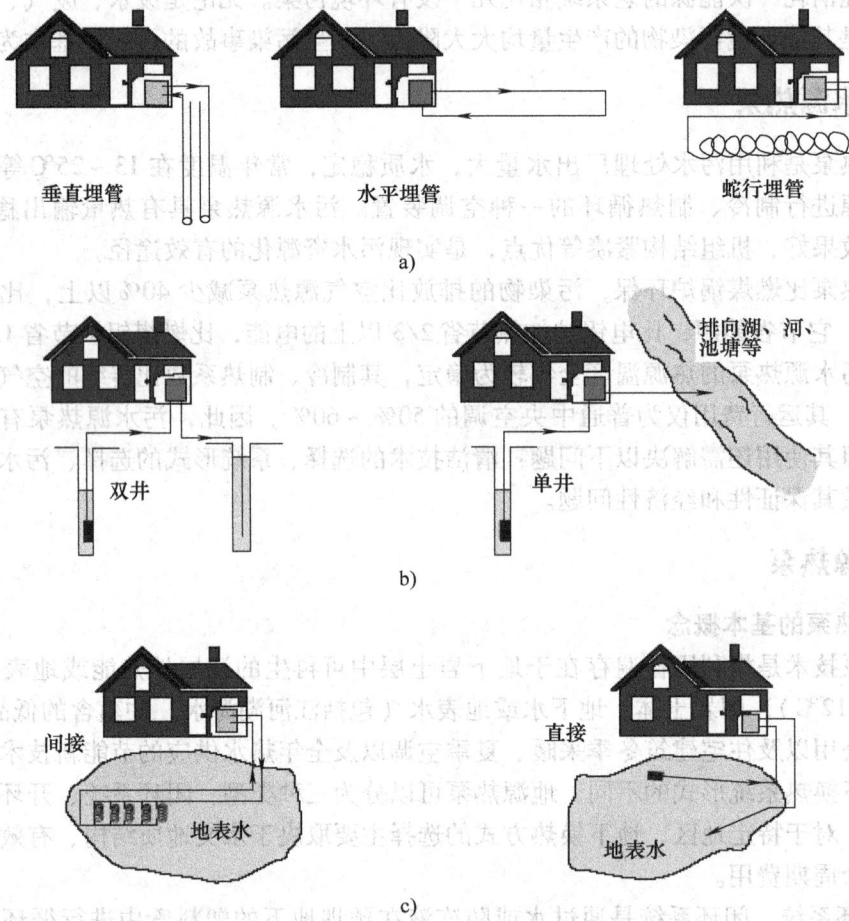

图 4-3　热泵系统图

a) 土壤源闭式系统　b) 地下水热泵系统（开式系统）　c) 地表水热泵系统

1）水质的影响。人工填砾所用的材料对水质有很大的影响。例如使用机械粉碎石-石灰岩，这种石灰岩取自奥陶系地层，其中含有石膏层，所填砾石中含有一定量的石膏，再加上回扬水温度较高，石膏的溶解度随温度的升高而增大，使砾料中的石膏溶解，导致回扬水中钙离子、硫酸根离子含量增加。管道材料的使用也是影响水质的因素之一。例如，选用铁质管材，地下水从抽出到回灌到地下的整个过程都在铁质管道中进行，这使得大量铁锈被带入地下，使回扬水中铁的含量大幅度增加。因此，要重视水质分析，掌握水质中铁、钙、镁离子以及腐蚀气体等的含量，对于水质不达要求的，应采取去铁、防腐蚀、防结垢等措施。

2）水量的影响。在地下水回灌过程中，回灌井很容易堵塞，回灌一段时间以后必须对回灌井进行回扬，再排出一定水量，然后才能继续回灌。回扬所排出的水量完全废弃掉，会造成地下水资源的浪费。造成回灌井堵塞有如下几个原因：

① 抽水井施工过程中没有按要求洗井，大量的护壁泥浆滞留在井壁过滤层外，导致空调运行过程中抽出的水中带有大量的泥质和细砂。这些泥砂经热交换器后，又注入回灌井，附着在过滤网上和含水层中。

② 回灌井没有达到洗井工艺要求，施工含水层中滞留的泥浆在井壁管周围形成的"泥皮"未能清除，阻塞含水层，降低了含水层的导水能力。

③ 水井施工中填砾所用砾石是机械粉碎石，这种砾石没有磨圆，孔隙度小，透水能力差，水中若含有悬浮物时容易堵塞。

④ 地下水被抽到地面及在管道中流动回灌到地下的过程中不可避免地要同空气接触，必然会带有一定量的气体，这些气体随即又被回灌到含水层中。如果是潜水，气泡会自行溢出，但在承压含水层中，这些气体难以溶解和溢出，易造成含水层堵塞。

（3）直接膨胀式系统　该系统是直接将装有制冷剂的铜管埋入地下取热。铜管可以垂直埋也可以水平埋，前者每 1kW 制冷量需要 $2.6 \sim 4.0 m^2$ 的土地面积，深约 $2.7 \sim 3.7m$；后者占地面积为 $11.9 \sim 14.5 m^2/kW$，深约 $1.5 \sim 3.0m$。在砂质、黏质或较干土壤中不宜采用垂直埋设，这是由于地下埋管是金属管，容易被腐蚀。该系统供热/制冷量约为 $7.0 \sim 17.6kW$。这种系统用得较少，目前只有美国才有使用直接膨胀式地源热泵系统的例子。

2. 我国地源热泵的研究

我国地源热泵系统的研究与应用虽起步较晚，但发展势头良好。国内地下水地源热泵系统的应用开始于 20 世纪 80 年代。1985 年，广州能源研究所设计并在东莞建造了一套用于加热室内游泳池的热泵：该地温加热系统由太阳房和水-水热泵组成，制热系数约为 5~6，用 25~40m 深井中的 24℃ 的地下水作为热源。到了 20 世纪 90 年代中期，国内才开始批量生产水-水热泵，以井水（单井抽灌技术或多井抽灌技术）为低位热源，通过阀门的启闭来改变水路中水的流动方向，实现机组的供冷工况与制热工况的转换。由于地下水系统比较简单，投资少，运行也较简单，到 1999 年底，在山东、河南、湖北、辽宁、黑龙江、北京、河北等地已有 100 多个地下水热泵工程，供热空调面积达 100 余万 m^2。在我国，地下水循环式热泵系统的应用工程近年来已逐渐增多。这些工程的应用表明，地下水循环式热泵系统相对于传统的供热、供冷方式及空气源热泵具有很大的优势。

国内研究方向与内容主要集中在地下埋管换热器，在国外技术基础上有所创新。例如：地下埋管换热器（垂直套管式、U 形管式、水平埋管式）热工性能的研究；传热强化技术、传热模型的理论与试验研究；土壤耦合热泵系统冬夏季启动特性的实验研究；地下埋管的敷设形式及管材的研究；回填材料的研究；土壤冻结对地下埋管换热器传热性能的影响；系统设计与安装问题的研究。

山东建筑工程学院方肇洪对地热换热器传热模型进行了多年的研究，提出了用于分析竖直埋管地热换热器钻孔内的传热过程的准三维模型，考虑流体工质在深度方向上的温度分布，给出了钻孔内热阻的解析表达式；求得有限长线热源在半无限大介质中的瞬态温度响应解析解，导出并求得了有渗流时无限大介质中线热源温度响应的解析解。天津大学赵军等利用U形管埋地换热器三维传热模型，并通过实验对比得出，换热器与土壤的传热过程不是单纯的导热问题，应更进一步考虑土壤中热湿迁移的影响；同时，他们结合实际地源热泵系统，对大面积密集型桩埋换热器管群周围土壤的换热特性进行了数值模拟，提出并分析了土壤换热中热屏障的形成原因及其特性。

随着研究的深入，我国地源热泵研究人员在全国范围内举行了各种交流探讨会。从1978年开始，中国制冷学会第二专业委员会每两年举办一次"全国余热制冷与热泵技术学术会议"。1988年，中国科学院广州能源研究所主办了"热泵在我国应用于发展问题专家研讨会"。1994年，中国能源研究会地热专业委员会在北京召开了第4次全国地热能开发利用研讨会。从20世纪90年代开始，每届全国暖通制冷学术年会上都有"热泵应用"的专题。1997年，美国能源部和我国科学技术部签署了中美能源效率及可再生能源合作议定书。其主要内容之一就是"地源热泵"。该项目拟在我国北京、杭州和广州3个城市，各建一座采用地源热泵供暖空调的商业建筑。2006年6月，中美地源热泵技术交流会在北京召开，会上介绍了地源热泵技术在国外的应用状况和在中国的推广情况。2003年3月，山东建筑工程学院地源热泵研究所与山东建筑学会热能动力专业委员会，联合发起并承办了"国际地源热泵新技术报告会"，加强了国内外地源热泵先进技术的交流。

3. 地源热泵的关键问题

地源热泵技术是一项多学科知识的结合，包括土壤环境学、钻井、热交换、制冷、暖通空调、建筑材料学等，影响地源热泵性能的因素很多。根据目前已有的实例分析，其关键技术是地下换热器的优化设计、土壤热性能研究、回填材料的研发和供暖/制冷系统的合理配置。

（1）地下换热器的优化设计　地热换热器是地源热泵的重要组成部分，其设计和计算正确与否对地源热泵性能有很大影响。原有的设计手册和教科书中只能推荐以一维的线热源或圆柱模型为基础的半经验公式，在近年来的研究中，研究人员导得了地热换热器几个重要环节的二维或准三维传热问题的解析解。这些理论研究成果为地下换热器的设计和模拟提供了更加精确的理论基础和计算方法，也为提高地热换热器换热性能指明了方向。研究人员还利用改进的传热模型，研制开发出了地热换热器设计模拟软件。利用传热模型的解析解进行编程，计算结果更趋合理，便于设计优化。

通过研究者对地热换热器的传热分析，设计者可以选择地热换热器的布置形式并确定埋管长度。首先，考虑到我国人多地少的实际情况，在大多数情况下竖直埋管方式是唯一的选择。由于单U形埋管的钻孔热阻比双U形埋管大30%以上，而钻孔热阻仅是埋管传热总热阻的一部分，对单U形埋管和双U形埋管来说，钻孔外的岩土热阻几乎是一样的，实际上双U形埋管比单U形埋管仅提高15% ~20%的换热能力。一般地质条件下采用单U形管比较适合。其次，为了保证管道与土壤间良好的换热性能，设计时应尽量保证管道间有足够的距离，以节省地热换热器的投资，避免地热管热气性能恶化现象地出现。结合理论分析和实际工程经验得出，单排布置是最好的运行排列，对给定数量的钻孔，长方形排列要好于正方形排列。

（2）土壤热性能的影响　地源热泵的性能与浅层地表土壤的热物性密切相关，而土壤含水量大小对地下换热器的换热量大小有着重要影响。一般情况下，导热系数随含湿量的增加而增加。研究表明，干燥土壤的地源热泵的性能系数 COP 会比潮湿土壤的 COP 低 35%，当土壤含水量低于 15% 时，随着含水量的降低，热泵的循环性能系数将迅速下降。土壤含水量在 25% 以上时，土壤源热泵的性能将会得到有效提高，而当含水量超过 50% 后，随着含水量的增加，热泵循环性能系数提高的趋势减缓。此外，土壤的热物性也与岩土的颗粒大小和成分密切相关。从理论上来讲，同一种岩石，空隙率大的导热系数小。孔隙中填充导热系数大的物质可增加岩石的导热系数。例如，含水岩石的导热系数远远大于干燥岩石和水本身的导热系数。不同地区地下岩土的热物性及含湿量都可能存在或大或小的差异。因此，可采取更稳定的回填介质、添加能降低土壤临界含湿量的介质、采用人工加湿等必要技术措施加以改善。不同岩土的热物性见表 4-3。

表 4-3　岩土热物性表

土壤类型	导热系数/[W/(m·K)]	
	干　燥　土	饱　和　土
粗砂石	0.197	1.171
细砂石	0.193	1.633
亚砂石	0.188	1.340
亚粘土	0.138	0.879
密石	1.0676	
岩土	0.8541	
粘土	0.7473	
湿砂	0.6406	
砾石岩	0.7 ~ 0.9	
粗砂土	0.7 ~ 0.9	
细砂土	0.7 ~ 0.9	
泥砂土	1.2 ~ 2.4	
黏土	0.85 ~ 1.1	
石灰岩、白云岩	1.5 ~ 3.3	
岩溶石灰岩	2.5 ~ 4.3	
砂岩	2.3 ~ 6.5	
泥板岩	1.5 ~ 3.5	
断裂火成岩和变质岩	2.5 ~ 6.6	
未断裂火成岩和变质岩	2.5 ~ 6.6	

（3）回填材料的影响　回填是地埋管换热器施工过程中的重要环节，即在钻孔完毕、安置完 U 形管后，向钻孔中注入回填材料。回填材料介于地埋管换热器的埋管与钻孔壁之间，用来增强埋管和周围岩土的换热性能；同时，防止地面水通过钻孔向地下渗透，以保护地下水不受地表污染物的污染，并防止各个蓄水层之间的交叉污染。有效的回填材料可以防止土壤冻结、收缩、板结等因素对埋管换热器传热效果造成影响，提高埋管换热器的传热能

力，同时也可有效防止地下污染物对埋管的不利影响，因此选择适当的回填材料对地源热泵的性能起着重要的作用。目前的回填土一般选择膨润土、水泥以及砂为基本材料，利用适当的混合比例，达到较好的性能。实验表明，回填物导热系数增加可改善热传导性能，但是随着回填物导热系数进一步增加，导热的增加率却会递减。含有骨料的水泥类回填材料比膨润土材料在很多方面具有优势，更适合于填充地层与 U 形管之间的空隙。回填材料中使用大颗粒的骨料也是提高其导热系数的一个有效方法。在干旱、岩土体非饱和以及地下水位比较低的地区，使用的超强吸水树脂与原土混合作为回填材料，在注入少量水的情况下，能够很好地改善岩土体的非饱和性，增大岩土体的导热系数，提高岩土体的热恢复性能，明显增大单位管长吸热量，特别有利于螺旋盘管的应用，可以极大地降低地源热泵系统初投资，值得推广和应用。与传统的膨润土回填材料相比，采用这些高性能回填材料能够减少地埋管换热器埋管长度 29% ~36%，可显著节省地埋管换热器的初投资和降低运行能耗。

（4）地下水的回灌 地下水回灌的能力与水文地质条件、成井工艺和回灌方式等因素有关。从理论上来讲，回灌能力与抽水能力应该大致相当，也就是说，出水量大的热源井其回水量也大，但实际情况是回灌常比抽水困难。这主要是因为抽水时含水层的细小颗粒被一并抽出，长时间抽水后水井的流量会稍稍增大。而回灌时水中夹杂着空气，并存在氧化和生物作用，长时间后会引起回灌能力衰弱。回灌方法分为无压（自流）回灌、真空（负压）回灌、加压（正压）回灌三种。其中无压（自流）回灌适于含水层渗透性好、井中有回灌水位和静止水位差的地层；真空（负压）回灌适用于地下水位埋藏深（静水位埋深在 10m 以下）、含水层渗透性好的地层；加压（正压）回灌适用于地下水位高、透水性差的地层。采用哪种回灌方式取决于当地水位地质条件、系统的需水规模等参数。

地下水地源热泵的大量应用还暴露出了很多的问题，最为典型的是回灌井失效。回灌井堵塞和溢出是大多数地下水地源热泵都会出现的问题。为预防井管堵塞，要及时清除堵塞含水层和井管的杂质。在进行回灌后，要经常开泵，清除回灌井水中的堵塞物。回灌井回扬次数和回扬持续时间主要由含水层颗粒大小和渗透性而定。在岩溶裂隙含水层中的回灌井，长期不回扬，回灌能力仍能维持不变；在松散粗大颗粒含水层中的回灌井，每周应回扬 1 ~2 次；在中细颗粒含水层中的回灌井，回扬间隔应进一步缩短，而对于细颗粒含水层中的回灌井来说，应经常回扬。

4. 地源热泵的发展前景

我国长江流域及其周围地区涉及 16 个省、自治区和直辖市，人口相对集中，能源消耗量大，污染问题突出，能源资源相对比较匮乏。并且长江流域大部分地区的浅层土是软土，属于第四纪沉积层，且土壤潮湿，地下水位高。按照我国建筑气候划分，该地区属于夏热冬冷地区。夏季最热月平均温度为 25 ~30℃且以 28 ~30℃居多。多数地方高于 35℃的酷热天气长达半个月至一个月，比世界上同纬度其他地区高出 2℃左右。相对湿度经常高达 80% 左右。冬季最冷月平均温度为 2 ~7℃，大多数在 2 ~5℃之间，是地球上同纬度冬季最寒冷的地区。长江中下游沿岸及以北一带，日最低气温低于 5℃的天数长达两个月甚至三个月，且相对湿度为 73% ~83%。因此该地区供冷和供热天数大致相当，冷暖负荷基本相同，故适合在该地区推广地源热泵，从而充分发挥地下蓄能的作用。

我国"三北"地区（东北、华北和西北），冬季严寒期较长、夏季较短，与室外温度有关的冷热负荷差异较大。尤其在东北地区的冬季，室外气温很低，而地源热泵地下土壤温度相对平稳，地下一定深度一年四季保持十几度恒温，故适合在该地区应用垂直埋管，同时垂直埋管也是国际地热组织（IGSHPA）的推荐形式。但由于"三北"地区冬季供热负荷大于夏季供冷负荷，会造成热泵从地下土壤的吸热量大于夏季向土壤的排热量，因此需要合理地设置地源热泵辅助系统，以避免地下耦合系统吸、放热量不均而造成地温的变化，进而降低地源热泵的能效比。例如，太阳能辅助热源的混合式地源热泵系统，此外也可以在城市推广污水源热泵。污水源热泵是污水热能利用的一种形式，是一种从城市污水等低品位热源中提取热量，将其转换成高品位清洁能源，并向外提供供暖热源、空调冷源或生活热水的热泵系统，其不仅能满足冬季供暖、夏季供冷的需求，还可以同时解决生活热水的供应问题，具有一机多用的功能特性。并且该系统具有高效节能、运行稳定可靠、环保效益显著、投资成本和维修成本低等优点。

4.2.8 热泵的应用

1. 干燥

热泵与各种干燥装置结合组成的干燥装置称为热泵干燥装置。热泵应用于干燥过程的主要原理是利用热泵蒸发器回收干燥过程排气中的放热，经压缩升温后再加热进入干燥室的空气，从而大幅降低干燥过程的能耗。热泵干燥的主要特点如下：

1）可实现低温空气封闭循环干燥，物料干燥质量好。

2）高效节能。

3）温度、湿度调控方便。

4）可回收物料中的有用易挥发成分。

5）环境友好。

6）可实现多功能。

7）相对于其他低温干燥方法，设备投资小，运行费用低。

干燥加工是一项耗能巨大的作业。热泵能够有效地回收热湿空气中的低品位热能，并除去热湿空气中的部分水蒸气。因而，热泵的应用可使传统干燥设备的能量利用率得以有效提高。目前，热泵干燥技术已成功运用在木材、谷物、种子、果蔬、烟草的干燥中。

2. 蒸发浓缩

蒸发浓缩过程中需要大量的热能，同时会产生具有很高焓值的二次蒸汽，此时可利用热泵，在热泵蒸发器中循环工质吸收二次蒸汽中所蕴含的热能，经压缩机升温后到热泵冷凝器中冷凝放热满足料液蒸发过程的需要。食品、制药、化工、液体的浓缩和脱水都比较适宜用热泵蒸发浓缩装置。

3. 油田开采

在稠油油田开采过程中，油井产液中带有大量的温度较高的工业污水，污水不能全部回收用于油田注汽锅炉，部分处理合格后将排放或回注到地层，造成大量的热能浪费，而使用热泵技术可以实现稠油油田余热的利用。因此，在油田领域，特别是稠油油田热污水资源丰富，推广应用热泵技术具有较大的潜力。

4. 生活热水供应及采暖

作为一种新型的热水系统，热泵热水系统具有高效节能、环保、经济安全等显著优点。同电热水器、电锅炉相比，在相同的热负荷下，热泵热水系统虽然初投资较高，但其消耗的电能通常不足前者的1/3，可有效减少高品位电能的消耗。同燃气热水器、燃气锅炉相比，热泵热水系统运行安全可靠。同太阳能热水系统相比，热泵热水系统虽然需消耗一定量的高品位电能，但单一太阳能供热的热水系统无法全天候高效运行。随着人们生活水平的提高，我国建筑生活热水系统供应及热水采暖的能耗不断上升。在此种背景下，热泵热水系统在建筑生活热水供应及热水采暖系统中获得了较广泛的应用。此外，随着电、燃油/燃气常规能源价格的上升，热泵热水系统节能经济效益将更为显著。

5. 冷暖空调

通过四通换向阀的切换，空气源热泵既可用于冬季制热，也可用于夏季制冷。冷暖空调是指可对空气进行加温、增湿及冷却、去湿的空气调节系统。随着人们生活水平的提高，建筑冷暖空调日益普及。基于空气源热泵的上述功能，目前其已广泛应用于房间空调器、窗式空调器、柜式空调器、分体式空调器及风冷热泵冷热水机组。在严寒地区及室外空气相对湿度较大的地区，冬季制热运行时空气源热泵机组蒸发器结霜严重，这主要是因为目前空气源热泵主要应用于非严寒地区的中、小型冷暖空调。近年来，随着蒸发器除霜技术的日益成熟，在我国北方室外空气较干燥的一些地区也开始应用空气源热泵机组。

4.3 凝结水的回收

4.3.1 凝结水回收的意义与现状

蒸汽凝结水回收作为一项可以大大提高能源利用率以及有效节约水资源的新兴技术，近几年在一些发达国家得到了广泛的应用，并取得了可观的经济效益和良好的环保效益。因此，加快此项技术在我国的推广和应用，对于中国这样资源短缺的发展中国家更加具有重大的现实意义和深远的战略意义。

众所周知，蒸汽锅炉是我国耗能耗水的大户。目前国内拥有工业锅炉约100万台，其中蒸汽锅炉占有相当大的比例，但是蒸汽热力系统的能源利用效率还很低，仅为国际先进水平的一半左右，由此浪费掉的燃料资源相当于全年蒸汽供热系统总能耗的1/4。此外，在蒸汽供热系统中有半数以上的凝结水没有经过完全回收和充分利用，每年浪费数以亿吨的水资源。在能源价格日益上涨以及国家能源供给日益紧张的今天，蒸汽系统的节能显得特别重要，节能潜力巨大。

目前我国很多企业凝结水回收率很低的原因主要有以下几个方面：

1）由于蒸汽疏水阀选型、安装有误以及疏水阀本身质量等问题，致使间接用汽设备无法正常疏水，或影响加热，或漏汽严重。

2）没有很好地解决高温凝结水的泵送汽蚀、水击、气堵等问题，即使勉强用开放式方法回收，闪蒸降温的损失也十分严重。

3）不同用汽设备产生的凝结水压力不同而出现的高低压共网问题得不到妥善解决，使得各蒸汽用户不得不选择单独排放，从而造成了凝结水资源不能进行大规模综合利用的局面。

蒸汽的热能由显热和潜热两部分组成，通常用汽设备只利用蒸汽的潜热，释放潜热后的蒸汽还原成同温度的饱和水，即拥有显热的凝结水。用汽设备使用的蒸汽压力越高，排放的凝结水热能价值也就越大，据统计，不同压力下蒸汽产生的凝结水所含有的余热是一种数量可观、品质优良的理想余热资源。在蒸汽供热系统中，用汽设备凝结水的回收是一项重要的节能、节水措施，可以达到如下效果：

1）节约锅炉燃料。凝结水所具有的热量约占蒸汽热量的 15% ~ 30%，有效利用这部分热量，将会节约大量燃料。相对于不回收凝结水的系统，凝结水回收改造的节能潜力大于热力系统中的其他环节。

2）节约工业用水。凝结水一般可以直接作为锅炉给水，可以大幅度节约工业用水，即使凝结水被污染，也有相应的水处理方法，经处理后的水仍然可以有效地加以利用。

3）节约锅炉给水处理费用。由于凝结水可直接用于锅炉给水，因此可节约这部分水的软化处理费用。

4）减轻大气污染。热量的回收可减少锅炉的燃料消耗量，燃料消耗量的减少也就减少了烟尘和 SO_2 的排放量，因此，减轻了对大气的污染。

5）减轻噪声污染。若蒸汽疏水阀出口向大气排放，因排放凝结水会产生很大的噪声。回收凝结水时，疏水阀的出口连接在回收管上，排放声音不易扩到外部，可减轻噪声污染。

6）改善现场环境。如果凝结水直接向大气排放，由于凝结水的再蒸发，会使工厂内热气弥漫，工作环境恶化，并给设备的维修和管理带来不良影响。实行凝结水回收后，消除了因排放凝结水而产生的热气，生产环境可以得到显著改善。

7）提高表观锅炉效率。回收凝结水，可提高锅炉的给水温度，因此可提高表观锅炉效率。

4.3.2　凝结水回收与利用系统

1. 蒸汽疏水器

（1）蒸汽疏水器概述　蒸汽疏水器是使蒸汽与凝结水分开并使凝结水自行排出的疏水装置，也称疏水阀或阻汽排水阀。疏水器在排走凝结水的同时，又能防止蒸汽漏出。大多数蒸汽疏水器还可把空气等不可凝气体从蒸汽设备或管道中排除掉。不可凝气体会引起用汽设备的内部腐蚀，并在受热面上形成导热系数很低的气膜。气膜不仅会减弱蒸汽的凝结放热能力，降低设备的传热效果，而且还会降低蒸汽饱和温度，影响热交换的有效温差。因此，疏水器是保证各种加热工艺设备正常工作，并维持其运行所需温度和热量的一种节能设备。疏水器是凝结水回收系统中的关键设备，但也是一个易于出现故障的薄弱环节，常常由于疏水器失灵而引起一系列严重问题。

（2）疏水器的分类　蒸汽疏水器的分类方法很多。例如，按使用压力可分为低压、中压、高压和超高压蒸汽疏水器；按容量可分为小容量、中容量、大容量蒸汽疏水器；按连接方式可分为螺旋式、法兰式、插套式蒸汽疏水器；按工作原理可分为机械型疏水器、热静力型疏水器和热动力型疏水器。

（3）疏水器的选型　疏水器选型的基本原则是：满足蒸汽管道及工艺设备的最高工作压力、温度的要求；及时排出管道及工艺设备中的凝结水和不可凝气体，并保证加热工艺对温度和热量的要求；不泄漏或尽可能少泄漏蒸汽，耐用性能好，背压容许范围大，安装维修方便等。疏水器必须根据进出口的最大压差和最大排水量进行选型，同时应注意疏水器下列各项技术参数：疏水器的公称通径及出水孔径、排出凝结水的连续性及噪声、背压度、漏汽率、排空气性能、过冷度、低负荷的工作能力、防水击能力、任意方位安装的能力、抗冻能力和使用寿命等。

2. 凝结水回收与利用系统的分类

根据回收的凝结水是否与大气相通，可以将凝结水回收与利用系统分为开式和闭式两种类型。

（1）开式凝结水回收与利用系统　开式凝结水回收与利用系统，是指与锅炉蒸发量相对应的凝结水回收率达40%左右的低回收率场合，把凝结水回收到锅炉的给水罐中。在凝结水的回收和利用过程，回收管路的一端是向大气敞开，通常是凝结水的集水箱敞开于大气。凝结水携带的蒸汽和冷凝水因减压到常压后闪蒸的二次蒸汽排空，散失部分热量，或将二次蒸汽加以利用。为防止输送水泵汽蚀，应将剩下的近100℃冷凝水自然或加冷凝水降温到70℃以下。当凝结水的压力较低，靠自压不能到达再利用场所时，可利用泵对凝结水进行压送。

这种系统的优点是设备简单，操作方便，初始投资小。但是经济效益差，且由于凝结水直接与大气接触，凝结水中的溶氧浓度提高，易产生设备腐蚀。这种系统适用于小型蒸汽供应系统，以及凝结水量和二次蒸汽量较少的系统。采用该系统时，应尽量减少冒汽量，从而减少热污染和工质、能量损失。开式凝结水回收与利用系统的典型方式有：开式自流凝结水回收系统、开式背压凝结水回收系统和开式加压凝结水回收系统。

（2）闭式凝结水回收与利用系统　密闭式蒸汽凝结水回收装置系统的工作原理是：系统运行时，凝结水从用热设备排出，经疏水器进入凝结水回水器。凝结水回水器由闪蒸罐、除污器、冷凝水快排装置、压力平衡装置、汽蚀消除器、蓄水箱、液位变送传感器、凝结水泵等组成。当高温冷凝水进入闪蒸罐后，在罐内进行汽水分离，冷凝水通过快排装置流入蓄水箱，产生的二次蒸汽通过引射装置送进凝结水泵出水管道，使闪蒸汽得以密闭回收。由于气体与液体不断排除，使闪蒸罐内的压力一直保持低于用热设备冷凝水排出口的压力，从而保证了回水背压即使在较低的情况下也能顺畅地进入。

闪蒸罐与蓄水箱通过快排装置相连，为了使凝结水很快地流入蓄水箱，在箱内设置了压力平衡装置。通常情况下，其工作压力设置在0.1MPa以下，在实际选用时将根据回水背压的高低选择相对应的箱内工作压力，使箱内一直保持密闭，不通大气。在蓄水箱内的气、液两相流体，在压力平衡装置调节下，使液面上形成一定的压力，再通过汽蚀消除器，使凝结水泵在吸入高温凝结水的过程中，改变了水泵汽蚀发生的条件，保证了整个回水在密闭运行条件下，凝结水泵不发生汽蚀。

3. 凝结水回收与利用系统选择

（1）凝结水回收的原则　凝结水回收要考虑以下原则：

1）除非凝结水受到污染，否则都要回收回来。

2）通过设置回水管路使蒸汽背压达到最低。

3）尽量避免凝结水量波动，以免造成回水管路压力波动。

4）凝结水管要低于凝结蒸汽以形成重力自流。

（2）凝结水回收系统的选择　表4-4为典型凝结水回收系统性能对比表，由表对比分析可得出，动力机械泵闭式回收系统在原理上优于电动泵密闭式回收系统，但是动力机械泵闭式回收系统要达到大的排量，其设备总体积会增大很多，性能会打折扣。相反，电动泵密闭式回收系统在排量增大很大时其总体积不会增大太多，所以，凝结水回收量小于100t/h时采用结构简单、维修便利的动力机械泵闭式回收系统更合适，而凝结水回收量大于100t/h时宜采用控制灵活、体积较小的电动泵密闭式回收系统。凝结水回收器回收系统保留了前两种系统的优点，同时应用了新技术，是一种比较理想的凝结水回收系统。特殊情况下，最好采用动力机械泵与密闭式凝结水回收器系统相结合的组合式密闭大型回收系统。

表4-4　典型凝结水回收系统性能对比表

对 比 项 目	单纯电动泵密闭式 回收系统	单纯动力机械泵密闭式 回收系统	动力机械泵与电动泵组合 式密闭大型回收系统
动力	电	蒸汽、压缩气体	综合（电、蒸汽）
控制	电动	自动	自动智能控制
能耗	较高	低	低
安全性	较高	高	高
结构	复杂	简单	更科学
运行可靠程度	较高	高	高
回收量/(t/h)	1～300	1～100	50～600
维护费用	高	低	较高
运行费用	较高	低	适中
适用范围	有局限性	广	广
投资（同样回收量）	大	小	相对适中
使用寿命	较长	长	长
安装	较复杂	方便、简单	较复杂

参 考 文 献

[1] 陈学俊，袁旦庆. 能源工程概论 [M]. 北京：机械工业出版社，1985.

[2] 一色尚次，等. 余热回收利用系统实用手册 [M]. 王也康，等，译. 北京：机械工业出版社，1988.

[3] 周耕，王康，等. 工业余热利用现状及技术展望 [J]. 科技情报开发与经济，2010，20（23）：162-164.

[4] 刘慰俭，陶鑫良. 工业节能技术 [M]. 北京：中国环境科学出版社，1989.

[5] 郭茶秀，魏新利. 热能存储技术与应用 [M]. 北京：化学工业出版社，2005.

[6] 陈听宽. 节能原理与技术 [M]. 北京：机械工业出版社，1988.

[7] 黄素逸，王晓墨. 节能概论 [M]. 武汉：华中科技大学出版社，2007.

[8] 汤学忠. 热能转换与利用 [M]. 北京：冶金工业出版社，2002.

[9] 蒋能照. 空调用热泵技术及应用 [M]. 北京：机械工业出版社，1997.

[10] 美国制冷空调工程师协会. 地源热泵工程技术指南 [M]. 徐伟，译. 北京：中国建筑工业出版社，2001.

[11] 张晨，刘远，等. 水源热泵技术应用及实例系统分析 [J]. 中国建设信息（供热制冷专刊）2004（1）：69-71.

[12] 李洪，曲云霞. 污水源热泵技术及其应用 [J]. 可再生能源，2006，129：90-92.

[13] 赵军，戴传山. 地源热泵技术与建筑节能应用 [M]. 北京：中国建筑工业出版社，2007.

[14] 黄奕沄，陈光明，张玲．地源热泵研究与应用现状 [J]．制冷空调与电力机械，2003，24（1）：6-10.

[15] 方肇洪，刁乃仁．地热换热器的传热分析 [J]．工程热物理学报，2004，25（4）：685-687.

[16] 赵军，张春雷，李新国，等．U 型管埋地换热器三维传热模型及实验对比分析 [J]．太阳能学报，2006，27（1）：63-66.

[17] 鲍文忠．浅析地源热泵市场发展前景 [J]．中国建设信息供热制冷，2007（6）：45-46.

[18] 顾中煊，吴玉庭，唐志伟，等．U 型管地下换热系统非稳态传热数值模拟 [J]．工程热物理学报，2006，27（2）：313-315.

[19] 雷鸣，周亚素，余红梅．地源热泵竖直埋管换热器设计 [J]．太阳能，2007（7）：36-39.

[20] 王景刚．自然工质热泵循环和地源热泵运行特性研究 [D]．天津：天津大学，2002.

[21] 程祖英，等．地源热泵及其相关问题讨论 [J]．建筑热能与通风空调，2005，24（6）：30-32.

[22] 杨爱，刘圣春．我国地源热泵的研究现状及展望 [J]．制冷与空调，2009，9（4）：1-6.

[23] 陈东，谢继红．热泵技术及其应用 [M]．北京：化学工业出版社，2006.

[24] 张宏飞，张联英．热泵干燥技术研究现状及发展趋势 [J]．干燥技术与设备，2009，7（3）：120-130.

[25] 彭金梅，罗会龙，等．热泵技术应用现状及发展动向 [J]．昆明理工大学学报（自然科学版），2012，37（5）：54-59.

[26] 程代京，刘银河．蒸汽凝结水的回收及利用 [M]．北京：化学工业出版社，2007.

[27] 车得福，刘银河．供热锅炉及其系统节能 [M]．北京：机械工业出版社，2008.

[28] 方成森．蒸汽凝结水回收的技术和经济分析 [J]．工程建设与设计，2007（10）：41-43.

[29] 刘柏谦，洪慧，王立刚．能源工程概论 [M]．北京：化学工业出版社，2009.

[30] 魏青平．几种蒸汽凝结水回收系统的比较 [J]．甘肃科技，2010，26（5）：60-64.

第5章 各个行业系统节能分析

5.1 企业用电系统节能分析

5.1.1 电机系统节能分析

电动机广泛应用于工业、商业、农业、公用设施和家用电器等领域,用于拖动风机、泵、压缩机等各种设备。电机系统包括电动机、被拖动装置、传动控制系统及管网负荷,其用电量在各个国家的总用电量中均占有相当大的比例。根据美国能源部的统计数据,电机系统用电量占全美用电量的50%,占其工业用电量的70%。根据欧盟的统计数据,电机系统用电量占欧盟总用电量的42%,占其工业用电量的69%。根据我国国家发展和改革委员会2003年的调查结果,电机系统耗电约占我国用电量的60%以上。其中,风机、泵类、压缩机和空调制冷机的用电量分别占全国用电量的10.4%、20.9%、9.4%和6%。国际铜业协会进行的"全国电机现状市场调研"结果显示,2007年,我国各类电动机装机总容量约为7.28亿kW,耗电量约为19 566kW·h。

由于电机系统消耗了大部分的工业用电,因此提高该系统的能效水平对于各国的能源节约和环境保护具有重要意义。欧盟预测,对于不同功率的电机,其效率提高1%~6%,可节能3%,每年可节约电能276亿kW·h,相当于5座100万kW电站的供电能力。

1. 我国电机系统能效现状

与发达国家相比,我国的电机系统尚存在很大的节能潜力和技术升级空间,主要表现为以下几方面。

1)电动机和被拖动设备效率低。我国生产和在用的电动机以Y系列为主,占据了近90%的市场份额,其效率平均值为87.3%,比美国等先进国家的高效水平平均低3%,比美国超高效水平平均低4.4%。目前国内已有40多家企业能够生产高效电动机,但高效电动机的市场规模依然较小,仅占整个市场的10.4%,且相当一部分高效电动机出口海外,真正的国内需求较少。

风机、泵、压缩机产品效率比国外先进水平低2%~4%,虽然设计水平与国外先进水平相当,但制造技术和工艺有差距。

2)系统运行效率低。系统匹配不合理,"大马拉小车"现象严重,设备长期低负荷运行。系统调节方式落后,大部分风机、泵类采用机械节流方式调节,效率比调速方式约低30%。电机系统就运行效率而言要比国外先进水平低10%~20%。

3)节能技术和装备水平相对落后。电机传动调速及系统控制技术与国外相比差距较大,电力电子变频调速技术与国际先进水平相差5~10年。国外变频调速技术和产品主导我国电机系统市场,采用IGBT/IGCT电力电子器件的高压变频器及技术主要靠国外进口,价格较贵,并且安全可靠性方面还有待进一步提高,企业不愿承担经济和技术风险。因此,采用变频调速的电机系统仍为少数,不到总量的10%。

根据美国和欧盟"电机挑战计划",以及近年来在进行的大量电机系统节能测试评估和节能改造项目的经验,空气压缩机系统的节能潜力多为10% ~ 50%,泵系统的节能潜力为20% ~ 40%,风机系统的节能潜力为20% ~ 60%。仅这三个系统就占了全国耗电量的40.7%,因此开展电机系统节能对我国实现建设节约型企业、发展循环经济和清洁生产的任务具有重要意义。

2. 电机系统节能潜力分析

电能在电机系统的流向依次为电机起动器、供电线路、电机速度控制装置、电动机、联轴器、拖动设备（泵、风机等）、流体系统,一直到终端负载,每个环节均有效率损失。因此,电机系统节能的目的是要使整个系统效率提高,它不仅追求电机和拖动设备等每个环节效率的最大化,而且要达到整体效率的最大化。由于电机系统是服务于终端负载的,因此对电机系统节能潜力的分析应与电能的流向相反,以终端负载为起点进行逆向分析。具体如图5-1所示。

图 5-1 电机系统电能流向和节能分析方向图

目前,针对电机系统节能可以选择的节能技术有很多,但并不是每一项节能技术用在任何一个系统中都会起到很好的节能效果。提高电机系统效率的最有效方法就是应用系统的方法对系统进行评估,这不仅需要分析系统的供应端和使用端,还要分析两者之间的相互作用,把关注的重点从单一设备转移到整个系统。典型的系统分析方法通常需要进行以下工作:

1）分析当前的工艺生产需求,以及未来的生产发展需求。

2）了解系统当前的运行状态和参数。

3）收集系统运行数据并对其进行分析。

4）提出替代的系统设计和改进方案。

5）对潜在的节能方案进行比较,确定技术上最可行、投资回报最合理的方案。

6）实施确定好的方案。

7）继续检测和优化系统。

8）继续运行并维护系统,保证系统高效运行。

3. 电机系统节能技术

对于电机系统节能,可用的节能技术和措施,总的来讲可分为以下两类:

1）提高系统中单台设备的运行效率。

2）系统改造。若在对系统进行分析时发现系统因结构不合理、设备不配套、调节方式不恰当等而导致系统低效率运行时,则需要对其进行系统改造。系统改造的目的在于如何使总的输入能量尽量降低、输出能量尽量提高,以及尽可能多地回收能量,而较少考虑单台设备本身的效率。例如,改变工艺流程结构、选择合适的调节方法、减少调节损失;改变操作条件、确定最佳运行参数、使设备发挥最大效能;调整系统结构和设备的组合方式、合理配套,降低不必要的能耗等。

4. 各国电机系统节能推进措施

由于电机系统耗电在世界各国均占有相当大的比例，随着能源形势的日益紧张，世界各国特别是发达国家均开展了电机系统节能工作。美国于 1999 年启动了"电机挑战计划"，美国能源部成立了工业技术办公室，专门致力于开展电机系统节能的推进，开发了大量有关泵、风机和空压机系统节能的技术资料和 MotorMater、PSAT、FSAT、AirMaster 等进行系统分析的软件，并专门成立专家组和工业评估中心，为企业提供技术培训、节能评估和开发示范项目等服务。

欧盟也于 2003 年启动了"电机挑战计划"，促进其电机系统节能工作的开展。除此之外，欧美等发达国家还通过制定相关的财税政策，利用合同能源管理等市场机制来推动企业实施电机系统节能项目。

在联合国工业发展组织（UNIDO）的支持下，我国于 2001 年底以上海市和江苏省为试点，实施了为期 3 年的中国电机系统节能项目。其目的是将美国"电机挑战计划"的成功经验引入我国，通过专家培训、企业技术人员培训、现场测试评估、开发示范项目等措施，提高我国电机系统节能评估和实施项目的能力。在项目实施期间，上海市节能服务中心于 2002 年 6 月成功完成了上海第一个以合同能源管理方式实施的节能改造项目，通过对上海新亚药业有限公司循环水系统的节能改造，节能量超过 60%。接下来通过项目复制完成了上海虹港大酒店、永安百货、上海南方商城等中央空调系统的系统节能改造，节能效果均非常显著。

2005 年 6 月，在联合国开发署（UNDP）和全球环境基金（GEF）的支持下，我国启动了为期 12 年的终端能效项目，项目中涉及电机系统的子项目有 C01（开发电机系统节能培训教材）、A06（制定和示范实施现有和新增电机系统优化设计准则）、A07（电机系统节能服务机构的能力建设）和 A15（企业电机系统节能的培训和教育）4 个子项目。

除此之外，国家能源标准化委员会近两年还修订了电机系统的产品能效限定值和节能评价值标准、电机系统的经济运行标准、监测标准等相关标准，并制定了电动机的能效标识，从标准制定上促进我国电机系统节能技术的推进。

国家"节能中长期规划"中，明确电机系统节能是我国十大重点节能工程之一，为了推进其开展，我国相关部委积极研究制定相关的财税政策和市场机制来推进电机系统节能工作。

电机系统虽然在电力消耗中占据较大的比例，但具有非常大的节能潜力和复制性，已成为国内外政府和企业关注的重点。要在我国全面推进电机系统节能工作，需要政府主管部门、企业、供应商、节能评估机构和第三方节能检测机构等多方共同努力。

5.1.2 配电系统节能分析

我国各地区和企业的供配电系统，电能浪费很大，主要问题有以下几方面：

1. 电网容量与负荷不匹配

随着经济的发展和人民生活水平的提高，用电量迅速增加，原建配电网的设备和导线均与用电量不相匹配，不少地方超负荷运行，不仅影响供电安全，还大大增加了配电系统的损耗。

2. 供电电压不合理

有些地区和许多较大型用电单位的供电电压偏低，如过去规定企业进线电压应为6kV，中间需经过多次降压，既需较多的建设资金，又增加了系统的电力损耗。

3. 布局不合理

许多地区的用电户和企业的用电设备远离配电中心，使得低压（0.4kV）送电距离过长，造成很大的线路损耗和电压降落。这种情况在旧的大、中型企业中普遍存在，原因是当时设计规定配电中心要建在企业的引进电源的一端。

4. 无功功率短缺

随着经济的发展，供配电系统中感性负荷迅速增加，众多的配电变压器和电动机处于低负荷率的非经济运行状态，造成供配电系统无功功率的大量需求。如不及时补充，将引起供电电压质量下降，系统损耗增加，既浪费电能，又将影响供配电设备的使用率，甚至造成事故。

5. 配电设备陈旧落后

我国在用的配电设备如配电变压器及各类开关，许多是陈旧落后的，由于资金不足和相关部门节能意识不够等原因，不能及时更新，浪费了大量电能。

国家曾针对上述情况开展 EMC 示范改造项目，都获得了较好的节能效益，因此配电设备存在巨大的节能改造潜力。比如，适当提高供电电压，将原二次乃至三次降压减少为一次，可大大减少供电系统的设备与线路损耗；在保证安全的前提下，尽量移近配电中心与用电设备的距离；将原来低压长距离送电改为高压长距离、低压短距离送电；在供电方和用电方加装补偿电容等，可以大大减少送电线路的损耗。

5.1.3 配电网无功补偿节能技术

1. 动态无功补偿技术的发展历程

动态无功补偿技术从传统的带旋转机械的方式到现代的电力电子元件的应用经历了近一个世纪的发展历程，大体可分为以下几个阶段：① 同步调相机，其特点是响应慢、噪声大、损耗大、技术陈旧；② 开关投切电容器，其特点是补偿方式响应慢、连续可控性差；③ 晶闸管控制电抗器（TCR）型和晶闸管投切电容器（TSC）型 SVC 装置，这类无功补偿装置采用晶闸管串联控制技术，损耗小、速度快、控制灵活，是比较成熟、实用的技术；④ 静止无功发生器（STATCOM），采用可关断器件串联技术，速度更快，控制灵活，占地面积小，是更先进的技术，也是未来的发展方向。STATCOM 在国际上已有几十套示范工程投入使用，单套容量已达到 200Mvar（1Mvar = 1MW），该技术正在逐渐成熟。国内已出现了20Mvar 的工程样机，更大容量的装置正在研制中。

我国在20世纪80年代初期由机械部和电力部联合引进了BBC公司的TCR型SVC动态无功补偿技术，并经过多年的努力在大冶钢厂投入使用。90年代中期，我国又引进了乌克兰的TCR型SVC动态无功补偿技术，其价格较低，在一定时期内赢得了市场。但其装置故障率较高，限制了其应用范围。进入90年代后，随着电力电子技术的不断发展和控制技术的不断提高，ABB、Siemens、日本东芝、三菱等大公司的全数字化大容量TCR型SVC装置的可靠性和无功补偿的效果得到了明显提高，SVC在工业领域和输配电领域得到了前所未有的高速发展。截止到2000年，我国的输电系统中有6套容量为105~170Mvar的SVC安装在

5 个 500kV 变电站，均为进口；工业用户安装了 10 多套 SVC，约有 1/5 是进口的。

2. 无功补偿技术

电网输出的功率包括两部分：一是有功功率，二是无功功率。配电网中负荷无论是工业负荷还是民用负荷，大部分是感性负荷。运行时需从电网吸收大量无功功率，致使电网功率因数、电能质量降低，电网"技术损耗电能"增加。电网中安装并联电容器补偿装置后，可以减少电源向感性负荷经由输电线路输送的无功功率，降低输电线路和变压器因输送无功功率而造成的电能损耗，从而提高电网功率因数、减少线损、改善电能质量，这就是无功补偿。

实现无功补偿可以把具有容性功率负荷的装置与感性功率负荷并联接在同一电路，能量在两种负荷之间相互交换。这样，感性负荷所需要的无功功率可由容性负荷输出的无功功率补偿。电网中常用的无功补偿方式包括：① 集中补偿——在高低压配电线路中安装并联电容器组；② 分组补偿——在配电变压器低压侧和用户车间配电屏安装并联补偿电容器；③ 单台电动机就地补偿——在单台电动机处安装并联电容器等。加装无功补偿设备，不仅可使功率消耗小，功率因数提高，还可以充分挖掘设备输送功率的潜力。

就三种补偿方式而言，无功就地补偿克服了集中补偿和分组补偿的缺点，是一种较为完善的补偿方式。

1）因电容器与电动机直接并联，同时投入或停用，可使无功不倒流，保证用户功率因数始终处于滞后状态，既有利于用户，也有利于电网。

2）有利于降低电动机起动电流，减少接触器的火花，提高控制电器工作的可靠性，延长电动机与控制设备的使用寿命。

但是无功就地补偿也有其缺点：不能全面取代高压集中补偿和低压分组补偿。就地补偿区域最大，效果也好，但它总的电容器安装容量比其他两种方式要大，电容器利用率也低。高压集中补偿和低压分组补偿的电容器容量相对较小，利用率也高，且能补偿变压器自身的无功损耗。为此，这三种补偿方式各有应用范围，应结合实际确定使用场合，各司其职。

3. 无功补偿装置

传统的低压动态无功补偿装置（又称功率因数自动补偿装置）是采用模拟量或微电脑功率因数检测，通过中间继电器（或固态继电器）接通接触器、控制补偿电容器投入或切除。其主要缺点是：

1）采集单一信号，采用三相电容器，三相共补。此种补偿方式主要适用于三相负载（电动机）的场合，但主要用电户为单相负荷的居民用户，难免三相负荷不平衡。那么，各相无功电量也不同，采用这种补偿方式会在不同程度上出现过补或欠补。

2）投切开关多采用交流接触器。其缺点是投切响应速度较慢，在投切过程中会对电网产生冲击涌流，使用寿命短、故障多、维修费用高。

3）无功控制策略。控制物理量多为电压、功率因数、无功电流。投切方式为循环投切和编码投切。该策略没有考虑电压的平衡关系与区域的无功优化。

4）通常不具备配电监测功能。

5）断开弧光大。

6）补偿电容器及接触器易损坏。

7）对供电系统及周围电气设备干扰大。

因此，传统的低压无功动态补偿装置，只适用于无功负荷较稳定的变电所使用。经实际调查，无功负荷经常变化的各个产业及民用变电所，使用的传统的低压动态无功补偿装置，一年后90%以上不好用，改为手动控制接触器固定补偿，使供电系统损耗增加。另外，传统的低压动态无功补偿装置不能滤波，也不能分相补偿，不能适应多种用电负荷对无功补偿的要求。

随着人们对配网建设的重视和科技的发展，低压侧无功补偿技术得到很大发展，在传统低压无功补偿装置的基础上，各种新型低压无功动态补偿装置开始逐渐得到认可和普及。新型低压无功补偿装置，采用微电脑全数字控制，通过交流无触点电子开关投切补偿电容器，全部无触点化、无合闸涌流、无断电弧光，可实现低压滤波和分相补偿；电压、电流、功率因数数字显示，代替传统指针式仪表；有通信接口，与智能化低压电器设备配套，可实现远程监控或遥控；有保护和报警功能，调试、维护方便。

在高压（10kV、6kV）无功补偿方面，我国目前普遍采用高压电容器固定补偿。很多变电所，为了解决无功负荷变化时，补偿容量也能变化的问题，将高压补偿电容器分为2~3组，用真空断路器人工控制。原来的设想为：重负荷时，补偿电容器全部投入；轻负荷时，切除1~2组补偿电容器。实际使用证明，用人工控制真空断路器，投切高压补偿电容器，会产生很大的合闸涌流和电压闪变，甚至引起系统振荡，不敢经常操作。所以实际还是固定补偿，会经常出现重负荷时欠补偿，轻负荷时过补偿，增加了供电系统损耗，增大了电压波动范围。

新型高压无功动态补偿装置，采用微电脑全数字控制，全部无触点化，不产生谐波，无合闸涌流，可有效减小电压闪变和防止系统振荡，并可实现分相补偿。可与高压滤波装置组成滤波和动态补偿成套装置。有通信接口，便于实现远程监控或遥控。可靠性高、维护工作量小，适合中、小型变电所使用（补偿容量数百至数万Kvar）。能减少电网电能损耗，提高供电质量。

4. 无功补偿新技术

随着配电系统改造的进行，由于传统低压无功补偿设备存在很多问题，智能无功补偿技术不断得到发展，在各地低压配电网的公用配变被广泛应用，它集低压无功补偿、综合配电监测、配电区的线损计量、电压合格率的考核、谐波监测等多种功能于一身。

智能低压无功补偿的方式有以下几种：

1）固定补偿与动态补偿相结合。

2）三相共补与分相补偿相结合。新的设备尤其是大量的电力电子、照明等家居设备都是两相供电，电网中三相不平衡的情况越来越多，三相共补同投同切已无法解决三相不平衡的问题，而全部采用单相补偿则投资较大。因此，根据负载情况充分考虑经济性的共分结合方式在新的经济条件下应用日益广泛。

3）稳态补偿与快速跟踪补偿相结合。稳态补偿与快速跟踪补偿相结合的补偿方式是未来发展的一个趋势，主要是针对大型的钢铁冶金等企业，工艺复杂、用电量大、负载变化快、波动大。充分有效地进行无功补偿，不仅可以提高功率因数、节能降耗，而且可以充分挖掘设备的工作容量，充分发挥设备能力，提高工作效率，提高产量和质量，增大经济效益。

4）分散补偿。目前，在我国城镇，低压用户的用电量大幅增长，企业、厂矿和小区等对无功功率需求都很大,直接对用户末端进行无功补偿,将最恰当地降低电网的损耗和维持网络的电压水平。GB 50052—1995《供电系统设计规范》指出,容量较大、负荷平稳且经常使用的用电设备,无功负荷宜单独就地补偿。这样,对于企业和厂矿中的电动机,应该进行就地无功补偿,即随机补偿。针对小区用户终端,由于用户负荷小,波动大,地点分散,无人管理,应该开发一种新型低压终端无功补偿装置,并能满足智能型控制、免维护、体积小、易安装、功能完善、造价较低等的要求。

智能低压无功补偿通过实施无功补偿和电压调节,使无功功率得到了自动实时补偿;通过智能变配电系统的监控画面,以及数据库返回的各种信息,可及时了解用电系统的运行状态;通过无功补偿控制器监视用电系统电能质量,帮助用户有效地管理负荷,减少非正常耗电;可以有效地获得故障的位置、原因及故障电流等多种参数,帮助用户快速排除故障,减少停电损失,提高用电设备效率,增加使用寿命。

配电网无功补偿对配电网经济运行起着很重要的作用,其节能降耗主要表现在:① 提高供电设备的效益,降低功率损耗和电能损耗;② 提高供电电压质量,减少电能使用浪费,指导电能消耗合理分配,帮助用户进行节能规划并实现持续节能。

5.1.4 配电网降损节能措施

按照国家关于电力行业节能减排的工作要求,国家电网公司提出了建设环境友好型、资源节约型企业的目标,并将其写入了社会责任报告书。当前,加强线损管理,落实降损措施,已经成为供电企业经营管理的重要内容之一。

1. 线损管理

线损率综合反映了电力网规划设计、生产运行和经营管理水平,应通过对其进行科学有效的分析评估,查找生产、经营、管理各环节存在的问题,进而从技术上、管理上采取双管齐下的措施与方法,实现电网的"多供少损"。

目前线损管理存在的困难和问题如下:

1) 线损波动较大,过程管理、预控能力还有待加强和提高。例如,有些变电站因更换CT、电能表、计量回路异常等原因形成的可追补的损失电量参数没有详细记录下来;关口电量缺少必要的数据而出现估抄现象;售电电量与关口电量未同时抄录;供、售电量实时跟踪能力较差,有时贻误处理问题的最佳时机;另外,由于负荷的快速增长,造成了滞留电量的增加。

2) 网架结构薄弱,互联互代能力较差。变电站 10kV 出线建设相对滞后,配网线路缺少必要的电源点支撑,供电半径长、线路迂回供电,配网运行不经济;一些高损耗变压器还在运行;部分线路存在线号小、老化严重等现象;另外,还存在一定数量的配电变压器容量与实际用电负荷不匹配的情况,配变负荷没有在经济运行区间;一些配变三相负荷不平衡,中性点发生偏移;配网自动化水平还不高。

3) 人员素质需加强,分析处理问题能力有待提高。日常工作中存在抄表不同步、漏抄、估抄或不抄现象;线损管理制度在执行过程中仍然存在管理流程不畅和管理界面划分不清现象,规章制度执行不到位。

4) 窃电现象在局部较严重,用电环境仍需加强治理。一些动力户、商业户绕表接线,电压、电流回路开路或短路,改变计量接线方式,改变计量倍率,开启电能表调整误差或改变计数器的变速比等，直接影响了供电企业的线损率和经济利益。

5）无功补偿容量不足。由于家用电器增长速度较快，配网的无功补偿设备容量不足，导致了线损率的升高，电压质量也难以满足用户的要求。

2. 降损节能技术措施

1）加强配电网规划，加大电网建设改造力度。在电网规划、建设和改造项目安排时应对线损因素给予适当考虑。要以提高城市电网供电可靠性、降损增效为原则，对电源点和配电网网架结构的规划进行细化、优化，逐年修编配电网的滚动规划。在技术改造项目立项时应把节能降损提高到国家电网公司重点工作的层面，其中节能降损项目投资比例应大大提高，使节能降损项目措施落实到位，使有限的资金发挥出最大的经济效益。结合迎峰度夏及城网改造，对部分超负荷配变及线路进行改造，根据城市负荷发展情况，及时增加新的电源布点，缩短供电半径、减少迂回供电。

2）合理调度，提高经济运行水平要减少变压器轻载、空载和过载的几率。合理选择配电变压器的容量和安装位置，消除"大马拉小车"和三相不平衡现象；调整公用变压器三相负荷，尽量采用三相平衡送电，对于三相四线制低压供电线路，变压器出口处不平衡度应不大于10%；重点处理好负荷分布，调整负荷过重或过轻的线路；合理配置公用变容量；进一步加大降损后评估工作的力度。

3）加快配电系统自动化建设，提高城网科技含量。配网自动化不仅能有效地减少停电，提高供电服务质量，更重要的是可以减少线路冗余容量，减少线路的投资。

4）合理进行无功补偿，提高功率因数。结合技改资金，对部分变电站增加的容量集中补偿设备，同时变电站根据电压情况，要及时进行无功补偿电容器投切，结合主变有载调压调档，充分提高供电电压质量；对于线路长、分支多、密度低，且较分散的10kV配电线路可采取分散补偿和集中补偿相结合；对于变电所10kV母线，可加装高压补偿电容器。

5）合理安排设备检修，搞好输、配电线路维护。要尽可能做到供、用电设备同时检修试验，以减少停电时间和次数；搞好输、配电线路维护管理工作，减少泄漏电；对线路消缺等工作，要尽可能采用带电作业，控制停电作业。

6）推广现代化手段，加快电量远传工作。积极推广配网线路、大客户在线监测系统、集中抄表系统、负荷管理在线检测和用电信息发布等先进的现代化技术，进一步完善负荷管理远程工作站使用功能。电量数据是线损工作统计基础，数据的远传是提高线损管理水平、实现线损管理的可控、在控的前提。要结合预试检修停电，安排好变电站电量远传系统建设工作，同时加强电量远传系统主站功能的开发利用，使其在系统功能上切实具备线损实时分析的功能。逐步实现变电站电量远传、负控系统和电厂电量远传等系统的信息共享，充分利用已有的数据信息资源，提高线损管理的科技水平。

3. 降损节能管理措施

1）要积极开展线损分台、分区管理工作，贯彻执行"统计清楚、分析透彻、重点突破、综合治理"的线损管理总体工作方针，梳理线损管理流程，制定相关制度及细则，同时要加强对规章制度的理解及执行力。

2）加强线损预测分析和理论计算工作。线损分析要实行三对比：与上月比，与去年同期比，与理论计算比，做到及时总结。特别是对重点线路和异常线路进行剖析，对发现的问题，要及时采取有效措施，确保线损管理的可控、在控；加强线损上报、录入数据的管理，保证数据准确、及时，确保线损率指标完成；要认真做好理论线损计算工作，充分掌握电网运行的损耗情况，对所管辖线路变更情况及参数及时进行修正，并对低压配电线损进行实测分析，明确降损主攻方向，为制定降损方案和年度降损计划提供依据。

3）加强计量管理加大计量装置投入，提高精度，保证计量准确性。对国家已明令淘汰的电能表全部更换；对低压电流互感器由 0.5 级更换为 0.2 级；做到定期轮校电能表；加大计量装置的防窃电改造，采用电能表集中安装于表箱或专用计量柜；低压用户安装漏电保护开关，高供高计用户采用高压计量箱并配装磁卡表等形式。

4）组织开展营业大普查活动。重点以查偷漏、查账卡、查倍率、查电表及接线为主，采取突击查与定期查、互查与自查相结合，来堵塞营业管理上的漏洞，消灭错接线、错抄录、错倍率。杜绝由于管理不善、业务不熟、表计失灵、责任心不强等损失的电量，提高抄收和计量准确性。

5）深入开展反窃电工作。对窃电行为应根据有关法律法规予以严厉打击；要加强营销工作的全过程管理，在具体工作中必须建立起相互监督、相互制约的管理体制；强化用电营销检查、稽查大队的作用，加强对内、对外的监督；做好用电宣传教育活动，营造全社会反窃电的良好氛围；建立完善反窃电长效机制，电力稽查大队要与公安机关、新闻媒体密切配合，严厉打击涉电犯罪，整顿用电秩序；利用负荷管理系统的计量监测与防窃电功能，对客户异常用电进行监测。

另外，应定期组织营业抄收人员集中学习，提高稽查、检查等人员检查、发现、处理违章用电的能力。

电网的经济运行是降低供电成本的有效途径。电网降损管理工作者除了采取各种技术措施和管理措施外，还需要根据电网实际需要，选择适合本地电网的降损措施，以取得更高的社会效益和经济效益。

5.2 照明系统节能分析

5.2.1 照明系统的节能措施

随着我国经济的快速增长，能源需求的大幅增加，能源供需矛盾突出。据统计，我国照明用电量已占总用量的 10%~12%，建筑照明能耗占总能耗的 40%~50%。2001 年，我国的总发电量为 1 433 215 亿 kW·h，年照明耗电达 1 433 125 亿 kW·h，大约是三峡水力发电工程投产应用后发电能力（840 亿 kW·h）的 2 倍。因此，为了满足不断增长的用电需求，需要国家加大电力设施的投资，这不但增加了用电成本还会产生严重的环境污染。1991 年 1 月，美国环保局（EPA）首先提出了旨在节约能源、保护环境、提高照明质量的"绿色照明"概念。1993 年 11 月，我国国家经贸委开始启动中国绿色照明工程，按照我国提出的"中国绿色照明工程"，照明节电已成为节能的重要方面。

1. 选择优质的电光源

科学的选用电光源是照明节电的首要工作。节能的电光源发光效率要高，使得每瓦电（W）发出更多光通量（Lm）。白炽灯泡发光效率一般为 7~20Lm/W，其寿命一般为1000h，特殊的为2000h；单端的紧凑型荧光灯（俗称节能灯）其光通量一般为 50Lm/W，采用一只

9W 寿命为 3000～5000h 的节能灯完全可以替代 40W 的白炽灯泡；双端直管荧光灯 T12 型的光通量为 55Lm/W，寿命为 3000～5000h，而现在的 T5 型则达到 90～110Lm/W，寿命可达 8000～10 000h。所以 T12、T10 甚至 T8 型的荧光灯都应该淘汰，不但可以节约大约 50% 的电能，还会改善灯光的显色性。除以上光源外，还有高强气体放电灯，如高压钠灯、金属卤化物灯、微波硫灯、无极灯、发光二极管和半导体照明灯等。

2. 选择节电的照明电器配件

在各种气体放电光源中均需要有电器配件，例如镇流器。旧的 T12 型荧光灯其电感镇流器要消耗其 20% 的电能，40W 的荧光灯其镇流器耗电约 8W；而节能的电感镇流器则耗电小于 10%，更节能的电子镇流器，则只耗电 2%～3%。

3. 安装照明系统节电器

目前国内外都大力推广在现在照明系统上加装节电控制设备。国内市场上的照明节能设备很多，其中照明控制节电装置所占比例最大。从工作原理上大致可分为三类，见表 5-1。

表 5-1　节电控制装置的分类、工作原理和特点

装置类型	控硅斩波型照明节能装置	自耦降压式节电装置	智能照明调控器
工作原理	采用可控硅斩波原理，通过控制晶闸管（可控硅）的导通角，将电网输入的正弦波电压斩掉一部分，从而降低了输出电压的平均值，达到控压节电的目的	通过一个自耦变压器机心，根据输入电压高低情况，接连不同的固定变压器抽头，将电网电压降低 5V、10V、15V、20V 等几个档，从而达到降压节电的目的	采用微电脑控制系统，实时采集输出、输入电压信号与最佳照明电压比较，通过计算进行自动调节，从而保证输出最佳的照明系统工作电压
特点	优点：调控设备对照明系统的电压调节速度快、精度高，可分时段实时调整，有稳压作用，因为主要是电子元件，相对来说体积小、设备轻、成本低。 缺点：由于是斩波所以存在大量谐波，对电网危害很大	优点：克服了可控硅斩波型产品产生谐波的缺陷，实现了电压的正弦波输出，结构和功能都很简单，当然可靠性也比较高。 缺点：由于其核心部件是一个多抽头的变压器，电压比固定，存在无法实时稳压输出的技术缺陷，无法起到对电光源的保护作用	针对不同现象和需求稳定最佳工作电压，实现多时段节能运行；实现软启动和慢斜坡控制过程，保护电光源、延长其使用寿命；调控装置实现智能化控制可操作性强，运行可靠性提高

从表中可以看出，智能照明调控装置在结合前两类节能产品的优点的基础上，克服了其中存在的缺陷，实现智能照明调控，有效保护电光源，降低电能消耗的功能，使用的经济性和可靠性远远好于前两种产品，因此是目前国际上比较成熟的照明控制方案，在国内也有厂家研制出此类产品，并开始推向市场。

4. 科学的节能照明设计

1）合理地选择照明线路。照明线路的损耗约占输入电能的 4% 左右，影响照明线路损耗的主要因素是供电方式和导线截面积。大多数照明电压为 220V，照明系统可由单相二线、两相三线、三相四线三种方式供电。三相四线式供电比其他供电方式线路损耗小得多。因此，照明系统应尽可能采用三相四线制供电。

2）合理地选择控制开关和充分利用天然光。天然光是免费的光源，要充分地利用，因此就要合理地设计照明开关。充分利用自然光，正确选择自然采光，也能改善工作环境，使人感到舒适，有利于健康。充分利用室内受光面的反射性，也能有效地提高光的利用率，如

白色墙面的反射系数可达 70%~80%，同样能起到节电的作用。

3）合理地选择照明方式。在满足标准度的条件下，为节约电力，应恰当地选用一般照明、局部照明和混合照明三种方式。例如工厂高大的机械加工车间，只用一般照明的方式，用很多灯也很难达到精细视觉作业所要求的照度值，如果每个车床上安装一个局部照明光源，用电很少就可以达到很高的照度。

4）合理地选择照度值。选择照度值是照明设计的重要问题。照度值必须与所进行的视觉工作相适应，照度太低会损害工作人员的视力，影响产品质量和生产效率。不合理的高照度则会浪费电力。设计照明可按国家颁布的照明设计标准来选择照度，合理的照度值和优良的照明质量形成的光环境可以提高工作效果和改善人们的心情，要综合考虑照明系统的总效率。

5. 良好的维护管理

良好的维护管理可以节约用电和保护视力，加强照明用电管理是照明节电的重要方面。照明节电管理主要以节电宣传教育和建立实施照明节电制度为主，使人们养成随手关灯的习惯。按户安装电表，实行计度收费；对集体宿舍安装电力定量器，限制用电，这些都能有效地降低照明用电量。当灯泡积污时，其光通量可能降到正常光通量的 50% 以下，灯泡、灯具、玻璃、墙壁不清洁时，其反射率和透光率也会大大降低，为了保证灯的发光效果，工厂应根据照明环境定期清洁灯泡、灯具和墙壁。当灯要闪动或已出现闪动时，要及时更换，可有效的做到节能。

5.2.2 天然采光新技术

1. 管道日光照明系统

天然光是大自然赐予人类的宝贵财富，可以说是取之不尽、用之不竭的，相比其他能源具有清洁、安全的特点，充分利用天然光可节省大量照明用电。另外，节约照明用电可间接减少自然资源的消耗及有害气体的排放。1993 年 11 月，我国国家经贸委启动了"中国绿色照明工程"，1995 年 11 月 16 日召集 8 家单位研讨"中国绿色照明实施规划"，其中有 1 条就是倡导自然采光，这说明自然采光是绿色照明的重要方面。

管道日光照明系统就是一种利用自然光达到建筑节能减排的新技术之一，能有效降低建筑物照明能耗。管道日光照明系统将阳光通过前端捕捉，然后通过反射管道向下改道，透过安装于顶棚上不同的反射面（漫射器），将自然光均匀分布到建筑内部的区域，同时通过智能控制，可以与日常照明系统结合使用。

系统的前端采集捕捉技术主要有两种方式：主动式和被动式。主动式是主动的定位太阳位置，然后采集阳光，这种定位一般通过 GPS 卫星定位、光敏传感器或依靠各地区年平均的太阳轨迹路径来定义太阳的行走路径。而被动式，则是被动的将阳光通过固定的路径引入，即当有光线照射到采光罩部分时，采光部分即开始将光线进行反射及折射到传输部分，然后通过管道将自然光传输到室内达到照明效果。

管道日光照明系统的另外一个最重要的部分，就是智能控制方式。将阳光引入室内时，如何有效控制，如何在不同的场合提供不同的光照度，如何在无光线时启动电灯照明，以及如何控制自然光与电灯满足室内恒定的照度等问题，这些都是智能日光照明系统需要考虑的问题，也是与传统日光照明系统的区别。智能化的日光照明系统，可以理解为通过采光罩的工艺改造。例如，利用光线折弯技术，以及通过对正午强光、高热、紫外线反射过滤，只引入适量的光等，或者通过管道内的遮光板来进行简单的光线照度控制。不过智能日光照明系统，则更多的是自然光与电灯的综合控制。在很多对光线要求严格的场合，例如实验室、诊疗室及需要恒定光照度等的场所，如何有效的保证在自然光不足时，电灯能够逐渐提供特定的照度补充，让室内维持恒定的光照度环境，这是智能系统所要解决的问题。试验证明，人们在一个照度恒定的场合工作，效率及舒适度都比光线更替明显的场合高很多，因此，智能化的日光照明系统将是最终的发展需要。图 5-2 所示为管道照明系统原理示意图。

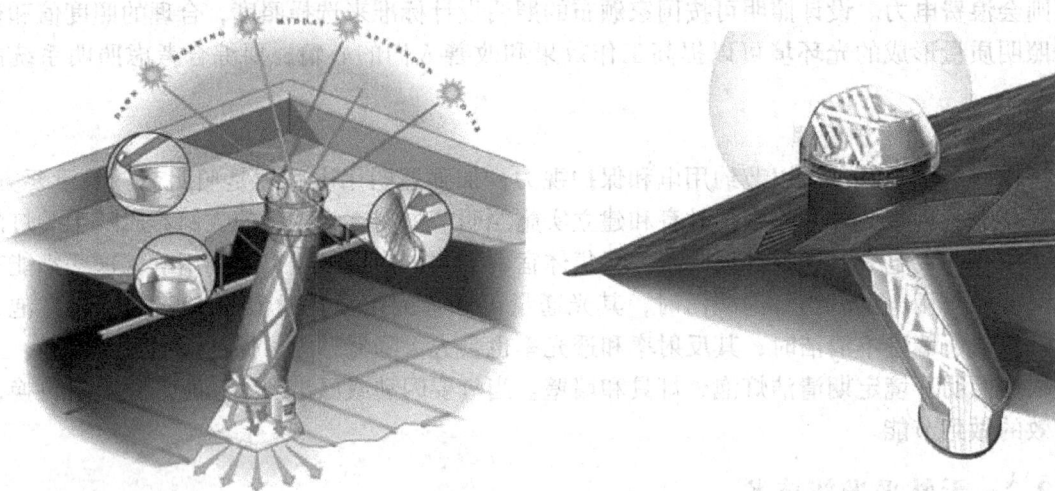

图 5-2　管道照明系统原理示意图

日光照明系统的优势体现在几个方面：

首先，从建筑能耗来分析，有数据显示电耗占到建筑年度能耗的 40%。为了减少电能消耗，最先考虑使用节能灯，虽然已经比原来的普通照明省电，却没有去想如何将免费充足的阳光引入室内，日光照明系统就可以满足我们对光的需求。

其次，对于如工厂、仓库等水平占地大的区域，在屋顶开天窗及架设遮阳系统从成本及可行性方面都难以通过。而且工厂照明的耗电又极其巨大，因此，日光照明系统便是不错的选择。

另外，例如体育场馆，比赛时对灯光要求极其严格，开天窗或者侧窗时，刺眼的阳光会影响运动员的视觉感受，有损比赛的公平。如果通过射灯来照亮赛场，也会对运动员的视觉有一定的影响。所以，通过日光照明系统，在屋顶或者侧面将室外的自然光引入室内，除让运动员感觉舒服外，也避免了热量和眩光的引入；同时，能很大程度上减少电能的消耗，进而减少二氧化碳的排放，达到既提高室内人员舒适度，又达到建筑节能的双重目标。

除此之外，管道日光照明系统对人体有益。自然光的光谱范围广，光线均匀柔和，可以起到杀菌和防治多种皮肤病的功效，且经过日光照明系统处理的太阳光没有频谱和眩光，在采光罩上加设防辐射涂层还能有效地滤除有害辐射，这些都是人工光源办不到的。

2. 日光照明系统的分类

1）导光管。用于采光的导光管主要由三部分组成：用于收集日光的集光器，用于传输光的管体部分，以及用于控制光线在室内分布的出光部分。集光器有主动式和被动式两种，主动式集光器通过传感器的控制来跟踪太阳，以便最大限度地采集日光；被动式集光器则是固定不动的。有时会将管体和出光部分合二为一，一边传输，一边向外分配光线。垂直方向的导光管可穿过结构复杂的屋面及楼板，把天然光引入每一层直至地下层。为了输送较大的光通量，这种导光管直径一般都大于 100mm。由于天然光的不稳定性，往往给导光管装有人工光源作为后备光源，以便在日光不足的时候作为补充。导光管采光适合于天然光丰富、阴天少的地区使用。

结构简单的导光管在一些发达国家已经开始广泛使用。图 5-3 所示为德国柏林波茨坦广场上使用的导光管。其直径约为 500mm，顶部装有可随日光方向自动调整角度的反光镜，管体采用传输效率较高的棱镜薄膜制作，可将天然光高效地传输到地下空间，同时也成为广场景观的一部分。

2）光导纤维。光导纤维采光系统一般由聚光部分、传光部分和出光部分三部分组成。聚光部分把太阳光聚在焦点上，对准光纤束。用于传光的光纤束一般用塑料制成，直径在 10mm 左右。光纤束的传光原理主要是光的全反射原理，光线进入光纤后经过不断的全反射传输到另一端。其在室内的输出端装有散光器，可根据不同的需要使光按照一定规律分布。

对于一幢建筑来说，光纤可采取集中布线的方式进行采光。把聚光装置（主动式或被动式）放在楼顶，同一聚光器下可以引出数根光纤，通过总管垂直引下，分别弯入每一层楼的吊顶内，按照需要布置出光口，以满足各层采光的需要。

因为光纤截面尺寸小，故其所能输送的光通量比导光管小得多。但它最大的优点是，在一定的范围内可以灵活地弯折，而且传光效率比较高，因此同样具有良好的应用前景。

3）采光搁板。采光搁板是在侧窗上部安装一个或一组反射装置，使窗口附近的直射阳光经过一次或多次反射进入室内，以提高房间内部照度的采光系统。房间进深不大时，采光搁板的结构可以十分简单，仅是在窗户上部安装一个或一组反射面，使窗口附近的直射阳光，经过一次反射，到达房间内部的顶棚，利用顶棚的漫反射作用，使整个房间的照度和照度均匀度均有所提高，如图 5-4 所示。

图 5-3 德国柏林波茨坦广场上使用的导光管

图 5-4 采光搁板的采光效果

当房间进深较大时，采光搁板的结构会变得复杂。在侧窗上部需增加由反射板或棱镜组成的光收集装置，反射装置可做成内表面具有高反射比和反射膜的传输管道。这一部分通常设在房间吊顶的内部，尺寸大小可与建筑结构、设备管线等相配合。为了提高房间内的照度均匀度，在靠近窗口的一段距离内，向下不设出口，而把光的出口设在房间内部，如图5-4所示，这样就不会使窗附近的照度进一步增加。配合侧窗，这种采光搁板能在一年中的大多数时间为进深小于9m的房间提供充足均匀的光照。

4）导光棱镜窗。导光棱镜窗是利用棱镜的折射作用改变入射光的方向，使太阳光照射到房间深处。导光棱镜窗的一面是平的，一面带有平行的棱镜，它可以有效地减少窗户附近直射光引起的眩光，提高室内照度的均匀度。同时，由于棱镜窗的折射作用，可以在建筑间距较小时，获得更多的阳光。

产品化的导光棱镜窗通常是用透明材料将棱镜封装起来，棱镜一般采用有机玻璃制作。导光棱镜窗如果作为侧窗使用，人们透过窗户向外看时，影像是模糊或变形的，会给人的心理造成不良的影响。因此在使用时，通常是安装在窗户的顶部或者作为天窗使用。图5-5所示的德国国会大厦执政党厅使用了导光棱镜窗作为天窗，室内光线均匀柔和。

日光照明系统的大规模应用，倡导了建筑节能的新理念，而且结构简单、安装拆卸灵活、造价低廉，能够造成舒适的建筑光环境，在欧美等国家得到广泛应用。国外的经验证明，安装管道日光照明系统后的住宅，其室内的光环

图5-5 德国国会大厦执政党厅的采光效果

境质量显著改善，在晴朗的白天完全可以不再使用电光源照明，系统导入的自然光完全可以满足人们的日常活动的照明和采光需求，而且对人们的身体健康有利，安装光导管采集太阳光的住宅大大地减少了住户"季节综合征"的发病率。是我们实现建筑节能减排，促进可持续发展的一项非常值得关注并值得发展的新兴应用技术。

5.3 工业锅炉系统节能分析

5.3.1 锅炉热平衡与能耗分析

工业锅炉是重要的热能动力设备，在国民经济发展、居民生活中起着不可或缺的作用。但是，其在使用过程中对环境造成的污染也日趋严重。据统计，截止2009年底，中国在用锅炉59.52万台，其中工业锅炉58.48万台，占锅炉总台数的98.25%。工业锅炉量大面广，单台锅炉容量较小，安装污染控制系统的经济投入相对较高，目前真正安装、运行污染物减排系统的锅炉很少，因此需加强燃煤工业锅炉节能减排技术的推广应用。

1. 锅炉热平衡

由于种种原因，燃料在锅炉中不能完全燃烧，而燃烧放出的热量也不会全部有效地用于生产蒸汽或热水。也就是说，燃料的总出入热量中只有一部分被工质（水或者蒸汽）所吸

收，这部分热量称为有效利用热；其余部分则损失掉了，称为锅炉的热损失。为了确定锅炉的热效率，需要在正常运行工况下建立起锅炉的收、支平衡关系，通常称为锅炉热平衡。

锅炉热平衡的目的是掌握燃料在锅炉中总输入热量的利用及损失情况，以有效地提高锅炉的热效率。

锅炉热平衡是在1kg固体、液体燃料或$1m^3$的气体燃料为单位的条件下进行讨论的。在该条件下，燃料带入炉内的热量及锅炉有效利用热量和损失热量之间的关系式称为热平衡方程式。

固体燃料的热平衡方程式可以写成

$$Q_r = Q_1 + Q_2 + Q_3 + Q_4 + Q_5 + Q_6 \qquad (5-1)$$

式中，Q_r为1kg燃料带入锅炉的热量（kJ/kg）；Q_1为锅炉有效利用热量（kJ/kg）；Q_2为排烟热损失（kJ/kg）；Q_3为化学未完全燃烧热损失（kJ/kg）；Q_4为机械未完全燃烧热损失（kJ/kg）；Q_5为锅炉散热损失（kJ/kg）；Q_6为灰渣带走的物理热量（kJ/kg）。

对于液体燃料，因灰渣很少，故灰渣带走的热量Q_6可以忽略不计。对于气体燃料，由于含灰量很小，Q_6可略去；同时，气体燃料在燃烧过程中，一般没有机械未完全燃烧热损失，即$Q_4 = 0$。

2. 锅炉能耗分析

（1）排烟热损失Q_2　排烟热损失是由于排出锅炉时的烟气焓高于进入锅炉时的空气焓而造成的热损失。锅炉排烟热损失是锅炉热损失中最大的一项。

影响排烟热损失的因素有排烟温度（一般在110~150℃之间），燃料性质（含硫量、水分），过量空气系数和漏风系数，受热面结渣、积灰，燃烧最佳过量空气系数等。

（2）机械未完全燃烧热损失Q_4　机械未完全燃烧热损失是由于部分固体燃料颗粒在炉内未能燃尽就被排出炉外而造成的热损失。

机械未完全燃烧损失的影响因素有燃料特性（挥发分、灰分），燃烧方式，过量空气系数，炉膛结构（炉内停留时间等），运行工况（煤粉细度、过量空气系数等）等。

（3）化学未完全燃烧热损失Q_3　化学未完全燃烧热损失是由于锅炉排烟中残留的可燃气体如CO、H_2、CH_4和重碳氢化合物C_mH_n等未放出其燃烧热而造成的热损失。

化学未完全燃烧损失的影响因素有燃料性质（挥发分大），过量空气系数（炉膛过量空气系数的大小和燃烧过程的组织方式直接影响炉内可燃气体与氧气的混合工况），炉膛结构（停留时间），运行工况等。

（4）散热损失Q_5　在锅炉运行时，炉墙、金属结构以及锅炉机组范围内的烟道、风道、汽水管道和集箱等部件的外表温度高于周围环境温度，通过自然对流和辐射向周围所散失的热量称为散热损失。

散热损失的影响因素有锅炉的外表面积，表面温度，炉墙结构，保温层的隔热性和厚度，周围环境温度等。

（5）灰渣带走的物理热量Q_6　对固体燃料，从锅炉中排除的灰渣具有相当高的温度（约600~800℃）而造成的热量损失。

3. 燃煤锅炉在运行中出现的问题及其原因

（1）排烟热损失过大　其原因是：

1）锅炉内某些受热面发生结渣、积灰或结垢，造成传热效果恶化，排烟温度升高。

2）炉膛出口过量空气系数过大。鼓入的空气量过多或部分空气未真正参与燃烧，造成排烟容量过大，热损失增加。

3）炉膛漏风现象严重，降低传热效果。

（2）机械未完全燃烧热损失过大　其原因是：

1）炉排转数过快，火床长度过长，燃煤未充分燃烧就随灰渣被排出。

2）煤层过厚，出现"烧不透"的现象。

3）给煤机给煤不均匀，炉排上煤层厚度不同，燃烧不充分。

4）炉排片损坏、缺失，漏煤现象严重。

5）煤粉过多，漏入炉膛底部或为燃烧完全即被烟气带走。

6）结焦现象严重，形成大型渣块，渣块内部燃烧不充分。

（3）化学未完全燃烧热损失过大　其原因是：

1）当更换挥发分较多的燃料时，炉内可燃气体增多，造成燃烧不充分。

2）过量空气系数过小，炉膛内氧气少，燃烧不充分；过量空气系数过大，炉内温度低，不利于可燃气体燃烧反应。

3）炉膛容积小，烟气流程短，可燃气体来不及燃烧即被排出。

（4）锅炉房设备陈旧、缺少计量装置，无法精确记录生产数据　其原因是：

1）部分锅炉房年代久远，日久失修。

2）受企业经费影响，无力购置新的计量设备。

3）锅炉房管理、运行人员没有节能减排的意识，基础知识缺失。

5.3.2　高效燃烧技术

1. 分层燃烧

主要应用于采用闸板式给煤方式的正转链条炉的锅炉，是利用播煤辊和筛分器相结合，使进入锅炉的块煤达到分层和改善煤层均匀度及通风率的目的。煤从煤仓经溜煤管下来，进入到播煤辊上，经辊转动，将煤播到筛分器上，筛分器上将煤加以分层，筛分器分三层，第一层将直径20mm以上的煤块送到煤层最下部，即占据了炉前部，第二层将直径15~20mm之间的煤块送到第一层上面，第三层是将直径10~15mm送到第二层上面，而直径小于10mm的煤均落到第三层上面，从而达到分层的目的，使煤层疏松，减少了通风阻力，增加了通风面积和通风量，并使煤层均匀，有效地避免了炉排上出现火口和燃烧不均匀的现象，显著地提高了火床热强度和煤层燃尽速度。

采用分层燃烧在实际运行中得到了显著效果：

1）燃烧热效率一般可以提高8%~12%。

2）炉渣碳的质量分数可以降至10%左右。

3）提高煤种适应性。

4）改造后锅炉可以满负荷运行。

5）升温升压快，点火方便。

6）故障率低，使原来烧损挡渣器、侧密封烧煤斗的现象从根本上消除。

7）消除因重力作用造成的炉排进煤斗时两侧块多，中间煤粉多的不均匀给煤状态，达到均匀布煤并分层的目的。

8）改造费用适宜，回收成本快，基本上半年之内即可收回成本。

2. 富氧燃烧

富氧燃烧即采用比空气中氧含量高的气体来助燃，富氧的极限就是使用纯氧。富氧燃烧可以显著提高燃烧效率和火焰温度，长久以来主要应用在玻璃熔窑和金属冶炼等需要高温操作的行业。随着膜法制氧技术、变压吸附 PSA 法等新型制氧技术的成熟和利用，富氧成本不断降低，使得富氧燃烧技术应用领域不断扩大，在燃气发电系统、工业锅炉系统等多方面都具有广阔的应用前景。

锅炉采用富氧燃烧时具有下列特点：

1）火焰温度大幅度提升，燃烧强度和燃烧速度都得到提高，燃烧反应迅速进行，燃烧效率提高。

2）由于惰性成分的氧气浓度大大降低，烟气带走的热量也大幅度降低。

3）烟气量大幅度降低，烟气体积只有普通空气燃烧的 1/4。

4）设备尺寸缩小，燃烧系统的设备投资成本和维护费用降低。

5）生产效率提高，节能效果好，还有利于减少和控制 SO_2、CO_2 的排放，但会明显增加 NO_x 的排放。

3. 型煤燃烧

所谓工业型煤，是一种或几种性质不同的煤，掺混一定比例的添加剂（一般为粘结剂和固硫剂等），使其发热值、挥发分、固硫率等技术指标达到预定值，经过粉碎、混配、成形等工艺过程，加工成具有一定形状和冷、热强度并具有良好的燃烧和环保效果的固态工业染料。

燃烧型煤比燃烧散煤有明显的优势：

1）工业型煤的煤质可以根据炉型进行调配，更好地满足锅炉设计时的要求，达到更理想的效率和出力。

2）型煤的孔隙率合适，燃烧稳定，消除了局部烧穿现象，排烟热损失和机械未完全燃烧热损失降低。

4. 水煤浆燃烧

水煤浆技术的主要特点是将煤炭、水、部分添加剂加入球磨机中，经研磨后成为一种类似石油一样可以流动的煤基流体燃料。

水煤浆具有良好的流动性和稳定性，可以像石油产品一样贮存、运输，并且具有不易燃、不污染的优良特性；水煤浆含灰分、硫分较低（干基灰分小于 10%，硫分小于 0.5%），在燃烧过程中，由于水分的存在降低了燃烧火焰中心温度，可以抑制 NO_x 的产生量。另外，水煤浆不会产生煤炭流失造成的环境污染，具有较好的环保效益。

5. 动力配煤

配煤技术是将不同品质的煤经过筛选、破碎，按比例配合等过程，并辅以一定的添加剂，改变动力煤的化学组成、岩相组成、物理特性和燃煤性能，达到充分利用煤炭资源、优化煤炭产品结构、煤质互补、适应用户燃煤设备对煤质要求的目的，提高燃煤效率和减少污染物排放。配煤旨在改善燃煤品质，充分发挥各种原料煤的优点和长处，达到提高锅炉效率、节约煤炭的目的。

动力配煤代表着燃料煤优化利用的发展方向，目前是相对成熟、投入较快、符合我国国情、应与优先发展的洁净煤技术之一。

6. 煤炭的气化燃烧

将煤炭气化，直接以煤气作为锅炉的燃料是比较理想的以煤代油的节能方法，它不仅可以将热效率提高10%左右，减少对环境的污染，而且便于锅炉生产和管理的自动控制，是洁净、高效利用煤炭的重要技术之一。

5.3.3 燃煤工业锅炉节能改造

1. 我国工业锅炉现状

全国目前约有50多万台燃煤工业锅炉和炉窑，耗煤量约为180万t/h。而其中又以层燃工业锅炉（主要是链条锅炉，占总量60%以上）为主，量大面广，耗煤量约占全国年耗煤总量的1/3。我国燃煤工业锅炉效率低，污染重，节能潜力巨大，燃煤锅炉节能减排工作任重道远。国家发改委在"十一五"规划中将工业锅炉和炉窑节能改造列为十大节能工程之首。

我国工业锅炉目前存在的问题，主要有：

1）锅炉燃烧设备设计制造质量不高，自控水平低，主辅机匹配不合理，过量空气系数严重偏大。

2）使用煤种与炉型要求有差异，造成燃煤的着火、燃尽困难，燃烧不完全，锅炉效率低，污染严重。

3）锅炉水质普遍达不到标准要求，影响锅炉安全，影响锅炉热效率。

4）锅炉运行负荷低，工况经常变化，炉渣含碳量高，散热损失大。

5）锅炉使用管理水平低，运行人员总体素质有待提高。

2. 锅炉和辅机的节能减排技术

炉机配套是实现给料、着火、燃烧、燃尽和物料流动畅通的根本保证，也是技术上节能减排的硬件基础（见图5-6）。工业锅炉以燃煤为主，燃煤工业锅炉以链条炉排锅炉为主，因此，链条炉排锅炉是节能减排的主力，也是工业锅炉节能减排的难点。

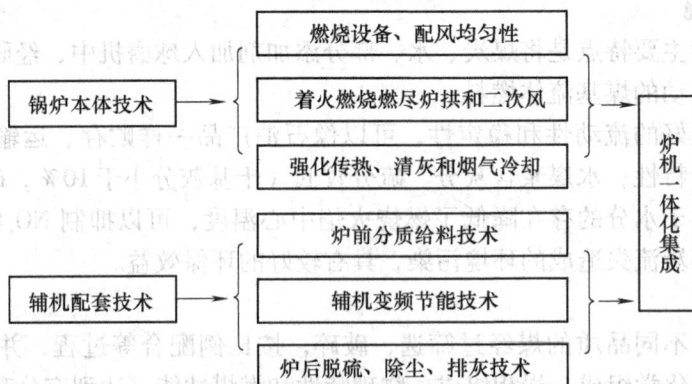

图5-6 锅炉和辅机节能减排技术

对链条炉排锅炉而言，节能减排的措施主要围绕着减少机械不完全燃烧损失和排烟热损失两个途径。第一个途径是从燃烧设备和燃烧室结构设计上强化煤的引燃、燃烧、燃尽和传热技术，包括创新炉排片和配风结构，炉拱和二次风强化着火、燃烧和燃尽技术，减少灰渣和飞灰含碳量的再燃、燃尽技术，主要任务是减少机械不完全燃烧损失，如降低灰渣含碳量，需要从炉拱设计搭配、二次风调整、炉排片设计、配风均匀性四个方面进行优化设计。以配风均匀性为例，过去的各种配风技术无法做到精确控制炉排配风的横向均匀性和纵向比例特性，为此，有人设计了一种新型的配风技术，可以实现炉排配风的横向均匀性和纵向比例特性，如图 5-7 所示。

图 5-7 链条炉排配风的横向均匀性和纵向比例特性

链条炉排锅炉节能减排的第二个途径是烟气度冷却技术。目前，工业锅炉的排烟温度一般为 160~300℃，从技术和投资回收的角度出发，我们现在已经有能力将工业锅炉的排烟温度降低到 10℃ 以下，单纯这一项可以使工业锅炉热效率提高 3% ~9%，这项技术目前已经进入实质性的示范工程，希望该技术能够积极推广，为节能减排做出贡献，图 5-8 所示为烟气深度冷却技术系统示意图。

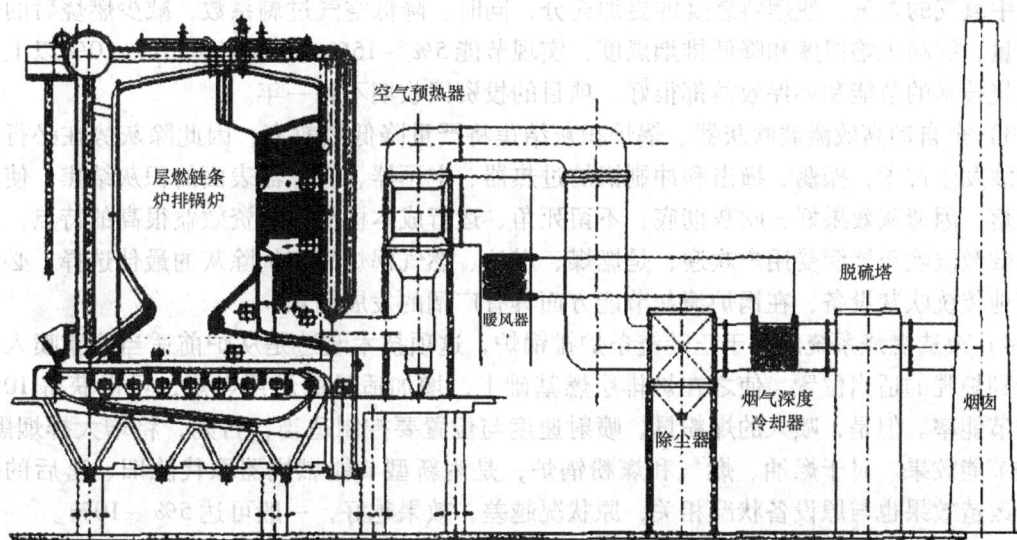

图 5-8 工业锅炉烟气深度冷却技术系统示意图

3. 工业锅炉节能改造措施

（1）余热回收 传统锅炉的排烟温度一般在160～250℃，烟气中的水蒸气仍处于过热状态，不可能凝结成液态的水而放出汽化热。众所周知，锅炉热效率是以燃料低位发热值计算所得，未考虑燃料高位发热值中汽化热的热损失。可利用余热来预热锅炉助燃空气（空预器），预热锅炉给水（省煤器），生产热水（水加热器），变废为宝。传统油气锅炉热效率一般只能达到87%～91%，如采用冷凝式余热回收技术改造锅炉，锅炉排烟温度可降低到50%～70%，通过回收烟气中的显热和水蒸气的凝结潜热，可以提高热效率5%～10%。

（2）给煤装置改造 我国的层燃锅炉都是燃用原煤，其中占多数的正转链条炉排锅炉，原有的斗式给煤装置，使块、末煤混合堆实在炉排上，阻碍锅炉进风，影响燃烧。将斗式给煤改造成分层给煤，使用重力筛选器将原煤中块、末煤自下而上松散地分布在炉排上，有利于进风，可改善燃烧状况，提高煤炭的燃烧率，减少灰渣含碳量，可获得5%～20%的节煤率，节能效果视改前炉况而异，炉况越差，效果越好。项目投资很少，节能效益很好，回收很快。

（3）燃烧系统改造

1）炉膛内壁喷涂节能涂料。锅炉水冷壁管、过热器管、省煤器管长期经受烟气中粉尘的高速冲刷，加之铁管的高温氧化作用，致使铁管壁厚磨损严重，锅炉使用寿命直线下降；更重要的是，铁管的远红外辐射系数只有0.65左右，炉膛内的热量不能很快透过铁管传递到水中，因此强烈建议现役燃煤锅炉水冷壁管和省煤器管表面喷涂远红外辐射节能涂料，提高铁管表面的辐射系数到0.93以上，保护炉体、延长炉龄、有效辐射炉膛内红外热能，显著提高炉膛内的热传递效果，减少黑油排放，可节约燃料消耗5%～35%，投资不多，效果很好。

2）富氧燃烧。当锅炉需要扩容、火焰温度不够、煤渣含碳量偏高、烟气林格曼黑度无法达标、锅炉燃烧效率不高、锅炉出力不足的时候，可以考虑采用富氧燃烧技术，增加助燃空气中氧气的含量，使燃料燃烧的更加充分，同时，降低空气过剩系数，减少燃烧后的烟气排放量，提高火焰温度和降低排烟黑度，实现节能5%～15%，提高锅炉出力10%以上。富氧燃烧技术的节能和环保效益都很好，项目的投资回收期不到一年。

3）全自动高效激波吹灰器。锅炉积灰结焦将严重降低热效率，因此除灰势在必行。利用激波发生技术，振荡、撞击和冲刷锅炉过热器、空预器、省煤器表面的积灰结焦，使其破碎脱落。因清灰效果好、吹灰彻底、不留死角、运行成本极低、投资效益很高的特点，全自动高效激波吹灰器深受用户欢迎，是燃煤、燃油、燃气锅炉和窑炉除灰的最佳选择，必将取代其他传统吹灰设备，在锅炉清灰节能方面具有广阔的发展前景。

4）改造燃烧系统。对于正转链条炉排锅炉，这项技术改造是从炉前适当位置喷入适量煤粉到炉膛的适当位置，使之在炉排层燃基础上，增加适量的悬浮燃烧，可以获得10%左右的节能率。但是，喷入的煤粉量、喷射速度与位置要控制适当，否则，将增大排烟黑度，影响节能效果。对于燃油、燃气和煤粉锅炉，是用新型节能燃烧器取代陈旧、落后的燃烧器，改造效果也与原设备状况相关，原状况越差，效果越好，一般可达5%～10%。

5）炉拱改造。正转链条炉排锅炉的炉拱是按设计煤种配置的，有不少锅炉不能燃用设计煤种，导致燃烧状况不佳，直接影响锅炉的热效率，甚至影响锅炉出力。按照实际使用的煤种，适当改变炉拱的形状与位置，可以改善燃烧状况，提高燃烧效率，减少燃煤消耗，现在已有适用多种煤种的炉拱配置技术。这项改造可获得 10% 左右的节能效果，技改投资半年左右即可收回。

（4）锅炉辅机和控制系统节能改造

1）锅炉辅机改造。燃煤锅炉的主要辅机——鼓风机和引风机，其运行参数与锅炉的热效率和耗能量直接相关，用适当的变频调速技术，按照锅炉的负荷需要调节鼓、引风量，维持锅炉运行在最佳状况。这样不仅可以节约锅炉燃煤，又可以节约风机的耗电，节能效果很好。

2）控制系统改造。由于燃烧特性的原因，层燃锅炉的自动控制长期以来一直处于比较初级的状态。对层燃锅炉控制系统节能改造主要是按照锅炉的负荷要求，实时调节给煤量、给水量、鼓风量和引风量，特别是实施燃烧自动调节，包括电动机的变频调速，装设烟气氧量监测仪表，再配以先进的调风装置，可大幅提高燃烧效率，降低过量空气系数，使锅炉处在良好的运行状态，从而提高锅炉热效率，一般可提高 2%～3%。针对供暖锅炉可以在保持足够室温的前提下，根据户外温度的变化，实时调节锅炉的输出热量，达到舒适、节能、环保的目的。实现这类自动控制，可使锅炉节约 20% 左右的燃煤。对于燃油、燃气锅炉，节能效果是相同的，其经济效益更高。

（5）使用蒸汽蓄热器　燃煤工业锅炉在低负荷或变负荷下运行，因无法保持运行工况稳定，导致锅炉热效率明显下降。由于采用蒸汽蓄热器可以在用户用热负荷多变条件下，保持锅炉的运行工况稳定，使锅炉一直以稳定负荷状况工作，从而提高运行热效率。据上海地区试验情况介绍，在供热系统采用蓄热器的情况下，锅炉热效率可提高 4%～5%，且对系统也有益。

（6）分层燃煤锅炉改造成循环流化床锅炉　循环流化床锅炉是煤粉在炉膛内循环流化燃烧，所以，它的热效率比层燃锅炉高 15%～20%，而且可以燃用劣质煤；由于可以使用石灰石粉在炉内脱硫，所以，不但可以大大减少燃煤锅炉酸雨气体 SO_2 的排放量，而且其灰渣可直接生产建筑材料。这种改造已有不少成功案例，但它的改造投资较高，约为购置新炉费用的 70%，所以要慎重决策。

（7）其他节能改造措施

1）安装自动控制排污节能装置，以降低排污热损失。

2）通过回收生产用能设备形成的冷凝水作为锅炉给水，提高热能的利用率，减少能源浪费。

3）完善炉墙保温及管道保温，根据实践经验，做好保温可将锅炉热效率提高 1.5%～2%。

4）更换新锅炉，节能效果显著，投资回收较低。

5）建立定期清理锅炉省煤器烟灰污垢，可减少热阻，增加传热效果，保证锅炉在良好状态下运行，可达到节能效果。

5.4　供暖系统节能分析

5.4.1　供暖系统能耗分析

目前，城市集中供热仍属粗放经营，热源和热力站的自控、热网水力平衡技术、室内温度控制、分户计量等仍然不能满足建筑节能要求，使建筑节能与供热节能目标没有实现。供热系统能耗偏高的主要原因有以下几点：

1. 锅炉热效率普遍较低

我国目前多使用20世纪90年代生产的链条炉排燃煤锅炉，经过长期运行，锅炉的密封性能、绝热性能普遍下降，热损失增大；煤层厚度及炉排的运转速率难以准确调整，煤层不完全燃烧的可能增加；部分锅炉未安装省煤器，导致排烟温度过高，热损失增大。

2. 热网输送效率过低热网失水率较高

经调查，热网失水导致的热损失率为3%～5%，严重者会达到6%～10%，个别甚至超过15%。水力失调导致的热损失过高，热损失率为10%～17%。设计选用的供暖热指标过高，新增用户与原有用户选用的热指标不统一，热网缺乏有效的调节是造成水力失调的主要原因。

采用地上敷设的供热管道，容易成为敷设电话线、有线电视线、网络宽带线及其他作业的通道，作业人员在供热管道上行走，保温层受压变形，甚至脱落，严重影响供热管道的保温效果。采用管沟敷设的供热管道，管沟兼作排水沟，沟内杂物众多，保温层脱落严重，甚至直接浸泡在水中。不仅影响保温效果，而且造成管道的腐蚀加剧，缩短管道的使用寿命。

3. 循环泵耗电量过高

循环泵流量、扬程选择过大，导致耗电量过高。循环泵流量、扬程选择过大的原因主要是设计供暖热指标值偏高，其次是因解决热网的水力失调，采用了大流量、小温差的运行方式。

循环泵的运行方式不当，导致耗电量过高。多台泵并联运行时，运行工况点并不在最高性能点，增加循环泵耗电量；定流量运行模式缺乏调节手段，对热负荷变化的适应能力差，循环泵耗电量增大。

4. 热网调控手段缺乏

供暖期的不同阶段，供暖热负荷变化较大。自动化程度较低的供热系统，只能根据人为判断，进行简单的调控，而且滞后于热负荷的变化，不利于热量的节约。

5. 管理粗放，节能意识差

管理粗放，节能意识不强，造成很大的能源浪费。供热系统失水现象严重，熟视无睹；管道、阀门失修，无人问津；供热锅炉不按操作规程操作，炉排速度过快、不及时清灰等，都会造成严重的能源浪费。

5.4.2 供暖系统节能改造原则

1. 节能改造方法

1）在实施节能改造之前应该对整个系统进行能耗诊断。也就是说，要对能耗的使用现状进行全面的调研，了解用能现状和能耗分布状况，并且根据基础数据进行分析，找出系统能源浪费的根本原因，从源头出发，根据现场情况，有的放矢地制定改造方案。

2）选择合理的节能技术和产品。供热节能改造并不是节能产品的简单堆砌，每个供热系统都有其各自特点，安装上不同的节能设备后所得到的节能效果也会有所不同。应对第一步的诊断结果进行分析，根据分析结果选择合适的节能产品。其选择的原则有三：① 应该优先选择投资回收期最短的项目；② 选择比较易于实施的、对用户干扰较小的节能措施；

③ 依据实事求是的原则，在可知的范围内选择。即要选择那些从现有理论上已经被证明了的、具有可实施性的节能改造技术。

3）实施节能改造。节能改造的实施不仅是节能公司和施工队的事情，节能改造的实施应该涵括节能设计、节能施工以及最后的节能运行三个环节，每个环节都不容忽视。

4）对实施节能改造后的供热系统再次进行审核和评价。对改造后的供热系统的能耗情况进行分析和检验，不仅是对上一次改造成果的总结，也为下一次节能改造奠定了基础，是新的开始。

对供热系统进行节能改造，准备工作必不可少。

首先是管理准备。在许多供热系统中，虽然配备了很多先进的设备，但因其管理水平不高，能耗仍然很大。在这里要强调的是，现在一方面缺乏节能的新技术，另一方面更缺乏先进的管理手段。在实施节能改造之前，务必做好管理准备。

其次，在进行节能改造之前，应该对管网的质量、保温的质量和漏水的情况进行检查。由于管网"跑、冒、滴、漏"所引起的热损失量要远远大于一般节能技术所带来的节能量，这样就会使节能改造失去意义。

第三，调研用户舒适度。节能改造是建立在提高用户热舒适度基础上。因此，了解节能改造前用户的舒适度状况，就显得尤为重要。将节能前的准备工作做细，减少进度中的更改，进行改造工程的时候才能按部就班，游刃有余。

2. 解决的主要问题——水力平衡

在供热系统中，普遍存在有些用户室内温度偏高、有些用户室内温度过低的现象。造成这种冷热不均的原因很多，一般是由水力失调引起的。所谓水力失调，即供热系统的循环水在循环过程中，阻力小的环路流量多（通常是距离热源较近的用户），而阻力较大的环路流量小（通常是距离热源较远的用户），使用户得到的流量与用户实际所需求的流量不相符，从而造成室内温度出现冷热差异。水力失调的系统，即使加装了节能改造设备，效果也依然会大打折扣，甚至出现问题。只有在解决水力失调问题后，实施节能改造才能取得效果。因此，在所有节能改造技术中，应该首先进行水力平衡改造。

3. 积极利用"捡来"的能源

1）烟气余热回收技术。目前，我国生产的燃气锅炉几乎均为非冷凝锅炉，其排烟温度普遍在150℃左右，这些烟气直接排放到大气中去，必然会导致热岛效应的加剧。近年来随着人们节能意识的加强和供热技术的发展，通过在锅炉尾部加装烟气余热回收装置，可以将锅炉排烟温度降到80℃以下，不仅大大降低了排烟温度，同时也提高了锅炉的效率。

2）气候补偿技术。建筑物的耗热量因受室外气温、太阳辐射、空气湿度、风向和风速等因素的影响时刻都在变化。要保证在上述因素变化的条件下满足用户需求，供热系统的供回水温度就应该在整个供暖期间根据室外气温条件的变化进行调节，以使锅炉的供热量、散热设备的放热量和建筑物的需热量相一致，防止用户室内发生温度过高或者过低的现象。

气候补偿系统即是给锅炉房提供最佳运行曲线的系统。运行参数随室外温度的变化每时每刻都在进行调整，始终保证锅炉房的供热量与建筑物的需热量相一致，通过及时而有效的运行调节，既保证了供暖质量，又避免了热量的浪费。

4. 按"需"供热

1）分时分区供热。分时分区供热，顾名思义就是将时间和区域一一对应起来。在一个供热系统中，除了居民住宅外，往往还包括一些公共建筑，比如办公楼、教学楼和商业设施等多种类型的区域。根据"按需供热"的原则，采用分时分区的供暖方式将会最大限度地降低能量的消耗，从而大大提高能源的利用率。对于一般的公共建筑可以节约建筑物耗热量的30%以上。

2）采用水泵节电技术。在供热领域，人们往往只重视燃料的节约，而忽略了对于电能的浪费。在供热系统中，因输送热能而大量浪费电能的现象普遍存在，这种厚此薄彼的做法，会使高品位的能源白白被浪费掉。通过一些先进的技术手段，在遵循"按需供热"的原则下，尽量做到既保证用户的供热质量，又节省水泵的电耗和能源的消耗的。采用水泵节电技术，一般可以降低电耗10%以上。

3）分户热计量。采用分户计量后，室内温度由住户自己决定，不但提高了室内的舒适程度，也在最大限度上保证了能量的有效使用，从而减少了浪费现象。从节约能源、避免浪费的角度来看，实施分户计量政策无疑是未来发展的趋势。但同时我们也应客观地看到，分户热计量政策的实施对用户的影响还是很大的，实施起来还是有一定难度。

5.4.3 供热系统节能改造措施

采取有效措施，降低建筑供暖能耗，充分挖掘供热系统节能潜力刻不容缓。

1. 提高锅炉热效率，利用地热及余热资源

1）"上大压小"，提高锅炉整体热效率。发展大型热电联产供热项目，提高区域供热锅炉房热水锅炉的热功率，是集中供热的主要发展方向。大容量的锅炉配备省煤器、空气预热器、过热器、多级风机等设备，有利于燃料的完全燃烧，对排烟、出渣的热量能够有效吸收，综合利用，热损失率大幅降低，热效率可达85%～89%。

2）选用高效率炉型。新建的供热锅炉房或热电站应根据当地的地理位置及资源优势，选择高效的循环流化床锅炉、燃气锅炉、新型煤粉锅炉等。有些地方依托当地丰富的煤炭资源发展坑口电站，燃用优质煤，不仅提高了锅炉的效率，而且改善了环境质量。对于供热规模较小、用户分散不适宜发展集中供热的区域，应进行锅炉的节能改造或更换为高效率的锅炉。

3）利用地热及余热资源。我国地热资源丰富，开发利用地热资源是调整能源结构、保障能源安全的重要措施，有利于减少煤炭资源过度开采，弥补石油和天然气资源短缺，增加能源总量、调整能源结构、缓解能源供应压力。有效利用余热资源，也可起到很好的节能作用。石油化工、冶金、建材窑炉等都有丰富的余热资源，若不加以利用，不仅白白损失掉，还必须进行降温处理。我国有些地方利用余热资源建设热电厂或发展集中供热，已经取得了很好的效果。

2. 提高热网输送效率

1）降低失水率。加强检修、维护，在非供暖期对热网进行全面检查，更换腐蚀严重或损坏的管道、阀门，减少机械失水量；同时，积极改善供热质量，加强供热知识的宣传，使用户文明用热以减少人为失水量。

2）解决水力失调。解决水力失调的措施是热网的调节。人工调节主要靠调节阀门的相对开度，没有量化的概念，每个阀门相对开度的变化都会改变系统的水力工况，造成相互影响，往往经过多次调整，效果仍不理想。而采用自力式流量调节阀恒定流量，可有效降低重复调节造成的相互影响，再通过用户末端调节有效解决水力失调。也有人针对目前供热领域中普遍存在的水力失调问题，设计出一套智能控制技术，通过智能阀门的控制达到按需送热，解决复杂的供热网管系统的热量平衡问题。

3）推广无补偿直埋技术。供热管道无补偿直埋技术减少了补偿器、固定支座的数量，减少了事故隐患；并且节省占地，缩短施工期，降低了工程造价。供热管道无补偿直埋技术目前已经成熟，应大力推广。

3. 降低泵的耗电量

1）系统配置3台不同流量的循环泵，宜分别为供热系统设计流量的100%、75%、50%。这种配置可适应供暖期不同阶段的热负荷，能够起到备用作用。

2）将变速的幅度控制在一定的范围，尽量保证设备在高效区运行。一般来说，设备的最低转数不应小于额定转数的50%，最好控制在100%~70%之间。因此，应通过台数和容量的合理配置来配合对设备流量的调节，以达到较好的节能效果。

3）设备裕量过大时通过改变叶轮直径来降低扬程或风压。当设备裕量过大，超出设计工况很多时，对单级的离心式风机和水泵可采用改变叶轮直径的方法来降低扬程或风压，即对叶轮外径进行切削或换成同类直径较小的叶轮；对于多级的泵或风机则可将其叶轮抽掉几级。

4. 推广使用先进供热技术与设备

积极开发、引进、应用供热节能新技术、新材料、新设备，加快淘汰高耗能的落后工艺、技术和设备，不断提升供热行业的技术装备和节能减排水平。

1）将汽轮机排入自然界的热量回收利用，节能效果非常明显。我国大多数热电厂采用抽汽凝汽式汽轮机，在发电过程中对汽轮机进行中间抽汽获取热量，为了维持汽轮机尾部有足够的蒸汽流量、保证汽轮机正常运行，这类机组在供热工况时，仍需由凝汽器冷却末端乏汽，冷凝产生的大量低温余热通过冷却塔排放掉。正常工况下进出凝汽器的循环水温度为20~30℃，不能直接供热，因此必须设法适当提高其温度。目前成熟的技术方法有两种，一种是汽轮机组低真空运行，适当降低凝汽器真空度，提高乏汽温度，从而使循环水可直接通过热网供热；另一种是采用热泵技术从循环水中提取低位热量用于供热。2007年以来，青岛市多家热电联产企业相继实施了低真空循环水供热改造项目，不仅可增加供热面积，还可降低能耗，取得了良好的经济效益和社会效益。

2）推广先进控制技术，如锅炉DCS（分布式控制系统）、计算机远程控制、无人值守自动供热机组等技术，提高运行管理水平，提高节能效果。

3）推广分布式变频泵供热系统，消除用户冷热不均的现象，最大限度地降低供热系统耗电量。

当采用一般阀门进行调节时，为了满足供热系统末端用户的资用压头，近端用户不得不用阀门将大量的剩余压头消耗掉，节流损失很大，热网输送效率较低。采用分布式变频泵供热系统后，利用分布在用户端的分布式变频泵取代用户端的调节阀，由原来在调节阀上消耗多余的资用压头改为用分布式变频泵提供必要的资用压头。这样可大大降低循环泵的扬程，减少系统能耗，并使得系统运行在较低的压力水平，更加安全可靠。

5. 应用活化剂、减阻剂

活化剂具有降解可逆性，即在高剪切力或高温作用下，其减阻能力被暂时破坏后，待剪切力或流体温度降低到有效范围内时，它又可恢复减阻性能，主要应用于有泵的循环系统，如集中供热/供冷系统。

6. 实行供热系统多热源联网运行

多热源联网运行可以优化生产和运行方式，增加热网运行的灵活性、互补性，提高系统的经济性和可靠性，是降低供热成本的有效手段。

7. 采用产品质量合格的水力平衡阀及室内温控阀

水力平衡阀可以有效地保证管网水力及热力平衡，消除住宅小区中个别建筑物室温过低、过高的弊病，达到节能的目的。JGJ 173—2009《供热计量技术规程》将安装水力平衡阀及室内温控阀纳入了强制性条文。只有在水力平衡条件具备的前提下，气候补偿器和室内温控阀才能起到节能作用，体现出节能效果。因此，应当对既有供热系统进行管网平衡改造，并对新建供热系统严格按照相关标准规范要求进行设计、施工、验收，从源头上保障供热质量和节能效果。

8. 推行供热计量收费，促进用户行为节能

在大力推进既有居住建筑供热计量及节能改造的同时，应稳步实施按用热量收费制度。2006年，国家建设部颁布了《建设部关于推进供热计量的实施意见》，为了深化供热体制改革，积极推进供热计量，实现按热量交纳热费，促进供热采暖系统节能，提出具体的实施意见。

9. 建立城市供热能耗考核评价制度

制定供热行业能耗指标和考核制度，对供热企业的供热耗煤量、能源转化率、管网损耗、换热效率等指标进行定期考核，并与供热经营许可、行业评优创先挂钩。有关部门对供热能耗进行日常监督检查，加大依法节能管理与执法的力度，严肃查处各种浪费资源的现象和行为，推进供热系统节能工作深入持久地开展。

5.5 公共建筑节能分析

5.5.1 公共建筑的界定

公共建筑主要包括办公建筑（如写字楼、行政和事业单位的办公楼等）、商业建筑（如商场、金融建筑等）、旅游建筑（如旅馆、饭店、娱乐场所等）、科教文卫建筑（包括文化、教育、科研、医疗、卫生、体育建筑等）、通信建筑（如邮电、广播电视建筑等）、交通运输建筑（如汽车客运站、铁路客运站、航空客运站、港口客运站建筑等）。

凡不设采暖空调系统的单层或多层独立式商业仓库、市场（如菜市场、建材市场、水暖器材市场等）建筑，不执行公共建筑节能设计标准；对设有采暖或空调系统（包括房间空调器）的市场建筑，以及居住建筑底部的商场、商铺，应执行公共建筑节能设计标准。

5.5.2 公共建筑与居住建筑有连接部位时的节能设计

1）公共建筑与居住建筑衔接部位的传热系数 K，应按公共建筑和居住建筑节能设计标准中的最小值设计。

公共建筑顶层与居住建筑底层相连楼面，按各地《居住建筑节能设计标准》中架空地

板的规定 K 值设计（对湖北省取 $K \le 0.65$）；公共建筑和居住建筑的连接墙体，本地区按公共建筑标准和居住建筑标准中外墙的最小 K 值设计。

2）当计算公共建筑与居住建筑的体型系数时，两者的外包面积和体积分别计算，相交部分的面积不参与体形系数的计算。

3）计算建筑物采暖空调能耗时，公共建筑和居住建筑的连接部位按不传热的绝热体设置。

5.5.3　公共建筑节能 50% 的内涵

公共建筑节能 50% 的内涵是：以 20 世纪 80 年代初期的 "基准建筑"［其围护结构按不同地区的传统做法（详见 GB 50189—2005 第 1.0.3 条的条文说明），外窗遮阳系数 SC 不分地区均取 0.80；采暖燃煤锅炉效率均取 0.55，离心机水冷机组的能效比取 4.2，螺杆机水冷机组的能效比取 3.8；照明用电量均取 25W/m^2］，在保持与 GB 50189—2005《公共建筑节能设计标准》第 3 章规定的室内环境参数条件下，其全年的暖通空调和照明计算能耗为 100%。通过采取以下措施，使所设计的公共建筑的全年暖通空调和照明计算能耗相当于 "基准建筑" 能耗的 50%。

1）在保证《公共建筑节能设计标准》第 3 章规定的室内环境参数条件下，采用合理的节能型建筑总平面布置和单体建筑设计（使所设计的建筑符合 GB 50189—2005 第 4 章第 1节及 4.2.7 条、4.2.9 条的规定）。

2）加强建筑物围护结构的热工性能（使其符合 GB 50189—2005 第 4 章第 2 节的规定）。

3）提高暖通空调设备及其系统的效率（使其符合 GB 50189—2005 第 5 章的规定）。

4）使照明设备及其系统符合 GB 50034—2004《建筑照明设计标准》的有关规定。

5）按照 GB 50189—2005 第 5 章第 5 节的规定，加强暖通空调设备及其系统的运行监控。

由于公共建筑的功能多样，能耗情况复杂，不同的公共建筑能耗相差甚远（例如，武汉 9 栋商场、办公楼、酒店的全年能耗调查测试结果表明，全年能耗量为 0.386 ~ 2.579GJ/m^2，其中空调能耗量为 0.137 ~ 0.858GJ/m^2，全年能耗最大与最小的相差 6.7 倍，空调能耗最大与最小的相差 6.3 倍，空调能耗与总能耗的比例为 22.3% ~ 79.4%），加上全国的气候条件相差很大，因此，各地围护结构、暖通空调和照明所分担的节能率也相差很大。全国从北到南，围护结构部分分担的节能率约为 25% ~ 13%，暖通空调系统分担的节能率约为 20% ~ 16%，照明系统分担的节能率约为 7% ~ 18%，50% 的节能率只是代表全国的总体节能水平，单个建筑物的节能率可能超过 50% 也有可能不及 50%。因此，包括居住建筑在内，不宜强调节能率，宜采用 "执行建筑节能设计标准" 的提法。

5.5.4　实现节能目标的设计途径

公共建筑实现节能目标的设计途径有两种。

1. 按规定性指标实现节能目标的设计途径

使所设计建筑物的朝向、体形系数（对严寒和寒冷地区）、围护结构、暖通空调系统、照明系统全部符合《公共建筑节能设计标准》第 4 章第 1 节与第 2 节、第 5 章的规定、以及

《建筑照明设计标准》的节能设计规定，则该建筑为节能 50% 的公共建筑。

2. 按性能指标实现节能目标的设计途径

当所设计建筑的体形系数或部分围护结构不符合标准 GB 50189—2005 的规定，则应采取加强另一部分围护结构热工性能的措施，按照 GB 50189—2005 第 4 章第 3 节各条规定的方法，对围护结构热工性能作权衡判断首先计算参照建筑（其形状、大小、朝向、内部的空间划分和使用功能应与所设计建筑完全一致，外围护结构的热工性能参数完全符合 GB 50189—2005 的规定）在规定条件下的全年采暖和空调能耗，将这个能耗作为控制能耗，再计算所设计建筑在同样条件下的全年采暖和空调能耗。如果这个能耗值大于参照建筑的控制能耗值，则必须调整围护结构的设计参数，再重新计算所设计建筑的全年采暖和空调能耗，直至其值小于控制能耗值为止，权衡判断合格的建筑也是节能 50% 的公共建筑。

围护结构热工性能的权衡判断，过程复杂繁琐，计算容易出错，加上 DOE—2 计算软件专业性较强，不适用于工程设计等问题。对新建建筑，宜采用按规定性指标达标的设计途径；只有对部分既有建筑的节能改造设计，才适宜走按性能指标达标的设计途径。现阶段，宜请专业人员做围护结构热工性能权衡判断工作。

5.5.5 规划设计阶段的总平面布置和建筑平面节能设计

1）建筑总平面的布置和设计时，对严寒、寒冷和夏热冬冷地区，宜利用冬季日照并避开冬季主导风向；设置空调的地区，宜利用夏季自然通风，以降低空调能耗。建筑的主朝向宜选择本地区最佳朝向或接近最佳朝向。对湖北地区而言，最佳朝向为南～南偏东 10°范围（鄂东、鄂南、鄂中夏季酷热地区）和南偏东 10°～南偏西 10°范围（鄂西、鄂北地区）；适宜朝向为南偏东 30°～南偏西 30°范围。

2）严寒、寒冷地区建筑的体形系数应小于或等于 0.4。否则，必须进行围护结构热工性能的权衡判断。

3）夏热冬暖和夏热冬冷地区以及寒冷地区中夏季炎热地区的建筑中庭，应在其上部的外墙上开设窗户或其他形式的通风口，充分利用夏季穿堂风降低中庭环境温度，当不便开设窗户或不利于形成穿堂风时，应设置机械排风装置。

4）严寒地区建筑的外门应设门斗，寒冷地区建筑的外门宜设门斗或应采取其他减少冷风渗透的措施。夏热冬冷和夏热冬暖地区建筑外门也应采取保温隔热节能措施（例如，设置双层门、采用阳光控制镀膜玻璃或低辐射中空玻璃门、门内侧或外侧设置活动门帘、设置风幕等两种至多种组合类型的措施）。

5.5.6 围护结构热工设计

1. 屋面的传热系数 K，根据建筑气候分区

夏热冬冷地区的屋面 K 值应不大于 0.70W/($m^2 \cdot K$)。宜直接选用《湖北省建筑节能构造用料做法》07EJ101 中 K 值小于 0.7 的屋面。屋面施工图（包括居住建筑）应有女儿墙、檐沟、内天沟、出屋面构件等热桥部位的保温处理节点构造详图。

2. 外墙（包括非透明幕墙）**的平均传热系数**

夏热冬冷地区的外墙传热系数值应不大于 1.0W/($m^2 \cdot K$)。宜选用 07EJ101 中外墙外保温或内保温外墙，K_m 值可按照 07EJ101 附录 J 的实例方法计算。考虑到闭孔泡沫型绝热材料的热阻老化问题（详见 07EJ101 第 81 页 4），传热系数值计算值宜小于 $0.67\text{W/(m}^2 \cdot \text{K)}$。

对于干挂石板或金屋板材等非透明幕墙建筑，夏热冬冷和夏热冬暖地区宜采用内保温外墙做法。当采用外保温做法时，竖向龙骨应离墙设置，通过由焊接在预埋件上的外挑悬臂钢制杆件与竖向龙骨连接，在安装竖向龙骨之前先做外保温层的施工。为了保证保温层与幕墙的使用年限同步，保温层应设置 $\varphi5 \sim \varphi6\text{mm}$ 双向 $\varphi500 \sim \varphi600\text{mm}$ 镀锌锚钉，保护层内设置镀锌钢丝网，外保温层及其保护层完工并验收后，再安装龙骨及幕墙系统。当各层层高范围内仅有上、下悬挂支点时，保温外墙的选用和 K_m 值的计算方法可与非幕墙外墙相同，即不考虑幕墙内空气间层的热阻；但当悬挂竖向龙骨的悬臂杆件较多时（如剪力墙结构建筑），应将悬臂杆件作为热桥参与外墙传热系数值的计算，此时可计入幕墙内空气间层的热阻。

保温外墙施工图（含居住建筑）应有各部位（如门窗套、勒脚、变形缝、抗裂分格缝、雨水管安装、出墙管洞口、阳台及阳台栏板、雨篷、装饰线等）的保温处理构造节点大样设计图（宜参照 05EJ108）。

3. 外墙与屋面中热桥部位的内表面温度不应低于室内空气露点温度

对本地区，外保温外墙无需计算，当混凝土外墙厚度不小于 200mm 时的内保温外墙也可不计算。

4. 底面接触室外空气的架空或外挑楼板的传热系数 K，根据建筑气候分区

夏热冬冷地区架空或外挑楼板传热系数值应不大于 $1.0\text{W/(m}^2 \cdot \text{K)}$。宜直接选用 07EJ101 中的 $2 \sim 17$ 楼。

5. 严寒和寒冷地区的非采暖房间与采暖房间的隔墙或楼板的传热系数 K，根据建筑气候分区

宜参照选用 07EJ101 中的分户墙和架空楼面，只需加厚保温层。

6. 地面和地下室外墙的热阻 R，根据建筑气候分区

夏热冬冷地区的地面和地下室外墙，$R \geqslant 1.2\text{m}^2 \cdot \text{K/W}$，当建筑基础持力层以上至混凝土地坪的素填土层厚度不小于 1.35m 时的各种地面，均可不做保温层。本地区的地下室外墙宜直接选用 07EJ101 中的地下室触土外墙（对严寒和寒冷地区只需加厚保温层）。

7. 外窗（包含透明幕墙和玻璃外门）**和透明屋顶的节能设计**

1）外窗的窗墙面积比应按单一朝向计算。其中，单一朝向的外墙面积，按该朝向的轴线总长度与室内地面至屋面的总高度的乘积计算；外窗面积按该朝向外墙上的各个窗和玻璃门洞口面积之和计算。

2）外窗的传热系数 K，根据建筑气候分区，按单一朝向的窗墙面积比分类、建筑的体形系数分类（仅对严寒和寒冷地区）。

常用外窗（含玻璃外门）传热系数可按 07EJ101 附录 K.1 表列值设计。表列 K 值为本地产品可能达到的值，但空气间层厚度为 24mm、30mm 的中空玻璃本地不生产，不要选用。有的资料中的产品，K 值比表列值小，原因有：① 采用暖边中空玻璃（本地产品为冷边中空玻璃）；② 断热金属型材为空腔式或浇注腔式断热材料，本地产品为双条式断热材料；③ 有的为中空玻璃的 U 值（即中央部位的 K 值）。

门窗设计，应遵守建设部 2007 年 2 月发布的《建设事业"十一五"推广应用和限制禁止使用技术公告（第一批）》中的有关规定；应采用推广应用的门窗产品；不得采用非中空玻璃单框双玻门窗、单腔结构型材的未增塑聚氯乙烯（PVC-U）塑料窗、非断热金属型材制作的单玻窗等；禁止采用型材老化时间小于 6000h（M 类）建筑用未增塑 PVC-U 塑料窗、主型材可视面壁厚小于 2.2mm 的推拉塑料窗、主型材可视面壁厚小于 2.8mm 的平开塑料门、主型材可视面壁厚小于 2.5mm 的平开塑料窗、主型材可视面壁厚小于 2.5mm 的推拉塑料门等。

夏热冬冷和夏热冬暖地区的公建，宜采用阳光控制镀膜玻璃和低辐射镀中空玻璃门窗。

低辐射镀膜玻璃（即 Low-E 玻璃），是当今国际社会特别是欧美发达国家非常流行的建筑玻璃新产品。它是顺应建筑节能和环保的需要而发展起来的。Low-E 玻璃具有有效节能和光污染小的特点，建筑装饰效果豪华、美观。Low-E 玻璃的辐射率低，表明其吸收热量的能力低，热反射的能力很强，能良好地反射 $2.5 \sim 40\mu m$ 范围的远红外线，阻止接近室温物体发射的远红外热辐射透过。白天有日照时，能阻挡部分太阳辐射热，无日照时，能部分阻挡室内采暖热量向室外辐射。公共建筑宜推广采用低辐射镀膜中空玻璃外门外窗，夏热冬冷和夏热冬暖地区应采用涂层在第二层（自室外算起）的 Low-E 中空玻璃，严寒和寒冷地区应采用涂层在第三面的 Low-E 中空玻璃。

高档次（如武汉王家墩未来商务区）公共建筑，宜采用欧美国家 Low-E 中空玻璃产品。从表 5-2 低辐射镀膜玻璃性能表中可以看出，欧美产品的辐射率和 U 值小，可见光透射比大，特别是性能保证年限长（为 20 ~ 25 年，国产 Low-E 中空玻璃为 3 ~ 15 年）。

表 5-2　低辐射镀膜玻璃性能表

生 产 商	类　　型	辐 射 率	U 值	遮阳系数	可见光透射比	太阳光透射比
PPG	溅射	<0.12	0.31	0.74	0.72	0.52
Ford	溅射	0.13	0.32	0.81	0.76	0.58
耀华	溅射	0.18	0.87	0.89	0.48	0.32

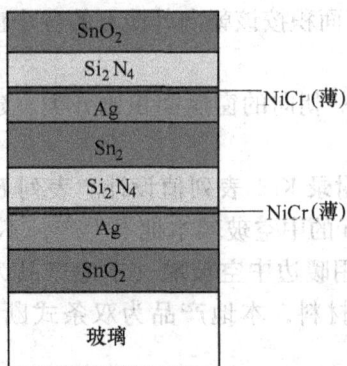

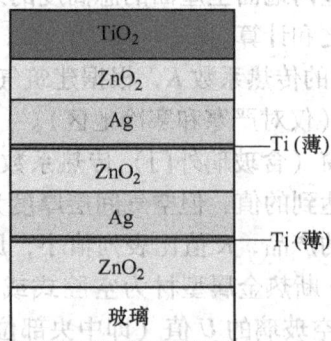

图 5-9 所示为美国 PPG 公司 Low-E 玻璃涂层解析图，其涂层化学成分为：SnO_2-Si_2N_4-Ag-NiCr，共 9 层。

图 5-10 所示为美国 Ford 公司 Low-E 玻璃涂层解析图，其涂层化学成分为：TiO_2-ZnO_2-Ag-Ti，共 8 层。

图 5-9　美国 PPG 公司 Low-E 玻璃涂层解析图　　图 5-10　美国 Ford 公司 Low-E 玻璃涂层解析图

图 5-11 所示为中国耀华玻璃公司 Low-E 玻璃涂层解析图，其涂层化学成分为：SnO_2-Ag-SnO_2，共 3 层。

图 5-12 所示为其涂层 EDAX（能谱分析）元素点分布图，该图表明涂层有相互渗透、层次不清现象，造成可见光透射比有较大差异，易形成"彩虹"效应。

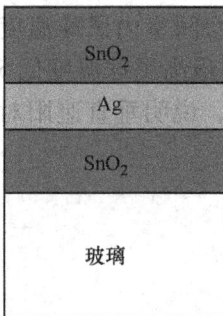

图 5-11　中国耀华玻璃公司 Low-E
玻璃涂层解析图

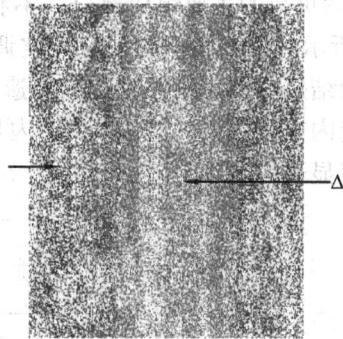

图 5-12　中国耀华玻璃公司 Low-E 玻璃涂层
EDAX 元素点分布图

注：图中蓝色为 Sn 元素点分布，红色为 Ag 元素点分布

3）寒冷地区、夏热冬冷和夏热冬暖地区的外窗的遮阳系数 SC。有外遮阳时，外窗遮阳系数 = 玻璃的遮阳系数（实际为无外遮阳的外窗遮阳系数）×外遮阳的遮阳系数；无外遮阳时，外窗遮阳系数 = 窗玻璃的遮阳系数 SC ×窗的玻璃面积÷窗洞面积（其中，多层玻璃的遮阳系数等于各层玻璃遮阳系数的乘积）。各种玻璃的遮阳系数 SC（指太阳辐射能量透过窗玻璃的量与透过相同面积 3mm 透明玻璃的量之比）详见 07EJ101 附录 K.2 ~ K.4 表列值。外墙窗户、玻璃外门、幕墙、透明屋顶用玻璃，应根据建筑功能采光需要、安全规定、外遮阳设施情况、玻璃的可见光透射比和遮阳系数等，综合合理选择。其中，阳光控制镀膜玻璃应标注镀膜涂层的代号、中空玻璃的可见光透射比、遮阳系数等设计要求，以便检测及工程验收。

4）每个朝向的窗墙面积比均不应大于 0.70。当窗墙面积比小于 0.40 时，玻璃（或其他透明材料）的可见光透射比不应小于 0.40。否则，必须进行围护构造热工性能的权衡判断。

由于外窗（包括玻璃幕墙、玻璃外门）的传热系数比外墙大得多，同时，太阳辐射透过玻璃直接进入室内而成为夏季空调降温的负荷。因此，外窗面积越大，则采暖和空调能耗也就越大。为了使 50% 的建筑节能率得到控制，必须限制最大的窗墙面积比。本地区一般公共建筑的窗墙面积比宜控制在 0.5 以内，外窗的 K 值控制在 $2.8W/(m^2 \cdot K)$ 以上。

当窗墙面积比小于 0.40 时，且玻璃的可见光透射比小于 0.4，可能会出现因照明用电量增大而使建筑节能率降低的情况，因此应控制玻璃的可见光透射比。各种玻璃的可见光透射比（在可见光谱 380 ~ 780nm 范围内，透过玻璃的发光强度对入射光强度的百分比）详见 07EJ101 附录 K.2 ~ K.4。

外门、外窗、玻璃幕墙的设计，施工图中应标注各个单一朝向的窗墙面积比，各类门窗及玻璃幕墙的型材种类、传热系数 K 值、遮阳系数 SC 值，气密性等级要求，以及中空玻璃可见光透射比等。

5）夏热冬暖地区、夏热冬冷地区的建筑以及寒冷地区中制冷负荷大的建筑，外窗（包括透明幕墙）宜设置外部遮阳。冬季，阳光通过玻璃进入室内，能降低采暖能耗，但夏季通过玻璃进入室内的强烈辐射（即使是中空玻璃窗，透过玻璃的辐射热约占太阳辐射总量70%），是空调负荷的主要组成部分，不利节能。

图 5-13 所示为武汉西朝向关窗无空调时，有无外遮阳三个房间室内黑球温度和空气温度的对比试验结果。垂直平开木百叶窗遮阳房间比无遮阳房间的最高黑球温度低 5.6℃（表明无遮阳房间内有较强的热辐射），室内最高空气温度低 3.9℃，说明垂直遮阳对改善室内热环境质量有显著的效果。

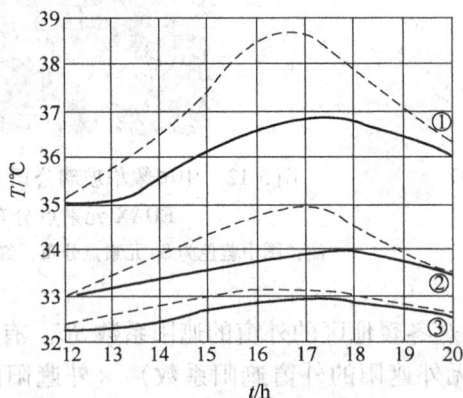

--- 黑球 —— 空气温 ① 无遮阳房间 ② 竹帘遮阳房间 ③ 垂直百叶遮阳窗

图 5-13　有无遮阳房间室内黑球温度与空气温度的比较

因此，对夏热冬冷地区、寒冷地区设有空调降温的建筑，宜采用外卷帘、外百叶式的活动遮阳设施，不宜采用固定式外遮阳。固定式遮阳仅适用于夏热冬暖及温和地区。图 5-14 所示照片是其代表产品。

6）外窗的可开启面积不应小于窗面积的 30%；透明幕墙应具有可开启部分或设有通风换气装置，以利于通过开启外窗通风，来获得热舒适性和良好的室内空气质量。

7）屋顶透明部分的传热系数和遮阳系数（严寒地区除外），根据建筑气候分区。

屋顶透明部分的面积不应大于屋顶总面积的 20%；否则，必须进行围护结构热工性能的权衡判断。

我国从北到南，非透明屋顶的规定 K 值是透明部分屋顶规定传热系数值的 8.3～3.9 倍，表明透明部分屋顶在采暖和空调时的温差传热会比非透明部分屋顶大得多，特别是夏季空调时，强烈的太阳辐射会透过玻璃进入室内，不仅增大空调负荷，还会严重恶化室内热环境，给人一种烘烤感。因此，只有当不能通过外墙获得采光时，才宜设置满足采光需要的透明屋顶。透明屋顶用玻璃除应符合安全规定之外，还应采用阳光控制玻璃、低辐射镀膜中空玻璃等组成的多层玻璃屋顶，使其 K 值和遮阳系数符合标准规定。

8）外窗的气密性不应低于 GB/T 7106—2008《建筑外门窗气密、水密、抗风压性能分级及检测方法》规定的 6 级 [单位缝长 $1.5 \mathrm{m}^3/(\mathrm{m} \cdot \mathrm{h}) \geqslant q_1 \geqslant 1.0 \mathrm{m}^3/(\mathrm{m} \cdot \mathrm{h})$，单位面积 $4.5 \mathrm{m}^3/(\mathrm{m}^2 \cdot \mathrm{h}) \geqslant q_2 \geqslant 3.0 \mathrm{m}^3/(\mathrm{m}^2 \cdot \mathrm{h})$。

图 5-14　各种遮阳设施

9）透明幕墙的气密性不应低于 GB/T 21086—2007《建筑幕墙》规定的 2 级 [单位缝长渗透量 $q_1 \leq 1.5 m^3/(m \cdot h)$，单位面积渗透量 $q_A \leq 1.0 m^3/(m^2 \cdot h)$]。

外窗和透明屋顶的节能设计，是公共建筑节能设计重点中的重点。夏热冬冷和夏热冬暖地区，应重点控制窗墙面积比和透明屋顶的面积比，不得采用玻璃幕墙（广东省从 2007 年 4 月 15 日起已禁用玻璃幕墙）。目前在建筑外窗和透明屋顶设计中存在很多误区。正如建设部仇保兴副部长 2007 年 3 月 26 日在第三届国际智能、绿色建筑与建筑节能大会上发言中，在论述当前建筑节能工作中的 10 大主要障碍时所指出的：南方地区建筑重围护结构轻遮阳，实际节能效率不高；夏热冬冷地区建筑设计盲目套用国外寒冷地区的方案；公共建筑设计追求新、奇、特，管理粗放，已成为浪费能源的"样板"。仇副部长指出，南方典型地区建筑抵消阳光热量的空调耗能达总量的 40% 以上；室内外温差小，再加上落地窗、玻璃幕墙盛行，使建筑的围护结构基本失效；仇保兴说，当前一些建筑"罩着玻璃罩子"、"套着钢铁膀子"、"空着建筑身子"使建筑成为"能源杀手"，中国已成为某些不负责任建筑师的试验场，一些政府部门带头追求新、奇、特的"标志性"建筑，已成为建设资源节约型社会的反面教材。仇保兴认为，新建公共建筑必须执行建筑节能或绿色建筑标准。

5.5.7　屋面与外墙的保温构造做法设计

屋面与外墙的保温做法设计，应遵守建设部公告《建设事业"十一五"推广应用和限制禁止使用技术公告（第一批）》中的有关规定，未列入公告中的产品和技术（特别是无国家或行业产品和技术标准的）不宜采用。

1. 屋面

宜采用 EPS 板和 XPS 板倒置屋面，使屋面防水层得到保护而提高其使用年限。宜采用 I 级防水屋面，以减少建筑使用年限内防水层的翻修次数。夏热冬暖和夏热冬冷地区宜采用大 D 值结构的屋面，以提高其隔热性能，种植屋面或绿化屋面是夏热冬冷和夏热冬暖地区的最好做法。

2. 外墙

1）国外发达国家的建筑外墙外保温系统一般采用岩棉板外挂饰面板外墙外保温系统。这一系统具有与结构使用年限基本同步的特点，但其龙骨系统需采用多层断热处理，以提高岩棉板与龙骨系统的平均热阻。此做法的工程造价较高，但维护费用低。

2）严寒和寒冷地区，适宜采用 EPS 板现浇混凝土外墙外保温系统。

3）夏热冬冷和夏热冬暖地区的混凝土框架结构建筑，最适宜采用密度为 B05 级、强度为 A3.5 级的加气混凝土砌块保温隔热系统（采用 200 宽 L 形梁，梁、柱、剪力墙外侧用 100~150mm 厚砌块做外保温隔热，填充墙采用 300~350mm 厚砌块保温）。其最大特点是，保温隔热层与结构使用年限同步和隔热效果好。

4）夏热冬冷和夏热冬暖地区，适宜采用 EPS 板薄抹灰等外墙外保温系统和胶粉 EPS 颗粒保温浆料外墙外保温系统做法（因按 GB 50189—2005 的外墙 K 值限值规定，保温层的厚度不大）。

5）超高层和高层建筑，适宜采用发达国家常用的 EPS 板或岩棉板与石膏板饰面层组成的内保温做法（应对凸出内墙面的梁、柱及窗套等部位全做保温，对与外墙连接的内剪力墙和顶棚楼板翻包一定范围）。这一做法的最大特点是保温层的维护方便，保温层失效脱落时的安全危害小。

6）考虑到《外墙外保温工程技术规程》（JGJ 144—2004）中推荐采用的 5 种外墙外保温做法，在正确使用和正常维护条件下的使用年限不应少于 25 年，即保温层的使用年限与结构使用年限不同步这一情况。在外墙保温构造做法设计时，应考虑外保温系统的正常维护和翻修条件，特别是保温层失效脱落时的安全危害性。

① 在施工图设计阶段应考虑外墙外保温层的维护脚手架或吊篮脚手的设置可行性（当建筑周边场地允许采用落地扣件式钢管脚手架时，根据 JGJ 59—2011《建筑施工安全检查标准》、JGJ 130—2011《建筑施工扣件式钢管脚手架安全技术规范》的规定，其允许搭设的最大高度为 50m；当只能允许采用吊篮脚手时，应考虑预留吊篮的悬挂设施）。

② EPS 板外保温做法不得采用面砖饰面。

③ EPS 颗粒浆料外墙外保温做法，应根据保温层脱落时的安全危害程度，限制建筑高度，特别是面砖饰面的做法。

当前在市场上流行所谓的隔热保温涂料，宜称在不采取隔热保温措施的情况下，涂刷此涂料的外墙就是节能 50% 的节能建筑。依据市建委的安排，武汉市建筑节能检测中心对此做了对比试验。图 5-15 所示为同颜色涂料对比图，图 5-16 所示为不同颜色涂料对比图。

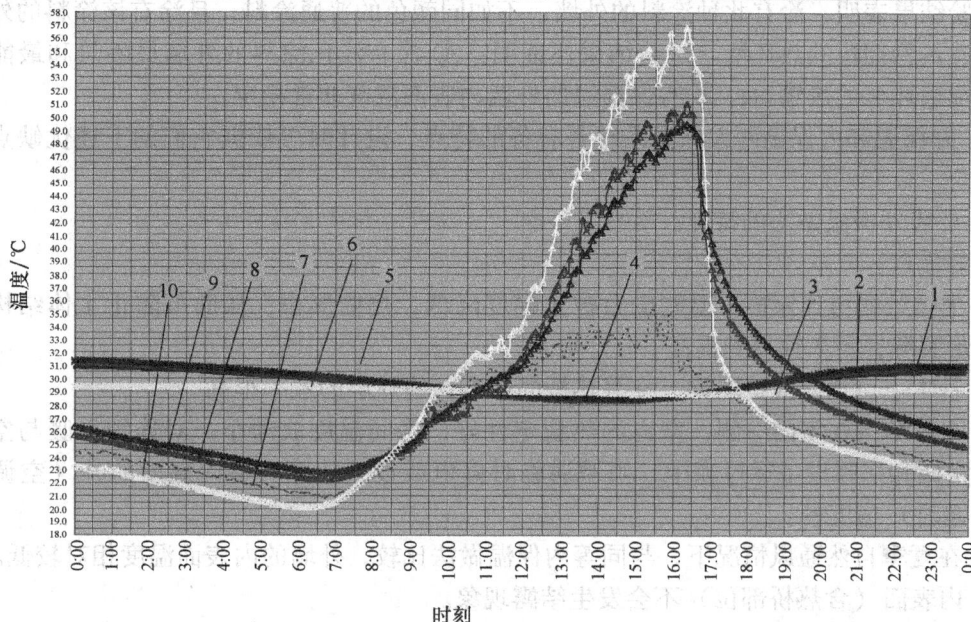

图 5-15 同颜色（灰色）涂料对比图

1 号—普通涂料　2 号—隔热保温涂料　3 号—苯板外保温涂料饰面

1—1号内表	2—2号内表	3—3号内表	4—1号内空气
5—2号外空气	6—3号内空气	7—空外空气温度	8—1号外表
9—2号外表	10—3号外表		

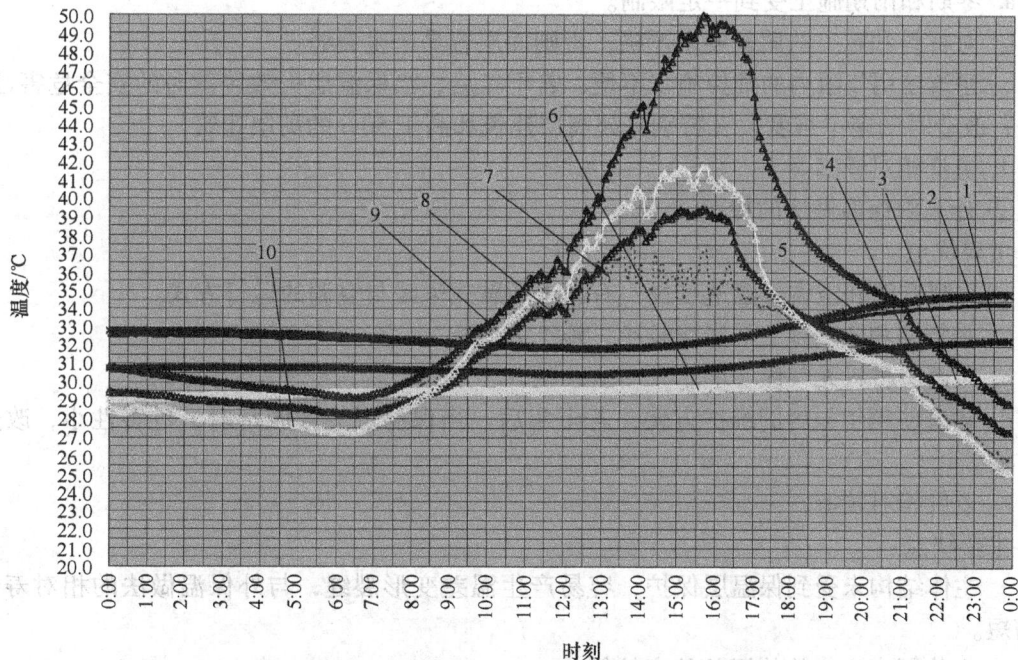

图 5-16 不同颜色（灰色、白色）涂料对比图

1 号—普通白色涂料　2 号—隔热保温灰色涂料　3 号—苯板外保温白色涂料饰面

1—1号内表	2—2号内表	3—3号内表	4—1号内空气
5—2号内空气	6—3号内空气	7—室外空气温度	8—1号外表
9—2号外表	10—3号外表		

试验结果表明，涂有此种涂料的外墙，不如同颜色的普通涂料，且涂有该涂料的外墙还会恶化建筑物周边的热环境。试验结果还证明：① 涂有浅色涂料的外墙最隔热和最能减轻外墙对周边环境的热辐射；② 有保温层的外墙内表面温度非常稳定。

7）外保温和内保温两大保温系统各有各的特点，设计时可依据它们的下述优缺点，综合选择。

① 外墙外保温做法的特点。

主要优点：

a. 主体结构得到保护，温差应力被大幅度降低，热变形小，从而可防止主体结构产生温差变形裂缝，耐久性得到提高。

b. 基本上可消除或减弱梁、柱等热桥的影响，绝热层的效率很高。

c. 主体结构在室内一侧，室内的热稳定性好，房间温度波动小。对连续采暖与空调有利，在空调和采暖设备运行当中，当遭遇临时停电或设备故障时室内温度的升（空调时）、降（采暖时）速度慢。

d. 在夏季自然通风情况下，与同等内保温做法比较，外墙的内表面温度相对较低。

e. 内表面（含热桥部位）不会发生结露现象。

f. 既有建筑节能改造施工对室内的干扰小。

g. 有利室内装修改造。

h. 比内保温做法的使用面积大。

主要缺点：

a. 冬期和雨期施工受到一定限制。

b. 对材料和施工的质量要求严格，否则面层容易产生裂缝。

c. 建筑使用年限内的维护施工不便；若干年后，当保温层失效脱落时的安全危害性大，需进行改造时的施工难度大（特别是超高层建筑和高于50m 的高层建筑）。

d. 造价相对较高。

② 外墙内保温做法的特点。

主要优点：

a. 采暖升温和空调降温速度快，有利于间歇式采暖与空调的运行方式。

b. 受雨期和冬期施工的影响较小，施工方便。

c. 对面层材料无气候要求。

d. 建筑使用年限内的维护方便，若干年后，当保温层失效脱落时，危害性小，改造施工方便。

e. 造价相对较低。

主要缺点：

a. 主体结构未受到保温层保护，容易产生温差变形裂缝，与外保温做法的相对寿命可能缩短。

b. 有热桥产生，绝热层的效率较低。

c. 室内热稳定性相对较差，温度波动相对较大，夏季的外墙内表面温度相对较高。

d. 热桥部位相对容易结露。

e. 不利于室内装修改造，装修改造时保温层易遭到破坏。

　　f. 使用面积比外保温做法小。

　　8）夏热冬暖和夏热冬冷地区的建筑外墙和屋顶的外表面宜采用浅色饰面材料（系重要隔热措施），以降低夏季的空调能耗和提高建筑物室内的舒适性。图 5-17 所示为浅色建筑实例——法国戛纳的白色建筑一条街。

图 5-17　浅色建筑实例——法国戛纳的白色建筑一条街

参 考 文 献

[1] 秦宏波. 我国电机系统节能进展和对策 [J]. 电机与控制应用，2010，37（6）：1-4.

[2] 任丕德，刘发友，周胜军. 动态无功补偿技术的应用现状 [J]. 电网技术，2004，28（23）：81-83.

[3] 刘海金. 低压动态无功补偿装置应用 [J]. 云南电力技术，2009，37（6）：91-92.

[4] 段悦芬. 配电系统中智能低压无功补偿技术的研究 [J]. 低压电器，2011（7）：53-55.

[5] 王爱英，时刚. 天然采光技术新进展 [J]. 建筑学报，2003（3）：64-66.

[6] 王凡，龙惟定. 太阳能光导管采光技术应用现状和发展前景 [J]. 建筑科学，2008，24（8）：109-113.

[7] 何心良. 我国工业锅炉使用现状与节能减排对策探讨 [J]. 工业锅炉，2010（3）：1-8.

[8] 车得福，刘银河. 供热锅炉及其系统节能 [M]. 北京：机械工业出版社，2008.

[9] 余洁. 中国燃煤工业锅炉现状 [J]. 洁净煤技术，2012（3）：89-91.

[10] 赵钦新，周屈兰. 工业锅炉节能减排现状、存在问题及对策 [J]. 工业锅炉，2010（1）：1-6.

[11] 史连池，吴伟. 供热系统能耗过高的原因及综合节能措施 [J]. 煤气与热力，2008，28（2）：A22-A24.

[12] 李利新. 供热系统智能控制节能改造技术应用 [J]. 山西大同大学学报，2011，27（4）：72-75.

[13] 庞静. 供热系统动力设备节能技术及措施分析 [J]. 价值工程，2011（3）：321.

[14] 李金伟，刘金胜. 集中供热系统的节能措施探讨 [J]. 煤气与热力，2011，31（6）：A22-A25.

[15] 焦利芳，李凤臣，苏文涛，等. 表面活性剂减阻剂在集中供热系统中的应用试验研究 [J]. 节能技术，2008，26（3）：195-201.

第6章　新能源技术

6.1　新能源技术简介

6.1.1　新能源和可再生能源含义和分类

新能源和可再生能源是指除常规化石能源（如煤、石油和天然气）和大、中型水力发电、核裂变发电之外的生物质能、太阳能、风能、小水电、地热能以及海洋能等。这些能源资源丰富、可以再生、清洁干净。

（1）生物质能　蕴藏在生物质中的能量，是绿色植物通过叶绿素将太阳能转化为化学能而储存在生物质内部的能量。通常包括木材及森林废弃物、农业废弃物、水生植物、油料植物、城市和工业有机废弃物以及动物粪便等。

（2）太阳能　太阳内部连续不断的核聚变反应过程产生的能量。狭义的太阳能仅指太阳的辐射能以及光热、光电和光化学的直接转换。

（3）风能　指太阳辐射造成地球各部分受热不均匀，各地温差和气压不同，导致空气运动而产生的能量。

（4）地热能　来自地球深处的可再生热能，它来自地球的熔融岩浆和放射性物质的衰变。

（5）海洋能　指蕴藏在海洋中的可再生能源，包括潮汐能、波浪能、海流能、潮流能、海水温差能和海水盐度差能等不同的能源形态。

（6）小水电　是小水电站及其相配套的小电网的统称。1980年，联合国第二次国际小水电会议上，确定了3种小水电站容量范围：小型水电站1001～12 000kW；小小型水电站101～1000kW；微型水电站，100kW。

6.1.2　太阳能及其利用

1. 概述

人类对太阳能的利用有着悠久的历史。中国早在两千多年前就已利用铜制的凹面镜聚光，把太阳光聚成小交点，用以引火。中国古代称这种聚光镜为"阳燧"。《淮南子·天文训》有"故阳燧见日，则燃而为火"的记载。古埃及的亚历山大城曾有人利用太阳能将空气加热膨胀，把尼罗河水抽取上来灌溉农田；著名的古希腊学者阿基米德曾利用太阳能聚焦将敌船烧毁，被誉为当时最先进的"天火武器"。

1996年，联合国在津巴布韦召开"国际太阳能高峰会议"，发表了《哈拉雷太阳能与持续发展宣言》，会上讨论了《世界太阳能10年行动计划（1996～2005）》《国际太阳能公约》《世界太阳能战略规划》等重要文件。

中国大部分地区位于北纬45℃以南，全国2/3国土面积年日照时数在2200h以上，每平方米年太阳能辐射总量为3340～8400MJ。陆地表面每年接受的太阳能相当于17 000亿tec，太阳能资源非常丰富。尤其是在西北地区和青藏高原，年平均日照时间在3000h左右，西藏的拉萨市素有阳光城的美称。我国东南海域也有足够的太阳能资源。因此，太阳能的利用在我国能源可持续发展中有着举足轻重的地位。到2003年年底，全国已安装光伏电池5万kW，主要为边远地区居民以及交通、通信等领域提供便利，现在已经进行并网光伏电池发电系统的实验和示范工作。全国已有太阳光伏电池以及组装厂10多家，制造能力超过2万kW/a。近年来，我国太阳能热水器发展十分迅速，使用量和生产量都居世界前列。到2003年底，全国太阳能热水器使用量为5200万m^2，约占全球使用量的40%，年生产能力为1200万m^2，节能效果和环境效果都十分明显。太阳能热水器市场的竞争已经很强，展示了极好的发展前景。据测算，每平方米太阳能热水器每年相当于节约120kg标准煤，节能效果和环境效果都十分明显。

2. 太阳能利用分类

太阳能利用通常是指太阳能的直接转化和利用。从能量的转换方式来看，太阳能利用分为太阳能热利用和太阳能光伏利用。太阳能利用方式见表6-1。

表6-1 太阳能利用方式

序 号	利用方式	用 途
1	太阳能发电	直接光发电：光伏发电、光偶极子发电； 间接光发电：光热动力发电、光热离子发电、热光伏发电、光热温差发电、光化学发电、光生物电池
2	太阳能热利用	高温利用（>500℃）：高温太阳炉、太阳能热发电； 中温利用（200~500℃）：太阳灶； 低温利用（<200℃）：太阳能热水器、太阳能干燥、太阳能空调制冷
3	太阳能动力利用	热汽轮机-斯特林发动机（用于抽水和发电）、太阳能空间站
4	太阳能光化利用	光聚合、光分解和光解制氢
5	太阳能生物利用	速生植物（如薪柴林）、油料植物、巨型海藻等
6	太阳能光-光利用	太空反光镜、太阳能激光器和光导照明

6.1.3 生物质能及其利用

据生物学家估算，地球上每年生长的生物质能总量达1400亿~1800亿t（干重），相当于目前世界总能耗的10倍，潜力十分巨大。在世界能源消耗中，生物质能占总能耗的14%；但在发展中国家，生物质能占总能耗的40%以上。然而，目前只有1%~3%的生物质能源被人类利用，而且利用效率也不高。

1. 生物质能含义、分类和特点

自然界生物质种类繁多、分布广泛，包括了水生、陆生生物以及代谢物，但只有能够作为能源的生物质才属于生物质能源。其基本条件是资源的可获得性和可利用性。按原料的化学成分分，生物质能主要有糖类、淀粉和木质纤维素物质。按来源分，生物质能主要有农业生产废弃物、薪柴（包括枝丫柴、柴草在内）、农林加工废弃物（包括木屑、谷壳、果壳在内）、人畜粪便和有机生活垃圾、有机废水、废渣以及能源植物（农作物、林木、水生植物）。其中，各类农林、工业和生活有机废弃物是目前生物质能利用的主要原料。

生物质能具有以下的特点：

1）燃烧过程对环境污染小。生物质中有害物质含量低，灰分、氮、硫等有害物质的含量都远远低于矿物质能源。生物质中硫的质量分数一般不高于0.2%，且燃烧过程放出的CO_2被等量的生物质吸收，因而是CO_2零排放能源。

2）储量大，可再生。只要有阳光照射的地方，光合作用就不会停止。

3）生物质能源具有普遍性、易取性。不分国家和地区，价廉、易取、加工简单。

4）是唯一可以运输和储存的可再生能源。

5）挥发性组分高，炭活性高，容易着火，燃烧后灰渣少且不易粘结。

6）能量密度低，体积大，运输困难。

7）气候条件对生物质能源的性能影响较大。

8）生物质燃料都含有较多的水分，而水分对燃料热值有巨大的影响。

2. 生物质转化的能源形式

随着科学技术的进步，生物质转化为高品位能源利用已发展到相当可观的规模，以美国、瑞典和奥地利三国为例，分别占该国一次能源消耗量的4%、16%和10%。生物质可以直接作为燃料，也可以利用现代物理、生物、化学等技术，把生物质资源转化为固体或者气体形式的燃料和原料。

现阶段生物质能利用主要有：生物质直接燃烧、生物质制沼气、生物质压缩成形燃烧技术、生物质制乙醇、生物质制甲醇。

6.1.4 地热能

人类很早就开始利用地热能，例如烘干谷物、建造温室、利用温泉等。中国利用温泉已有几千年的历史，据史籍记载，东周时期（公元前770—公元前256）我们的祖先就开始使用地下热水洗浴治病和灌溉农田，还能从热泉水中提取硫磺。南北朝时期的著名地理学家郦道元（466—527）在《水经注》书中写道，"大融山石出温汤，疗治百病"。时至今日，地热的利用已不限于天然温泉，还通过大量人工开采，深钻热水井，从50～100℃的地热采暖、空调到200～400℃的地热能发电，地热能已经成为可再生能源的生力军。

地球是一个巨大的高温、高压热库，所谓的地热能就是地球内部蕴藏的热能。地球通过火山爆发、间歇喷泉和温泉等途径，源源不断把内部的热能通过导热、对流和辐射的方式传到地面上来。据估计，全世界地热资源的总量大约为1.45×10^{26}J，相当于4.948×10^{15}tec燃烧时所放出的热量。如果把地球上储存的全部煤炭燃烧时所放出的热量作为标准来计算，那么，石油的储存量约为煤炭的3%，目前可利用的核燃料的储存量约为煤炭的15%，而地热能的总储存量则为煤炭的1.7亿倍。

虽然地热能资源非常多，但不可能都开发利用，这在技术上也无法达到。因此，目前学术界把地热资源的范围规定在地壳表层以下5000m深度以内，温度在15℃以上的岩石和热流体所含的热量。

全球主要地热资源的分布区包括太平洋的热带、地中海喜马拉雅地热带、大西洋中脊地热带、红海亚丁湾地热带、东非裂谷地热带。另外，在欧亚大陆的中心也有一些分散的地热源。

中国地跨太平洋和地中海喜马拉雅两大地热带，地热资源比较丰富，拥有低温热水型、低压地热型和火山岩高温地热型等各种地热储存形式的资源。已天然出露和钻探发展的地热点 3000 多处，仅据已勘探的 40 多个地热田估计，查明地热储存相当于 31.6 亿 tec，远景储存量相当于 1353.5 亿 tec。西藏羊八井地热田已获最高地热温度 329.8℃，为世界罕见。

6.1.5 海洋能及其发电技术

海洋占地球表面积的 70.8%，蕴藏着丰富能源，它既是吸能器，又是储能器，包含着巨大的动力资源。海水蕴藏着的这一巨大的动力资源的总体就叫做海洋能，包括：月球引力引起海水涨潮和落潮而产生的潮汐能；地球的旋转构成海洋流偏斜，使海水流动而产生的海能；风浪起伏、波涛澎湃的波浪能；由海洋表层和深层的海水之间的温差而引起的海水温差能；万河汇流、咸水淡水交错形成奇妙的盐度差能；还有沉睡海底的大量甲烷冰（可燃冰）。海洋是人类使用不完的能量宝库。

1. 潮汐能

潮汐是由于月球和太阳对地球各处引力不同所引起的海水有规律的周期性涨落现象。习惯上称为"潮汐"。

潮汐能发电是人类利用海洋能最为广泛且发展最为迅速的一种方式。潮汐发电，就是利用海水涨落及其所造成的水位差来推动水轮机，将潮汐的动能和势能通过水轮机变成机械能，然后再由水轮机带动发电机，将机械能转变为电能。

潮汐发电按其能量形式的不同可分为两种：一种是利用潮汐的动能发电，即利用涨潮落潮时水的流速直接去冲击水轮机发电；另一种是利用潮汐的势能发电，一般是在流速大于 1m/s 地方的水闸中安装水力转子来发电，它可充分利用原有的建筑，因而结构简单，但是由于潮流流速周期性变化，致使发电的时间不稳定，发电量较小。

2. 波浪能

风和水的重力作用会使海水产生起伏运动，造成海洋风高浪大，波涛汹涌。人们很早就意识到波浪中存在着巨大的能量。从物理学上而言，水质点相对于静水面位移的势能和水质点运动的动能总和是波浪能。在深水中，动能不能传播，随着波浪传播的只是占全部能量一半的势能。虽然波浪能与风能一样，能量密度较低，但是它的总量很大，据估计全世界的波浪能约为 30 亿 kW，其中可利用的约占 1/3，我国沿海的波浪能分布也是南大于北，据推算，我国波浪能可开发量约为 7000 万 W。

3. 冷热交替海洋温差热能

海水是一个巨大的吸热体，太阳辐射到地球表面的热能，很大一部分被海水吸收，且多半被保存在海水的上层。越往深处海水越冷，在数百米深度以下，海水的温度只有几摄氏度，而海面的水温却在 30℃左右，温度相差可达 20 多度。这种温差可以用来能量转换。

人们关注海水温差这一个潜在能源如何利用已经有整整一个世纪了。海洋温差热能转换主要用于温差发电。早在 1881 年，法国物理学家雅克·德·阿松瓦尔就揭示了利用海洋温差发电的概念。1920 年，古巴海岸进行一个实验，但不幸失败了。直到 1929 年，法国工程师乔治·克劳德在古巴的马坦萨弯建造了世界上第一个海洋热能转换实验装置，才证实了海洋温差发电的可能性。

美国于 20 世纪 70 年代开始重视海洋温差发电的基础研究。首先将冷海水从 400m 或更深的海里提升出来，而提升海水的水泵电耗要在可以接受的程度。因此要采用大管径，并可以直接连接到海上的浮动电厂。起码的条件是距离海岸 130km，发电量要不小于 100MW。

4. 海水盐度差能

当陆地上的涓涓细水汇进百川大海时，就会形成一边是淡水，一边是咸水的情况。科学家们注意到，就在这种咸淡混合中可以提取到能量，因为它们之间存在着盐度不同的浓度差。起初，科学家为了证实这种能量，曾做过这样一个实验：将两种不同浓度的溶液放在一起，中间隔着一层透过层，淡的溶液就会向着浓的方向渗透，直至两边浓度相等才会停止。根据这个原理，认为引一股淡水与深入海面几十米的咸水混合，在此混合处就会产生相当大的渗透压力差，足以带动水轮机旋转。

盐度差能发电的设计方案很多，主要有美国诺曼博士于 1974 年提出的浓度差能水轮发电机，美国学者休梅克于 1981 年提出的强力式休梅克方案，以色列学者洛布提出的压力延滞渗透能利用方案和美国学者威克和伊萨克斯提出的蒸汽压差法。不过，目前仅有美国能源部支持一家太阳能公司做过 50kW 渗透能发电装置，采用微孔渗透膜为隔膜材料，但未获得商业性突破。

6.1.6　风能及风力发电

人类利用风能的历史已有几千年，最早利用风能是从风帆开始。东汉刘熙在《释书》一书中曾写道，"帆泛也，随风帐幔曰帆"，表明中国在 1800 年前已开始利用风帆驾船。风力提水机也是古老的风能利用，我国至少在一千多年前就有了风力提水装置。公元 1637 年，宋应星在《天工开物》一书记载有"扬郁以风帆数山，风转车，风息则止"，这形象地说明了当时已经有风车问世。

根据不同需要，风能可以转化为不同形式的能，例如可以转化为机械能、电能、热能等，现已实现提水灌溉、发电、供热等功能。在能源可持续发展的要求下，风能利用的主要领域是风力发电。

地球表面被厚厚的大气层包围，由于太阳辐射与地球的公转、自转以及河流、海洋、山丘及沙漠等地表的差异。地面各处受热不均匀，造成了各地区热传播的显著差别，使大气的温差随着发生变化，加之空气中水蒸气含量不同，地面气压变化，于是高压空气就向低压区流动。地球表面和大气层中的空气随时随地向任何方向流动，在气象学上，把空气极不规则的运动称为湍流，上下垂直的运动叫对流，只有当空气沿地面作水平运动时才叫风。大气移动最终的结果是使全球各地热能分布均匀，于是赤道暖空气向两极运动，两极冷空气向赤道移动，所以大气压差是风产生的根本原因。

由空气运动产生的动能即为风能。既然风的产生来自太阳能的转换，因此，从广义上讲，风能也是太阳能一部分。太阳辐射到地球的热能中约有 $5.4 \times 10^{24} J$ 能量，全球大气中总的风能为 $10^{14} MW$，其中蕴藏的可被开发的风能约为 $3.5 \times 10^9 MW$，这比世界上可利用的水能大 10 倍。世界能源历史的相关资料表明，地球表面（$107 \times 10^6 km^2$）有 27% 的地区年平均风速高于 5m/s，据分析，其中仅有 4% 的地区有可能安装风力发电机组，则以目前技术水平，可认为每平方公里的风能发电量为 0.33MW，平均每年发电量为 $2 \times 10^6 kW \cdot h$。倘若全球风力资源能充分利用，将是十分可观的前景。

我国风力发电的发展历史较短。目前我国风力发电研制重点分为两个方面：一是 1kW 以下独立运行的小型风力机组；二是 100kW 以上运行的大型风力发电机组。到 2002 年底，全国微型和小型风力发电机组约有 24.8 万台。

风电是 21 世纪最具开发利用前景的一种可再生能源,根据联合国对新能源和可再生能源的估计,认为今后 20 年,随着风电发电成本的降低,世界风力发电的发展将会有较大的突破。

6.2 中国能源战略及新能源发展趋势展望

能源是战略资源,是中国经济社会可持续发展的重要物质基础。自 20 世纪 70 年代世界石油危机以来,能源供应安全及气候变暖、环境保护日益成为国际关注的热点问题,已超越了能源经济、能源环境范畴。

6.2.1 中国能源发展需求

1. 中国未来能源需求

很多国际机构和国内机构对中国今后能源需求进行预测,认为随着经济增长能源需求量也将持续增长,国际机构预测的需求量大多高于国内预测数量。

国内机构和专家更多地考虑了中国落实科学发展观、转变发展方式、建设资源节约型社会和环境友好型社会的发展方向,对未来经济结构的优化调整、能源结构的优化及技术进步等与能源需求密切相关的驱动因素,给予了比较乐观的预测。在坚持节能优先、经济增长速度达到 7.9% 的条件下,能源消费弹性系数平均保持在 0.33 左右,2020 年能源需求可以控制在 36 亿~38 亿 tec,2030 年在 43 亿 tec 左右。但如果能源消费弹性系数平均保持在 1.0,2020 年中国的一次能源消费总量将超过 50 亿 tec。

国际能源署和美国能源信息署认为,如果 2030 年之前中国 GDP 持续保持 6%~7% 的增长速度,2020 年中国的能源需求总量将会超过 40 亿 tec,2030 年将会超过 60 亿 tec。

综上所述,随着中国经济的持续快速增长,能源需求量将大量增加。不论是能源开发供应和能源节约需求,还是能源输送和环境保护,都面临着巨大的挑战。

2. 中国的能源结构

能源结构是指一定时期、一定空间内各种能源之间的比例关系和相互联系。能源结构可以分为能源供给结构和能源消费结构。从能源消费上看,中国能源结构的基本现状是以煤为主,石油、天然气、水电等优质能源比例较低,新能源发展处于起步阶段。与世界能源结构和部分代表型国家相比,中国能源结构非常不合理,见表 6-2。

表 6-2 能源结构

国　　家	石油(%)	天然气(%)	煤(%)	核能(%)	水电(%)
世界	35.60	23.80	28.60	5.60	6.40
中国	20	3	70	1	6
美国	39.90	25.20	24.30	8.10	2.50
日本	44.20	15.70	24.20	12.20	3.70
印度	31.80	9.40	51.40	1.00	6.40

煤炭是中国的主要能源。在一次能源消费构成中，煤炭所占的比例从1952年的95%下降到2008年的68.7%，石油比例上升了14.6%。而世界商品能源生产和消费构成中，石油占第一位，其次是煤炭和天然气。在OECD国家的能源消费构成中，石油占41%，天然气占23%，煤炭占21%，核电占10%。

中国石油、天然气、水电等优质能源比例较低，不符合世界能源发展的趋势。石油和天然气与煤炭相比，是较为优质的资源。但是中国石油和天然气在能源结构中的比例远远没有达到世界平均水平，特别是天然气，还处于初级阶段，市场发育相对不足，消费规模较低。

中国蕴含丰富的水能资源，居世界首位，理论蕴藏量为6.944亿kW，技术可开发容量为5.416亿kW，经济可开发容量为4.018亿kW。水电是一种对环境和生态影响较小的清洁能源而且属于可再生能源，但目前中国水电资源利用率很低，在总能结构中的比例仅有6%。

可再生能源包括水能、风能、太阳能、生物质能、地热能和海洋能等，是中国重要的能源资源。中国重视可再生能源的开发利用，到2008年底，中国可再生能源年利用量总计达到2.5亿tec（不包括传统方式利用的生物质能），约占一次能源消费总量的9%，比2005年上升了1.5%，其中水电为2亿tec，太阳能、风电、地热能和现代生物质能利用等约5000万tec。

3. 中国的节能潜力很大

不论是单位GDP能耗、能源效率、单位产品能耗、主要耗能设备能源效率，还是单位建筑面积能耗，中国与国际先进水平相比，差距还很大。如按单位产品能耗和终端用能设备能耗与国际先进水平比较，目前中国的节能潜力约为3亿tec。

4. 利用国外能源资源面临严峻挑战

从现实来说，中国工业化建设处于中期阶段，能源结构受制于现有的经济发展水平和发展方式，发展步伐缓慢。改革开放以来，中国经济以粗放型发展方式为主，能源市场经济体制不完善，没有形成合理的能源价格机制。特别是煤炭价格扭曲，没有把煤炭稀缺成本、环境成本和安全成本计入其中，价格长期偏离正常水平，从而鼓励了煤炭的大量消费，所以以煤为主的能源结构没有实质性的改变。另外，受制于政策以及相应的基础设施限制，优质能源的开发利用也十分有限。先进能源技术的基础性研发投入不足，新能源技术的政策实施力度不够，缺乏有效的激励政策，在实际应用中没有真正的发展动力和商业化市场。

20世纪90年代开始，我国提出利用国外资源、石油公司实施"走出去"战略，取得了一定成效。2005年，中国海外份额石油产量2000多万t，份额天然气产量40多亿m^3，与国内高速增长的能源需求相比还是比较缓慢，与大的跨国公司相比，差距很大。随着全球油气资源争夺加剧，利用国外能源资源，特别是油气资源将面临更加严峻的挑战。

6.2.2 中国的能源发展战略

改革开放以来，中国能源发展经过了两个阶段。第一阶段是20世纪80年代的初期和中期。进入80年代，由于中国石油和天然气生产增长缓慢，又采取压缩烧油，以煤代油等一系列政策，进一步强化了煤炭在中国能源供应体系中的地位。中国的能源发展主要是围绕着解决一次能源供应短缺即煤炭的开发进行的。回顾20世纪80年代的几次能源短缺高潮，无一不是以煤炭的短缺引发的，即使是频繁出现的电力短缺，也往往和电煤告急密切相关。在供应不能得到有效满足的情况下，提出了"节约与开发并重，把节约放在优先地位"的能源发展方针。

进入 20 世纪 90 年代后，中国经济体制开始了以市场经济为导向的改革，由市场决定能源供应的观念得以加强。1992～1994 年初的石油加大进口，虽然没有对以煤为主的能源发展战略从根基上动摇，但使人们对以中国能源供应的支点应否仅放在国内可供利用的资源基础之上产生了怀疑，使得中国能源发展战略的传统思想受到冲击。这是因为，一方面煤炭市场持续疲软，电力供需矛盾缓解；另一方面，由于石油的进口增加和出口减少，以及天然气生产的快速增长，优质能源的短期供需也得到了较好的平衡。中国能源发展开始进入了一个新的重要转折阶段。这可以说是改革开放以来中国能源发展的第二个阶段。

与上述中国能源发展阶段相适应，为满足 21 世纪初期中国巨大的能源需求，在中国能源发展战略的选择上，国内提出了两种能源供应路线。一种是立足于国内资源条件，同时加强煤炭的清洁利用，继续保持以煤炭为主的能源供应结构；另一种是建立在考虑终端需求变化和提高能源效率的基础上，调整能源结构，充分利用国内外两种资源、两个市场，转向以油气为主的能源供应路线。

从世界范围看，目前尚没有一个国家能够依靠以煤为主这种低效的能源消费结构实现现代化，据此国内研究机构认为，中国未来几十年的能源发展战略，就是要在提高能源效率的基础上，放眼全球，转向以油气为主的能源结构优质化的供应路线。其理由是：① 世界能源结构的演变趋势表明，未来三五十年内油气储量丰富，油气在世界能源消费构成中的主体地位不会改变，天然气有可能成为未来能源消费的主导方向；② 只有立足优质能源为主的供应结构，才可以使中国以较高的能源效率追赶上届时世界中等发达国家的经济发展水平；③ 在开放的国际能源系统下，国内的能源资源结构和生产结构并不是限制一个国家实现能源供应结构优质化的根本因素，随着经济实力的进一步加强，中国有能力立足于国际能源资源，实现以油气为主的能源供应路线。这是一种主要从国内能源需求方面考虑的能源发展战略，这一战略忽视了国内能源的供给结构，也忽视了世界石油价格的大波动曾经带来的世界经济的大动荡。

进入 21 世纪，中国经济在进入新一轮高速增长周期的同时，也再次遭遇能源瓶颈的阻击，缺煤、缺电、缺油几乎同时出现。2003 年，在国民经济快速增长的拉动下，中国能源需求和能源生产增长迅猛，一次能源生产总量为 16.03 亿 tec，比上年增长 11.0%，但能源生产的高速增长仍然不能满足需要。2003 年，中国煤炭生产量达 16.67 亿 t，而煤炭供应仍呈现局部紧张局面，特别是部分电厂发电用煤告急；中国原油产量 1.7 亿 t，进口原油和成品油 1 亿多 t，但一些地方仍出现柴油等成品油短缺现象；电力方面，2003 年全国累计发电量 19107.6 亿 kW·h，同比增长 15.5%，全国 6000kW 以上发电设备平均利用小时数比上年增加 390h，可全国还有 20 多个省份发生了不同程度的拉闸限电。由于科技水平和经济实力等原因，中国在能源方面过度依赖化石燃料，在资源的可持续供应上存在很大压力。中国人均能源可采储量远低于世界平均水平，2003 年人均石油开采储量只有 2.6t，人均天然气可采储量 1074m³，人均煤炭可采储量 90t，分别为世界平均值的 11.1%、4.3% 和 55.4%，远远低于世界人均水平。中国的一次能源资源情况不容乐观，能源储量与未来几十年的需求之间存在一个巨大的缺口。有专家测算出我国国内能源的缺口量：在 21 世纪初期将超过 1 亿 tec，2030 年约为 2.5 亿 tec，到 2050 年约为 4.6 亿 tec。

我国能源发展战略必须遵循科学发展观，充分考虑中国未来经济社会发展对能源的需求变化，以及国内外能源资源可利用的条件和能源技术发展的趋势，正确处理好能源与经济、能源与环境的关系，促进社会、经济、能源、环境的协调发展，积极应对气候变化的需要，保障实现国家经济社会可持续发展的总目标。我国能源发展战略主要内容体现在以下几个方面：

1. 能源节约和开发并重，节能优先

节能效率优先。解读中国能源发展战略，提高能源的开发和利用效率应摆在首位。中国在20世纪80年代提出的"节约与开发并重，把节约放在优先地位"的能源发展总方针，仍然是构建中国能源发展战略的重要依据。各种统计数据显示，中国极为有限的能源并没有得到有效利用。中国综合能源利用效率约为33%，比发达国家低10个百分点；单位产值能耗是世界平均水平的两倍多；主要产品单位能耗平均比国外先进水平高40%。这说明中国在技术水平、管理水平和经济结构方面还比较粗放，存在着巨大的节能潜力。能源效率低是制约中国经济社会发展的突出矛盾。不节约能源和提高能效，单纯依靠加大能源建设力度的办法无法从根本上解决中国能源问题。因此，从根本上解决中国能源问题，必须选择资源节约型、质量效益型、科技先导型的发展方式，牢固树立和认真贯彻科学发展观，切实转变经济增长方式，坚定不移地走新型工业化道路。要大力调整产业结构、产品结构、技术结构和企业组织结构，依靠技术创新、体制创新和管理创新，在全国形成有利于节约能源的生产模式和消费模式，发展节能型经济，建设节能型社会。

必须实施资源节约的基本国策，长期坚持节能优先战略。要将节能作为中国中长期经济社会发展目标，具体是继续将节能减排目标作为五年规划的约束指标。特别是第十二、十三个五年规划的约束指标，作为中国产业发展、城乡发展规划、基础设施建设规划的一个基本指导方针；重点支持和发展节能环保、新能源等战略性新兴产业；继续优化产业结构，提高能源效率。

要继续加强能源的勘探开发。一方面要继续加强煤炭、石油、天然气等化石能源的开发，不断发现新的能源资源，比如可燃冰等；另一方面要大力加强包括核电在内的新能源和可再生能源的开发利用，尽快提高这些绿色能源、低碳能源在能源消费构成中的比例。

能源多元化发展，优化能源结构以能源的可持续发展和有效利用支持经济社会的可持续发展。以能源的可持续发展和有效利用支持经济社会的可持续发展，是中国能源发展战略的目标。需要进一步强调以下几点：

一是要调整和优化能源结构。坚持以煤炭为主体，电力为中心，油气和新能源全面发展的战略，与上个世纪80年代提出的以煤炭为主的能源战略思想不是简单地重复，它是当前中国能源发展的重中之重，其核心内容是调整和优化能源结构，实现能源供给和消费的多元化。

二是要保障国家能源安全。中国能源安全问题并不仅仅只是能源供给总量与需求总量的矛盾，而且是由清洁能源需求刚性上升而供给严重不足所引发的结构性矛盾，这是中国能源安全问题中的主要矛盾。石油短缺是中国国内能源安全主要矛盾中的主要方面。高度重视国家能源安全，必须立足本国优势能源，开发和推广清洁煤技术；大幅提高核能消费比例；加快和扩大国际合作，搞好能源供应的多元化。

三是要紧跟世界能源发展趋势，及时转变能源发展战略。由于天然气及水电、核电以及其他可再生能源的兴起，人类社会目前正处在新的能源转变的过程中，世界能源发展已步入一个新的变革时期。

未来一段时期内煤炭仍是中国的主要能源。煤炭工业要把单纯追求提高产量的发展模式，转变为以安全高效、促进产量可持续的发展模式，实现煤炭工业的安全、高效、清洁、环保的可持续发展。

加强油气的勘探开发利用，增加油气在能源消费构成中的比例。特别是加快天然气、煤层气的勘探、开发和利用。大力发展核电，积极推动包括可再生能源在内的新能源的开发利用。

2. 充分利用好国内能源资源的同时，利用好国外能源资源，构筑可靠能源供应安全体系

推进多方位全面能源国际合作，利用国外优质能源资源，特别是使优质燃料的供应更有安全保障。中国的交通运输用石油消费量将持续增长，即使采取多种节油措施，预计2020～2030 年，中国的石油消费量将达到 6 亿～7 亿 t，国内石油产量将无法满足需求。境外油气资源仍然丰富，可以提供我国所需的石油及油气产品；同时，要有重点地建立一些大的长期供应源，不断扩大份额油气的比例，注意多元化的油气进口。

3. 推动能源勘探开发、输送、转换、利用和能源节约，以及环境友好技术进步，实现能源领域创新发展

未来能源科技的工作重点：一是加强前沿能源科学技术研发，着眼长远，超前部署；二是推进先进适用能源技术和信息通信技术在节能方面的开发应用，淘汰落后技术，改造传统产业；三是提高重大能源技术装备开发能力，集中力量，重点突破。

近期内，煤炭工业要通过科技进步，加强管理，尽快提高大型矿井开发的煤炭资源勘探程度，提高资源回采率；加快现代化矿井建设；加强煤矿安全生产管理，提高煤矿安全生产水平；把生态和谐贯穿到煤炭资源勘探、开发生产的全过程，保护好矿区的生态环境，维护好职工健康安全。

电力工业在中国能源供应系统中具有举足轻重的作用，不论是现在还是将来，其重要性将日益增强。中国煤炭转换为电力的比例今后还将提高，能源环境排放负担将向电力工业集中，电力工业将在控制二氧化硫和氮氧化物的排放方面起关键作用；现代可再生能源也将多以电力方式进入终端消费。因而，应提高电力系统的技术水平，以提高中国能源系统总体效率，适应多种特征电源构成，实现清洁电力；必须采用最新高效清洁技术，适度超前建设高效清洁的电力供应系统，建立国际领先电力产业。要进一步发展先进高效发电和输配电技术、高效清洁煤电技术，探索低碳发电技术；要发展和应用智能电网、储能等技术，完善电网运行管理，提高吸纳可再生能源电力的能力。

6.2.3　中国新能源的发展趋势展望

发展新能源是贯彻落实科学发展观、实现经济社会和能源的可持续发展、建设生态文明的必然要求，是中国应对气候变化、强化环境保护的重要措施，是改善能源结构、实现能源供应多元化、保障能源供应安全、解决边远地区用能、促进经济转型和区域经济发展的有效途径。

新能源产业和节能环保产业都是战略性新兴产业，是扩大内需和新的经济增长点，是转变经济发展方式、促进可持续发展的有效途径。

1. 新能源的内涵

广义讲，新能源是指有别于过去所讲的传统能源、常规能源，如煤炭、石油等化石能源的能源。新能源主要包括：一是风能、太阳能、地热能、生物质能以及水能、海洋能在内的可再生能源；二是核能、氢能等非化石能源；三是对传统的化石能源进行技术变革所形成的清洁能源、绿色能源，可能也包括天然气、煤层气等低碳能源。

2. 气候变化、能源供应安全已成为国际关注的热点问题，有力地推动了国际可再生能源的开发利用

气候变化是当今国际社会高度关注的热点问题之一，也是21世纪人类面临的最严峻挑战之一。2009年12月召开的哥本哈根联合国气候变化会议对人类的未来具有重大意义。

近10年来，全球可再生能源发展取得了明显成效。主要表现在：全球风力发电市场保持了28%的年均增长速度；太阳能光伏发电的年均增长速度超高30%；生物质液化燃料的年均增长速度也达到了15%。据统计，2008年全球投入可再生能源供热和发电方面的资金约为1200亿美元，其中77%投向了风能和太阳能光伏发电。如果将用于生产能力的扩大和研发项目的投资计算在内，这个数字将超过1500亿美元。

3. 中国可再生能源资源丰富

太阳能资源：我国太阳能资源十分丰富，据统计，理论储量达每年17000亿tec。我国大多数地区平均日辐射量达 $7kW \cdot h/m^2$ 以上，西藏日辐射量高达 $7kW \cdot h/m^2$ 以上。通过利用太阳能发电，我国已为内蒙古、甘肃、新疆、西藏、青海和四川等地共14万无电户解决了用电问题。

风能资源：我国地处亚洲大陆东南部，季风盛行，有较丰富的风能资源。全国风能总量理论估计为16亿kW，其中现有条件可开发利用的风能资源为2.53亿kW。

生物质能资源：我国的生物质能资源极为丰富。据统计，现在农作物秸秆每年产出量近7亿t，其中直接用作生活燃料的约2.5亿t，薪柴的实际采伐量达2.3亿t，畜禽粪便资源和工业有机废水资源也具有较好的发展潜力。

海洋能资源：我国的大陆海岸线长达1.8万km，海岛的海岸线长1.4万km，海洋能资源丰富。其中可开发利用的潮汐能资源约2200万kW，波浪能和潮流能的理论资源量分别为1300万kW和1400万kW。

根据已有的中国可再生能源资源的评价结果，中国已具有大规模发展可再生能源的资源潜力和保障。其中：除中国的水能资源居世界第一外，风能资源总的技术开发量可以达到数亿千瓦的规模；全国大部分地区太阳能资源丰富，每年地表吸收的太阳能大约相当于1.7万亿tec的能量；中国可以利用的生物质能资源丰富多样，包括农作物秸秆、畜禽粪便、林业剩余物、工业有机废弃物、城市有机垃圾和能源作物等，可以因地制宜地开发利用，资源潜力达到数亿tec；地热能、海洋能等资源储量也很丰富。

4. 中国政府高度重视新能源的开发利用

党的"十七大"提出"加强能源资源节约和生态环境保护，增强可持续发展能力"，并把"发展清洁能源和可再生能源"，"使可再生能源比重显著上升"写入报告中。

2009年12月26日，全国人大常务委员会十一届第十二次会议通过修订后的《中华人民共和国可再生能源法》，并以中华人民共和国主席令第23号公布，自2010年4月1日起施行。

中国政府积极应对气候变化，采取了一系列措施，并取得了显著成绩。为了实现国家提出的"十一五"期间单位 GDP 能耗下降 20% 左右、可再生能源比例达到 10% 的目标，中国各级政府投入大量资金，用于节约能源、提高能效、发展可再生能源、保护环境和增加碳汇。

认真做好"十二五"经济社会发展规划编制前期工作，以及"新能源产业发展规划"。据有关研究机构提出的中国可再生能源发展的战略目标是：

到 2020 年，使可再生能源成为能源供应体系中的有效补充能源，提供每年 6 亿 tec 以上的能源供应量，使可再生能源占我国一次能源消费总量的比例达到 15% 左右。

到 2030 年，使可再生能源在新增能源系统中占据主要地位，成为能源供应体系中的主流能源之一，提供每年 10 亿 tec 以上的能源供应量，占我国一次能源消费总量的比例达到 20% 左右。

到 2050 年，由于受资源的限制，化石能源的供应已经不能增加甚至可能逐年减少，所以要使可再生能源供应总量进一步增加，成为能源供应体系中的主力能源，提供每年 20 亿 tec 以上的能源供应量，占我国一次能源消费总量的比例达到 1/3 以上，实现能源消费结构的根本性改变。

（1）风能　风能的发展按照"陆上为主，并网为主，注重分布式发展，加快产业化建设"的发展思路。在近期，以陆上为主；近海风电以示范为主。预期在 2015 年以后，随着技术不断成熟，大规模开发近海风电场的时机可能比较成熟。

2008 年中国风电装机规模已达 1217 万 kW，2011 年可能达到 3500 万 kW，2020 年将达到 1.5 亿 kW。

（2）太阳能　太阳能产业要大力推广与建筑结合的热利用技术，注重太阳能光伏产业链的均衡发展。要大力推广应用太阳能热水器，尽快做到人均 $1m^2$ 太阳能的发展目标。要足够重视西部地区太阳房、太阳灶的应用。积极推进并网太阳能光伏发电应用。近期主要在大中型城市推广屋顶并网系统，沙漠光伏电站在近期以示范为主。

2008 年太阳能发电装机规模为 15 万 kW，2011 年、2020 年将分别达到 200 万 kW 和 2000 万 kW。

（3）生物质能利用　生物质能的利用和发展应在"不与民争粮、不与粮争地""不与农田争水源、不与禽畜争饲料"的前提下多元起步。

非粮液体燃料和替代石油基的生物基产品应成为战略重点。要积极稳妥地发展非粮生物质交通燃料技术。近期发展非粮燃料乙醇和生物柴油项目，中远期要在优势资源地区大力发展第二代生物质液体燃料。

（4）大力发展核电　2008 年，中国核电已建成运行 11 个反应堆，总装机容量 910 万 kW；新核准 14 台百万 kW 级核电机组，核准在建核电机组 24 台，总装机容量 2540 万 kW，是目前世界上核电在建规模最大的国家。在"核电中长期发展规划"中提出的 2020 年建成核电 4000 万 kW、在建 1800 万 kW 的发展目标，必须确保完成，同时还要尽量多搞一些。争取 2030 年核电装机达到 1.5 亿 kW 以上，2050 年核电装机达到 3 亿 kW 以上，使核电成为中国的主力电源之一。

（5）加快开发利用煤层气　中国煤层气资源丰富，但资源勘探程度低，实际开发滞后。中国煤层气埋深 2000m 以上的总资源量达 36.8 万亿 m^3，与陆上天然气资源总量大体相当。

要加大投资，加快开发利用煤层气。例如年产煤层气 500 亿 m^3，至少需上万亿元投资和国外先进技术的引进。

5. 当前要防止两种倾向，实现新能源健康可持续发展

进入 21 世纪，特别是近几年来新能源获得迅猛发展。但存在：悲观判断，低估未来可再生能源的能源、环境和社会价值；以及盲目乐观，期望通过产能的迅速扩展而获得市场的领先，从而拔苗助长，将新能源产业引入歧路的两种倾向。要努力防止上述两种倾向，高估和低估新能源的作用和未来意义，都会影响新能源的发展。

中国已向世界郑重承诺，到 2020 年单位 GDP 碳排放强度降低 40%～45%，这不仅要尽量降低单位 GDP 能耗，同时要大力开发利用新能源。预计在未来十年左右的时间里，新能源产业的发展速度每年要达到 20% 以上，在 2020 年新能源占能源消费总量的比例要达到 15% 以上（而目前还不到 3%）。新能源产业的上升空间巨大，但任务艰巨，任重道远。

参 考 文 献

[1] 刘柏谦，等. 能源工程概论 [M]. 北京：化学工业出版社，2009.
[2] 杨占书，曲卫国. 优化中国能源结构的政策研究 [J]. 中国发展，2009，9 (2) 24-27.
[3] 曹新. 中国能源发展战略与石油安全对策研究 [J]. 经济研究参考，2005 (57)：102-105.
[4] 李春华. 中国可再生能源问题研究进展 [J]. 中国科技论坛，2008 (2)：111-120.

第7章 节能管理、规划和清洁生产

《中华人民共和国节约能源法》把节能定义为：节能是指加强用能管理，采取技术上可行、经济上合理以及环境和社会可以承受的措施，减少从能源生产到消费各个环节的损失和浪费，更有效、合理地利用能源。

节能的实质是科学用能，根本在于提高能源利用效率，在能源利用过程中减少损失国际能源界已将节能看作与煤炭、石油、天然气、电力同等重要的"第五能源"，因此节能意义重大。节约能源（以下简称节能）是一项复杂的系统工程。首先，能源的种类很多。其次，能源的生产和利用包括多个环节，可以分为产生、输送、分配、使用，各个环节或系统之间互相关联、互相交叉、互相影响，因此节能分析就要对这些环节进行综合考虑。以钢铁企业为例，钢铁企业主要有焦化、炼铁、炼钢、动力转化等工序，能源种类有一次能源煤炭、二次能源煤气、蒸汽等，钢铁主工艺伴生二次能源，又使用二次能源，同时每种能源又自成系统，均通过产生、输送、分配、使用各个环节送到用户。再次，节能可以在不同的尺度上进行。国家、地区、城市、企业甚至家庭等都可以进行节能。下一尺度的节能是上一尺度节能的基础和组成部分，上一尺度的节能可以采用与下一尺度节能不同的方法和手段。例如，企业节能可以认为是国家和地方节能体系的终端单元，但它可以包含设备节能、生产系统节能和企业之间共生节能等不同节能单元和手段。最后，节能是一个多目标和多约束的任务，涉及经济、环境和社会等多方面因素。经济方面主要是成本的可接受性和价格的合理性等；环境方面的因素包括资源消耗规模、温室气体排放、有毒有害物质的使用和排放等；社会方面包括公众的可接受性、政策法规的适用性等。

节能是为了降低单位产值能耗的努力，为此要在能源系统的所有环节，从资源的开采、加工、转换、输送、分配到终端利用，采取一切合理的措施，来消除能源的浪费，充分发挥在自然规律所决定的限度内存在的潜力。

7.1 节能管理

7.1.1 节能管理的基本知识

为了有效实现节能的目的和目标，需要进行节能管理。

节能管理是以节能为导向，对目标系统的能源生产、转换、输送、利用等活动进行合理地规划（计划）、组织、领导、控制的一系列工作的总称。节能规划（计划）是一种预测未来、制定目标、确定路线和选择方案的过程。节能规划（计划）的实质在于对能量转换与利用的综合分析。节能组织是为了实现节能目标而明确责任、授予权力和建立关系的过程。节能领导是指导和影响组织成员为实现节能目标而做出努力和贡献的过程。节能控制是按照节能规划或计划的完成情况和纠正实施执行中的偏差，以确保规划目标的实现，或适当修改规划，使规划更加适合于实际情况。

需求侧管理是电力管理节能的一种方法，是通过对用户用电负荷的合理分配、协调管理从而减小最大负荷的电力，以同等的电力供应满足更大的电力需求，进而减少电力设施的投入，达到节能的目的。

合同能源管理是 EMCO 通过与客户签订节能服务合同，为客户提供包括能源审计、项目设计、项目融资、设备采购、工程施工、设备安装调试、人员培训、节能量确认和保证等一整套的节能服务，并从客户进行节能改造后获得的节能效益中收回投资和取得利润的一种商业运作模式。EMCO 服务的客户不需要承担节能实施的资金、技术及风险，并且可以更快地降低能源成本，获得实施节能后带来的收益，合同到期后可以获得 EMCO 公司提供的设备，EMC 项目具有节能效率高、客户零投资、节能有保证、节能更专业、技术更先进等特点。

节能管理的目的：通过加强节能管理，制定并实施节能计划和节能技术措施，改进能源输入、加工转换、分配输送、终端使用各个环节中存在的问题，实施节能技术改造，提高能源使用效率，降低能源消耗，促进有效合理地利用能源。

7.1.2 节能管理模式的变迁

世界各国的节能管理模式不尽相同，与经济发展水平、社会发展阶段、技术实力、政治体制甚至文化传统等都有密切的联系。一般来说，市场经济国家大多采用市场机制手段为主，辅以行政干预（例如澳大利亚）；少数国家以行政干预为主，辅以市场机制（例如日本）。

变迁是一个逐步的过程。如图 7-1 所示，20 世纪 70 年代中期以前，人们对能源消耗的担忧主要表现在对不可再生的常规能源资源枯竭上，节能仅限于个别行业和企业。两次石油危机出现后，出现了一系列节能评估、标准和规范。其后，企业界开始逐渐掌握并采用 PD-CA 循环的系统化方法开展节能，同时，政府也认识到节能的重要性，开始出台法律法规来规范和促进节能工作，尤其意识到能源消耗对于气候变化后果的严重影响，制定并实施国际性协议。未来的节能管理趋势是逐渐纳入社会心理学因素，实施全社会节能机制。

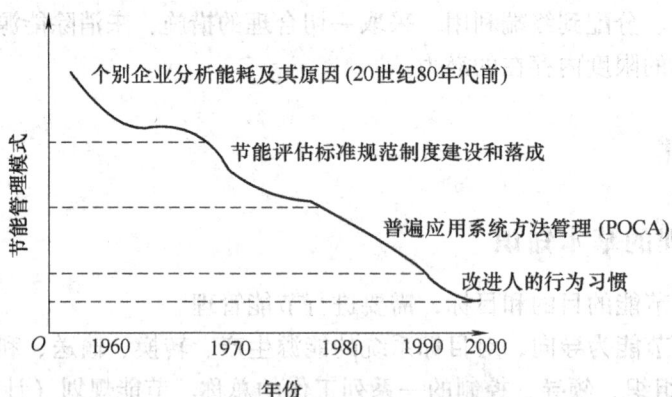

图 7-1 节能管理模式的变迁

7.1.3 节能管理的内容

节能管理包括政府对各级节能监测中心、节能技术服务中心、节能信息传播中心、节能产品认证中心及耗能企业的管理，还包括耗能企业对企业自身节能工作的管理。

节能管理的内容包括以下 10 个方面：

1) 建立节能目标责任制和节能考核、奖惩制度。

2) 制定节能计划和加快节能技术进步。

3) 能效对标管理。

4) 加强对主要用能设备的管理。

5) 执行单位产品能耗限额制度。

6) 设立能源管理岗位、聘任能源管理负责人制度。

7) 节能项目管理。

8) 加强对外交流与合作，创新节能形式。

9) 开展节能宣传教育和节能培训工作。

10) 建立遵法贯标机制，接受政府管理和社会监督。

节能管理是一项系统的工程，是运用管理、技术、经济等手段进行科学的组织、指挥、协调和监督，使有限资源得到经济、合理、有效的使用，实现经济效益、环境效益和社会效益的全面提高。

7.1.4　节能管理的属性

节能管理具有显著的二重性。其一，同社会化大生产和生产力相联系的自然属性，表现为对节能过程进行优化，合理而高效地利用能源；其二，同生产关系和社会制度相联系的社会属性，表现为企业提供综合竞争优势和国家可持续发展的特殊职能。

在自然属性方面，节能管理必然要严格遵循能量利用转换的一般规律，即热力学第一定律和热力学第二定律。也就是说，能量无论是从一个系统传递给另一个系统，还是从热能转变成机械能、电能或者是化学能，其在传递、转换和利用过程中的总值是不会发生变化的。同时，不同能量的品味是有区别的，不同品味的能量供应体系与不同品味的用能体系可以通过优化组合匹配来达到合理高效用能的目的。

除了遵循热力学定律之外，国家或地区更大尺度上的节能管理还需要考虑能源约束性的问题。由于技术或者经济性等方面的原因，一个国家或者地区的能量供应存在一个现实或者潜在的上限，这个上限实际上就是能源供应的 5 约束。在硬约束很强的情况下，能源需求侧管理（Demand Side Management，DSM）是一种行之有效的方法。

在社会属性方面，节能管理遵循着 PDCA 循环的一般管理模式。

能源需求侧管理是指对需求方所采取的管理策略和措施，遵循着 PDCA 循环的一般管理模式。PDCA 是英语单词 Plan（计划）、Do（执行）、Check（检查）、Action（处理）的第一个字母，PDCA 循环就是按照这样的顺序进行管理，并且循环不止地进行下去的科学程序，如图 7-2a 所示。也有人进一步将 PDCA 循环分解为 8 个步骤，如图 7-2b 所示。PDCA 循

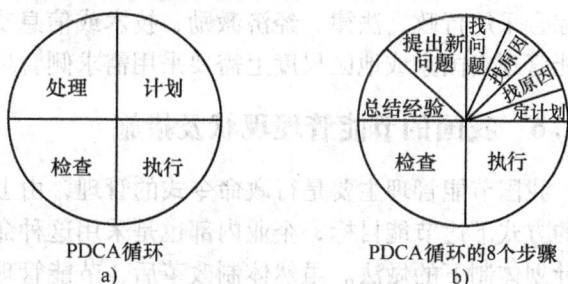

图 7-2　PDCA 循环
a) PDCA 循环　b) PDCA 循环的 8 个步骤

环可以作为节能管理体系运转的基本方法。

7.1.5　节能管理的特性

节能管理除具有一般管理的共性外，也有其独特性，表现为节能管理的综合性、多样性、区域性和系统性等。这就要求节能管理的定量化、标准化、制度化和手段多样化等工作。

1. 节能管理的定量化

能源转换、输送和利用都遵循严格的热力学定律，节能管理的定量化一方面有其自然可学的基础；另一方面，只有在定量化的基础上，才能实现能源的供需预测、能量的定额管理、管理的标准化，才能制定出确切的节能规划和节能计划方案等。节能管理的定量化对用能分析、用能测试、用能检测、用能统计等提出了更高的技术要求和统计要求。

2. 节能管理的标准化

管理标准化工作是组织现代化生产的重要手段，实现节能管理的标准化有利于为能源的开发、转化和利用提供技术基础，也有利于为节能管理提供科学依据。我国成立了全国能源基础与管理标准化委员会，并在以下方面开展了能源标准化工作：能源基础标准，能源管理标准，能源产品标准，能源设备检测和管理标准，用能设备产品质量和性能标准，节能材料质量、检测、管理体系，节能新技术有关产品性能、质量与检测方法标准等。同时；还有若干配套的制度和标准，如合理用能评价制度、节能产品质量认证制度、用能产品生产管理和能源利用状况检测等。

3. 节能管理的制度化

节能是一个复杂的系统工程，其综合性、复杂性和多目标性要求节能管理的制度化。

首先，需要将节能管理法制化。我国已经出台了《节约能源法》，以法律的形式确定了节约能源的基本原则、制度和行为规范、配套法规和相应的规章、标准等，为全社会和企业节能提供了有效的促进机制。

其次，需要建立健全节能规章制度，将节能管理工作的程序、方法、要求、岗位责任等以制度化的形式明确下来，作为组织行动的准则和规范。例如，能源计量管理制度、能源利用状况分析制度、能源消耗统计制度，测试档案、技术资料使用保管制度，工作人员培训和奖惩制度。

4. 节能管理手段多样化

在用能评价手段上，节能管理需要采用生命周期评价的方法和技术；在政策手段上，需要综合采用行政、法律、经济激励、技术或信息支持以及信息公开等手段；更为重要的是，节能管理在国家或地区尺度上需要采用需求侧管理手段。

7.1.6　我国的节能管理现状及措施

我国节能管理主要是行政命令式的管理，由上级政府向下级政府和政府向企业以行政命令的方式下达节能目标，企业内部也是采用这种命令式的管理，所以节能管理基本上还是采用计划体制下的做法。虽然体制改革后，节能管理从微观的具体行政管理向市场化宏观管理转变，在计划经济体制下形成的节能管理体系已不适应新形势的要求，但目前尚未建立适应市场经济体制要求的节能管理新机制。

我国的节能管理正在发生着转变，一些节能管理的新方法不断地被提出、国外的先进管理方法正在被引进，有的新方法已经在试点，国外普遍采用了综合资源规划、电力需求侧管理、合同能源管理、能效标识管理、自愿协议等节能新机制，这些新机制在我国还没有广泛推行，有的还处于探索阶段，需求侧管理和合同能源管理（EMC）目前在我国的应用较多，发展很快。

需求侧管理在我国的初步应用就取得了许多成果，产生了显著的社会效益和经济效益。在政府的倡导下，电力公司、能源服务公司及电力用户的积极参与下，有许多需求侧管理的项目得到应用与实施，取得了一定的效益，不仅缓解了高峰电力负荷的压力，也减少了排污，为改善环境做出了贡献。

随着社会主义市场经济的深入发展，各级政府与电力企业、制造企业和用户均意识到了开展需求侧管理的重要性和必要性，全社会追求提高供用电水平、提高能源使用效率的良好氛围正在日益形成，为进一步全面推广需求侧管理提供了较好的环境。实践表明，我国已具备了实施需求侧管理计划的基本条件，需求侧管理是我国电力工业可持续发展的战略选择，具有巨大的市场潜力。

我国从 1997 年开始引进合同能源管理节能机制，发展很快。

我国节能管理工作主要从以下几个方面入手：

1）将节约能源上升为基本国策。

2）将节能纳入国民经济和发展规划。

3）加强节能法规政策体系建设。

4）建立完善的组织体系《单位 GDP 能耗统计指标体系实施方案》等。

5）采用新的节能管理体系。

6）加强节能信息服务。

7.2 节能规划

节能规划（计划）是一种预测未来、制定目标、确定路线和选择方案的过程。节能规划（计划）的实质在于对能量转换与利用的综合分析。它是节能管理的重要组成部分，决定了节能工作的目标、时间、任务、措施和步骤，在综合分析的基础上力争在节能管理的各个环节合理利用能源，以最小能源消耗，获得最大的经济效益和社会效益。

节能规划涉及工艺结构即产品结构及产量、工艺装备水平；能源结构即燃料间相互替代、燃料使用效率等；经济约束即内部价格的合理性、成本最小化等；环保约束即控制排放量；政府政策即立项、贷款、税收等优惠政策。

7.2.1 节能规划的内容和编制方法

1. 总则

包括编制依据、企业概况、企业发展规划描述、并确定规划的基准年度。企业概况主要包括企业所属行业，业务经营范围，主要产品产量，产品品种质量及销售情况，在国内（省内）同行业中的地位，主要经济指标和主要能耗指标如销售收入、利润、综合能耗，能源利用的特点等。

2. 提出规划目标

包括规划指导思想、基本原则和规划目标。目标包括总体目标及分系统分年度目标，要求分系统目标必须与总体目标相吻合。

规划目标是制定节能规划的核心，制定规划的目的就是通过分析现状，找出企业存在的问题和节能潜力，制定有效的措施，完成规划的目标。

目标的提出有多种途径，大致分为两类：一类是国家或省级政府提出的强制要求，如国家产业政策提出的明确要求、国家标准规定的具体指标和行业准入条件规定的指标等；一类是企业从自身出发提出的意愿，如企业领导对部门提出的要求、企业发展规划要求达到的目标和企业承担社会责任提升形象要求等。在制定规划的过程中，上述目标列为初步目标，具体的目标需通过进行现状分析、提出措施、评估，经过几个迭代过程的优化才能确定。

3. 现状及分析

主要是利用各种分析方法，找出企业在节能方面存在的问题和实现目标的难度，这部分是节能规划的重点。通过分析，能够掌握本企业的基本情况，确定目标的合理性。

（1）分析内容　企业的技术装备情况，如生产工艺和设备的实际状况和水平；节能管理机构、管理制度、规定是否健全；能源计量配备情况；企业节能统计情况，包括本企业统计口径、能耗指标实际完成情况、同行业国内外水平、实物消耗分析；企业的物料平衡和能源平衡。

能源分析按介质划分可分为水电风气（汽）及煤炭优化利用；按工序划分可分为工序内部和工序间系统优化；按环节划分可分为产生、输送、分配、使用。系统互相关联，互相交叉，互相影响，在分析时要综合考虑。

以钢铁企业为例进行简单说明，详见图7-3所示钢铁能源系统分析图和图7-4所示钢铁企业煤气系统图。

（2）分析方法

1）节能潜力分析。节能潜力与能源效率相对应。世界能源委员会把能源效率定义为：减少提供同等能源服务的能源投入。从物理学观点看，能源效率是指在利用能源资源的各项活动中，所得到的起作用的能源量与实际消耗的能源量之比。从消费观点看，能源效率是指为终端用户提供的能源服务与所消耗的能源量之比。

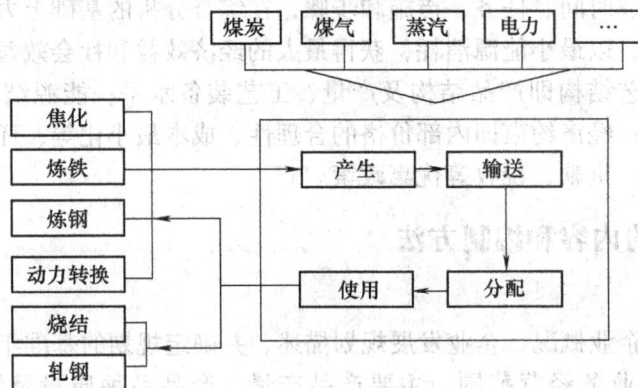

图7-3　钢铁能源系统分析图

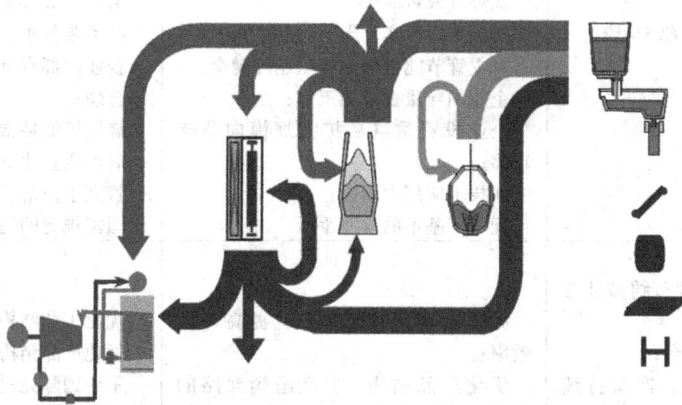

图 7-4　钢铁企业煤气系统图

与目标能源效率之间的差距即为节能潜力，节能潜力分为理论潜力和视在潜力。理论潜力是指理论上可以回收和重复利用的能量；视在潜力是指在当前的技术条件下能够实现的回收利用的能量，随技术进步的发展视在潜力动态变化。

2）全能耗节能。企业在生产过程中，除了直接消耗燃料、动力和载能工质外，还要消耗各种原材物料、各种设备和各种建筑等。原材物料、设备和建筑都是消耗了大量能源生产出来的，所以对它们的使用是间接消耗能源。

一个企业的全部能源消耗，既包括燃料、动力、载能工质等直接能源的消耗，也包括间接能源的消耗。所以分析企业和产品的能源利用情况，应以全能耗为基础。

3）SWOT 分析。SWOT 分析，即优势—劣势—机会—威胁分析，其核心思想是通过对企业外部环境与内部条件的分析，明确企业在节能方面可利用的机会和可能面临的风险，并将这些机会和风险与企业的优势和劣势结合起来，形成企业的节能措施。内部优势及劣势（Strengths & Weaknesses）指相对于同类型企业做得好或不好的企业本身可控的因素，如企业整体管理、营销、财务/会计、生产/运作、技术研究开发、对新技术的认知程度、计算机信息系统等。外部机会与威胁（Opportunities & Threats）指企业可控制范围之外的因素，如经济、社会发展、文化、环境、政治、人口、政府政策导向、技术发展趋势等因素。

SWOT 分析有四种不同类型的组合：优势—机会（SO）组合、劣势—机会（WO）组合、优势—威胁（ST）组合和劣势—威胁（WT）组合。优势—机会组合是一种发展企业内部优势与利用外部机会的措施。当企业具有特定方面的优势，而外部环境又为发挥这种优势提供有利机会时，可以采取该措施。劣势—机会组合是利用外部机会来弥补内部弱点，使企业改劣势而获取优势的措施。存在外部机会，但由于企业存在一些内部弱点而妨碍其利用机会，可采取措施先克服这些弱点。优势—威胁组合是指企业利用自身优势，回避或减轻外部威胁所造成的影响。劣势—威胁组合是一种旨在减少内部弱点，回避外部环境威胁的防御性技术。表 7-1 为钢铁企业 SWOT 节能分析实例。

表 7-1　钢铁企业 SWOT 节能分析实例

	优势（Strengths） 基础工作扎实，计量设施完善； 有主管节能机构，各项制度健全； 企业领导重视节能工作； 企业投资重点从扩大规模向节能转移； 新技术应用力度大； 配备了基本的检测手段	劣势（Weaknesses） 技术装备水平低，存在能源浪费； 企业内部存在多头管理，管理机制不合理； 烧结等能耗指标排名落后； 高素质企业节能专业人员缺乏； 管理手段落后，研究开发能力不足； 国家规定的淘汰设备仍在运行
机会（Opportunities） 国家重视，提出建设节约型社会要求； 鼓励节能政策陆续出台； 钢铁产业发展迅速，产量持续增长； 农业机械化程度提高钢产量需求大	完善现有的管理体系，提高管理效率； 优化产品结构，生产适销对路的产品	优化工艺结构，减少工艺过程消耗； 优化产品结构，提高产品的附加值； 采用国际先进的管理机制强化节能管理
威胁（Threats） 国家对企业提出了更高的节能要求； 节能管理纳入法制化管理轨道； 钢铁产品价格不断下跌； 煤炭、电力、油等能源价格持续上升； 矿石等原材料价格上升	持续节能技术进步提高能源效率，降低能耗	积极采用节能新技术提高能源效率，降低能耗； 加大节能设备的更新力度； 提高节能专业管理人员的素质； 加大能源系统优化的力度

4. 制定措施，提高能源利用效率，降低能耗

节能的途径是多方面的，虽然每个行业的工艺装备和生产流程不同，但提高能源利用的途径基本相似。一是加强节能管理，建立健全管理体系，实施严格的考核，加强监督检查，加强宣传和培训，不断提高管理素质，提高操作水平，完善信息系统，提高自动控制水平等；二是优化工艺结构和产品结构，提高技术装备水平，通过设备大型化、自动化提高能源利用效率；三是采用节能新技术，通过节能技术进步不断降低能源消耗。

节能技术途径要遵循热力学第二定律，热力学第二定律揭示了能量传递的基本规律，指出了节能技术进步的有效途径，在制定节能技术进步措施时，必须遵循以下原则：

1）从源头控制尽量减少能源使用量，只要有燃烧就有热量的损失，源头控制比再回收利用效率高。

2）热量利用与温度有直接关系，根据卡诺定律，温度越高热效率也越高，能量的回收比例易于提高，同等工艺条件应注意温度的选择。

3）功是最有价值的能量，能量可以完全转化为功，回收功比回收热更具有意义。

4）冷量与热量一样有价值，产生冷量需要大量的功，温度越低其价值越高。

5）尽量避免不可逆过程，采用逐级利用的方法回收能量，如把物流和能流结合起来，回收的能量预热物料，产生的蒸汽用做过程动力等。

6）能量分级使用，用低位能量产生低位热，将高位能量用于产生功或高位热。充分利用其成分能够创造更高的价值。

7）生产过程中产生的废品同样消耗了能量，提高质量减少废品，也是节约了能源。

8）工艺过程产生的废气、废水、废渣经过了高温过程，消耗了大量能源，本身就有一定的附加值，应努力挖掘。

5. 对措施进行评估

节能管理措施分析评估包括节能管理制度和措施，能源管理机构及人员配备，能源计量器具配备，能源统计、监测措施等。

制定奖惩制度，加强对管理人员及操作人员的专业技能培训，提高操作人员的业务水平，加强排污；加强工作责任心，杜绝"跑、冒、滴、漏"。

加强能源管理，完善能源管理结构。配备必要的专职人员具体负责能耗制定、统计、考核，定期进行能源计量器具的检查，贯彻有关节能的规定和政策。具体落实到班组实行必要的精神奖励和物质奖励。

（1）能源管理机构　公司能源管理系统实行公司、职能部门、车间三级能源管理体系。公司设有节能减排领导小组，组长由公司经理兼任，副组长由生产、技术副总兼任，其常设机构是节能办公室，设在综合部。该部为公司能源管理职能部门，负责对全公司能源购进、流向、使用、统计、核算等方面进行管理。部里设置能源统计、常规业务二人，具体负责能源管理中的统计、核算、节能考核、资料档案等对公司内外报表方面的工作。

（2）能源管理制度建议　项目应建立一整套能源管理制度。为了更好地实施能源管理，应不断完善能源管理的组织机构，落实管理职责，配备计量器具，制定相关的管理文件并依照文件开展能源管理活动，例如对供电各环节进行严格的耗能统计并根据消耗情况进行奖惩等。

建议项目实施后，应建立如下能源管理制度：

1）能源采购和审批管理制度。

2）能源财务管理制度。

3）能源计量管理制度。

4）能源计量器具管理制度。

5）能源计量统计制度。

6）能源消耗管理制度。

7）能源消耗定额管理制度。

8）能源消耗统计制度。

对提出的管理措施、技术措施进行经济、技术评估，尽量量化节能量，核算对目标的影响，评估各项措施的效果是否可支持目标实现。

6. 实施步骤

根据企业的资金、生产规划安排节能规划各项措施的实施时间，基本原则是优先实施投资少回收期短技术成熟效果显著的项目，优先实施系统优化的项目，优先实施政府强制要求的项目，投资大、回收期长、技术成熟的项目和技术风险大的项目适时实施。

节能是一个复杂的过程，需要采用生命周期节能管理。所谓生命周期节能管理，就是基于生命尺度对目标系统所采用的节能管理策略和活动。换句话说，就是对一个节能目标系统的生命周期中能量输入、输出及潜在影响进行预测、评价、改进和优化。

生命周期节能管理的基础是生命周期评价，包括以下四个步骤：

第一步，定义评价目的和评价范围。

第二步，预测在产品的整个生命周期过程中输入和输出的详细情况，填写清单。整个生命周期过程包括原材料的获取、加工，产品的运输、销售、使用、贮存、重复利用和使用后的最终处置。输入包括原材料和能源，输出包括废水、废气、废渣和其他向环境释放的物质。这个过程被称为生命周期的清单分析。

第三步，将清单分析所获得的资料用于考察生产过程对环境的影响。这个过程称为生命周期的影响评价，考察生产过程中使用的原材料和能源以及向环境中排放的废物对环境和人身体健康实际的和潜在的影响。清单分析并不直接评价输入/输出对环境的影响，它只为影响提供资料。影响评价将清单分析所获得的数据转换成对环境影响的描述。

最后，对影响评价的结果进行更进一步的分析，评估改善环境质量的可能性，其目的在于减少全生命周期过程所造成的影响，这个过程被称为生命周期的改善评价。

国际标准化组织（ISO）在 1993 年 6 月成立了负责环境管理的技术委员会 TC207，负责制定生命周期评价标准。继 1997 年发布了第一个生命周期评价国际标准 ISO14040《环境管理生命周期评价原则与框架》后，先后发布了 ISO14041《环境管理生命周期评价目的与规范的确定和清单分析》、ISO14042《环境管理生命周期影响评价》、ISO14043《生命周期评价中的生命周期解释》、ISO/TR 14047《ISO 14042 应用示例》和 ISO/TR 14049《ISO 14041 应用示例》等文件。

借鉴环境影响的生命周期评价体系，生命周期节能管理的框架如图 7-5 所示。

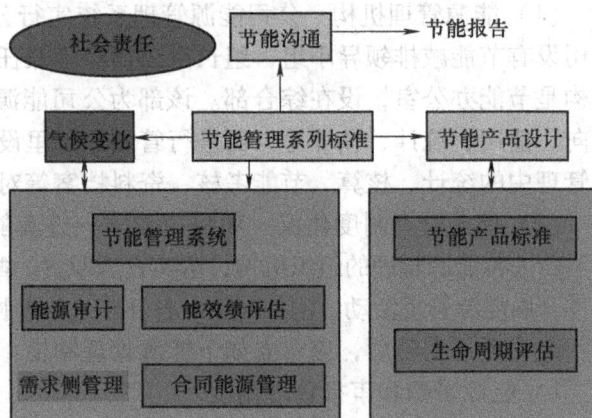

图 7-5　生命周期节能管理的框架

7.2.2　节能规划编制步骤

制定节能规划分为三个阶段：

第一个阶段是确定目标，即确定企业在未来的发展过程中，要应对各种变化所要达到的目标。

第二阶段是制定规划，通过系统分析，找出节能潜力，有针对性地采取管理、技术措施达到目标。

第三个阶段是对节能规划进行评估，如果与目标相距较大，还需要多个迭代的过程，需要考虑如何修正。

制定企业节能规划的步骤具体如图 7-6 所示。

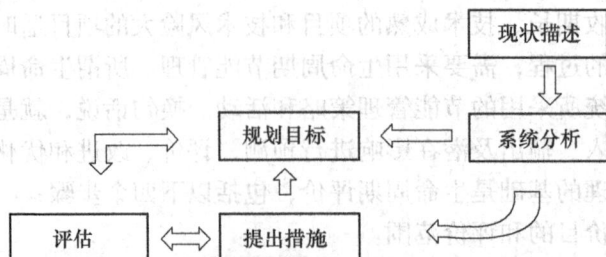

图 7-6　制定企业节能规划的步骤

7.2.3 企业编制节能规划的目的和意义

企业节能规划目的是使节能工作能够深入持久地稳步前进。它必须符合国家产业政策，符合企业的实际情况，充分分析和评价现有的管理和技术实力，分步骤分阶段地进行，达到期望的目标。目标要明确，既要有长期目标，也要有分阶段的短期目标，措施有力，并有年度实施计划。

7.3 清洁生产

7.3.1 清洁生产的背景

发达国家在 20 世纪 60 年代和 70 年代初，由于经济快速发展，忽视对工业污染的防治，致使环境污染问题日益严重，公害事件不断发生。例如日本的水俣病事件，对人体健康造成极大危害，生态环境受到严重破坏，社会反映非常强烈。环境问题引起了各国政府的极大关注，各国均采取了相应的环保措施和对策。例如增大环保投资、建设、污染控制和处理设施、制定污染物排放标准、实行环境立法等，以控制和改善环境污染问题，取得了一定的成绩。

但是，通过十多年的实践我们发现：这种仅着眼于控制排污口（末端），使排放的污染物通过治理达标排放的办法，虽在一定时期内或在局部地区起到一定的作用，但并未从根本上解决工业污染问题。其原因在于：

第一，随着生产的发展和产品品种的不断增加，以及人们环境意识的提高，对工业生产所排污染物的种类检测越来越多，规定控制的污染物（特别是有毒有害污染物）的排放标准也越来越严格，从而对污染治理与控制的要求也越来越高，为达到排放的要求，企业要花费大量的资金，大大提高了治理费用，即便如此，一些要求还难以达到。

第二，由于污染治理技术有限，治理污染实质上很难达到彻底消除污染的目的。因为一般末端治理污染的办法是先通过必要的预处理，再进行生化处理后排放。而有些污染物是不能生物降解的污染物，只是稀释排放，不仅污染环境，甚至有的治理不当还会造成二次污染；有的治理只是将污染物转移，废气变废水，废水变废渣，废渣堆放填埋，污染土壤和地下水，形成恶性循环，破坏生态环境。

第三，只着眼于末端处理的办法，不仅需要投资，而且使一些可以回收的资源（包含未反应的原料）得不到有效的回收利用而流失，致使企业原材料消耗增高，产品成本增加，经济效益下降，从而影响企业治理污染的积极性和主动性。

第四，实践证明，预防优于治理。根据日本环境厅 1991 年的报告，从经济上计算，在污染前采取防治对策比在污染后采取措施治理更为节省。例如，就整个日本的硫氧化物造成的大气污染而言，排放后不采取对策所产生的受害金额是现在预防这种危害所需费用的 10 倍。以水俣病而言，其推算结果则为 100 倍。可见两者之差极其悬殊。

据美国 EPA 统计，美国用于空气、水和土壤等环境介质污染控制总费用（包括投资和运行费），1972 年为 260 亿美元（占 GNP 的 1%），1987 年猛增至 850 亿美元，20 世纪 80 年代末达到 1200 亿美元（占 GNP 的 2.8%）。如杜邦公司每磅废物的处理费用以每年

20% ~30% 的速率增加，焚烧一桶危险废物可能要花费 300 ~1500 美元。即使如此之高的经济代价仍未能达到预期的污染控制目标，末端处理在经济上已不堪重负。

因此，发达国家通过治理污染的实践，逐步认识到防治工业污染不能只依靠治理排污口（末端）的污染，要从根本上解决工业污染问题，必须"预防为主"，将污染物消除在生产过程之中，实行工业生产全过程控制。20 世纪 70 年代末期以来，不少发达国家的政府和各大企业集团（公司）都纷纷研究开发和采用清洁工艺（少废、无废技术），开辟污染预防的新途径，把推行清洁生产作为经济和环境协调发展的一项战略措施。

7.3.2 清洁生产的定义和概念

联合国环境规划署在总结了各国开展的污染预防活动，并加以分析提高后，提出了清洁生产的定义，并得到国际社会的普遍认可和接受。其定义为：清洁生产是一种新的创造性的思想，该思想将整体预防的环境战略持续应用于生产过程、产品和服务中，以增加生态效率和减少人类及环境的风险。

1996 年，联合国环境规划署（UNEP）对清洁生产重新定义为：清洁生产是关于产品的生产过程的一种新的、创造性的思维方式。清洁生产意味着对生产过程、产品和服务持续运用整体预防的环境战略以期增加生态效率并降低人类和环境的风险。

对于产品，清洁生产意味着减少和减低产品从原材料使用到最终处置的全生命周期的不利影响。

对于生产过程，清洁生产意味着节约原材料和能源，取消使用有毒原材料，在生产过程排放废物之前降低废物的数量和毒性。

对于服务，要求将环境因素纳入设计和所提供的服务中。

《中华人民共和国清洁生产促进法》2002 年 6 月第一章第二条指出：本法称清洁生产，是指不断采取改进设计、使用清洁的能源和原料、采用先进的工艺技术与设备、改善管理、综合利用等措施，从源头消减污染，提高资源利用效率，减少或者避免生产、服务和产品使用过程中污染物的产生和排放，以减轻或者消除对人类健康的危害。

在清洁生产概念中包含了四层涵义：

一是清洁生产的目标是节省能源、降低原材料消耗、减少污染物的产生量和排放量。

二是清洁生产的基本手段是改进工艺技术、强化企业管理，最大限度地提高资源、能源的利用水平和改变产品体系，更新设计观念，争取废物最少排放及将环境因素纳入服务中去。

三是清洁生产的方法是排污审计，即通过审计发现排污部位、排污原因，并筛选消除或减少污染物的措施及产品生命周期分析。

四是清洁生产的终极目标是保护人类与环境，提高企业自身的经济效益。

7.3.3 清洁生产的目标

通过清洁生产，谋求达到：

1）通过资源的综合利用、短缺资源的高效利用或代用、二次资源的利用及节能、降耗、节水，合理利用自然资源，减缓资源的耗竭。

2）减少废物和污染物的生成和排放，促进工业产品的生产，消费过程与环境相容，降低整个工业活动对人类和环境风险。

　　清洁生产目标的实现将体现工业生产的经济效益、社会效益和环境效益的统一，保证国民经济的持续发展。

7.3.4　清洁生产的内容

1. 清洁的能源

　　常规能源的清洁利用，包括采用清洁煤技术，逐步提高液体燃料、天然气的使用比例；可再生能源的利用，包括水力资源的充分开发和利用；新能源的开发，包括太阳能、生物质能、风能、潮汐能、地热能的开发和利用；各种节能技术和措施等，包括在能耗大的化工行业采用热电联产技术，提高能源利用率。

2. 清洁的生产过程

　　尽量少用和不用有毒有害的原料；采用无毒、无害的中间产品；选用少废、无废工艺和高效设备；尽量减少生产过程中的各种危险性因素，如高温、高压、低温、低压、易燃、易爆、强噪声、强振动等；采用可靠和简单的生产操作和控制方法；对物料进行内部循环利用；完善生产管理，不断提高科学管理水平。

3. 清洁的产品

　　产品设计应考虑节约原材料和能源，少用昂贵和稀缺的原料；产品在使用过程中以及使用后不含危害人体健康和破坏生态环境的因素；产品的包装合理；产品使用后易于回收、重复使用和再生；使用寿命和使用功能合理。

7.3.5　企业清洁生产审核

1. 概念

　　按照一定程序，对生产和服务过程进行调查和诊断，找出能耗高、物耗高、污染重的原因，提出减少有毒有害物料的使用、产生、降低能耗、物耗以及废物产生的方案，进而选定技术经济及环境可行的清洁生产方案的过程。通过清洁生产审核从而达到：核对有关单元操作、原材料、产品、用水、能源和废物的资料；确定废物的来源、数量以及类型，确定废物消减的目标，制定经济有效的消减废物产生的对策；提高企业对有消减废弃物获得效益的认识和知识；判定企业效率低的"瓶颈"部位和管理不善的地方；调高企业经济效益、产品和服务质量。

2. 清洁生产审核思路

　　清洁生产审核思路如图 7-7 所示。

3. 清洁生产审核的步骤

1）审核准备。

2）预审核。

3）审核。

4）实施方案的产生和筛选。

5）实施方案的确定。

6）编写清洁生产审核报告。

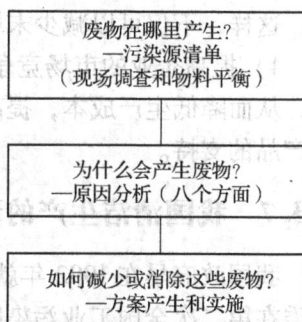

废物在哪里产生?
—污染源清单
（现场调查和物料平衡）

为什么会产生废物?
—原因分析（八个方面）

如何减少或消除这些废物?
—方案产生和实施

图 7-7　清洁生产审核思路

4. 清洁生产审核要点

1）充分发动职工的积极参与、献计献策。

2）贯彻边审核、边实施、边见成效的方针，对无/低费方案成熟一个实施一个。

3）对已经实施的方案要进行核查和评估，并纳入企业的环境管理体系，以巩固成果。

4）对审核结论，要以定量数据为依据。

5）认真编写中期审核报告，对前几个阶段的工作进行总结和评估，找出问题和差距，以便在后期工作中改进。

5. 清洁生产总结报告

清洁生产总结报告是对企业工作清洁生产的全面回顾和总结，它汇总分析准备阶段、审计阶段、制订方案阶段和实施方案阶段的工作成果，评估实施清洁生产已经取得的和预期取得的经济和环境效益。

6. 清洁生产阶段报告

阶段报告是企业开展清洁生产的阶段性工作报告，可按实施过程和步骤顺序编写，并随时将编写内容输入计算机，以利于总结报告的编制。

阶段报告的具体内容可参照上面介绍的总报告拟定。

7. 清洁生产详细摘要

清洁生产详细摘要是以更简练的文字概述总结报告的内容，同样应报告背景介绍、清洁生产车间情况介绍、主要工艺简介、生产能力和产品介绍，废物产生、排放和处置情况分析，清洁生产方案介绍，开展清洁生产的经济效益和环境效益汇总等。

8. 清洁生产项目简介

企业清洁生产项目简介主要用于交流工作成果和企业信息。

7.3.6 进行清洁生产的目的

1）可持续发展战略的要求。《21 世纪议程》将清洁生产看做实现可持续发展的关键因素，号召工业提高能效，开发更清洁的技术，更新、替代对环境有害的产品和原材料，实现环境和资源的保护和有效管理。

2）控制环境污染的有效手段。清洁生产彻底改变了过去被动的、滞后的污染控制手段，强调在污染产生之前就予以消减，即在产品及其生产过程并在服务中减少污染物的产生和对环境的不利影响。

3）可大大降低末端处理的负担。清洁生产可以减少甚至在某些情形下消除污染物的产生，这样，不仅可以减少末端处理设施的建设投资，而且可以减少日常运转费用。

4）提高企业的市场竞争力。清洁生产可以促使企业提高管理水平，节能、降耗、减污，从而降低生产成本，提高经济效益。同时，清洁生产还可以树立企业形象，促使公众对其产品的支持。

7.3.7 我国清洁生产的现状及采取的措施

我国政府早在 1992 年就将清洁生产列入《环境与发展十大对策》中。1993 年，国家经贸委在第二次全国工业污染防治工作会议上强调实行清洁生产，对工业污染防治进行全过程控制。国务院因地制宜，不失时机地把清洁生产列为优先实施的重点领域。1999 年 5 月，北京、上海、山东、江苏和辽宁等10个省市被国家经贸委选作试点地区进行清洁生产示范作用。到2000年底，20个地方或者行业的清洁生产中心，包括化工、冶金、石化和机器制造业等工业，一个国家清洁生产中心以及对应的16个地方中心相继建设起来，形成一张巨大的全国清洁生产网络。我国的200多家企业在推行清洁生产之后，废水排放量平均削减率达40%～60%，COD消减率达到40%以上，获得经济效益5亿多元。应该说，清洁生产使得企业对资源的利用效率明显提高，大大减少了各种污染物质的排放，获得了很好的环境和经济效益，增强了企业在经济活动中的综合竞争力。

不过应该承认的是，我国实行清洁生产的企业总数受到传统生产模式的影响，多数中国企业的指导思想尚未从末端治理的观念中走出来，而且相关的企业所占比例仍然很低。与欧美发达国家相比，各种技术、管理层面上的差距依然很大，政策和法规亟需进一步完善。实现长久、可持续发展的清洁生产还有相当难度。

虽然我国的清洁生产取得了一定的成绩，但在很多方面仍然有待改进。其主要问题如下：

1) 清洁生产工作有待全面展开。目前，开展清洁生产的企业集中在化工、纺织、电子、冶金、造纸、钢铁、机械制造业等重点行业，数量不超过企业总数的5%，仅占国家规模以上企业数目的3.15%。这说明，当前的宣传和引导工作仍需要继续强化，清洁生产的实施任重而道远。

2) 农业和服务业相关工作进度迟缓。

3) 环保意识、组织架构相对淡薄和不完整。对于各级决策者来说，经常优先想到的是经济发展。现实的生产活动中，环保问题与发展问题时常冲突。淡薄的意识和不完善的组织架构问题严重制约着清洁生产的推广。

4) 资金短缺和技术落后。资金和技术问题也是困扰着清洁生产不能顺利推广的重要因素。很多企业在资金渠道不畅的状况下，不可能把自有的资金投入到清洁生产的建设中。而且，当前我国很多厂家的设备和生产工艺落后，清洁生产工艺知识极度匮乏，无助于该项目在企业中的发展和深入。

5) 对企业缺乏相应的政策性和法规指导。国家虽然已经颁布了一系列清洁生产标准和清洁生产评价体系，但是具体可行的规划很少，基于市场的激励体制还没有建立起来，法规上的很多条例，大多都是一笔带过，不具备强制性，生产企业没有必须承担的责任，自然也没有动力推进清洁生产。

为真正发挥清洁生产在环保主战场和经济持续发展中的重要作用，建议重点作好如下工作：

1) 广泛宣传，加强教育，提高认识，转变观念。加强宣传教育，编制清洁生产培训大纲和清洁生产教材，使全社会特别是政府决策部门和企业领导者充分认识到清洁生产的意义和在企业发展中的重要作用，保证清洁生产领域从业人员的业务素质。利用网络、报刊等各种媒体，开辟专栏，宣传、传播和交流清洁生产思想及基本知识。清洁生产知识也应作为学校教育的重要内容。

2) 建立和完善清洁生产的政策法规体系。清洁生产应属于企业自愿行为，但由于部分企业的清洁生产意识相对较低，国家和企业现有的管理模式说明从国家层次上，在清洁生产促进法的基础上制定并实施必要的清洁生产激励和惩罚政策和制度，不仅能有效地推动清洁生产的全面实施，而且可进一步提高清洁生产的实施效果。

3）尽快地分行业、分层次制定适合中国企业特点的清洁生产指标体系。清洁生产在我国已实施了近十年的时间，然而至今还没有完全建立清洁生产指标体系。清洁生产指标体系的缺乏，不仅不能有效地促进企业实施清洁生产，而且易导致企业的清洁生产流于形式，得不到相应的效果。

4）筛选清洁生产工艺技术并进行推广。在不同行业中筛选一些有效的清洁生产工艺技术，并进行推广应用，不仅可为企业带来明显的环境和经济效益，而且可提高企业实施清洁生产的自觉性和持续性。

5）建立清洁生产周转金，加强清洁生产审核相关技术指导性文件的制定与颁布。建立清洁生产周转金可进一步促进清洁生产工作。因为国内许多企业，尽管对清洁生产有一定的认识，并非常愿意实施清洁生产的中、高费方案，但由于无法筹集资金而不得不放弃或推迟实施时间。目前，虽然有几十项国家清洁生产标准颁布，但不能满足清洁生产审核工作发展的需要，应加快制定标准的力度和审核的技术导则，使清洁生产审核人员有章可循、有据可依。

总之，随着生产技术进步和经济发展，会对清洁生产提出新的内容和要求，清洁生产没有终极目标，需要全社会持续不懈的努力，为企业实现经济发展与环境保护的双赢目标创造良好的发展空间，确保经济、环境的可持续发展。

参 考 文 献

[1] 史兆宪，赵旭东. 能源与节能管理基础：上 [M]. 北京：中国标准出版社，2010.

[2] 史兆宪，赵旭东. 能源与节能管理基础：下 [M]. 北京：中国标准出版社，2010.

[3] 王贵生，邓寿禄. 节能管理基础 [M]. 北京：中国石化出版社，2011.

[4] 刘立波. 节能管理法规标准实用手册 [M]. 北京：中国标准出版社，2009.

[5] 杨志荣. 节能与能效管理 [M]. 北京：中国电力出版社，2009.

[6] 李景龙，马云. 清洁生产审核与节能减排实践 [M]. 北京：中国建材工业出版社，2009.

[7] 于秀玲，等. 清洁生产与企业清洁生产审核简明读本 [M]. 北京：中国环境科学出版社，2008.

[8] 谢继东. 节能管理现状及发展趋势 [J]. 工业技术经济，2010，29（1）：16-18.

[9] 贾春雨. 清洁生产、循环经济与可持续发展 [J]. 北方环境，2010，22（4）：9-13.

[10] 李芳. 企业实施清洁生产的效益分析 [J]. 污染防治技术，2009，22（6）：52-56.

第8章　清洁发展机制

为了减少温室气体排放，1992年6月在巴西里约热内卢举行的联合国环境与发展大会上，150多个国家制定了《联合国气候变化框架公约》，要求发达国家作为温室气体排放大户，采取具体措施限制温室气体排放，并向发展中国家提供资金；而发展中国家则不承担具有法律约束力的限控义务。为了进一步落实《联合国气候变化框架公约》的基本精神，1997年12月在日本京都召开的《联合国气候变化框架公约》缔约方第3次会议通过的《京都议定书》约定，从2008~2012年间的第一承诺期内，主要工业发达国家的温室气体排放量要在1990年的基础上平均减少5.2%。然而，在治理温室气体排放的过程中则会给不同国家或企业造成不同成本上的差异，使有些发达国家无法单靠自身能力来实现减排的目标。因此，《京都议定书》规定了"联合履行"、"清洁发展机制"和"国际排放权交易"三种灵活的履约机制。其中，清洁发展机制是唯一在发达国家和发展中国家之间进行交易的互利机制。

8.1　清洁发展机制在《京都议定书》的首次提出

二氧化碳（CO_2）、甲烷（CH_4）及氟利昂（CFC）等气体通过吸收地球表面反射的太阳能红外线而温暖大气，从而避免地球表面温度的急剧变化，使地球表面的平均温度保持在15℃左右，以适合人类生活。这种保温作用称为大气保温效应，习惯上称为温室效应，而CO_2、CH_4、CFC等通称为温室气体（GHG）。随着人类活动范围不断扩大，以上温室气体的排放量逐年增加，尤其是大气中CO_2浓度急剧升高，最终使地球表面温度逐年上升，导致全球气候变暖。

为合作应对气候变化，国际社会通过了《京都议定书》，确立了三种合作减排灵活机制，其中之一是清洁发展机制（Clean Development Mechanism, CDM）。

《京都议定书》中关于清洁发展机制的第十二条内容为：

1）确定一种清洁发展机制。

2）清洁发展机制的目的是协助未列入附件一的缔约方实现可持续发展和有益于《公约》的最终目标，并协助附件一所列缔约方实现遵守第三条规定的其量化的限制和减少排放的承诺。

3）依清洁发展机制：

① 未列入附件一的缔约方将获益于产生经证明减少排放项目活动。

② 附件一所列缔约方可以利用通过此种项目活动获得的经证明的减少排放，促进遵守由作为本议定书缔约方会议的《公约》缔约方会议确定的依第三条规定的其量化的限制和减少排放的承诺之一部分。

4）清洁发展机制应置于由作为本议定书缔约方会议的《公约》缔约方会议的权力和指导之下，并由清洁发展机制的执行理事会监督。

5）每一项目活动所产生的减少排放，须经作为本议定书缔约方会议的《公约》缔约方会议指定的经营实体根据以下各项作出证明：

① 经每一有关缔约方批准的自愿参加。

② 与减缓气候变化相关的实际的、可测量和长期的效益。

③ 减少排放对于在没有进行经证明的项目活动的情况下产生的任何减少排放而言是额外的。

6）如有必要，清洁发展机制应协助安排经证明的项目活动的筹资。

7）作为本议定书缔约方会议的《公约》缔约方会议，应在第一届会议上拟订方式和程序，以期通过对项目活动的独立审计和核查，确保透明度、效率和可靠性。

8）作为本议定书缔约方会议的《公约》缔约方会议，应确保经证明的项目活动所产生的部分收益用于支付行政开支和协助特别易受气候变化不利影响的开发中国家缔约方支付适应费用。

9）对于清洁发展机制的参与，包括对上述第 3 款（a）项所指的活动及获得经证明的减少排放的参与，可包括私有和/或公有实体，并须遵守清洁发展机制执行理事会可能提出的任何指导。

10）在自 2000 年起至第一个承诺期开始这段时期内所获得的经证明的减少排放，可用以协助在第一个承诺期内的遵约。

8.2 清洁发展机制概述

8.2.1 清洁发展机制的定义

清洁发展机制是发达国家在发展中国家实施温室气体减排项目，促进发展中国家的可持续发展，同时协助发达国家实现其在议定书下的温室气体减排目标。发达国家通过清洁发展机制项目获取的减排单位为"经核证的减排量"（Certified Emission Reductions，CERs），即 CDM 项目与不存在该项目时相比的温室气体减排量，可用于抵消其在国内的超额温室气体排放量。对发达国家而言，CDM 提供了一种灵活的履约机制；而对于发展中国家，通过 CDM 项目可以获得部分资金援助和先进技术。但是，CDM 只能作为全球减排和技术转让的手段之一。实现真正意义上的减排和技术转让还需要发达国家做出更多的努力。

清洁发展机制是《京都议定书》所规定的国家（发达国家）在境外实现部分减排承诺的一种履约机制，原理如图 8-1 所示。CDM 允许发达国家与发展中国家联合开展二氧化碳等温室气体减排项目。这些项目产生的减排数额可以被发达国家作为履行他们所承诺的限排或减排量。具体做法是：发达国家通过向发展中国家提供资金和技术，在发展中国家境内实施既符合可持续发展政策要求，又能产生温室气体减排效果的项目，发达国家由此换取投资项目所产生的部分或全部减排额度，这个减排额度在 CDM 中称为"经核证的减排量（CERs）"，发达国家可以利用这个减排抵消额，以较低的成本实现其减排目标，并进而履行《京都议定书》规定的减排义务。

8.2.2 清洁发展机制项目的基本条件

1. CDM 项目参与国必须满足的条件

清洁发展机制允许附件 I 国家在非附件 I 国家的领土上实施能够减少温室气体排放或者

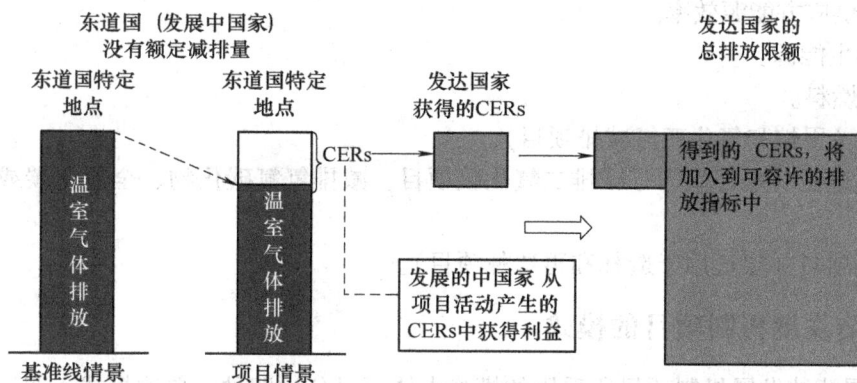

图 8-1 CDM 基本原理图

通过碳封存或碳汇作用从大气中消除温室气体的项目，并据此获得"经核证的减排量"，即所说的 CER。附件 I 国家可以利用项目产生的 CER 抵减本国的温室气体减排义务。

参与 CDM 的国家必须满足一定的资格标准。所有的 CDM 参与成员国必须符合三个基本要求：自愿参与 CDM；建立国家级 CDM 主管机构；批准《京都议定书》。此外，工业化国家还必须满足几个更严格的规定：完成《京都议定书》第 3 条规定的分配排放数量；建立国家级的温室气体排放评估体系；建立国家级的 CDM 项目注册机构；提交年度清单报告；为温室气体减排量的买卖交易建立一个账户管理系统。

2. CDM 项目必须满足的条件

CDM 项目必须满足：① 获得项目涉及的所有成员国的正式批准；② 促进项目东道国的可持续发展；③ 在缓解气候变化方面产生实在的、可测量的、长期的效益。CDM 项目产生的减排量还必须是任何"无此 CDM 项目"条件下产生的减排量的额外部分。从中不难看出，实施 CDM 项目的条件与可持续发展理论相互依托，相互促进。因此对发展中国家而言，实施 CDM 项目可能为促进其国家的可持续发展提供更多的机遇。其中包括：通过资金的支持，有利于向低碳强度的经济发展模式项目的转化；鼓励和支持私人和公共部门积极参与 CDM 项目；通过技术转移的方式，帮助发展中国家改造破坏环境的老产业，建立有利于可持续发展的新产业；帮助发展中国家将投资优先用于符合可持续发展目标的项目等。虽然清洁发展机制项目必须兼具温室气体减排和可持续发展的双重目标，且很多项目从表面上看似乎符合这两个目标，但是一个项目从减排方面看受欢迎未必就符合可持续发展的目标。而如何衡量符合可持续发展的标准，由于国情和需求不同而不同。对于中国而言，根据中国的国情和需要，清洁发展机制项目应符合以下可持续发展的标准：应当符合并支持国家和地方的可持续发展战略、政策以及优先领域，尤其是国家社会与国民经济发展五年计划和十年规划的技术发展重点领域；促进能源生产和消费方式的转变及相关环保技术的有效转移；有效利用流入资金，促进相关行业或部门的改造更新，增强其市场竞争力；减少当地的大气、土地和水污染，保护自然资源和生物多样性等；改善当地以及东道国的能源自给程度，减轻对能源进口的依赖；为项目区域或低收入群体创造新的就业机会，增加收入，消除贫困。

此外，CDM 将主要包括如下方面的潜在项目：

1）改善终端能源利用效率。

2）改善供应方能源效率。

3）可再生能源。

4）替代燃料。

5）农业（甲烷和氧化亚氮减排项目）。

6）工业过程（水泥生产等减排二氧化碳项目，减排氢氟碳化物、全氧化碳或六氟化硫的项目）。

7）碳汇项目（仅适用于造林和再造林项目）。

8.2.3　清洁发展机制项目的模式

目前开展清洁发展机制项目所采用的模式大体可以分为四种：单边模式、双边模式、多边模式以及混合模式。

1. 单边模式

单边模式是指在没有发达国家参加的前提下，发展中国家缔约方在其国内独立运行清洁发展机制项目，最后产生的减排量由发展中国家缔约方选择自行存储或出售。

2. 双边模式

双边模式是目前开展清洁发展机制项目中最常采用的模式，是指发达国家缔约方与发展中国家缔约方签订合同，规定由发达国家出资并且提供技术，项目最后产生的经核证的减排量需出售给发达国家。

3. 多边模式

多边模式主要是指由若干个发达国家缔约方投资组建碳基金，碳基金以投资者的名义与发展中国家缔约方签订合同，获得温室气体减排量，最后发达国家缔约方再根据对碳基金的投资比例获取相应的经核证的减排量。

4. 混合模式

混合模式是指将以上介绍的三种模式以不同的形式组合起来，适宜于投资规模较大的合作项目。

8.2.4　清洁发展机制项目的机构设置

1. 缔约方大会

根据《公约》第七条规定，缔约方大会是公约的最高机构，应当对公约以及缔约方大会通过的相关法律文件做定期的审议，并且有权利做出决定以维护和推进公约的履行。以上法律规定确立了缔约方大会对清洁发展机制项目拥有最高管辖权的地位。

2. 执行理事会

执行理事会负责监管 CDM 的实施，并对成员国大会负责。执行理事会的成员由《京都议定书》缔约方的中的 10 名成员组成，且均由缔约方大会选举产生，其中 5 个专家分别代表 5 个联合国官方区域（非洲、亚洲、拉丁美洲、加勒比海地区、中东欧、OECD 国家），1个专家来自小岛国组织，2 个专家来自附件 I 国家，2 个专家来自非附件 I 国家。执行理事会在 2001 年 11 月马拉喀什政治谈判期间召开了首次会议，这标志着 CDM 的正式启动。

执行理事会的主要任务是指导和监督清洁发展机制项目的运行，并对缔约方大会负责，主要任务有审核批准清洁发展机制项目的基准线、方法论、监测计划，向项目参与方发放

CER 等。执行理事会授权一种称之为"经营实体"的独立组织对申报的 CDM 项目进行审查，核实项目产生的减排量，并签署减排信用文件证明使这些减排量成为 CER。执行理事会的另一个关键任务就是维持 CDM 活动的注册登记，包括签发新产生的 CER、为征收的用于适应资金和管理费用的 CER 建立管理账户，以及为每一个 CDM 项目东道国的非附件 I 国家注册一个 CER 账户并予以定期管理。

3. 指定经营实体

指定经营实体是指经由执行理事会认证，对清洁发展机制项目进行核查核证的机构，其任务是根据项目设计文件审议项目活动，核查核证清洁发展机制项目中温室气体排放的减少量等。这里需要特别注意的是，对于清洁发展机制项目中前一阶段的审查和后一阶段的核查核证不得聘请相同的指定经营实体。

8.2.5 清洁发展机制项目周期

CDM 项目周期包括图 8-2 所示的 8 个基本步骤，包括项目识别与表述、项目设计和描述、国家批准、审查认定、登记注册、监测、核实/认证和签发 CER。前 4 个步骤在项目实施之前必须完成，后 3 个步骤发生在项目的 CER 获得期间。

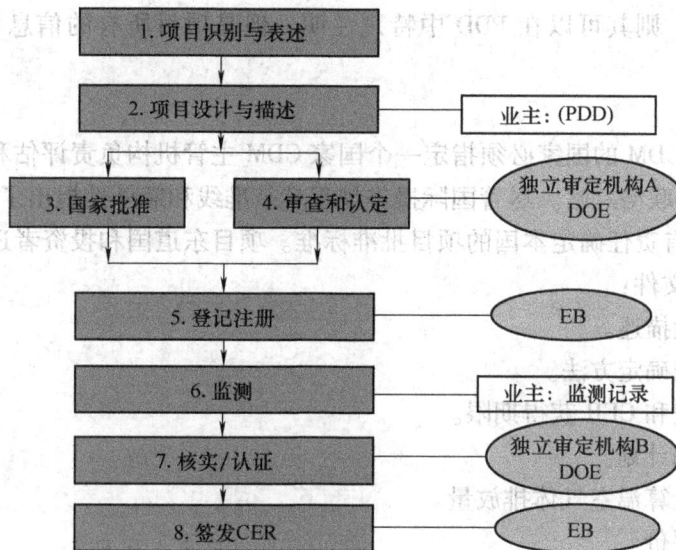

图 8-2 CDM 项目运行周期

1. 项目识别与表述

CDM 项目周期的第一步是对潜在 CDM 项目的识别和表述。一个 CDM 项目必须具有真实的、可测量的、额外的减排效果。为了确定项目是否具有额外性，必须将潜在项目的排放量同一个合理的基准线排放量相比较。项目参与者应该采用经批准的方法依据项目的具体情况制定基准线。这些确定基准线的方法是在《马拉喀什协定》框架下的三个方法的基础上发展而来的：

1）现实的实际排放量或历史排放量。

2）经济上有投资吸引力的代表性技术的排放水平。

3）过去 5 年来类似环境中排放性能最好的 20% 类似项目的平均排放水平。

2. 项目的设计与描述

确定了要开发的潜在 CDM 项目后，项目开发者需要完成项目设计文件（Project Design Document，PDD）。在编制 PDD 时，关键是要确定项目的基准线，即不存在该项目活动时的温室气体排放量，这是计算项目减排效益的基础。项目基准线的确定必须应用经过 EB（CDM 理事会）批准的方法学。项目开发者既可以从已批准的方法学中选择合适的方法学，也可以选择自己开发一种新的方法学，并提交 EB 批准。

为了计算项目的减排效益，项目开发者还需要监测项目本身的排放，并根据项目特点确定监测计划。监测计划中所应用的方法学也必须经过 EB 批准。已批准的基准线方法学和监测方法学必须匹配应用，不能将其分开应用，否则就视为新的方法学。

项目开发者需要明确说明本项目如何促进东道国的可持续发展。PDD 需要清楚而简洁，重要的程序和概念需要用公式和图表支持，数据的需求和来源也需要特别说明。同时，因为 PDD 中的信息是 DOE（第三方审核机构）审定、EB 批准的主要基础，因此相关的信息必须准确而透明，重要的数据和信息均需给出明确的来源，不能包含任何虚假信息，以免引起 DOE、EB 以及公众等对整个项目质量与合格性的质疑。如果项目业主认为有些数据属于商业机密，需要保密，则其可以在 PDD 中特别注明，但是项目所有的信息均不能向 DOE 和 EB 保密。

3. 国家的批准

所有希望参与 CDM 的国家必须指定一个国家 CDM 主管机构负责评估和批准 CDM 项目，并作为 CDM 活动的联络总站。尽管国际操作规程就基准线和额外性提出了通用的指导原则，但每个发展中国家有责任确定本国的项目批准标准。项目东道国和投资者还必须准备撰写如下格式的项目设计文件：

1）项目的一段描述。

2）阐述基准线确定方法。

3）项目时间表和 CER 获得期限。

4）监测方法和计划。

5）分排放源计算温室气体排放量。

6）环境影响评价。

7）利益相关者对项目的意见。

同时，国家 CDM 主管机构必须签发的文件包括：政府自愿参与项目，并确信项目活动符合东道国的可持续发展目标。

4. 项目的审查和认定

CDM 项目的审查认证需要经过国内和国际双重程序。在国内，清洁发展机制的项目发起人应向国内指定机构提出申请并随附项目设计文件等相关材料，国内指定机构在收到申请后，委托相关机构审核，对审核通过的项目给予注册。项目通过国内审查后，还要通过指定经营实体的审定。指定的经营实体将考察项目设计文件，并经公众评议后，决定是否批准该项目作为 CDM 项目。这一道程序极其重要，主要是为了确保该清洁发展机制项目符合参与双方的自愿性、基准方法和监测计划的合理性、项目的额外性等要求。

5. 项目的登记注册

指定经营实体还负责向执行理事会申请登记注册。只要参与项目的任一缔约方或执行理事会中 3 名以上成员对清洁发展机制项目没有提出重新审评，那么从执行理事会收到登记申请时开始计算，8 周后视为该项目自动通过登记注册。

6. 项目的监测

CDM 项目必须有一个监测计划以收集准确的排放数据。监测计划构成了未来核实的基础，它必须具有很高的置信度以保证 CDM 项目的减排量以及其他项目目标确实得以实现。监测计划还应该有能力监控项目基准线及其排放量失败的风险。监测计划既可由项目开发者制定，也可由专门机构制定。排放基准线和监测计划必须根据经批准的方法来设计。如果项目参与者偏好一种新的方法，则该方法必须经由执行理事会批准和登记。项目参与者可以自行选择项目的 CER 获得时限为 10 年或者 7 年，但可以延续两次并重新确认基准线（最长 21 年）。

一个碳减排项目如果没有经过指定的核实程序专门测量和审计其碳排放，就不可能在国际碳排放市场上转让其碳量以获取价值。因此，一旦 CDM 项目进入运作阶段，项目参与者就必须准备一个监测报告估算项目产生的 CER，并提交给一个经营实体申请核实。

7. 项目的核查和核证

清洁发展机制项目的在注册登记开始实施后，项目参与方就应当根据规定，收集和保存有关温室气体减排的所有数据和检测记录，并在双方约定的时间内聘请另一指定经营实体对项目的温室气体减少情况进行核实。指定经营实体经过核查后提出书面保证，证明该项目在这段时间内确实有所成效，减少了温室气体的排放量。

8. 签发 CER

最后一个阶段是指定经营实体向执行理事会提交核证检查报告并提出颁发经核证的减排量的申请。签发 CER 的申请获得到批准的条件是，在执行理事会收到申请的 15 天没有参与项目的任一缔约方或执行理事中 3 名名义上成员要求重新审评。

8.3　中国实施清洁发展机制的现状与意义

在《京都议定书》的 3 种机制中，发展中国家可以直接从中获益的是 CDM，简单地说就是发达国家用资金和技术换取各种温室气体的排放权。二氧化碳的减排量可以转让和交易，也就是一个产品。但是，这个产品看不见、摸不着，它不能用桶装，也不能用船运，只有一个电子序列号。这也就说明，这个减排量是一种特殊的商品，只有经过认证后，这种商品才能真正成为商品，而一旦没有通过认证，一切商品属性就不会存在。

我国一直重视发挥 CDM 在促进可持续发展中的作用，并愿意通过参与 CDM 项目合作，为温室气体减排做出贡献。截至目前，国家发改委批准的 CDM 项目已经接近 2000 个，我国在联合国 CDM 执行理事会注册成功的项目数量接近 500 个，注册成功的项目数和减排量均居世界首位。据世界银行专家估计，中国实施 CDM 的潜力每年可达 2 亿 t CO_2 当量以上，这比全球需求量的一半还多。2005 ~ 2030 年期间的 CDM 投资将为中国 2030 年 GDP 年增长率贡献约为 0.5 %。因此，我国 CDM 项目开发的潜力巨大。

8.3.1 中国实施清洁发展机制的现状概述

为了加强对清洁发展机制项目活动的有效管理，保证清洁发展机制项目的有序进行，中国政府在 2004 年 7 月 1 日颁布了《清洁发展机制项目运行管理暂行办法》。这一办法对清洁发展机制项目在中国的重点领域、项目许可条件、管理和实施机构、实施程序、合作国家等具体问题都做了详细规定。在我国，清洁发展机制既要满足我国可持续发展的战略目标，也要减少温室气体的排放。目前 CDM 项目分为四大类：一般 CDM（能源、N_2O、HFC 等的项目）、一般小项目、碳汇项目（造林和再造林）、小型碳汇项目。我国除 CDM 项目之外，还采用了 P-CDM（即规划型 CDM）。京都缔约方一次会议上指出国家政策要求下的项目不能注册成为 CDM 项目，但政策下的这些具体的项目活动可以注册成为整个规划类项目下的单一 CDM 项目。常规 CDM 项目之外的 P-CDM 项目运用现成的无需再次论证的方法学，只需对该单个项目登记即可。我国 CDM 项目目前采取双边之间进行项目，对单边项目和在 CDM 项目中引入碳汇项目持谨慎态度。国家发展和改革委员会气候变化司于 2012 年 3 月 23 日《关于澄清规划类 CDM 项目申报有关问题的公告》中第一点指出，我国目前只受理采用小项目方法学申报的 P-CDM 项目，对于采用大项目方法学的 P-CDM 项目暂不受理。

为了更好地管理 CDM 项目和对其实施管理，并在清洁发展机制重大政策的情况下能够有效地审议和协调，国家气候变化对策小组下设立了国家清洁发展机制项目审核理事会，又在其下设立了国家清洁发展机制项目管理机构。项目审核理事会联合组长单位为国家发展和改革委员会、科学技术部，副组长单位为外交部。项目审核理事会则由多个重要部门组成：国家环境保护总局、中国气象局、财政部和农业部。对于清洁发展机制的项目申请和审批程序，在《清洁发展机制项目运行管理暂行办法》第 18 条、第 19 条有着严格规定。国家发展改革委员会和清洁发展机制执行理事会对 CDM 项目的实施过程、检测报告、实施质量、温室气体减排量进行全程管理和监督。在中国开展清洁发展机制项目的重点领域是以高效能源效率、开发利用新能源和可再生能源及回收利用甲烷和煤层气为主。

截止 2012 年 7 月 25 日，国家发展改革委员会批准的全部 CDM 项目达 4462 个。主要 GHG 减排类型有：新能源与可再生能源、甲烷回收利用、节能与提高能效、燃料替代、垃圾焚烧发电，N_2O 分解消除、燃料替代、HFC-23 分解、造林和再造林等。

8.3.2 中国清洁发展机制项目运行管理办法

目前，我国规定 CDM 机制的法律文件主要有两个：《清洁发展机制项目运行管理办法》（以下简称《运行管理办法》）和《清洁发展机制基金管理办法》（以下简称《基金管理办法》）。《运行管理办法》为 CDM 项目在中国开展提供了法律依据，而《基金管理办法》则主要是规定从 CDM 项目中收取的核证减排量的管理和使用以促进 CDM 项目发展的一个文件。

《运行管理办法》规定 CDM 管理部门为中央机构。国家发展和改革委员会是中国 CDM 主管机关（DNA），其具体执行机构为国家发改委气候办。发改委下设 CDM 项目管理中心，主要负责审批、执行监督 CDM 项目。《运行管理办法》规定的相关内容如下：

1. 许可条件

第七条　实施清洁发展机制合作项目必须符合《公约》、《议定书》和有关缔约方会议的决定。

第八条 实施清洁发展机制项目不能使中国承担《公约》和《议定书》规定之外的任何新的义务。

第九条 发达国家缔约方用于清洁发展机制项目的资金，应额外于现有的官方发展援助资金和其在《公约》下承担的资金义务。

第十条 清洁发展机制项目活动应促进有益于环境的技术转让。

第十一条 中国境内的中资、中资控股企业可以对外开展清洁发展机制项目。

2. 管理和实施机构

第十三条 国家气候变化对策协调小组下设立国家清洁发展机制项目审核理事会（以下简称项目审核理事会），其下设一个国家清洁发展机制项目管理机构。

第十四条 国家气候变化对策协调小组为清洁发展机制重大政策的审议和协调机构。

第十五条 项目审核理事会联合组长单位为国家发展和改革委员会、科学技术部，副组长单位为外交部，成员单位为国家环境保护总局、中国气象局、财政部和农业部。

第十六条 国家发展和改革委员会是中国政府开展清洁发展机制项目活动的主管机构。

第十七条 项目实施机构是指在中国境内实施清洁发展机制项目的中资和中资控股企业。

3. 实施程序

第十八条 清洁发展机制项目申请及审批程序：

1）在中国境内申请实施清洁发展机制项目的中资和中资控股企业、以及国外合作方应当向国家发展和改革委员会提出申请，有关部门和地方政府可以组织企业提出申请，并提交第十二条规定的项目文件。

2）国家发展和改革委员会委托有关机构，对申请项目组织专家评审，时间不超过三十日。

3）国家发展和改革委员会将专家审评合格的项目提交项目审核理事会审核。

4）对项目审核理事会审核通过的项目，由国家发展和改革委员会会同科学技术部和外交部办理批准手续。

5）从项目受理之日起，国家发展和改革委员会在二十日之内（不含专家评审的时间）作出是否予以批准的决定。二十日内不能作出决定的，经本行政机关负责人批准，可以延长十日，并将延长期限的理由告知申请人。

6）实施机构邀请经营实体对项目设计文件进行独立评估，并将评估合格的项目报清洁发展机制执行理事会登记注册。

7）实施机构在接到清洁发展机制执行理事会批准通知后，应在十日内向国家发展和改革委员会报告执行理事会的批准状况。

第十九条 具体工程建设项目的审批程序和审批权限，按国家有关规定办理。

第二十条 清洁发展机制项目的实施、监督和核查程序：

1）实施机构按照有关规定负责向国家发展和改革委员会和经营实体提交项目实施和监测报告。

2）为保证清洁发展机制项目实施的质量，国家发展和改革委员会有权对清洁发展机制项目的实施进行监督。

3）经营实体对清洁发展机制项目产生的减排量进行核实和证明，将核证的温室气体减排量及其他有关情况向清洁发展机制执行理事会报告，经其批准签发后，由清洁发展机制执行理事会进行核证的温室气体减排量的登记和转让，并通知参加清洁发展机制项目合作的参与方。

4）国家发展和改革委员会或受其委托机构将经清洁发展机制执行理事会登记注册的清洁发展机制项目产生的核证的温室气体减排量登记。

4. 其他

第二十四条　清洁发展机制项目因转让温室气体减排量所获得的收益归中国政府和实施项目的企业所有。分配比例如下：

1）氢氟碳化物（HFC）和全氟碳化物（PFC）类项目，国家收取转让温室气体减排量转让额的65%。

2）氧化亚氮（N_2O）类项目，国家收取转让温室气体减排量转让额的30%。

3）本《办法》第四条规定的重点领域以及植树造林小项目等类清洁发展机制项目，国家收取转让温室气体减排量转让额的2%。

中国政府从清洁发展机制项目收取的费用，用于支持与气候变化相关的活动。具体收取费用及其使用办法，由财政部会同国家发展和改革委员会等有关部门另行制定。

4）本条不适用于2005年10月12日之前已经由中国政府出具批准函的项目。

8.3.3　中国实施清洁发展机制的现实意义

中国实施清洁发展机制可满足中国可持续发展的基本要求。伴随着经济的快速增长，资源大量消耗、生态破坏的问题日益突显，建立资源节约型、环境友好型社会成为我国可持续发展的基本要求。清洁发展机制既可以满足我国可持续发展的基本要求，为参与国际环境合作提供了一个全方位、多层级的合作契机，同时也为实施我国可持续发展战略提供了一个新的视角。

中国实施清洁发展机制为中国经济发展赢取先机。中国在国际环境下为清洁发展机制不懈努力的过程中，为中国赢取了主要发展中国家的主导地位，同时也为中国自身的经济发展赢取先机。2004年12月《京都议定书》生效并把清洁发展机制带入中国的同时，也为中国带来了包含多个国家的CDM项目的合作。在CDM项目下，中国既能保持较高的经济增长速度，又能通过节能环保技术提高经济效益，在带动中国经济增长方式良好转变的同时也为加快西部地区的开发吸引到大量的外商投资。

中国实施清洁发展机制有助于中国经济发展和实现可持续发展的协调统一。清洁发展机制实施的同时也对经济发展和实现可持续发展协调提出了新的要求。一方面中国加入清洁发展机制后，要对清洁发展机制的方法学、体制、影响及对策进行积极的发展与创新。另一方面，为了清洁发展机制在中国更好地推广与发展，中国也要加强自身能力建设，做好市场、技术和管理体制等方面的准备。这样，既推动了清洁发展机制在中国的大力发展，也推动了中国经济发展和实现可持续发展的协调统一。2005年10月，中国颁布了《清洁发展机制项目运行管理办法》，作为CDM项目运行和管理的基本法律依据。其中第六条规定，开展清洁发展机制项目应符合中国的法律法规和可持续发展战略、政策，以及国民经济和社会发展规划的总体要求。由此可见，清洁发展机制的实施对于中国来说有着全方位的推动作用。

8.3.4 中国实施清洁发展机制所面临的问题

我国 CDM 的开发起步阶段迟于印度、智利、巴西等发展中国家，而且宣传力度并不够，对项目企业、中介服务机构在政策上的鼓励和支持也远远不够，对作为 CDM 项目实施主体的项目业主而言，复杂的规则和程序可能构成他们积极参与 CDM 项目开发的障碍，所以帮助企业了解 CDM 项目实施的方法、并寻找合适的资金来源和对 CDM 项目感兴趣的赞助者是至关重要的。

针对中国实施清洁发展机制所面临的问题，提出了一种基于清洁发展机制的企业节能减排融资方法。企业尤其是中、小型企业的节能项目难以实施的一个重要原因是融资难，而清洁发展机制这一减排承诺履约机制的快速发展，为企业开启了一条节能减排项目融资的新途径。

基于清洁发展机制的企业节能减排项目融资模式，在传统的融资模式中加入了一个新的相关者——排放权买家，且排放权买家与实施节能减排项目的企业处于同一减排交易体系。以此为前提，企业通过节能减排项目产生的排放权节余才能对排放权买家产生实际价值。

基于清洁发展机制的企业节能减排项目融资模式如图 8-3 所示。在此模式下企业可以采用两种方式进行融资。

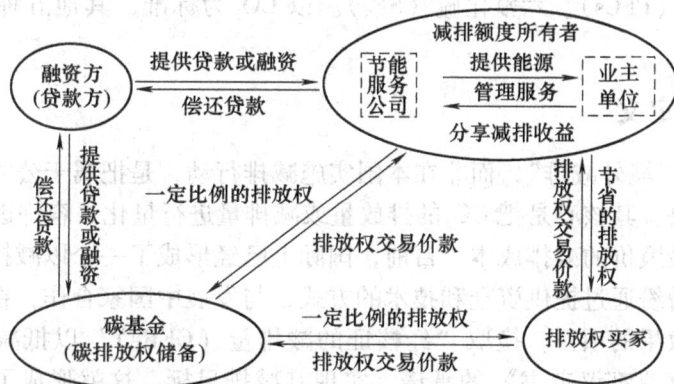

图 8-3 基于清洁发展机制的企业节能减排项目融资模式结构图

第一种方式是企业可以在项目建设期前通过"期货"或者"远期合约"的形式将与预期减排量相同的排放权一次性交易给排放权需求方，或者在排放权市场上进行衍生交易融资。同时，企业在考虑排放权交易市场上的交易成本之后，可以在碳基金等排放权储备单位或专门从事排放投资的中介机构进行排放权的交易或所有权的转让，从而获得利益，所有款项可供减排项目建设使用。排放权储备企业或专门从事排放投资的中介机构将从各方面交易得来的排放权进行统筹，用所拥有的排放权在排放市场上进行一系列的衍生交易从而获得收益。这种方式的优点在于：企业在减排项目实施期之前，就将预期减排额度进行交易，实现资金回收，故筹集资金相对较多，而且这部分资金可用于减排项目的实施。缺点在于：由于是以"期货"形式售出排放权，由于资金的时间价值，排放权价格相对较低，且排放权在减排项目产生减排效益之前就已卖出，如果减排效果不佳，企业就将承担项目减排效果不佳而引起的违约风险。

第二种方式是企业在节能减排项目实施完成后，确认实际完成的减排额度。以现货方式，分阶段将等量的排放额度进行交易，从而获得与确认的减排额度相当的当期权益。这种方式的优点在于：企业所交易的排放配额是节能减排项目的实际运行完成并经过核证认可的减排量，排放权价格相对较高，且融资风险相对较小，企业不会产生因减排项目实施不力而承担风险。缺点在于：企业通过排放权交易获得的收益仅能实现减排项目成本回收，没有在财务上对减排项目的建设期产生帮助，不能缓解减排项目实施期的资金问题。

基于清洁发展机制的节能减排项融资是一种特殊领域的项目融资。随着基于清洁发展机制项目融资研究的推进和具体项目实践的不断深入，基于清洁发展机制的企业节能减排将具有广阔的前景。同时，由于清洁发展机制项目融资是一种特殊领域的项目融资，融资问题是决定许多项目启动与否和未来权益分配的关键因素，涉及各方面的具体环节，有待于专家学者的进一步研究完善。

8.4   碳交易

碳交易是建立在《京都议定书》基础上的一种温室气体减排交易。《京都议定书》首先确定了温室气体的种类：二氧化碳（CO_2）、甲烷（CH_4）、氧化亚氮（N_2O）、氢氟碳化物（HFCs）、全氟化碳（PFCs）、六氟化硫（SF_6）。以 CO_2 为标准，其他五种温室气体折算成 CO_2 当量进行交易。

8.4.1   碳交易的定义

CDM 的特点是"境外减排"，而非在本国实施减排行动，是把属于公共物品的环境问题用市场手段加以解决，其核心是把 CO_2 的排放量或减排量进行量化，容许进行市场买卖和交易，引导企业获得最廉价的减排成本。目前，国际上已经形成了一个以减排温室气体为商品的市场。发达国家纷纷通过提供资金和技术的方式，与发展中国家合作，在发展中国家实施具有温室气体减排效果的项目，换取"经核证的减排量（CERs）"以抵减本国温室气体减排义务，用于履行《京都议定书》的承诺，实现其减排目标，这就形成了一种交易。由于在《京都议定书》规定须减排的 6 种温室气体中（二氧化碳、甲烷、氧化亚氮、氢氟碳化物、全氟化碳、六氟化硫）以二氧化碳为最大宗，所以国际上将其称为碳交易市场。简单地说，就是"资金 + 技术"换取"碳排放权"的交易。

8.4.2   碳交易产生的原因

气候变化的威胁已经日益引起社会各界的重视。1988 年，世界气象组织和联合国环境规划署成立了一个政府间气候变化委员会（IPCC），负责组织全世界的科学家编制全球气候变化评估报告。截止到目前，IPCC 分别在 1990 年、1995 年、2001 年和 2007 年发布了 4 次评估报告。在 IPCC 首次评估报告发布之后，联合国于 1990 年 12 月着手制定《联合国气候变化框架公约》，该公约于 1992 年完成，1994 年正式生效。1997 年通过了《京都议定书》，作为公约的重要补充。

《京都议定书》要求发达国家在 2008 ~ 2012 年的承诺期内，温室气体排放量在 1990 年的基础上平均减少 5%，其中欧盟 8%，美国 7%，日本 6%。由于减排的成本不同，发达国家的能源利用效率高，能源结构优化，新的能源技术被大量采用，其减排的边际成本很高，难度较大；而发展中国家，能源效率低，能源结构不够优化，新能源技术有待开发和引进，减排空间大，其减排的边际成本较低，每吨成本只有十几美元，减排边际效益是递增的。这就导致了同一减排单位在不同国家之间存在着不同的成本，形成了高价差。这种巨大的减排成本差异，成为碳减排和交易的内在动力。

8.4.3 碳交易市场的几种机制

根据《京都议定书》的规定，发达国家履行温室气体减排义务时可以采取 3 种在"境外减排"的灵活机制。其一是联合履约（JI），指发达国家之间通过项目的合作，转让其实现的减排单位（EUR）；其二是清洁发展机制，指发达国家提供资金和技术，与发展中国家开展项目合作，实现"经核证的减排量"，大幅度降低其在国内实现减排所需的费用；其三是排放贸易（ET），发达国家将其超额完成的减排义务指标，以贸易方式（而不是项目合作的方式）直接转让给另外一个未能完成减排义务的发达国家。

除了上述强制性的机制之外，还有一个自愿减排的市场。这个市场相对比较宽松，主要是一些比较大的公司或者机构，由于自身宣传和履行社会责任的需要，购买一些减排量来抵消其日常经营和活动的排放。这个市场的参与者主要是一些大公司，也有一些个人。比如，中央电视台主持人芮成钢就曾经购买过一定的减排量，来抵消他一年开车产生的二氧化碳排放量。

欧盟在碳交易中的表现最为抢眼。2005 年 1 月 1 日，在《京都议定书》正式生效之前，欧盟排污权交易体系（EUETS）正式启动。其中规定，欧盟 27 国的厂商必须符合 EUETS 规定的二氧化碳减排标准，如减排量超标，就可卖出称为"欧盟排碳配额（EUA）"的二氧化碳排放权；反之，如果减排没达标，就必须从市场购买相应配额的排放权。目前，这一体系的实施已经进入了第二阶段，总体趋势是加紧了排放限制，配额总量少于第一阶段，并试图覆盖到更多的行业中去。

8.4.4 基于清洁发展机制的国际碳交易市场

随着《京都议定书》的生效，国际碳交易市场已经非常活跃，其交易额已达每年上百亿美元，其中，以 CDM 为主的碳交易是主要手段。《京都议定书》的目标是全球在 2012 年减少 50 亿 t 的 CO_2 排放，而联合国则认为其中至少有一半必须依赖以 CDM 为主的碳交易市场来实现。据世界银行日前发表的一份报告显示，2007 年，全球碳排放权交易总额达 640 亿美元，比上一年翻了一番，而且预计全球 CO_2 交易的需求量在 2010 年前将达到每年 7～13 亿 t，交易额将高达 140～650 亿美元。而且 CDM 项目的减排量主要来自非 CO_2 气体，如 HFC 和 N_2O 减排量占减排总量的一半以上。

中国作为最大的卖方市场，占据了全球大约 1/4 份额的碳排放交易市场，深受欧美等发达国家公司的青睐。2005 年，日本三家公司联手进行中国温室气体排放权交易，换算成 CO_2 的质量，这三家公司自 2007 年开始的 7 年内将获得 4000 万 t 的排放权，这是当时世界上最大规模的排放指标。此外，在其余国家中，巴西和印度的份额最大，其次是非洲。但投资 CDM 计划的世界银行碳融资部门表示，非洲国家虽然比其他国家参与碳市场晚一些，但前景越来越大。目前，世行的碳融资部门大约有 17% 的项目都在非洲，其中肯尼亚成为非洲碳市场中的主要贸易者之一。

8.4.5 中国碳市场的机遇与挑战

我国已于 1998 年 5 月签署、并于 2002 年 5 月批准了《京都议定书》，是 CDM 项目的合法参与者。中国作为最大的发展中国家和仅次于美国的温室气体第二排放大国（占全球排放总量的 13%），在国际气候合作中具有重要地位，但也面临着越来越大的国际压力。由于人均碳排放量远低于世界平均水平，且又是发展中国家，因此在第一承诺期间履行无约束的减排义务。虽然目前我国不必承担国际减排义务，但在 2012 年《京都议定书》到期后的"后京都议定书"时代，尤其是（据估计）在 2025 年前后，中国 CO_2 排放量将超过美国。因此，中国将有可能面临碳排放指标的严峻考验。同时，中国作为最大的卖方市场，占据了全球大约 1/4 份额的碳排放交易市场，深受欧美等发达国家公司的青睐，又有着不可多得的机遇。

1. 中国碳市场的时代机遇

目前，全球碳排放交易市场规模为 600 亿美元左右，未来这个市场规模可达到 2000 ~ 2500 亿美元。而中国作为最大的卖方市场，目前占据着这个市场 1/4 的份额，即 150 亿美元的商机，是《京都议定书》的最大受益者。我国有大量可进行碳市场交易的项目，目前主要分布在新能源与可再生能源的开发和利用、城市生活垃圾处理处置、工业气体减排、造林与再造林等领域。其中，化工企业将在碳交易中占有最大份额，尤其是针对工业气体减排项目中的制冷剂产品 HFC，因为全球多数产生 HFC 的工厂都在中国。

2. 新能源、可再生能源带给中国碳市场的机遇

我国国土面积辽阔，各种能源蕴藏量都十分丰富，而且目前世界能源消费结构正向以清洁能源为未来主要消费能源的方向发展。因此，新能源和可再生能源对现有能源的替换是中国面临的一个重要课题。其中，利用可再生能源发电是我国引进 CDM 项目的优先及主要领域之一，包括风能、水能、生物质能等能源的开发和利用。

内蒙古辉腾锡勒风电场项目，作为中国第一个 CDM 项目，已经正式获得联合国批准。其装机容量为 34.5MW，总投资 1737.7 万美元，利用当地的风能来生产可再生能源电力，并将生产出的电量通过购电协议的形式销售给蒙西电网。该项目 10 年可减少同等火力发电站燃煤所产生的 600 248 t CO_2 排放量，该排放量已经通过论证和批准，将在正式发电后通过 CDM 信用额购买计划销售给荷兰政府，采购定价为 5.4 欧元/t CO_2。此外，可再生能源发电的 CDM 项目还有张北满井 45MW 风电场项目、甘肃张掖小孤山 98 MW 水电项目、宁夏贺兰山 111.9MW 风力发电项目等。

3. 城市生活垃圾处理和处置带给中国碳市场的机遇

随着我国城市生活水平的提高，我国城市生活垃圾产量迅速增加，预计到 2015 年我国城市生活垃圾产量将达到 1.8×10^8 t。而在我国，有 90% 左右的垃圾是采用填埋处理方式，因此会产生大量的垃圾填埋气体，而且这些填埋气可以作为较清洁能源和替代燃料使用。但是我国目前城市生活垃圾多数是简易填埋，并无配套的填埋其他收集装置，因此，非常需要参与 CDM 项目，从国外引进先进技术与设备，通过融资手段以改进国内城市生活垃圾处理现状。

北京安定填埋场填埋气收集与利用项目是已由国家发改委批准的项目，目的是收集北京

市安定垃圾填埋场产生的填埋气，发动机通过燃烧其中的甲烷进行发电，并向电网输送电力。此外，已获批准的项目还有梅州垃圾填埋沼气回收与能源利用项目、南京天井洼垃圾填埋气发电项目等。

4. 造林与再造林带给中国碳市场的机遇

全球第一个按照《京都议定书》CDM规则的造林与再造林碳汇项目落户广西。2006年6月30日，广西环江县兴林营林有限责任公司与生物碳基金托管机构国际复兴开发银行签订了《中国广西珠江流域再造林项目》碳减排量购买协议，标志着该项目正式实施。该项目所使用的基线方法学和监测方法学是全球第一个获得CDM执行理事会批准的CDM造林与再造林方法学。造林与再造林CDM项目的开展，不仅可以引入国外资金，还可以引起先进的林业管理技术，有利于我国林业的发展，因此造林与再造林也为我国CDM项目提供了很大的碳市场。

5. 中国碳市场面临的挑战

目前我国的碳交易市场尚处于起步阶段，但我国在国际上同样承担着减排责任的重担。而相关专家曾表示，发达国家在2012年要完成50亿t温室气体的减排目标。并且欧盟提出了未来几年温室气体的减排目标，即2020年的温室气体排放水平要在1990年的基础上减少20%~30%。日本新当选的鸠山内阁提出，日本2020年的温室气体排放量将在1990年的基础上减少25%。虽然我国在自愿减排国家行列之中，但是目前我国还尚处经济高速发展的阶段，即使减排率很低，也会极大地影响GDP的增长。因此，必须协调好中国碳市场发展与经济发展在走可持续发展道路的前提下的关系，找到最适平衡点。另外，我国的碳排放交易应着眼于换技术。在碳交易市场，资金的引入固然重要，既然我国履行了减排任务，就要在碳交易中最大程度地控制因减排带来的GDP的损失，但是更加不能忽视技术的引进，我国的碳排放交易应当立意高远，着眼于从CDM项目中以排放指标换取国外先进的节能减排和新能源的高新技术。

6. 结语

中国一直在认真履行《气候变化框架公约》并积极促进《京都议定书》的生效。这些努力与中国完成国内发展目标的努力密切相关。中国正在实施国民经济和社会发展第十二个五年计划，实施可持续发展战略已经成为中国实现自己社会经济发展目标的重要考虑。继续保持较高的经济增长速度，通过节能降耗、提高经济效益来实现经济增长方式的转变，进一步扩大对外开放，改善利用外资的效果，引进人才和技术，大力加强能源、交通等基础设施建设，加强环境保护和生态建设，加快农村和边远地区的经济发展，特别是加快西部地区的开发速度，这些都将成为今后很长一段时间内中国社会经济发展目标的重要组成部分。而实施CDM项目，不但可以帮助附件I缔约方以较低的成本实现其承诺的温室气体削减或控制目标，而且同时在很大程度上也符合中国实施可持续发展战略的要求。

中国是温室气体减排潜力较大的发展中国家之一，加之具有良好的投资环境，开展CDM合作的市场前景广阔，为主要的发达国家所看好。同时，CDM也有助于先进技术在发达国家与发展中国家流动。目前，我国很多企业还普遍存在技术、工艺、设备十分落后的弊端，因此CDM项目的开发无疑是对提高和改造原有技术水平的一个广阔的应用前景，将会大大推动各项技术的发展。另外，如果CDM能够得到很好的利用，将有可能成为吸引技术含量高、结构更加合理的外商直接投资的新渠道，促进中国的可持续发展。随着中国加入

WTO，中国将更加深刻地融入世界政治经济体系，更加广泛地参与包括防止全球气候变化在内的国际事务。在这种形势下，除了进一步开展对 CDM 的方法学、体制、影响及对策的研究外，加强能力建设、做好市场、技术和管理体制的准备，对于把握住 CDM 的国际合作机会、促进中国的可持续发展更为重要。因此，着手考虑建立中国 CDM 运行管理机制已势在必行。

参 考 文 献

[1] 马智杰，王伊琨. 气候变化与清洁发展机制（一）[J]. 中国水能及电气化，2012 (6)：70-71.

[2] 马林. 清洁发展机制解析 [J]. 认证技术，2012 (4)：48-50.

[3] 岳一凡. 《京都议定书》之清洁发展机制的研究 [J]. 商品与质量，2011 (SA)：139.

[4] 史玉成，杨睿. 清洁发展机制中政府环境责任的完善 [J]. 西部法学评论，2012 (5)：67-72.

[5] 杨钊，孙彤. 基于清洁发展机制的企业节能减排项目融资方法创新 [J]. 企业经济，2012 (10)：18-21.

[6] 马智杰，王伊琨. 气候变化与清洁发展机制（二）[J]. 中国水能及电气化，2012 (7)：56-57.

[7] 宋健. 全球碳交易分析及对我国的借鉴 [J]. 武汉金融，2013 (1)：44-49.

[8] 郭仕聪. 清洁发展机制与碳交易市场 [J]. 广东化工，2011 (6)：145-149.

第9章 企业能源审计

9.1 能源审计的定义及发展

9.1.1 能源审计的定义

能源审计是审计单位依据国家有关的节能法规和标准，对企业和其他用能单位能源利用的物理过程和财务过程进行的检验、核查和分析评价。它是建立在一定的财务经济责任关系基础上的一种经济监督或公证证明的职能工作，是一种加强企业能源科学管理和节约能源的有效手段和方法，具有很强的监督与管理作用。能源审计是由独立的审计人对被审计人在履行能源管理的财务经济责任的情况时所进行的审查、判断、评价，并向审计授权人或委托人提出报告的一系列行为，它包括运用财务收支的各种经济手段，反映能源在财务、经营、管理各个环节的所有问题。

企业的能源审计可以同人的体检类比，它是专业人员借助一定的手段和工具，对企业的用能状况进行的检查，以便判断企业用能是否合理，是否存在问题，存在什么样的问题等。能源审计本身并不能给企业带来直接的节能效果，但是它能发现问题，而根据能源审计报告的相关结论所制定的节能整改意见或节能规划等（类似于医生根据个人体检报告发现的问题而开出的处方）也不能给企业带来直接的节能效果。但是企业若按照能源审计报告中的建议和节能规划进行相应的整改，则必将取得预计的节能效果。

9.1.2 能源审计的由来

1）能源审计是 20 世纪 70 年代后期在美国、欧洲等工业发达国家发展起来的一个新鲜事物。

2）20 世纪 70 年代的能源危机，使各工业发达国家认识到提高能源利用效率、减少能耗的必要性。并最初在公共财政支持的耗能用户中，实施由政府资助的节能改造项目。由此产生几个问题：如何确定这些耗能单位的能源利用效率，如何确定这些政府资助的节能改造项目所取得的节能量，谁有资格获取政府的相关资助等。

3）在国外资料中，对能源审计有较详细的记载的文献是 1977 年美国联邦政府薄记（Federal Register）42 卷 25 号（1977 年 6 月 29 日），其中最早正式使用了能源审计这一术语，并论述了能源审计的程序，把它作为实施"节能补助计划"的一项要求，规定每个州的能源办公室在取得节能财政援助资格时必须提出一个节能计划附录。这个附录应当把鼓励与实施建筑和企业的能源审计作为三项主要节能任务之一。把它看成是取得融资资格和财政援助担保条件。1980 年美国能源工程师协会 ABert Thuman 主编的《能源审计手册》的第一版发行以来，到 1998 年已经出版发行了第五版，ABert Thuman 估计，美国有 9000 以上的节能从业人员在进行能源审计。

9.1.3 能源审计的发展

近 20 年来能源审计的概念已经发生了很大的变化，当初能源审计是学校和医院等实行节能技术援助计划的组成部分。为了获得有效的资金支持，需要有能源审计来确定节能潜力和确定实施节能项目的优先顺序。

当进入新千年的时候，能源审计的作用已经大大地扩展了。今天许多的能源消费者正在与节能服务机构签订实施节能项目的合同，这种形势下无论是建立能源使用状况的基准和量化实施节能项目的效果都需要进行能源审计，正确而完整的能源审计是评价与检验项目是否成功并满足合同签约各方权利和义务的基本评估工具与方法，也即转变为广大企业愿意接收的节能服务的方式。一些西方工业发达国家和国际经合组织、金融机构、美国、英国、联合国开发计划署（UNDP）、亚太经社理事会（ESCAP）、亚洲开发银行（ADB）、欧盟（EC）等，都把能源审计作为寻求节能机会、安排节能项目、取得节能贷款的条件，或用来改进企业能源管理的重要手段和方法。

二十世纪七八十年代以来，美国、英国、联合国开发计划署、亚太经社理事会、亚洲开发银行、欧盟等西方发达国家和国际经合组织都逐步开展了能源审计，主要是安排节能项目以及取得节能贷款的企业必须进行能源审计，这样用以确定节能项目的节能效益，提高节能资金的使用效率。英国利用能源审计调查行业和企业能源利用状况；挪威和瑞利进行了"能源环境"审计；丹麦、荷兰、韩国、日本也都进行了能源审计；美国杜邦公司有 35 名专家常年从事本公司在全球各地子公司的能源审计。

在国外众多开展能源审计的国家中，英国的能源审计工作开展得最具特色，规模也最大。20 世纪 70 年代以来，英国政府制定和实施了多次推进节能的政府计划，他们把能源审计作为一项基础性工作，并给予了大量的资金补助。由于能源审计既是政府掌握能源使用方面的信息进行宏观指导的依据，又是企业申请示范项目或其他节能补助的有效依据，且又没有给企业增加其他负担，所以能源审计深受企业的欢迎，政府也对这一工作评价很高，社会舆论很好。在 20 世纪 80 年代，全英国九万多家企业中，有四万多家企业进行了初步能源审计，其中有两千多家企业还进行了详细能源审计。同时，能源审计动员了广大的社会节能技术力量，能源审计期间培训了成千上万的能源经理。英国能源部认为，正是由于进行了大规模的能源审计，才使得英国在经济有一定增长的情况下国内能源消费量却逐年有所下降。除英国外，美国、法国、荷兰等西方国家都在不同程度上开展了类似的工作，日本进行类似的工作称"能源诊断"，世界银行、亚洲开发银行都把能源审计的结果作为争取到援助项目或工业节能贷款项目的先决条件。

能源审计的概念正式引入中国是在 1982 年的中国—欧洲经济共同体节能技术学习班上。企业能源审计这一名词首次介绍到中国便引起了我国政府节能管理部门的重视。原国家经贸委在 20 世纪 80 年代中后期组织全国各省、市、自治区的有关节能管理人员，举办了企业能源审计培训班，并确定河南、山东两省作为我国的首批企业能源审计试点省。

1989 年中国政府与亚洲开发银行签署了开展企业能源审计的工业节能技术援助协议（TA-1021），由国家计委组织中国专家与国际专家合作在纺织、造纸、炼油、水泥和化肥等五个行业的试点工厂开展了企业能源审计，并获得 1.06 亿美元的节能技术贷款。除包括企业能源管理评价、产品能耗校核、节能效果审定外，以节能潜力分析、节能措施诊断、节能措施经济评价、国际节能贷款的可行性为重点审计对象。这是中国首次成功开展的大型能源审计活动，历时 3 年，为寻求适合中国市场经济特点的能源审计方法提供了有价值的经验。1994 年亚行援华工业节能项目（TA-2087）又对八个工厂进行了能源审计，并贷款 1.87 亿美元进行节能技术改造。

1997 年，国家批准了第一个能源审计相关标准：GB/T 17166—1997《企业能源审计技术通则》，并于 1998 年 10 月 1 日正式实施。国内一些专家学者也相继出版了一些企业能源审计的论著，有效地促进了企业能源审计工作的开展，对加强能源量化管理、完善标准、强化考核，都发挥了很大作用。

但是随着政企分开的改革、市场化取向的加强，以及 20 世纪 90 年代中期我国的能源供求形势发生的变化，使国家放松了对节能的管理，1993 年以后也基本上停止了由政府主导的能源审计活动。

2003 年以来，我国的能源供求形势再次发生了转变，各种能源供应再度紧张。政府针对形势变化，及时调整了能源政策，在中共十六届五中全会的决议中，明确了政府对节能工作的量化指标，并列入了国民经济"十一五"规划的考核指标。

为了落实政府的目标，国家发改委等五部门在 2006 年 4 月制定并下发了《千家企业节能行动实施方案》，决定在全国钢铁、有色金属、煤炭、电力、石油石化、化工、建材、纺织和造纸等 9 个重点耗能行业，组织开展企业能源审计和编制节能规划的工作，并要求在年内完成（后延期至 2007 年 3 月底完成）。

各省、市、自治区政府节能管理部门，依据国家发改委的相关经验，在 2006 年和 2007 年也制订并下发了相关的文件，要求对区域内的主要耗能的工业企业进行能源审计，至此能源审计工作在全国快速、全面地开展起来。

9.1.4　我国企业能源审计的运行机制

在经济体制转型时期由政府主导的能源审计仍然是克服市场障碍的有效工具，关键是要进行运作机制的深化改革，使它更适应经济体制改革的要求。具体来说应向以下几个方面转变：

1）由政府强制性能源审计改为政府引导，企业自愿性能源审计。政企分开和民营企业的发展，强制性能源审计已经失去了运作的基础，也与市场经济原则相悖。

2）由免费审计改为收费审计，由示范案例性质的能源审计改为大范围审计，使耗能单位愿意接受能源审计这种能源管理手段，并减轻国家的负担。

3）由以节能量为基础的能源审计改为以节能成本效益为中心的能源审计，这样才能发挥耗能单位进行节能技术改造的积极性。

4）能源审计要与政府的激励政策相结合。政府应鼓励企业自愿性的能源审计，应参照外国政府和一些国际金融机构的做法，将政府的优惠财税政策和资助项目、银行的优惠贷款等与企业能源审计相结合起来，一来提高企业的积极性，二来也显示政府的公正。

随着政府职能的转变，并参照外国相关的管理模式，政府委托有资质的节能服务公司代理能源审计和节能服务职能，从而实现政府的间接用能监控，这也就意味着节能服务走向了市场化。

企业能源审计的收费是必然的，收费的标准一般以审计成本收费和利润为依据。由于能源审计是一项技术性非常强的专业工作，不同审计单位进行的能源审计其质量将会有较大差别，因此，即使是同一个企业，不同的审计单位的报价也会有较大差别。

9.1.5 我国开展企业能源审计的重要性

我国正处于工业化、城镇化加快发展的重要阶段，能源已成为当今制约经济社会发展的主要瓶颈。在能源供求关系偏紧的同时，由于增长方式粗放，结构调整进展缓慢，一些高耗能行业发展较快，使我国单位 GDP 能源消耗比世界平均水平高出许多。比如，我国能源消费中工业企业占消费总量的 78.8%，主要集中在供热、钢铁、有色金属、建材、化工、炼油等行业，而这些行业的能源利用率平均在 30% ~ 35%，与较发达国家的能源利用水平有很大的差距。因此提高这些行业的能源利用水平是节能工作中的重中之重。而能源审计正是调查企业节能潜力所在的有效手段，是企业节能降耗、提高市场竞争力和减少污染、改善环境不可或缺的一环。

企业能源审计是一套集企业能源核算系统、合理用能的评价体系和企业能源利用状况审核考察机制为一体的科学方法，它科学规范地对用能单位能源利用状况进行定量分析，对企业能源利用效率、消耗水平、能源经济与环境效果进行审计、监测、诊断和评价，从而寻求节能潜力与机会。企业能源审计是政府的一项重要监督职能，通过企业能源审计，政府对重点用能企业的用能进行监督，为政府制定能源、经济乃至政治决策、规划提供依据。

企业通过能源审计可以掌握本企业能源管理状况及用能水平，排查节能障碍和浪费环节，寻找节能机会与潜力，以降低生产成本、合理配置资源、节能降耗、提高能效、提高经济效益。所以企业能源审计方法既适用于政府对企业用能的宏观监督与管理，也适用于企业对能源和物料的合理配置使用，节能降耗、降低成本、提高能效。企业能源审计也是企业获得政府节能贷款（包括国际援助基金）和相关优惠能源政策的必要条件。

能源审计是一种专业性的审计活动，它为节能管理提供了一种有效的评价方法与模式。政府通过能源审计对用能大户进行监管，达到合理使用资源、节约能源、保护环境、持续发展经济的目的；企业通过能源审计实现科学用能管理、节约能源、降低成本、增强竞争力的效果。

通过能源审计不仅可以摸清企业家底，找到能耗居高不下的根源，从而降低成本、提升效益，而且，还能为企业今后的能源管理培养专门人才。

9.2 能源审计的作用和分类

9.2.1 能源审计的作用

企业能源审计是一种加强企业能源科学管理和节约能源的有效手段和方法，具有很强的监督与管理作用。

政府通过能源审计，可以准确合理地分析与评价本地区和企业的能源利用状况和水平，以实现对企业能源消耗情况的监督管理，保证国家能源的合理配置与使用，提高能源利用效率，节约能源，保护环境，持续地发展经济。

企业通过能源审计可以使企业的生产组织者、管理者、使用者及时分析并掌握企业能源管理水平及用能状况，排查问题和薄弱环节，挖掘节能潜力，寻找节能方向，降低能源消耗和生产成本，提高经济效益。

从这个意义上来说，企业能源审计方法适用于国家对企业用能的监督与管理，也适用于企业内部进行能源管理与监督。

企业能源审计是政府的一项重要监督职能，政府依据审计结果对企业的节能工作进行表彰和奖惩。另外，企业能源审计结果是政府制定能源决策、规划和政策的重要依据。2006年各地方政府与中央政府都签订了节能目标责任书，各重点耗能企业也与当地政府签订了节能目标责任书，能源审计正是考核目标责任的主要手段。

企业能源审计是由节能主管部门授权的能源审计机构和具有资格的能源审计人员依据国家节能法规和标准，对企业的能源利用状况进行审核与评价，所以具有很强的合法性、科学性与独立性。能源审计的结论既可以作为企业获得政府节能贷款（包括国际援助基金）和相关优惠能源政策的必要条件，也可以作为节能服务公司为用能单位实施节能技术改造项目后确定节能量的标准。

在政府未来的差别能源价格政策中，企业能源审计的结论是企业享受差别能源价格的重要依据。

企业通过能源审计可以使企业的生产组织者、管理者真实地了解本企业的能源利用状况、能源管理水平以及存在的薄弱环节，不断地降低能源消耗和生产成本，达到提高能源管理水平和经济效益的目的。

开展企业能源审计，对政府来说，是节能管理的很好手段；对企业来说，是节能降耗的有效手段；对节能技术服务行业来说，具有在新形势下寻找新的工作出路、开辟新的节能服务领域、不断提高节能技术服务工作档次和水平，更好地为企业和政府做好"两个服务"的作用。

随着我国社会主义市场经济体制的建立与完善，能源审计作为推进节能与提高能效的有效手段，其在推动节约型社会建设方面的意义是巨大的。能源审计有助于形成全社会共同节约能源的机制，调动各个微观主体节能的积极性。能源审计工作的加强必将对节能工作起到更加积极的促进作用。

9.2.2　能源审计的分类

随着企业的规模、性质和能源管理系统的复杂程度不同，能源审计的对象、范围、内容、目的、期间等的不同，特别是由于能源审计的目的不同，能源审计工作的深度与侧重范围也就不同。

能源审计一般分为初步能源审计（PEA）、全面能源审计（DEA）和专项能源审计（SEA）。限于时间、资金、人力等条件，初步能源审计的对象比较简单，花费时间较短，其主要工作是进行能源管理的调查，对能源数据进行统计与分析；在初步能源审计之后，要对企业用能系统进行更深入的分析与评审，就要进行详细的全面能源审计；如需对重点耗能设备或工序、系统进行能源利用分析，寻找节能机会，提出节能改造方案，则需进行专项能源审计。

1. 初步能源审计

进行能源审计的对象比较简单，花费时间较短，通常只做初步能源审计。这种审计的要求比较简单，只是通过对现场和现有历史统计资料的了解，对能源使用情况仅作一般性的调查，所花费的时间也比较短，一般为 1~2 天，其主要工作包括三个方面：① 对用能单位的主要建筑物情况、供热系统、空调系统、管网系统、照明系统、用水系统以及其他用能设备情况进行调查，掌握用能单位的总体基本情况；② 对用能单位的能源管理状况进行调查，了解用能单位的主要节能管理措施，查找管理上的薄弱环节；③ 对用能单位能源统计数据的审计分析的重点是对主要耗能设备与系统的能耗指标的分析（如供暖、空调、供配电、给水排水等），若发现数据不合理，则需要在全面审计时进行必要的测试，取得较为可靠的基本数据，便于进一步分析与查找设备运转中的问题，提出改进措施。

初步能源审计一方面可以找出明显的节能潜力以及在短期内就可以提高能源效率的简单措施，同时，也为下一步全面能源审计奠定基础。

2. 全面能源审计

对用能系统进行深入全面的分析与评价，就要进行详细的能源审计。这就需要用能单位有比较健全的计量设施，或者在全面审计前安装必要的计量表，全面地采集企业的用能数据，必要时还需进行用能设备的测试工作，以补充一些缺少计量的重要数据，进行用能单位的能源实物量平衡，对重点用能设备或系统进行节能分析，寻找可行的节能项目，提出节能技改方案，并对方案进行经济、技术、环境评价。其审计内容主要是：能源管理系统、能源计量系统、能源消耗和能源利用状况、节能技改项目及各项能耗性能指标的分析评价。

3. 专项能源审计

对初步审计中发现的重点能耗环节，针对性地进行的能源审计称为专项能源审计。在初步能源审计的基础上，可以进一步对该方面或系统进行封闭的测试计算和审计分析，查找出具体的浪费原因，提出具体的节能技改项目和措施，并对其进行定量的经济技术评价分析，也可称为专项能源审计。经常应用的专项能源审计有节能技改项目审计和产品能耗性能指标审计。

（1）节能技措项目审计 其审计内容主要有项目投入总资金、节能量及节能效益、项目其他辅助效益及项目的财务经济分析评价。审计结果可为节能示范项目的验收和推广应用提供客观公正的依据。

（2）产品能耗性能指标审计 其审计内容主要有比较基准期产品的产量、产值和能耗，审计期产品的产量、产值和能耗，生产系统主要耗能设备能源效率，企业产品能耗性能指标的分析评价。审计结果要提出产品能耗变化的原因。

无论开展上述哪种类型的能源审计，均要求能源审计小组应由熟悉节能法律标准、节能监测相关知识、财会、经济管理、工程技术等方面的人员组成，否则能源审计的作用难以充分发挥出来。

9.3 能源审计的原理、方法和程序

9.3.1 能源审计的原理

能源审计是一套科学的、系统的和操作性很强的程序，这套程序引用的原理可概括为：物质和能量守恒原理、能源成本分析原理、分层嵌入原理、反复迭代原理以及穷尽枚举原理。

1. 物质和能量守恒原理

物质和能量守恒是能源审计中最重要的一条原理，是进行能源审计的重要工具。在获得被审计用能单位的资料后，可以测算能源投入量和产品的产量，在此期间建立一种平衡，则将大大有助于弄清用能单位的能源管理水平及其物质能源的流动去向，帮助发现用能单位的能源利用瓶颈所在。物质和能量守恒这种工具是对用能单位用能过程进行定量分析的一种科学方法与手段，是用能单位能源管理中一项基础性工作和重要内容，开展用能单位能源审计必须借助这一原理。其主要包括热力学第一定律、热力学第二定律、卡诺循环与卡诺定理、能量平衡计算等，详细的求解计算过程可参考文献[3]。

2. 能源成本分析原理

根据用能单位消耗能源的种类、数量、热值和价格，计算用能单位的能源成本。能源费用的计算应根据企业能源消耗收支平衡表和能源消耗量表考虑审计期内各购入能源品种的输入、输出、库存及消费关系，只计算用能单位自己消费的部分，其主要包括用能单位总能源费用的计算和单位产品能源产品的计算。

3. 分层嵌入原理

分层嵌入原理是指在能源审计中，能源利用流程的四个环节（购入贮存、加工转换、输送分配、最终使用）都要嵌入能源利用效率低和能源浪费在哪里产生、为什么会产生能源利用效率低和能源浪费、如何解决能源利用效率低和能源浪费这三个层次，在每一个层次中都要嵌入能源、技术工艺、设备、过程控制、管理、员工、产品、废弃能这八个方面。在能源审计的各个阶段都要从四个环节出发，利用三个层次，从八个方面入手弄清位置，找准原因，解决问题。

4. 反复迭代原理

能源审计的过程，是一个反复迭代的过程，即在能源审计的过程中要反复地使用分层嵌入原理。分层嵌入原理这一方法适用于现场考察，也适用于产生节能方案阶段，有的阶段应进行三个层次、八个方面的完整迭代，有的阶段不一定是完整迭代。

5. 穷尽枚举原理

穷尽枚举原理的重点，一是穷尽、二是枚举。所谓穷尽，是指八个方面（能源、技术工艺、设备、过程控制、管理、员工、产品、废弃能）构成了用能单位节能方案的充分必要集合。因此，穷尽枚举原理意味着在每一个阶段、每一个步骤的每一个层次的迭代中，要将八个方面作为这一步骤的切入点。因此，应深化和做好该步骤的工作，切不可合并，也不可跳跃。

要搞好节能，就要了解造成能量损耗和损失的原因、科学用能的基本原则、节能的对策等。掌握能源审计的原理将极大程度地提高能源审计人员的工作质量。

9.3.2 能源审计的方法

1. 企业能源审计的基本方法

企业能源审计的基本方法是依据能量平衡、物质平衡的原理，对企业的能源利用状况进行统计分析，包括企业基本情况调查、生产与管理现场调查、数据搜集与审核汇总、典型系统与设备的运行状况调查、能源与物料的盘存查账等项内容，必要时辅以现场检测，对企业生产经营过程中的投入与产出情况进行全方位的封存审计，分析各个因素影响企业能耗、物耗水平的程度，从而排查出存在的浪费问题和节能潜力，并分析问题产生的原因，有针对性地提出整改措施。具体方法有：产品产量核定方法、能源消耗数据核定方法、能源价格与成本核定方法、企业能源消耗技术经济指标评价分析方法、企业能源利用状况综合评价方法、企业能源管理（管理节能）诊断分析评价方法、装备和工艺技术对标分析评价方法，具体方法的内容见参考文献[2]。

2. 企业能源审计的分析方法

对企业进行能源审计的目的在于通过对企业各种能耗指标的计算分析，查找节能潜力，提出合理化建议，提高企业的经济效益。因此，能源审计查找问题、提出整改意见主要从以下三方面着手。

（1）管理途径　管理途径指合理组织生产经营，合理分配能源和物资以及合理的管理制度等。主要有以下几个方面：杜绝"跑、冒、滴、漏"；合理分配使用资源；节约各种物资消耗量，减少间接能耗；提高产品质量和运输效率，实现规模效益；提高产品质量和运输质量；节约资金占有量；合理组织生产，提高能源利用率；加强管理，提高原材料进厂质量；对新上台的基建项目和技改工程项目必须严把节能关，做好"节能篇"论证，严禁选用淘汰落后的高能耗设备和工艺。

（2）技术途径　通过技术管理，实现节能目标，主要有以下几个方面：淘汰或改造落后的耗能设备；改进落后的工艺；改进和提高操作技能，加强职工业务技能培训；对余热和余能的回收利用；能量的分级利用；加强管网和设备的保温、保冷等。

（3）结构节能　通过对产品、产业结构的调整，合理配置资源，是一条行之有效的节能途径。

9.3.3　能源审计的程序

能源审计程序主要分为以下几个阶段：审计准备、预审计、审计、节能方案产生和筛选、节能方案可行性分析、节能方案的实施、持续能源审计、编写能源审计报告。

审计准备的工作内容主要有审计任务的确定、组建审计工作小组、制订能源审计工作计划、开展宣传教育。

预审计的工作内容主要有现状调研、现场考察、评价能源消耗状况、确定审计重点、设置能源审计目标、提出和实施无费/低费节能方案。

审计的工作内容主要有编制审计重点的工艺流程图和能流图、实测输入能量流、建立能量平衡、分析能源消耗大和损耗大的原因、能源管理状况审计、提出和实施无费/低费节能方案。

节能方案产生和筛选的工作内容主要有征集节能方案、筛选节能方案、研究节能方案、继续实施无费/低费节能方案。

节能方案可行性分析的工作内容主要有节能方案简述、市场预测、技术可行性分析、环境可行性分析、经济可行性分析、确定实施节能方案。

节能方案实施的工作内容主要有制订实施计划、节能方案的实施。

持续能源审计的工作内容主要有建立和完善能源审计的组织机构、建立和完善能源审计的管理制度、制订持续能源审计计划（主要为节能方案实施计划）。

编写能源审计报告的工作内容主要有描述企业生产现状，企业目前能源消耗的位置、数量等；说明能源浪费的原因及对策；客观地总结能源审计所取得的经济效益、社会效果和环境效益，指出存在的问题和今后努力的方向；已实施的节能方案的成果总结；拟实施的能源审计方案的效果预测；是否达到所设置的能源审计目标。

企业能源审计的工作流程如图 9-1 所示。

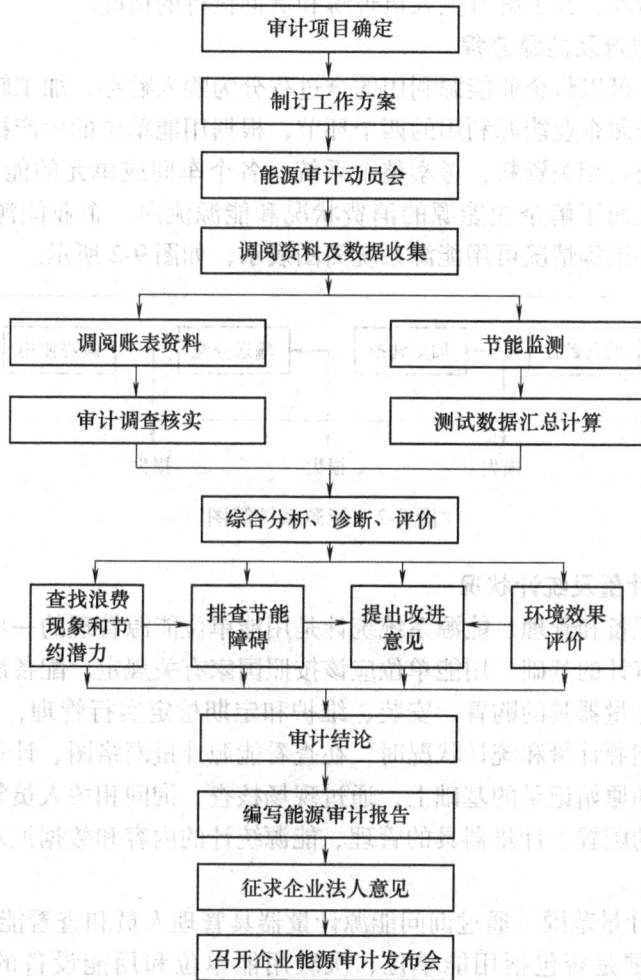

图 9-1　企业能源审计的工作流程

9.4　能源审计的内容

根据企业开展能源审计工作的目的和要求，可以有选择地对企业的能源管理概况、企业的用能概况及能源流程、企业的能源计量及统计状况、能量平衡分析、企业用能设备运行效率计算分析、企业产品综合能源消耗和产值能源消耗指标计算分析、能源成本指标计算分析、节能量和节能潜力的分析、评审节能技改项目的财务和经济分析等部分或全部内容开展能源审计。

根据企业能源审计的目的和要求，可以选择下述部分或全部内容开展能源审计工作：

1. 企业的能源管理概况

能源管理是企业管理的一项重要内容。建立和完善能源管理系统，制定并严格落实各项管理制度，对企业节能降耗、提高效益起着重要的作用。审计时通过座谈、查看管理文件、问询和现场查看的方式，考察有无各项能源管理文件及制定的合理性，根据各项能源管理文件跟踪每一项管理活动，并了解有关人员理解和贯彻执行的情况。

2. 企业的用能概况及能源流程

在能源审计中，可以将企业能源利用的全过程分为购入贮存、加工转换、输送分配、最终使用四个环节，按照企业能源利用的四个环节，根据用能单位的生产机构设置，通过与用能单位人员交流和查看相关资料，考察整个系统、各个车间或单元的能源输入量和输出量，并计算其当量值，从而了解企业能源的消费状况和能源流向。企业能源的输入、贮存、转换、消耗、损失、外销等情况可用能源系统简图表示，如图9-2所示。

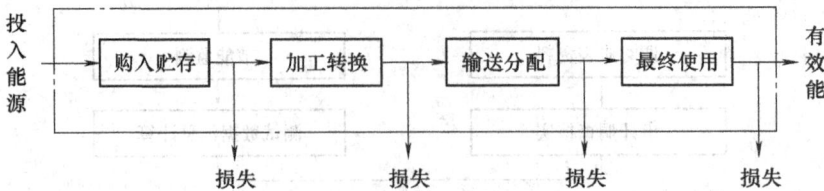

图9-2 能源系统简图

3. 企业的能源计量及统计状况

能源计量仪器配备和管理、能源系统统计是用能单位能源管理的一项重要内容，也是进行能耗分析和能源审计的基础。用能单位应该按照国家有关规定，配备满足管理需要的能源计量器具，对能源计量器具的购置、安装、维护和定期检定实行管理，保证统计数据全面、准确、可靠。审计能源计量和统计状况时，在查看能源计量网络图、计量器具档案、统计计量的各项管理制度和原始记录的基础上，通过现场核查，询问相关人员等方式，审计能源计量范围、计量器具的配置、计量器具的管理、能源统计的内容和数据汇总计算等是否符合相关要求。

（1）审计能源计量范围　通过询问能源计量器具管理人员和查看能源计量器具网络图，审计能源计量的范围是否包括用能单位、次级用能单位和用能设备的输入、输出、使用（消耗）、自产的能源和载能工质及其可回收利用的余热资源等内容。

（2）审计计量器具的配置　用能单位配备的能源计量器具是否充分考虑现行国家标准、行业标准和企业标准的指导作用，并满足生产工艺和使用环境的具体要求。

（3）审计计量器具的管理　查看能源计量管理体系，查看计量器具管理制度，查看能源计量器具一览表，查看能源计量器具档案，查看能源计量器具检定、校准和维修人员是否具有相应的资质，查看用能单位能源计量器具是否有专人管理等。

（4）审计能源统计状况　对用能单位能耗统计系统审计，应从能量流动过程的购入贮存、加工转换、输送分配和最终使用四个环节进行。审计过程中可以将每一个环节分为若干用能单元。审核评价统计的内容、方法、采用的单位和符号及报表形式是否符合标准要求并满足用能单位自身能源管理的要求。主要包括审计能源供入量统计状况、审计能源加工转换统计状况、审计能源输送分配统计状况、审计能源消费统计状况。

4. 能量平衡分析

审计小组应根据用能单位所提供的统计期内能量平衡表或能源消费实物量平衡表（如果用能单位不能提供能量平衡表，应提供能源实物量平衡表），利用有关数据和各项统计数据审查平衡表的正确性。平衡表采用统计计算的方法，按照能源流程的四个环节，以全入能平衡为基础，研究能源进入和支出量的平衡关系。在统计资料不足，统计数据需要校核及特殊需要时，应进行实测。应将测试结果折算为统计期的平均水平。

通过对能量平衡表（或能源实物量平衡表）的分析，审查各项损失的数量及原因，对不合理或者损失大的部位进行原因分析，挖掘节能潜力。

5. 用能设备运行效率计算分析

用能设备就是消耗各种能源的设备，其输入能源中有效能源部分所占比例是衡量设备及企业能源利用水平的非常重要的指标。审计时主要查看各项统计资料，通过询问统计、设备人员，审核设备供入能量、有效能量、损失能量的统计计算数据和设备效率的计算核实。通过主要设备效率的计算，与国家标准、国内外先进水平、设备最佳运行工况进行比较，找出差距，分析原因，提出改进措施。

6. 产品综合能源消耗和产值能耗指标计算分析

综合能耗是规定的耗能体系在一段时间内实际消耗的各种能源实物量及热值按规定的计算方法和单位分别折算为当量值的总和。综合能耗指标包括企业综合能耗、企业单位产值综合能耗、单位增加值综合能耗、产品单位产量综合能耗、产品单位产量直接综合能耗、产品单位产量间接综合能耗和产品可比单位产量综合能耗。用能单位计算综合能耗指标，是政府对用能单位的管理要求，也是与同行业进行比较、寻找差距、挖掘潜力的重要手段。审计时主要审计企业综合能耗、产品单位产量综合能耗指标。

产值能耗是国民经济能耗指标（GDP）统计依据。

7. 能源成本指标计算分析

根据企业消耗能源的种类、数量、热值和价格，计算企业的能源成本。能源费用的计算应根据企业能源消耗收支平衡表和能源消耗量表考虑审计期内各购入能源品种的输入、输出、库存及消费关系，只计算企业自已消费的部分。此指标反映了企业的能源利用水平，区域能源结构和能源政策的情况，是企业密切关注的一个指标。

8. 节能量和节能潜力的分析

（1）节能量的分析　节能量是指在某一统计期内的能源实际消耗量，与某个选定的时期作为基准相对的能源消耗量进行对比的差值。节能量是一个相对的数量，针对不同的目的和要求，需采用不同的比较基准。

以前期单位能源消耗量为基准。前期，一般是指上年同期、上季同期、上月同期以及上年、上季、上月等。也有以若干年前的年份（例如五年计划的初年）为基准。由于基准期选择不同，节能量的计算结果也会不同。

以标准能源消耗定额为基准，由行业主管部门根据机器设备、生产工艺、操作水平、原材料、技术和管理等情况，制订符合当前实际的标准能耗定额、先进能耗定额，以此作为比较的基准。

对用能单位节能量的计算，应以计算期和基准期进行。

GB/T 13234—2009《企业节能量计算方法》中规定了企业产品总节能量、企业产值总节能量、企业技术措施节能量、企业产品结构节能量、企业单项能源节约量的计算方法。具体分类如图9-3所示。

```
节能量 ─┬─ 总节能量 ─────────┬─ 产量总节能量
        │                    └─ 产值总节能量
        │
        ├─ 单位节能量 ───────┬─ 单位产量节能量
        │                    └─ 单位产值节能量
        │
        ├─ 技改措施节能量 ───┬─ 技改措施单项节能量
        │                    └─ 技改措施总节能量
        │
        ├─ 单项能源节能量 ───┬─ 单项能源单位产品节能
        │                    └─ 单向能源总节能量
        │
        └─ 产品结构节能量 ───── 产品结构间接节能量
```

图 9-3 节能量的分类

（2）节能潜力的分析 根据企业产品单位产量综合能耗计算结果，对比国内外同行业先进能耗水平、本企业历史先进水平、基本能耗定额指标，全面分析用能单位节能潜力。节能潜力可用简单比较的方法进行计算分析。计算公式如下：

节能潜力 =（产品单位产量综合能耗 - 先进水平）×产品产量

先进水平是指国内外同行业先进能耗水平、本企业历史先进水平、基本能耗定额指标。如果企业能耗水平达到国内外同行业先进水平，处于本企业历史最好时期，并低于基本能耗定额，也可以对照理论能耗指标，确定其节能潜力。

9. 提出节能改进建议，并对技改项目作出财务和经济评价

所提出的节能改进建议，应包括改进管理和技术改造项目两类。技术改造项目应按照相关的经济和财务评价方法进行评价分析，保证节能技术改造项目经济和财务的可行性。

通过对以上各项内容的审计，对发现的问题应根据情况提出改进建议，改进建议应在充分与企业（政府委托的要征求政府意见）交换意见的基础上提出。

改进建议应从管理水平和员工素质的提高、废弃能的回收利用、能源和原辅材料的改进、技术工艺水平的提高、设备的先进性、改进过程控制、产品的性质等方面入手，通过广泛发动员工、与同行业进行对比、咨询行业专家等各种渠道全面地提出。

提出的改进建议应遵循以下原则：

1）对于违反节能各项法律法规和标准规定的，应明确提出整改要求。

2）对于技术方面的建议，应根据技术的成熟程度和发展趋势提出意见。

3）对于各项管理方面的建议，应在与管理人员沟通的基础上提出改进建议，可行的应立即实施。

对提出的节能技改项目应作出初步的财务分析和经济评估，包括静态分析（总投资费用、年净现金流量、投资回收期）和动态分析（净现值、净现值率、内部收益率）。动态分析与静态分析中以动态分析为主（考虑货币的时间价值）。

对企业进行能源审计，应从以上九项内容全面进行，但不是所有的企业都要完成九项内容的能源审计，要根据能源审计的目的和要求，可以选择部分或全面进行能源审计工作。政府要求的能源审计，如果没有特指，应进行全面的能源审计。

9.5　能源审计依据的法律法规和标准

9.5.1　我国能源审计的法律法规依据

1）中华人民共和国节约能源法。

2）中华人民共和国可再生能源法。

3）中华人民共和国统计法。

4）企业能源审计技术通则。

5）重点用能单位节能管理办法。

6）国家发展改革委关于印发节能中长期专项规划的通知。

7）国家发展改革委办公厅关于印发企业能源审计报告和节能规划审核指南的通知。

8）中共中央关于制定十一五规划的建议。

9）国务院关于做好建设节约型社会近期重点工作的通知。

10）国务院关于加快发展循环经济的若干意见。

11）国务院关于加强节能工作的决定。

12）国务院关于印发节能减排综合性工作方案的通知。

13）国务院办公厅关于开展资源节约活动的通知。

14）国家计委印发《关于节能技术服务中心工作的若干规定》的通知。

15）国家计委印发《节约能源监测管理暂行规定》的通知。

9.5.2　能源审计的国家标准：

1）企业能源管理的审计按照 GB/T 15587—2008《工业企业能源管理导则》的有关规定进行。

2）企业用能概况的审计按照 GB/T 16616—1996《企业能源网络图绘制方法》的有关规定进行。

3）企业能源计量及统计的概况的审计按照 GB/T 6422—2009《用能设备能量测试导则》、GB/T 16614—1996《企业能量平衡统计方法》和 GB 17167—2006《企业能源计量器具配备与管理导则》的有关规定进行。

4）用能设备运行效率的计算和分析应按照 GB/T 17167—2006《用能单位能源计量器具配备和管理通则》的有关规定进行。

5）企业能源消费指标的计算分析应按照 GB/T 16615—1996《企业能量平衡表编制方法》的有关规定进行。

6）对产品综合能源和产值能耗指标的计算分析应按照 GB/T 2589—2008《综合能耗计算通则》的有关规定进行。

7）对能源成本指标的计算分析按 GB/T 17166—1997《企业能源审计技术通则》中的附录 A 的规定进行。

8）对节能量的计算应按照 GB/T 13234—2009《企业节能量方法》的有关规定进行。

9.5.3 能源审计相关标准的分析

1. GB/T 15587—2008 对企业能源管理的要求

为实施能源管理，企业应建立健全的能源管理系统，包括完善组织结构（主管能源管理的领导、部门、岗位和人员），落实管理职责，配备计量器具，实施计量器具管理制度和执行有关的文件，开展各项管理活动。该系统应能保证安全稳定供应生产所需能源，及时发现能耗异常情况并予以纠正，能够不断挖掘节能潜力。能源管理的方针和目标要与国家的能源政策和有关法律、法规相一致，充分考虑经济、社会和环境效益，并以此制订能源管理的目标，制订企业的节能规划。管理系统中还要有文件支持（管理文件、技术文件、记录）。

企业应根据自身特点，管理好以下环节：能源输入、能源转换、能源分配和传输、能源使用（消耗）、能源消耗状况分析、节能技术进步。

为了促使能源管理系统正常运行，不断改进，应对能源管理系统进行检查和评价。

2. GB/T 16614—1996 对企业能量平衡统计的要求

企业应对各个环节的能源消耗（购入贮存、加工转换、输送分配和最终使用）进行统计，企业能源统计应包括一次能源、二次能源和耗能工质所消耗的能源。

（1）企业能源统计方法

1）企业能源供入量统计：为进行企业能量平衡分析与评价，首先应进行企业能源供入量的统计，并折算出它们的等价值和当量值。其等价值用以反映国家对企业供入的能源资源量；当量值用于企业能量平衡，分析企业用能过程，不可混合使用等价值和当量值。

2）企业能源加工转换统计：供入企业的能源，有的直接使用，有的要经过加工转换，转变成二次能源和生产耗能工质供用能系统使用，如蒸汽、焦炭、煤气、氧气、压缩空气、冷媒质、水等。

3）企业能源输送分配统计：分两大类，一类是管道输送的能源与耗能工质，如各种液体燃料、气体燃料和液体、气体的耗能工质；另一类是电能输配。

4）企业能源消费统计：分两部分，一部分是企业在生产中消耗的各种能源的耗能工质；另一部分是非生产单位、职工生活和外供的各种能源和耗能工质。

5）企业节约能源统计：企业节约能源统计应包括企业节能量、企业节能率、单位产量节能量、单位产值节能量等指标，计算方法符合 GB/T 13234—2009 的规定。

6）能源统计单位与符号：能源统计中的单位、符号与换算应符合 GB 3101—1993《有关量、单位和符号的一般原则》的规定。

（2）企业能源统计报表　企业能源统计报表是以表格形式科学、准确、简明地描述企业用能过程中能源购入、消费和贮存的数量关系。

企业能源统计报表分为两类：一类是报给上级和统计部门的报表，其格式由有关部门规定；另一类是企业内部的统计报表，它是作为企业内部能源管理信息交流、传递的工具，也是向上级和统计部门提交能源统计报表的依据。

企业能源统计报表应包括《燃料收支统计表》、《燃料消耗统计表》、《能源加工转换日报表》、《全厂能源消耗能日报表》、《产品工序耗能日报表》、《能源费用构成月报表》、《节（能）统计报表》、《能源成本分析表》、《能耗分析表》、《能源计量器具运行统计报表》、《企业能耗综合统计报表》或是包含相应内容的报表。

3. GB/T 17167—2006 对企业能源计量器具配备和管理要求

1）能源计量器具的配置原则。

① 应满足能源分类计量的要求。

② 应满足用能单位实现能源分级分项考核的要求。

③ 重点用能单位应配备必要的便携式能源检测仪表，以满足自检自查的要求。

2）能源计量器具配备率要求达到国家标准。

3）企业能源计量器具管理。

① 能源计量制度：企业应建立能源计量管理体系，形成文件，并保持和持续改进其有效性；应建立、保持和使用文件化的程序来规范能源计量人员的行为、能源计量器具管理和能源计量数据的采集、处理和汇总。

② 能源计量人员：企业应设专人负责能源计量器具的管理，负责能源计量器具的配备、使用、检定（校准）、维修、报废等管理工作；应设专人负责主要次级用能单位和主要用能设备能源计量器具的管理；能源计量管理人员应通过相关部门的培训考核，持证上岗；应建立和保存能源计量管理人员的技术档案；能源计量器具检定、校准和维修人员，应具有相应的资质。

③ 能源计量器具：企业应备有完整的能源计量器具一览表；用能设备的设计、安装和使用应满足 GB/T 6422—2009《用能设备能量测试导则》、GB/T 15316—2009《节能监测技术通则》中关于用能设备的能源监测要求。

④ 能源计量数据：企业应建立能源统计报表制度，能源统计报表数据应能追溯至计量测试记录；能源计量数据记录采用规范的表格式样，计量测试记录表格应便于数据的汇总与分析，应说明被测量与记录数据之间的转换方法或关系；重点用能单位可根据需要建立能源计量数据中心，利用计算机技术实现能源计量数据的网络化管理；重点用能单位可根据需要按生产周期（班、日、周）及时统计计算出其单位产品的各种主要能源消耗量。

4. GB/T 16615—1996 对企业能量平衡表编制的要求

企业的能量平衡表将企业的能源系统从左至右划分为购入贮存、加工转换、输送分配、最终使用四个环节。每个环节从上至下将能源分为供入能量、有效能量、回收利用和损失能量四个部分。

企业能量平衡表的基础数据来源于企业能源统计资料；平衡表的数据除各种能源的实物量及等价值栏外，均是能量的当量值；企业能量平衡表的结果应符合能量守恒定律，各种能源的当量值收支总量应保持平衡，供入能量与有效能量及损失能量之和保持平衡。

5. GB/T 16616—1996 对企业能源网络图绘制的要求

为了便于企业能源管理的直观性，企业应绘制企业能源网络图。企业能源网络图把企业的能源系统从左至右划分为购入贮存、加工转换、输送分配、最终使用四个环节。它是企业能源平衡表的图形化。

企业能源网络图中的基本数据，来自企业能量平衡表；企业能源网络图中各类能源（如煤、燃料油、焦炭、煤气、电力、蒸汽等）由实物量折算为等价值和当量值时，应按GB/T 2589—2008《综合能耗计算通则》的规定计算；根据企业能量平衡结果，列出绘制企业能源网络图数据表；各类能源流入量与流出量应当平衡；各过程相互衔接的节点处，流入能量总和应等于流出能量的总和；各用能单元的流入与流出能量应当平衡。

6. GB/T 6422—2009 对能耗计量与测试的要求

企业应根据实际情况建立计量模型，在能源消耗的各个环节设立计量点，以满足企业能源消耗统计的要求。

企业应对用能设备进行定期能量平衡测试，不同的等级的测试都要按照 GB/T 6422—2009《用能设备测试导则》的规定进行测试。

7. GB/T 2589—2008 对综合能耗计算的要求

综合能耗是规定的耗能体系在一段时间内实际消耗的各种能源实物量按规定的计算方法和单位分别折算为一次能源后的总和，可分为六种，即：企业综合能耗、企业单位产值（净产值）综合能耗、产品单位产量综合能耗、产品单位产量直接综合能耗、产品单位产量间接综合能耗和产品可比单位产量综合能耗。

各种综合能耗的计算详见文献。

8. GB/T 13234—2009 对企业节能量计算方法的要求

企业节能量是企业统计报告期内能源实际消耗量与按比较基准值计算的总量之差。根据不同的目的和要求，可选择产品单位产量综合能耗量、企业单位产值综合能耗量、标准能源消耗定额等作为相对比较的基准。

企业节能量主要分为企业产品总节能量、企业产值总节能量、企业技术措施节能量、企业产品结构节能量、企业单项能源节能量。其使用范围和计算公式详见文献[12]。

9.6 能源审计报告的编写

编写能源审计报告的目的是总结能源审计成果，汇总分析各项调查、实测结果，寻找废弃物的产生原因和能源审计的机会，实施并评价能源审计方案，为企业持续实施能源审计提供一个重要的平台。

9.6.1 能源审计报告编写的基本要求

1) 发改委办公厅，发改办环资（2006）2816 号文件，2006 年 12 月 6 日。

2) GB/T 17166—1997《企业能源审计技术通则》的要求。

3) 报告中必须要有下列内容，这些内容同时也是能源审计报告审核内容：

① 企业概况（含能源管理概况、用能管理概况及能源流程）。要求对企业能源管理的体

系建设、管理制度的合理性等进行了解和评价。对主要工艺介绍简明扼要；说清主要工艺流程图中能耗的主要工艺框（工艺或装置）；对企业能源管理机构运行情况有评估意见。

② 企业能源计量与统计状况。按照 GB 17167—2006《用能单位能源计量器具配备和管理通则》等标准的要求对企业的能源计量器具配置情况、计量管理状况、能源统计管理、统计报表设置、数据统计基准、数据传递、统计分析等内容进行分析和评价。主要用能设备运行效率监测分析：

a. 对主要用能设备运行效率监测可采用统计与实测相结合的方法进行，不仅有结果，而且要有使用的标准、计算过程和对结果的对标分析及潜力分析。

b. 对企业设备技术装备水平作出分析评价。

③ 企业能源消耗指标计算分析。主要包括能源消费结构、各种能源及耗能工质（外购）流向（生产系统、转换系统、辅助生产系统）、综合能耗、外购能源费用、折标系数等。

重点工艺能耗指标与单位产品能耗指标计算分析：

a. 此项内容要求按照有关国家、行业标准计算出对单位产品的综合能耗、可比能耗、单项能源单耗、能源转换系统的转换效率、重点工艺装置（系统）等指标。

b. 主要从三个方面来进行分析：与国标对比分析，与行业先进水平对比分析、与企业历史水平和考核指标对比分析。

④ 产值能耗指标与能源成本指标计算分析：

a. 此项内容要求计算出企业的产值及单位产值能耗、工业增加值及单位增加值能耗、企业生产总成本、单位成本、总能源成本、单位能源成本的构成及能源成本在生产成本中的比重。

b. 对单位产值能耗及单位增加值能耗进行系统分析。从单耗、价格、能源结构、产品原材料及工艺消耗结构等方面的变动因素进行分析。

⑤ 节能效果与考核指标计算分析。

a. 主要是将企业主要的产品或工艺（装置）能耗指标与企业或国家（包括地方政府）制定的定额考核指标进行对比分析，查找节能量。

b. 对已实施的节能技改项目进行经济技术分析和评价。

⑥ 影响企业能耗指标变化的因素分析。

a. 提出的节能技术改造项目应与节能潜力分析相对应。

b. 项目的分析应有技术可行性（原理、成熟的技术等）及经济效益分析。

企业合理用能意见与建议：

这里是针对审计的结论和建议，要求对审核内容的评价基本正确，节能潜力分析透彻，整改建议可行，并且应该确保企业节能目标的完成。

9.6.2 能源审计结语

1. 能源审计相关概念

耗能工质：在生产过程中所消耗的那种不作为原料使用、也不进入产品，制取时又需要消耗能源的工作物质。

当量值：即当量热值，GB/T 2589—2008《综合能耗计算通则》规定企业消耗的一次能源均按低位发热值换算成标准煤量，按这个单位折算的热量值称为当量热值。

等价值：即等价热值，是指为了得到一个单位的二次能源（如汽油、柴油、煤油等石油制品，焦炭、煤气、电力、蒸汽等）或耗能工质（如压缩空气、氧气、各种水等）在工业上实际要消耗的一次能源量。

有效能量：指企业实际消耗的各种能源中，终端利用所必需的能量，对于每一具体工序或设备，其有效能量的计算方法不同。

2. 优秀的企业能源审计报告的标准

1）报告内容完整。报告是供大家阅读的，包括领导、政府、综合机构等，切忌"不言自明"。

2）报告要具有科学性。符合能源利用的基本科学、行业生产过程的基本学科规律、社会经济活动基本规律等。不背离行业惯例、不背离法律法规要求。

3）目的明确。始终要目的明确、合理，围绕主题阐述。目标的具体化，是否能够实现目标的评估，贡献大小评估。要找到潜力与措施，提出合理的项目。

4）紧密结合实际。模板、范例的使用是为了提高工作效率与质量，不是替代审计人员。不空谈理论，尽量减少空话、套话。

5）条理化。一些省市制定的能源审计规范值得提倡。

参 考 文 献

[1] 全国能源基础与管理标准化技术委员会. GB/T 17166—1997 企业能源审计技术通则 [S]. 北京：中国标准出版社，1997.

[2] 方战强. 任官平. 能源审计原理与实施方法 [M]. 北京：化学工业出版社，2008.

[3] 沈维道，董钧耕. 工程热力学 [M]. 4 版. 北京：高等教育出版社，2007.

[4] 山东省能源部. 山东省能源审计手册 [M]. 山东：山东科技出版社，2006.

[5] 全国能源基础与管理标准化技术委员会. GB/T 15587—2008 工业企业能源管理导则 [S]. 北京：中国标准出版社，2008.

[6] 全国能源基础与管理标准化技术委员会. GB/T 16614—1996 企业能量平衡统计方法 [S]. 北京：中国标准出版社，1996.

[7] 全国能源基础与管理标准化技术委员会. GB 17167—2006 用能单位能源计量器具配备和管理通则 [S]. 北京：中国标准出版社，2006.

[8] 全国能源基础与管理标准化技术委员会. GB/T 16615—1996 企业能量平衡表编制方法 [S]. 北京：中国标准出版社，1996.

[9] 全国能源基础与管理标准化技术委员会. GB/T 16616—1996 企业能源网络图绘制方法 [S]. 北京：中国标准出版社，1996.

[10] 全国能源基础与管理标准化技术委员会. GB/T 6422—2009 企业能耗计量与测试导则 [S]. 北京：中国标准出版社，2009.

[11] 全国能源基础与管理标准化技术委员会. GB/T 2589—1990 综合能耗计算通则 [S]. 北京：中国标准出版社，1990.

[12] 全国能源基础与管理标准化技术委员会. GB/T 13234—2009 企业节能量计算方法 [S]. 北京：中国标准出版社，2009.

第 10 章　能源的科学计量与能源节约

10.1　能源计量基础

能源计量是指在能源流程中，对各个环节的数量、质量、性能参数、相关的特征参数等进行检测、度量和计算。能源统计建立在能源计量数据的基础之上，没有能源计量就没有能源统计，只有做好能源计量，做好能源原始数据记录、数据台账，进行数据汇总和分析，才能实现节能减排。能源计量比一般的计量更具有复杂性，使用的能源多种多样、设计的计量仪器仪表多种多样，能源计量工作者应对此有一定的了解。

计量学包括科学计量、法制计量及工业计量，能源计量属于工业计量类。能源计量是计量学的一个分支学科，其本质特征是关于能源量及能源使用程度的计量，但它又不同于普通的计量，而是在特定的条件下，具有特定含义、特定方法、特定目的和特殊形式的计量。

能源计量是一项非常复杂的社会活动，是技术和管理的结合体。它与一般的法制计量的关系体现在以下几个方面：① 覆盖范畴的外延性；② 发展过程的活跃性；③ 测量方法的动态性；④ 科学领域的边缘性；⑤ 测量对象的综合性；⑥ 测量目的的功利性；⑦ 测量结果的互动性。

能源计量单位：按照能源的计量方式，能源计量单位主要有三种表示方法：一是用能源的实物量来表示，例如煤的吨数（t），天然气的立方米数（m^3）；二是用热工单位来表示，如焦耳（J）、千瓦时（kW·h）等；三是用能源的当量值表示，常见的如煤当量和油当量。按照能源计量单位的适用范围，可分为国际标准计量单位和一个国家自行规定的法定计量单位两种。能量的计量单位有许多种，具体确切定义的单位主要有焦耳、千瓦时和卡三种，它们之间可以相互换算。

能源计量的理论依据：能量转化和守恒定律及热力学第二定律。

10.2　能源计量在工业企业中对科学用能的作用

能源计量涵盖了工业生产领域的各个环节，从原材料采购、运输、物料交接、生产过程控制到成品出厂，都需要通过测量数据控制能源的使用，离开计量数据管理，就不能量化各生产环节的能源消耗，节能降耗就无法实施。首先，计量作为一种管理工具和手段，能够使企业对能源计量数据的采集、处理、使用实施有效管理，充分发挥能源检测数据在生产经营、成本核算、能源平衡和能源利用等工作中的作用，用科学准确的计量数据指导生产，达到节能降耗的目的；其次，计量还是一种工艺手段，可以帮助企业建立科学合理的生产流程；第三，计量通过量值溯源为企业的生产工艺过程控制、科学研究等提供准确的基础性条件。工业企业作为能源消耗大户，增强节能意识，加强能源计量管理，提高能源利用效率，对保障经济可持续发展，建立资源节约型社会和节能型工业都具有十分重要的意义。

10.2.1　准确的计量是履行《京都议定书》的必要条件

关于气候变化的政府间组织［IPCC］于2001年做出了关于全球气候变化科学的第三个评估报告。根据这一评估报告可知：

在20世纪中，全球平均气温增高了约0.6℃，全球的平均海平面已升高了0.1~0.2m。造成平均气温升高和海平面升高的最主要原因是人类活动所造成的"温室气体"（如CO_2气）的排放量猛增。

按照全球气温模型的预报，在21世纪中全球平均气温将再升高1.4~5.8℃，许多岛屿将不复存在，有大面积的海滩将被淹没。

在目前这种情况下，全人类都应该对未来的环境和能源技术作更加广泛和深入的研究，特别是开展新型的国际化合作研究。之所以要这样做的原因是：将来一旦在某时由一些大国的签字而使京都议定书实质生效时，利用目前现有水平的技术而同时又不致使全世界的经济活动衰退，要想达到《京都议定书》所规定的目标将是十分困难的。因此现在就应立即研发以下的各项新技术，它主要包括：新的燃料电池、燃氢车辆、改进提高内燃机、更加有效（输出功率更大）的核电站、各种新材料等的广泛研发。

计量技术能为上述这些新技术的研发做出重要贡献，这是由于大多数的新技术都要求在十分苛刻的条件进行有效的计量过程，并且还要求有更加精确的计量结果。

10.2.2　计量在国民经济中"四两拨千斤"的作用

西方国家将仪器仪表纳入信息技术产业并采取优先发展的政策，例如，美国商业部指出："信息技术（IT）生产行业，也就是计算机软、硬件生产者，通信设备及服务提供者，计量仪器仪表生产者"。它把计量用工业仪表、电测仪器、实验室分析仪器，以及相关软件也归属于信息技术生产行业。并把发展信息技术和信息产业摆在优先地位，同时加大了这方面的战略性投资。

对于仪器仪表产业，美国商务部分析说："仪器仪表总产值仅占工业总产值的4%，但其对国民经济生产总值的影响却达到66%"，起到了"四两拨千斤"的作用。

日本科学技术厅把测量传感器技术作为21世纪第一位的发展技术。近年来发展迅速，平均以20%~30%的速度增长，成为亚洲测量传感器生产第一大国。

西欧发展最快的是德国，自动化测控仪器系统得到了大面积的推广和应用。欧共体第三个科技发展总体规划（20世纪90年代）将测量、检测技术列为15个专项之一。

各行各业随着对仪器仪表的要求趋向于快速、自动、准确地测控，投资费用也在增加，并占设备投入的相当比例。例如重大工程项目的投入中，仪器仪表平均占15%的设备投资；运载火箭的试制费用中，一半用于购置仪器仪表；高科技奥运工程也要求10%投入自动测控技术装备，可以增加新的生产能力、降低成本。其对科技、经济社会和国防的带动作用是显而易见的。

近年来，我国经济发展很快，在北京召开的"2011中国科学仪器发展年会"论坛上，中国仪器仪表行业秘书长闫增序介绍了2010年国内科学测试仪器行业的发展状况。与相对萎靡的2009年相比，2010年整个仪器仪表行业的总产值达到1899亿元，同比增加27%。出口呈现强劲的复苏势头，达143亿美元，同比增长34%。

10.2.3　能源计量是企业节能工作的基础

中华人民共和国《节约能源法》第二十二条明确规定了"用能单位应当加强能源计量管理"，作为《节约能源法》的配套法规，原国家经贸委第七号令《重点用能单位节能管理办法》中第十三条规定"重点用能单位应健全能源计量、监测管理制度，配备合格的能源计量器具、仪表，能源计量器具的配备和管理应达到 GB 17167—2006《用能单位能源计量器具配备和管理导则》规定的要求"。

这里先介绍企业能量平衡的概念。企业能量平衡是以企业为对象，以能量守恒定律为基础，进行各种能源收入与支出的平衡计量，消耗与有效利用和损失之间的数量平衡。企业的能量平衡计算是提高能源管理的重要基础。企业进行能量审计、能源监测、建立能源管理信息系统等工作，都要以企业能量平衡为基础。

能源计量与节能监测、能源审计、能源统计、能源利用状况分析是企业能源管理和节能工作的基础，而能源计量是基础中的基础。如果企业没有合理配备能源计量器具，能源管理部门就难以获得准确可靠的能源计量数据，对企业的节能监测、能源审计、能源统计、能源利用状况也就难以进行科学地分析和统计。从而无法为企业的能源管理和节能工作提供可靠、准确的指导方向，可能造成企业能源严重浪费，增加生产成本。由于企业能源的浪费，随之也会带来对环境的污染和破坏。自改革开放以来，随着国家经济的快速发展，国家对企业的节能降耗工作提出了更高、更新的要求，企业能源计量工作就显得更为重要，必须与国家对企业节能、环保的要求相适应。

随着科学技术的不断进步，能源计量器具的种类不断增加；能源计量器具的数字化、自动化、智能化程度不断提高，能源计量器具的准确度也不断提高。有些企业由于经济效益的提高，提升了对能源计量器具水平的要求，使不少企业引进了一些国外先进的能源计量器具。同时也有些企业特别是一些承包性的企业和民营企业，承包人和民营老板的短期行为，不重视能源计量器具的管理工作，能源计量器具的配备率、准确度又远达不到相关标准的基本要求。而能源的节约和合理的使用是经济、社会可持续发展的关键因素，关乎经济安全、国家安全。一般地说，能源的消耗与污染物（包括二氧化碳）的排放有着直接的关系，利用现代化的手段准确定量地感知能源的消耗量和污染物的排放量，有的放矢地节约能源是保护环境最基本的手段。事实上，目前世界上温室气体的排放量多是通过能源消耗量推算得来的，这就更需要准确定量地计量用能单位的能源消耗量，从而达到节约能源、履行《京都议定书》义务的目的。

10.3　我国企业的能源计量现状

根据国家质量检验检疫总局的统一要求，国家计量相关部门于 2011 年 11 月初开始赴广东、广西、天津、河北、河南进行计量工作专题调研，重点了解冶金、有色、建材、石油石化、电力、化工等重点耗能行业的能源计量状况。调研组走访了二十余家重点耗能企业和能源计量器具生产企业，召开了十余次重点耗能企业、行业主管部门和质检部门代表座谈会，听取了有关部门关于能源计量、取水计量工作情况的汇报，取得了大量第一手材料。

广西质监局积极开展能源计量试点工作，针对陶瓷行业高耗能、高污染的特点，选取全国最大的日用陶瓷企业——广西三环集团股份有限公司作为节能降耗试点企业，运用标准的计量手段开展节能、节水、节材工作。据初步统计，该企业通过完善计量保证体系和技术改进后，吨瓷耗（标准）煤下降 4.5%，耗气下降 1.87%，耗电下降 3.53%，耗水下降 9.52%，耗泥下降 7.4%，节能降耗工作取得显著效益。该局为推动节约用水积极开展试点工作，争取重点取水企业的计量器具配备率达到 100%，用水计量器具配备率达到 90%，检定率达 100%，水资源利用率达到 85% 以上。同时，积极开展工业企业的取用水计量工作，选取广西有代表性的制糖企业——广西贵糖（集团）股份有限公司作为试点企业。在试点工作中，贵糖集团对水资源的使用严格计量管理，在各独立核算单位安装了水表、超声波流量计、电磁流量计等计量器具，增加了计量监控点，进行成本核算，促进各分厂、车间改进工艺流程，充分循环利用水资源，仅对蒸汽凝结水的回收利用一年就可产生约 1500 万元的效益。

广东韶钢在企业发展过程中始终把计量管理作为提升企业管理水平、节能降耗、提高质量、增加效益的重要基础工作，该公司于 1991 年荣获"国家一级计量合格单位"称号，1996 年通过"完善计量检测体系"确认，2011 年 11 月又率先通过中启计量体系认证中心的现场审核。该公司从 2003 年起分两期共投资 3100 万元，完成了"计量数据采集管理系统"建设，该系统由分布在公司内的 43 个采集子站和 1319 个采集点对公司的一、二次能源量、物资量进行实时采集，将采集到的水、电、气、蒸汽和煤、焦炭等能源的供应（生产）、消耗情况随时统计、贮存、分析、处理后，组成了生产调度、节能监督管理等 16 个子系统，并实时在局域网发布，供公司各部门应用。据统计，2004 年与 2003 年相比，吨钢耗水下降 6.5 m³，年降低成本 5166 万元，吨钢耗电下降 12.9kW·h，年降低成本 2483 万元，可利用剩余氧气资源 3000 万 m³，可创效 1405 万元，其他利用实时计量数据改进技术与工艺，提高产品质量等取得的间接效益也在亿元以上，该系统的建立和应用在企业节能降耗、清洁生产、增加效益等方面发挥了非常显著的作用。唐钢、唐山建龙、广东珠钢、广西柳钢等钢铁企业也都建立了功能相似的能源计量信息管理系统，把能源的生产、消耗情况及时反馈给有关部门，为生产决策提供依据，使能源的调度更加及时合理，为减少能源消耗、降低成本奠定了基础。

广东新明珠陶瓷集团有限公司是我国专业生产陶瓷墙地砖及卫生洁具的大型企业，也是高耗能企业，能源成本约占生产成本的 1/3。近几年来，该公司采取了一系列节能降耗措施，一是使用煤转气代替燃油，能源利用率大大提高，降低能源成本约 50%，又减少了废气排放，降低了环境污染；二是开展技术革新，对机电设备全面使用变频装置，节电约 20%；三是采取使用大吨位球磨机、加宽窑炉宽度、余热利用等技术，提高了能源的综合利用率。唐山惠达陶瓷等陶瓷企业对能源计量和节能降耗工作也十分重视，不但建立了比较完善的计量检测体系，而且注重技术进步与改造，通过改建燃气隧道窑、采用高压注浆、低压快排水、机械手施釉等技术来提高能源利用效率和工效，达到节能降耗的目的。

天津渤天化工是具有近七十年历史的老化工企业，企业把完善计量基础工作作为企业节能降耗的技术基础，多年以来每年计量投入都在百万元以上，建立了比较健全的计量管理体系，在企业节能降耗方面发挥了重要作用。2000 年公司年耗水 1500 万 t，到 2004 年公司产量翻一番，而年耗水下降到了 1400 万 t，2005 年前十个月烧碱综合耗能达到了 1413kg/tec，居全国领先水平。

　　焦作万方铝业公司利用我国"九五"重点科技攻关成果，于 2001 年建立了我国第一条 280kA 大型预焙电解槽，使吨铝直流电耗下降 1046kW·h，吨铝节约电费约 345 元，其技术指标居全国前列。中铝中州分公司利用国家"九五"科技攻关成果在 2002 年 6 月至 2004 年底先后建成了两条"选矿拜尔法高新技术产业化示范工程"，形成了年产 145 万 t 氧化铝生产能力，不仅降低能耗约 35%，还为我国低品位水硬铝型铝土资源的利用找到了途经，可使我国现有铝土矿资源服务年限提高三倍以上。中铝郑州分公司是亚洲最大的氧化铝厂，年耗能 200 万 tec，能源动力占生产成本的 40% 左右，属高耗能行业，公司把计量工作作为企业科学管理的基础，建立了完善的计量检测体系，建立了 24 项企业最高标准，其计量校准实验室通过了国家实验室认可委员会的认证，该公司也是我国首家通过 4A 级标准体系良好行为示范企业，氧化铝产量 2004 年比 2001 年增加了 38.32%，而耗能仅增加 21.02%，能源利用率逐年提高。特别是世界一流技术装备的 70 万 t 氧化铝项目 2005 年底全面建成投产后，公司的能耗水平进一步大幅下降。

　　目前，有些企业仍未认识到节约能源和利用是生产经营管理的重要保障措施，企业能源计量工作比较被动，甚至采取敷衍了事的态度。一是企业领导层片面追求产品的产量和产值，忽视计量管理对生产过程和产品质量的保障作用以及它所带来的潜在经济效益，能源计量在企业经营管理中仍未得到足够的重视；二是计量基础薄弱，企业计量设施投入不足，导致计量数据的准确性和可靠性大大降低；三是计量管理水平落后，企业没有建立科学、合理、有效的计量管理制度或不严格执行，使计量管理制度形同虚设；四是企业内部计量管理人员和技术人员素质有待提高；五是政府计量行政主管部门和行业主管部门对企业的指导服务没有到位。这些原因导致企业计量工作没有充分发挥节能降耗、提高经济效益的应有作用。

　　在调研中也了解到企业在能源计量管理、节能降耗方面存在一些问题，主要表现在以下几个方面：

　　第一，大中型企业虽然普遍重视能源计量工作，建立了比较完善的计量检测保证体系，但信息化程度普遍不高，能源计量数据没有充分发挥作用。

　　第二，中小型企业能源计量工作普遍比较薄弱，装备水平低，工艺落后，单位产品耗能高。

　　第三，企业普遍感到节能技术、节能产品方面的信息渠道不畅，对一些节能技术、节能产品的可信性、可靠性不了解，使企业在选用节能产品时无所适从，希望政府有关部门能够及时地提供节能技术方面的信息服务。

　　第四，大部分企业特别是民营企业缺乏熟悉计量工作的专业人员，企业计量管理水平不高，企业迫切需要质量技术监督部门的指导与服务，加强对企业计量管理人员、技术人员的培训，帮助企业建立比较完善计量检测体系，特别是能源计量体系的建立。

　　第五，国家对鼓励企业进行节能设备改造，淘汰高耗能设备与生产工艺，限制能源利用率低、污染严重的小企业缺乏相关政策。

　　第六，企业对节能降耗在技术、信息、人才培养、检测评价等方面有迫切需要，但质检部门也缺乏熟悉能源计量工作的人员及开展能源平衡检测的技术与设备。

　　第七，在调研中企业反映国产的计量仪器仪表质量不稳定，不能满足能源计量工作的需要，不得不购买进口计量检测设备。进口设备不但价格高，而且服务不到位，维修不及时，给企业在使用过程造成许多不便，给企业的计量工作造成了一定影响。

第八，部分企业的高层管理者对能源计量工作重视不够，或者仅停留在口头上，认为能源计量工作是只投入不产出的工作，没有认识到能源计量工作的基础保证作用，舍不得在计量方面投入，不同程度地存在着分厂、车间等二级以下计量器具配备率低和不能定期溯源的现象。

10.4　能源计量的任务及应采取的措施

能源计量管理的主要任务是按国家计量制度的统一要求，保证单位量值的统一，具体内容包括：① 配齐计量器具和仪器仪表，保证安全运行；② 准确、完整、及时地提供各种有关能源数据，并保证信息的可靠性；③ 建立计量管理制度，保证计量器具常处于良好状态。下面具体对技术层面和管理层面进行分析。

10.4.1　技术层面

节能监测是政府对用能单位监督检查的手段，全国节能监测管理中心是原国家计委设立在中国计量科学研究院的机构，中国计量科学研究院是我国开展节能计量的最高技术机构。为了配合国家的节能工作，进一步加强了在线、动态和远程校准及检测技术的研究工作。然而，目前针对环境保护和节能技术的研究与开发，要求在各种不同条件下进行计量测量。为满足这些环保与节能的技术要求，计量测量正变得更加困难和更为紧要，成为解决环保与节能难题的关键技术。

10.4.2　管理层面

采取强有力的节约能源措施势在必行，而这些措施的落实都离不开计量。加强能源计量管理，提高能源利用率是减少资源消耗、保护环境的最有效途径，是走新型工业化道路的重要内容。能源计量涵盖了社会生活的各个环节，尤其是在工业生产领域，从原材料采集、运输、物料交接、生产过程控制到成品出厂，都需要通过测量数据控制能源的使用，涉及热工量、化学量、力学量、电量等诸多科学测量参数的应用，是企业生产经营管理必不可缺的基本条件。离开计量数据管理，就不能量化各生产环节的能源消耗，各项节能措施就无法实施。工业企业作为能源消耗大户，增强节能意识，加强能源计量管理，提高能源利用效率，对保障经济发展后续能力，建立资源节约型社会和节能型工业都具有十分重要的意义。

要提倡生产过程中的能源计量。能源计量并不仅仅是简单的进出厂的能源量的计量，而是伴随在企业生产的全过程之中，通过计量的量化跟踪和量化考核发现工艺缺陷、技术潜力和管理漏洞，及时加以改进提高，促进技术进步，把节能挖潜落到实处。

企业能源计量管理的基础工作包括建立能源计量的组织机构、建立能源计量管理制度、明确企业领导的职责和能源计量队伍的建设等。

1）合理设置能源计量的组织机构是加强企业能源计量和节能管理的关键。

2）制定企业能源计量管理制度，包括能源计量管理机构职责及人员岗位责任制度，计量器具的选型、采购、入库、流转、报废等管理制度，计量器具的使用、维护、保养制度，能源计量器具的周期检定（校准）制度，能源计量数据采集、处理、使用、保管及监督制度等规章制度。

3）企业领导要重视能源计量工作，应熟悉国家能源和计量的法律、法规，掌握相关政策，组织协调企业的能源计量工作。

4）要加强企业能源计量人才队伍的建设。目前急需进行大规模、多层次、多种形式的教育和培训，建立一支高素质的企业能源计量人才队伍。

5）要加强对节能监测和能源计量仪器仪表的监督管理，提高节能监测和能源计量仪器仪表的质量。

要强化能源计量仪表的制造许可制度。通过颁发制造计量器具许可证、型式批准、组织后续监督抽查等手段，强化对节能监测和能源计量仪器仪表的监督管理，对不能满足技术要求的能源计量仪表及设备要坚决淘汰，净化能源计量仪表市场。计量技术机构要加强能源计量仪器仪表的科研开发，为企业提供现场计量检测服务。计量技术机构要扩大能源计量仪表的检定校准覆盖范围，保证能源计量仪表有计量溯源的依据和途径，尽快建立新型能源计量仪表的计量标准、校准装置和技术规范。要针对能源计量仪表的综合性、难以拆卸性，引进、研制能源计量仪表在线检定校准装置及研究出在线检定方法。

10.4.3　企业加强能源计量工作的具体对策与措施

针对当前能源计量存在的问题，要有效发挥能源计量在节能中的重要基础作用，应系统地构建能源计量体系，强化能源计量工作，促进节能目标的实现。

一是加强企业能源计量管理，领导是关键，制度是保证，人员是基础。

二是企业要不断提高能源计量检测能力，提高能源计量器具的配备率和对能源计量检测过程的控制水平。要依据《用能单位能源计量器具配备和管理通则》国家标准的要求，在生产经营的全过程配备满足生产经营需要的能源计量器具，并认真做好计量器具的检定、校准工作，确保计量器具的准确可靠。

三是做好企业能源计量工作，必须认真学习和贯彻国家有关法律法规，强化能源计量的法制观念。新修订的《节约能源法》规定，任何单位和个人都应当履行节能义务，节约能源、保障经济可持续发展是全社会的责任，应当加强宣传和监督管理的力度，促使企业严格遵守《节约能源法》和《计量法》以及有关法规政策的要求，做好能源计量管理工作，把国家能源节约政策落实到实处。

四是建立企业节能评价体系，提倡节能生产。依据《用能单位能源计量器具配备和管理通则》国家标准和国家质检总局《加强能源计量工作的意见》的要求，保证企业能源计量器具的配备率和完好率。

五是做好数据的采集、分析和评估。企业应该建立各种能源的计量框架，绘制能源计量网络图，确立重要的能源计量点，配备先进的计量设备，运用先进的测量手段，做好用能分析，掌握耗能情况，查找企业的节能潜力，明确企业的节能途径，为改进企业的能源管理、进行节能技术改造、提高能源利用率提供科学依据。

10.4.4　企业在能源计量管理后在节能降耗方面有很大成就

以华芳夏津纺织有限公司为例，该公司通过能源平衡计量测试和对照试验，投资 32 万元在前、后纺照明电柜安装了节能装置，年节电 40 万 kW·h；投资 300 万元，在前、后纺设备安装节能系统，年节电 400 万 kW·h；投入资金 36 万元，将车间 1.2 万只荧光灯改为节能灯，8 个月全部收回成本，普通荧光灯和节能灯对比见表 10-1。

表 10-1　普通荧光灯和节能灯对比表

测量项目	普通型	节能型
功率/W	40	28
工作电流/A	0.263	0.105
光照度/lx	645	798

山东省胶南市质监局采取积极措施，以能源计量服务作为今年开展企业节能降耗新的切入点，定期组织能源计量技术人员深入到辖区内的用能企业，开展能源计量服务活动，深受企业的欢迎。为把能源计量服务工作落实到实处，一是该局成立了胶南市质监局企业能源计量服务领导小组，对能源计量服务队的人员进行了充实，分管副局长亲自挂帅，由计量质量科牵头，计量衡器所实施，深入到企业对能源计量器具的配备和日常管理考核工作进行实地核查，帮助企业根据能源计量控制点的要求建立健全的计量控制点和能源计量器具，建立能源计量服务平台，帮助用能单位提高计量检测水平和能源计量管理水平；二是及时组织计量检定人员对企业的能源计量器具进行检定、维修，积极主动地为用能单位开展能源计量检测服务，做好能源计量器具的量值溯源工作，杜绝"跑、冒、滴、漏"的情况发生；三是该局制订了《胶南市重点耗能单位计量器具应急检定预案》，建立重点用能企业能源计量器具档案，确保用能单位的耗能追溯和能源计量检测数据的准确可靠；四是积极主动地为企业进行领导干部和能源计量人员培训，提高企业全员的能源计量意识和人员的素质，定期举办计量法律法规和《用能单位能源计量器具配备和管理通则》标准培训班，向企业宣传能源计量知识，帮助企业建立起完善的能源计量检测体系和监管体系，正确分析和应用能源计量检测数据，提高能源计量检测和控制的有效性，促进企业的经济效益。

为加强城市能源计量管理工作，促进企业节能降耗工作的整体提升，市质监局结合诸城实际，制订实施方案，明确工作目标，引导企业走集约型、节能型发展模式的道路，以帮助企业合理使用资源，提高资源利用率，采取多项措施确保取得实效。

一是积极开展宣传服务活动。以"5.20"世界计量日、"质量月"等活动为契机，围绕节能减排主题，邀请供电公司、自来水公司、热电公司等 10 家单位开展大型咨询和服务活动，发放各种宣传资料，进行广泛的宣传服务；与市经信局联合开展宣传周宣传服务活动，就能源计量管理、能效标识等相关知识内容进行宣传，接受市民及企业咨询服务 100 余人次，达到了良好的效果。

二是组织用能单位能源管理人员培训。在 2010、2011 年分两次为 118 家企业能源计量管理人员进行培训，增强管理人员能源计量法规意识，帮助企业规范能源计量管理。

三是加强监督检查和产品抽查力度，提高节能意识。今年以来，共对 40 家重点用能单位开展能源计量监督检查，目前大部分企业能源计量器具配备率基本符合要求。

四是帮助企业完善计量检测体系。积极开展走访百家企业服务活动，针对走访过程中企业能源计量存在的问题，邀请有资质的检测机构及专家，为福田公司、泸和集团等 10 多家重点用能单位进行能源计量管理方面的现场指导，帮助企业建立和完善计量管理体系，增强企业对产品质量、节能降耗和参与市场竞争的技术保障能力。

通过这些举措，使企业加强能源计量管理，发展循环经济，提高经济效益，减少从能源生产到消费各个环节的损失和浪费，实现节能降耗的目的。

云南省大理白族自治州质量技监局从 2006 年开始，积极开展节能降耗，加强能源计量监督管理工作。大理白族自治州质量技监局的具体做法是：提高认识，统一思想，明确工作思路和方法。与大理白族自治州发展和改革委员会、大理白族自治州经济委员会联合下发了《加强能源计量工作的意见的通知》，制订并下发了《关于加强节能工作的实施方案》，完善组织管理机构，明确了工作目标和工作内容。大理全州各县、市自 3 月起，全面启动了节能降耗工作。各级质量技监部门主动与相关部门加强联系，收集相关资料，对用能单位耗能现状进行分析，明确重点，分类开展调查。在州局领导带领下，对州内的能耗大户进行重点调查和宣传服务工作。先后对祥云县飞龙公司、大理啤酒集团的能耗进行调查，对不完善的计量检测点提出意见和建议，对计量数据的采集、应用等情况进行指导。通过初期开展的系列工作，为指导县、市质量技监局和企业做好节能降耗工作打下了基础。祥云县质量技监局召开了全县年耗标煤 5000t 以上的耗能单位的节能降耗服务工作会，使该县节能降耗工作从思想上得到了统一。耗能单位负责人表示，节能降耗是国家的大政方针，也是企业提高经济效益的必由之路，今后，要在技术的改造、设备的更新购入、计量器具的安装使用等方面，按照国家的有关要求，长期做好节能降耗工作。大理市、巍山、洱源、漾濞等县已开始了普查和年耗 5000tec 以上的用能单位。

山西兰花煤炭实业集团有限公司是国家发改委等五部委实施的千家节能行动企业和山西省"双百家"节能降耗行动企业之一。为实现节能减排工作目标，山西晋城开发区质量技监分局专门成立服务小分队，深入企业帮助建立健全的计量管理体系，强化能源计量管理，促进节能降耗减排工作。该局一是帮助健全组织机构和管理制度，加强能源计量工作的组织领导和规范管理，完善内部计量管理体系，加强能源计量工作业务建设，加强计量器具的周期检定及其档案管理工作，加强各级计量管理人员和计量检测人员的学习培训工作；健全能源计量管理组织机构，全面预算管理办公室负责公司能源管理工作的控制和考核；计量管理部门要全面负责计量管理制度的编制执行，计量管理器具的采购验收、检定、维修保养、档案管理、计量数据统计和计量管理人员管理工作；同时还制定了《计量检定室岗位责任制》、《计量管理人员及各岗位计量检测人员岗位职责》、《计量技术档案和资料保管使用制度》等一系列能源计量管理规章制度。二是明确工作重点，加强对主要用能设备的管理，确定主要耗能设备，进行重点监测和管理，为开展能源计量工作奠定基础。三是科学合理地配备能源计量器具，并定期校检，根据《用能单位能源计量器具配备和管理通则》，煤、电、水等主要用能设备配备了合格的计量器具并登记造册，建立企业计量器具台账，并要求按周期进行检定或校准，确保在用计量器具准确可靠；各种计量设备按照质量管理体系要求实行厂矿、车间队及班组三级配备。四是加强能源计量统计，为生产经营提供决策依据，为有效发挥能源计量检测数据对企业生产经营、成本核算、能源利用分析等各项工作中的重要作用，找准企业节能降耗的切入点，能源计量统计建立了统计台账，统计员以统计日报的形式，每日报送统计数据，并通过网络系统报送上级部门，供生产技术部门和管理部门制订改进措施，有效推动企业的节能降耗减排工作。

节能降耗任重道远，只有开始，没有终结。能源计量体现了用数据指导节能，使企业感受到抓能源计量能够促进节能降耗，得到了实实在在的效益。

参 考 文 献

[1] 张万路，赵奕奕. 能源计量百问 [M]. 北京：中国计量出版社，2007.

[2] 刘有武，钱惠明. 计量与节能就在自己身边——华芳夏津纺织有限公司节能纪实 [J]. 中国计量，2008（12）：37-38.

[3] 王学锋，霍国胜. 山西汉通舞动标准与创新双翼 [N]. 中国质量报，2013-03-16.

[4] 全国节能监测管理中心，全国能源基础与管理标准化技术委员会. 用能单位能源计量器具配备和管理通则实施指南 [M]. 北京：中国计量出版社，2006.

[5] 孟昭利. 企业能源审计方法 [M]. 2版. 北京：清华大学出版社，2002.

第11章 企业能源利用状况报告填报

11.1 企业填报的法律依据

《中华人民共和国节约能源法》第五十二条规定：国家加强对重点用能单位的节能管理。

下列用能单位为重点用能单位：

1) 年综合能源消费总量 10000t 标准煤以上的用能单位。

2) 国务院有关部门或者省、自治区、直辖市人民政府管理节能工作的部门指定的年综合能源消费总量 5000t 以上不满 10000t 标准煤的用能单位。

重点用能单位节能管理办法，由国务院管理节能工作的部门会同国务院有关部门制定。

《中华人民共和国节约能源法》第五十三条规定：重点用能单位应当每年向管理节能工作的部门报送上年度的能源利用状况报告。能源利用状况包括能源消费情况、能源利用效率、节能目标完成情况和节能效益分析、节能措施等内容。

2008 年 6 月 6 日中华人民共和国国家发展和改革委员会印发《重点用能单位能源利用状况报告制度实施方案》，以下简称《实施方案》。《实施方案》中指出：为贯彻落实《中华人民共和国节约能源法》重点用能单位应当每年向管理节能工作的部门报送上年度"能源利用状况报告"的规定，了解掌握重点用能单位能源利用状况，加强重点用能单位节能管理，制订实施方案。

11.2 报送能源利用状况报告的意义

《实施方案》明确指出充分认识实施重点用能单位能源利用状况报告制度的重要性和必要性。

重点用能单位能源利用状况报告制度，是重点用能单位依法定期向管理节能工作的部门报送能源消费情况、能源利用效率、节能目标完成情况、节能效益分析、节能措施等内容的制度。

实施重点用能单位能源利用状况报告制度，是国家对重点用能单位能源利用状况进行跟踪、监督、管理、考核的重要方式，也是编制重点用能单位能源利用状况公报、安排重点节能项目和节能示范项目、进行节能表彰的重要依据。定期报送能源利用状况报告是重点用能单位的法定义务，各级管理节能工作的部门、各重点用能单位要充分认识开展这项工作的重要性和必要性，切实加强领导，确保报告制度落到实处。

11.3 报告填报的内容

11.3.1 填报内容

重点用能单位"能源利用状况报告"采用统一套表格式（表 11-1 ~ 表 11-11），主要内容包括：

表 11-1：基本情况表。填报单位基本信息、能源管理人员资料、经济及能源消费指标以及主要产品单位能耗情况等。

表 11-1 重点用能单位基本情况表

年度：

所属地区：		行业：		单位类型：		编号：	
单位详细名称：				法人单位代码：			
单位注册日期：				单位注册资本（万元）：			
法定代表人姓名：				联系电话（区号）：			
单位地址：							
行政区划代码：				邮政编码：			
单位主管节能领导姓名：		职务：		联系电话（区号）：			
能源管理机构名称：				传真（区号）：			
能源管理负责人姓名：		培训号：		联系电话（区号）：			
能源管理人员姓名：		培训号：		联系电话（区号）：			
电子邮箱：							

指标名称		本期值	上年同期值	变化率（%）
工业总产值（万元）（按可比价计算）				
销售收入（万元）				
综合能源消费量（万吨标准煤）	当量值			
	等价值			
能源消费成本（万元）				
能源消费占成本比例（%）				
单位工业总产值能耗（吨标准煤/万元）	当量值			
	等价值			
主要产品名称		年产能（单位）	年产量（单位）	单位产品能耗（单位）
▼				
轧钢 型材 螺纹钢 ……				

填报负责人：_____   填报人：_____   填报日期：_____

说明：1. 所属地区填写单位所在的省（自治区、直辖市）。

2. 编号由国家汇总部门统一编写，单位不需填写。

3. 主要产品为耗能量占所有产品总耗能量比例不低于 10% 的产品，若产品种类超过 5 种以上的，只需填写耗能量在前 5 位的产品。

4. 年产能是指相应产品主体设备的年设计产能。

5. 单位工业总产值能耗=综合能源消费量（万吨标准煤）/工业总产值。

6. 表中白色部分为单位填报区域，深色区域是系统自动计算部分，或是共享其他表内容部分，不需要单位填写。

表11-2：能源消费结构表。填报统计年度内重点用能单位各类能源购进量、消费量和库存量等。

表 11-2　能源消费结构表

企业名称：　　　　　　　　　　年度：

能源名称	计量单位	代码	期初库存量	购进量		消费量					期末库存量	采用折标系数	参考折标系数
				实物量	金额（千元）	合计	工业生产消费量	用于原材料	非工业生产消费	合计中：运输工具消费			
甲	乙	丙	1	2	3	4	5	6	7	8	9	10	丁
原煤	吨	01											0.7143
洗精煤	吨	02											0.9000
其他洗煤	吨	03											0.2-0.8
煤制品	吨	04											0.5-0.7143
#：型煤	吨	05											0.5-0.7
水煤浆	吨	06											0.6416-0.7133
煤粉	吨	07											0.7143
焦炭	吨	08											0.9714
其他焦化产品	吨	09											1.1-1.5
焦炉煤气	万立方米	10											5.714-6.143
高炉煤气	万立方米	11											1.2860
其他煤气	万立方米	12											1.7-12.1
天然气	万立方米	13											11.0-13.3
液化天然气	吨	14											1.7572
原油	吨	15											1.4286
汽油	吨	16											1.4714
煤油	吨	17											1.4714
柴油	吨	18											1.4571
燃料油	吨	19											1.4286
液化石油气	吨	20											1.7143
炼厂干气	吨	21											1.5714
其他石油制品	吨	22											1.0-1.4
热力	百万千焦	23											0.0341
电力	万千瓦时	24											1.2290 / 3.66
其他燃料	吨标准煤	25											1.0000
#：煤矸石	吨标准煤	26											1.0000
生物质能	吨标准煤	27											1.0000

（续）

能源名称	计量单位	代码	期初库存量	购进量		消费量					期末库存量	采用折标系数	参考折标系数
				实物量	金额（千元）	合计	工业生产消费量	用于原材料	非工业生产消费	合计中：运输工具消费			
甲	乙	丙	1	2	3	4	5	6	7	8	9	10	丁
工业废料	吨标准煤	28											1.0000
城市固体垃圾	吨标准煤	29											1.0000
能源合计 当量值	吨标准煤	30											
等价值	吨标准煤	31											

填报负责人：_____   填报人：_____   填报日期：_____

说明：1. 主要逻辑审核关系：
（1）消费合计＝工业生产消费＋非工业生产消费。
（2）工业生产消费≥用于原材料。
（3）消费合计≥运输工具消费。
（4）煤制品≥型煤＋水煤浆＋煤粉。
（5）其他燃料≥煤矸石＋生物质能＋工业废料＋城市固体垃圾。
2. 企业只填写本企业消耗的有关能源品种数值。如本表未包括企业消耗的能源品种，企业应根据统计部门要求归并入相应能源品种内。
3. 能源合计＝Σ某种能源×某种能源折标准煤系数（不重复计算"其中"项），表中"#："代表"其中："。
4. 综合能源消费量的计算方法：
（1）非能源加工转换企业：综合能源消费量＝工业生产消费的能源合计－回收利用折标量合计（2-1表第13列）。
（2）能源加工转换企业：综合能源消费量＝工业生产消费的能源合计－能源加工转换产出折标量合计（2-1表第12列）－回收利用折标量合计（2-1表第13列）。
5. 电力等价折标系数，按当年火力发电标准煤耗计算。

表 11-2-1：能源消费结构附表。主要填报统计年度内重点用能单位能源加工转换环节的能源投入量、加工转换产出量以及回收利用能源量等。

表 11-2-1　能源消费结构附表

企业名称：　　　　　　　　　　　　　　年度：

能源名称	计量单位	代码	工业生产消费量	加工转换投入合计	火力发电	供热	原煤入洗	炼焦	炼油	制气	天然气液化	加工煤制品	能源加工转换产出	能源加工转换产出折标量（吨标准煤）	回收利用	折标系数
甲	乙	丙	1	2	3	4	5	6	7	8	9	10	11	12	13	14
原煤	吨	01														
洗精煤	吨	02														
其他洗煤	吨	03														
煤制品	吨	04														
#：型煤	吨	05														
水煤浆	吨	06														
煤粉	吨	07														
焦炭	吨	08														
其他焦化产品	吨	09														

（续）

能源 名 称	计量单位	代码	工业生产消费量	加工转换投入合计	火力发电	供热	原煤入洗	炼焦	炼油	制气	天然气液化	加工煤制品	能源加工转换产出	能源加工转换产出折标量（吨标准煤）	回收利用	折标系数
甲	乙	丙	1	2	3	4	5	6	7	8	9	10	11	12	13	14
焦炉煤气	万立方米	10														
高炉煤气	万立方米	11														
其他煤气	万立方米	12														
天然气	万立方米	13														
液化天然气	吨	14														
原油	吨	15														
汽油	吨	16														
煤油	吨	17														
柴油	吨	18														
燃料油	吨	19														
液化石油气	吨	20														
炼厂干气	吨	21														
其他石油制品	吨	22														
热力	百万千焦	23														
电力	万千瓦时	24														
其他燃料	吨标准煤	25														
#：煤矸石	吨标准煤	26														
生物质能	吨标准煤	27														
工业废料	吨标准煤	28														
城市固体垃圾	吨标准煤	29														
能源合计　当量值	吨标准煤	30														
能源合计　等价值	吨标准煤	31														

本年综合能源消费量（当量值）：＿＿＿＿＿万吨标准煤　　　上年综合能源消费量（当量值）：＿＿＿＿＿万吨标准煤

本年综合能源消费量（等价值）：＿＿＿＿＿万吨标准煤　　　上年综合能源消费量（等价值）：＿＿＿＿＿万吨标准煤

填报负责人：＿＿＿＿＿＿　　　　　填报人：＿＿＿＿＿＿　　　　　填报日期：＿＿＿＿＿＿＿＿

说明：1. 本表统计范围：有能源加工转换活动的重点用能单位。

2. 计算"能源加工转换产出"、"回收利用"指标使用的折算系数同表2。

3. 主要逻辑审核关系：

（1）工业生产消费与表2的工业生产消费量数字一致。

（2）加工转换投入合计 = 火力发电投入 + 供热投入 + 原煤入洗投入 + 炼焦投入 + 炼油投入 + 制气投入 + 液化投入 + 加工煤制品投入。

（3）煤制品 ≥ 型煤 + 水煤浆 + 煤粉。

（4）其他燃料 ≥ 煤矸石 + 生物质能 + 工业废料 + 城市固体垃圾。

4. 能源合计 = ∑某种能源 × 某种能源折标准煤系数（不重复计算"其中"项），表中"#："代表"其中："。

5. 电力等价折标系数，按当年火力发电标准煤耗计算。

表11-3：能源实物平衡表。填报能源在重点用能单位内部各个生产环节的能源统计数

据，并计算能源损耗情况。是对重点用能单位内部能源利用分配情况的综合反映，同时对用能单位能耗数据真实性进行校对。

表11-3 能源实物平衡表

企业名称： 　　　　　　　　年度：

项　目	企业购入能源品种			企业产出能源品种		工艺产出能源品种	
能源品种	原　煤	汽　油	……	焦　炭	……	焦炉煤气	……
计量单位	吨	吨	……	吨	……	万立方米	……
企业期初库存							
企业期内购入							
企业期内输出							
企业期末库存							
期内企业净消费量							
折标准煤系数　当量							
折标准煤系数　等价							
企业能源单价							
企业净消费标准煤量　当量值							
企业净消费标准煤量　等价值							
企业能源成本							
能源转换系统							
炼焦							
……							
能源转换实物消耗合计							
产品生产系统							
一车间							
工序1							
……							
小计							
二车间							
……							
小计							
产品生产实物消耗合计							
辅助生产系统							
机修车间							
……							
辅助生产实物消耗合计							
非工业生产实物消耗合计							
能源损耗							

填报负责人：_____　　填报人：_____　　填报日期：_____

表11-4：单位产品综合能耗指标情况表。填报单位产品综合能耗以及与上年度比较的

变化情况。

表 11-4　单位产品综合能耗指标情况表

企业名称：　　　　　　　　　　　　　年度：

指标名称	计 量 单 位			单位换算系数	代码	本 年 度			上 年 度			与上年度比		国家（地区）定额
	指标单位	子项单位	母项单位			指标值	子项值	母项值	指标值	子项值	母项值	节能量	变化率（%）	
甲	乙	丙	丁	戊	己	1	2	3	4	5	6	7	8	9

填报负责人：　　　　　　　　填报人：　　　　　　　　填报日期：　　　　　　　

表 11-5：影响单位产品（产值）能耗变化因素的说明。是对表 11-4 能耗指标变化原因进行分析和简短说明。

表 11-5　影响产品（产值）能耗变化因素的说明

企业名称：　　　　　　　　　　　　　年度：

与上年度比较能耗指标下降的分析说明

指 标 代 码	指 标 名 称	变化率（%）	说 明

与上年度比较能耗指标上升的分析说明

指 标 代 码	指 标 名 称	变化率（%）	说 明

与上年度比较产值能耗上升（下降）的分析说明

指 标 代 码	指 标 名 称	变化率（%）	说 明

填报负责人：　　　　　　　　填报人：　　　　　　　　填报日期：　　　　　　　

说明：1. 本表是对表 4 指标和产值能耗变化情况的解释说明。

　　　2. 如果上升或下降的能耗指标多于 5 种，则只需填写上升或下降幅度在前 5 位的指标。

　　　3. 本表自动根据表 1 和表 4 填报的指标数据生成，填报企业只需填写说明的内容。

表 11-6：节能目标完成情况。用能单位"十一五"期间节能目标逐年完成情况。

表 11-6　节能目标完成情况

企业名称：　　　　　　　　　　　　　年度：

项　目		2006 年	2007 年	2008 年	2009 年	2010 年	合　计
节能量目标（吨标准煤）							
单位产品综合能耗实际完成节能量（吨标准煤）	当量值						
	等价值						

（续）

项　　目		2006 年	2007 年	2008 年	2009 年	2010 年	合　　计
工业总产值能耗实际完成节能量（吨标准煤）	当量值						
	等价值						
单位产品综合能耗节能量完成率（%）	按当量值计算						
	按等价值计算						
工业总产值能耗节能量完成率（%）	按当量值计算						
	按等价值计算						
当年节能减排目标完成情况附加说明							

填报负责人：＿＿＿＿＿＿　　　　填报人：＿＿＿＿＿＿　　　　填报日期：＿＿＿＿＿＿

说明：1. 本表节能目标指企业与政府签订的"十一五"节能目标。

　　　2. 实际完成节能量指当年环比节能量。

　　　3. 节能量完成率＝本年度实际完成节能量/本年度节能减排分解目标×100% 。

表 11-7：节能目标责任自评价考核表。根据《国务院批转节能减排统计监测及考核实施方案和办法的通知》（国发［2007］36 号）要求，重点用能单位对节能目标完成情况进行自评。

表 11-7　节能目标责任自评价考核表

企业名称：　　　　　　　　　　　　　　　　年度：

考　核　指　标		分值	考　核　内　容	自评价得分	简 要 说 明
节能目标	节能量	40	完成年度计划目标得40分，完成目标的90%得35分、80%得30分、70%得25分、60%得20分、50%得15分、50%以下不得分，每超额完成10%加2分，最多加6分，本指标为否决性指标，只要未达到目标值即为未完成等级		
节能措施	节能工作组织和领导情况	5	1. 建立由企业主要负责人为组长的节能工作领导小组并定期研究部署企业节能工作，3分		
			2. 设立或指定节能管理专门机构并提供工作保障，2分		
	节能目标分解和落实情况	10	1. 按年度将节能目标分解到车间、班组或个人，3分		
			2. 对节能目标落情况进行考评，3分		
			3. 实施节能奖惩制度，4分		
	节能技术进步和节能技改实施情况	25	1. 主要产品单耗或综合能耗水平在千家企业同行业中，位居前 20% 的得 10 分，位居前 50% 的得 5 分，位居后 50% 的不得分		
			2. 安排节能研发专项资金并逐年增加，4分		
			3. 实施并完成年度节能技改计划，4分		
			4. 按规定淘汰落后耗能工艺、设备和产品，7分		
	节能法律法规执行情况	10	1. 贯彻执行节约能源法及配套法律法规及地方性法规与政府规章，2分		
			2. 执行高耗能产品能耗限额标准，4分		
			3. 实施主要耗能设备能耗定额管理制度，2分		
			4. 新、改、扩建项目按节能设计规范和用能标准建设，2分		

（续）

考核指标		分值	考 核 内 容	自评价得分	简 要 说 明
节能措施	节能管理工作执行情况	10	1. 实行能源审计或监测，并落实改进措施，2 分		
			2. 设立能源统计岗位，建立能源统计台账，按时保质报送能源统计报表，3 分		
			3. 依法依规配备能源计量器具，并定期进行检定、校准，3 分		
			4. 节能宣传和节能技术培训工作，2 分		
小计		100			

填报负责人：_____　　填报人：_____　　填报日期：_____

说明：1. 节能目标以企业根据节能目标责任书制定的年度目标为准；上年度未完成的节能目标，须分摊到以后年度。
　　　2. 2010 年节能目标以节能目标责任书中签订的目标为准。
　　　3. 自评价考核结果栏，请用简洁文字说明是否达到考核要求。

表 11-8：主要耗能设备状况表。对主要耗能设备（通用设备、专用设备）概况、运行情况、淘汰更新情况等进行说明。

表 11-8　主要耗能设备状况表

企业名称：　　　　　　　　　　年度：

主要耗能设备名称		设 备 概 况	设 备 运 行 状 况	淘 汰 更 新 情 况	备 注	操 作
通用设备	▼					删除
通用设备	工业锅炉 工业电热设备					
通用设备	泵机组 风机机组 ……					
专用设备	▼					删除
专用设备	高炉 转炉 电炉					
专用设备	……					

填报负责人：_____　　填报人：_____　　填报日期：_____

说明：1. 主要耗能设备分为专用设备和通用设备。专用设备指企业主营业务的工艺专用设备；通用设备包括列入国家监测的工业锅炉/工业电热设备/泵机组/风机机组/空气压缩机组/活塞式单级制冷机组/工业热处理电炉/蒸汽加热设备/电焊设备/火焰加热炉/供配电系统/热力输送系统等；均可在配套填报软件下拉菜单中选择。
　　　2. 设备概况栏，通用设备按容量与参数等级归类填写，专用设备填写主设备装备水平，技术先进水平及设备主要技术参数。
　　　3. 设备运行状况栏，填写设备报告期内运行相关情况，包括负荷率、运行小时数、设备大修和故障等情况。
　　　4. 淘汰更新情况栏，写明该设备是否属于应淘汰设备（参照淘汰设备清单），如属于应淘汰设备，说明设备改造更新的时间。
　　　5. 备注栏，填写以上栏目以外需要说明的事项。
　　　6. 列出的设备能源消费总量占企业所有设备能源消费总量的比例应不低于 80%。

表 11-9：合理用能国家标准执行情况表。根据合理用热、合理用电国家标准对用能情况进行自评。

表 11-10：规划期节能技术改造项目列表。包括项目类别、名称、改造措施、投资金额、时间安排以及预期节能效果等。

表 11-11：与上年相比节能项目变更情况表。即与上一年相比，节能项目的变更情况以及变更原因。

表 11-9　合理用能国家标准执行情况表

企业名称：　　　　　　　　　　　　　　　年度：

项目及对象			是/否	参考标准
燃料燃烧合理化	燃料燃烧控制指标	可燃性气体排放指标、空气系数、排渣含碳量的控制系数是否合理		GB 13271、GB/T 3486
		燃烧设备和燃烧工况是否合理		GB/T 3486
		燃烧设备运行热功效工效率是否满足相应国家或行业标准要求		—
	燃料燃烧方面的测量与记录	是否分析与记录燃料的成分及发热量		—
		是否测量与记录燃烧装置的燃料、助燃空气与雾化剂的用量、温度与压力，排出烟气中的含氧量（或二氧化碳量）		—
		关键性能指标是否记录并处于监控状态（炉膛温度、过量空气系数、漏风系数、排烟温度等）		—
		是否分析与检验排出烟气及灰渣中的可燃成分量		—
		燃油设备及容量大于或等于 7MW 的工业锅炉、燃耗 1500t 标煤/年以上的窑炉是否配备了燃烧过程自控系统		—
	燃烧设备的检查与维修	燃烧装置、安全装置、供风引风装置、燃烧控制系统、管路、阀门、计量仪表是否定期按规定检查、校正和维修		—
		燃烧设备是否有定期检查维修制度，明确检修技术要求，是否建立检查与维修记录档案		—
传热的合理化	传热管理的要求	是否根据工艺要求和节能的原则制定合理的控制指标及管理制度		—
	与传热有关的测量与记录	是否测量与记录被加热或被冷却物体及载热体的温度、压力/流量与水质，以及表征设备热工状况的其他参数		—
		对采暖、降温和空气调节有要求的厂房，是否测量与记录其室内温度、湿度及其耗能工质的必要参数或消耗量		—
	传热设备的检查维修	是否定期检查并维修传热设备及其附件，保持其良好的传热性能		—
		是否定期检查、校正和维修设备的计量仪表，使之正常运行，建立仪器仪表的检修记录档案，明确检修技术要求		—
减少传热与泄漏引起的热损失	减少热损失指标	输送载热体的管道、装置以及热设备的保温、保冷指标是否合理		GB 4272、GB 11790
		工业锅炉排烟温度，工业锅炉外壁表面平均温度是否合理		GB/T 3486
	有关热损失的测量与记录	是否掌握热设备的热损失状况，并定期进行保温、保冷，设备排污、输水状况的测定与分析		—
		以水为介质的热设备是否配备水处理设施，满足相应的水质要求		—
	热设备的检查与维修	对水处理设施工作状态是否进行检查和维修		—
		是否对热设备及其附件和保温、保冷结构定期进行检查与维修，避免由于设备和保温、保冷结构损坏而引起载热体流失及热损失增加		—

（续）

项目及对象			是/否	参考标准
余热的回收利用	余热回收利用的管理要求	是否制定了余热回收利用的要求，制定的指标是否合理		GB/T 3486
	余热回收利用设备的设置	根据余热的种类，排出的情况，介质温度，数量及利用的可能性，进行综合热效率及经济可行性分析，所设置余热回收利用设备的类型及规模是否合理		GB 1028
	对余热的测量与记录	对掌握余热介质的硬度与数量、可燃物质的成分、或发热量与数量，以及余能载体的压力与流量等参数，是否进行有关测量与记录		—
		是否对余热、余能回收利用装置的运行参数进行测量与记录		—
	余热回收设备的检查与维修	是否对回收利用余热余能的热交换器、余热锅炉、热泵、计量、测试仪表等设备进行检查，清除热交换面上沉积的尘渣，修补泄漏载热体的部位，更新损耗的物件等，保持设备完好，运转正常，并建立检修记录档案		—
实行热前的综合利用与用能设备的合理配置	实行热前的综合利用与用能设备的合理配置	是否实行了热、电、冷并供，或热电并供		
		在用热系统配置时是否考虑了对高品位热能的松级开发，多次利用，如多效蒸发系统		
		在热设备负荷变化较频繁而又无法从生产调度获得平衡的情况下，是否采用了蓄热器，实现热源和用热设备的合理匹配		
企业供电的合理化	企业供电的合理化	供电电压、供电方式是否合理		GB/T 3485
		总线损率是否达标		GB/T 3485
		日负荷率是否达标		GB/T 3485
		功率因素是否符合要求		GB/T 3485
电能转化为机械能合理化	电能转化为机械能合理化	使用节能型电机的比例（%）		—
		电动机功率是否在经济运行范围内		—
		50kWh 以上电动机是否单独计量		—
		是否合理应用变频调速或液力耦合器		—
电能转化为热能合理化	电能转化为热能合理化	电加热设备效率是否符合要求		GB/T 3485
		50kWh 以上电加热设备是否单独计量		
电能转化为化学能合理化	电能转化为化学能合理化	电解电镀设备选型是否合理		
		电解电镀生产设备是否配置了必要的监测、计量仪表		
		电力整流设备转换效率是否符合要求		GB/T 3485

填报负责人：_____　　　填报人：_____　　　填报日期：_____

表 11-10　规划期节能技术改造项目列表

企业名称：

年度：

项目类别	项目编号（系统自动生成）	项目名称	改造措施	投资金额（万元）	项目时间安排	预期节能效果（节能量，吨标准煤/年）	操作
燃煤工业锅炉（窑炉）改造 ▶							删除
燃煤工业锅炉（窑炉）改造							
发电（供热）机组							
区域热电联产							
余热余压利用							
节约和替代石油							
电机系统节能							
能量系统优化							
建筑节能							
……							

填报负责人：　　　　　　填报人：　　　　　　填报日期：

说明：1. 从填报年度开始的三年为一个规划期。（如 2008 年度能源利用状况报告，则规划期为 2008—2010 三年。）
2. 项目类别：燃煤工业锅炉（窑炉）改造/发电（供热）机组/区域热电联产/余热余压利用/节约和替代石油/电机系统节能/能量系统优化/建筑节能/绿色照明
3. 项目年节能量达到 3000 吨标准煤以上或投资金额 1000 万元以上的节能技改项目均应填报。

表11-11 与上年相比节能项目变更情况表

企业名称：

年度：

项目分类	项目编号（系统自动生成）	项目名称	改造措施	投资金额（万元）	项目时间安排	预期节能效果（节能量，吨标准煤/年）	变更原因	操作
▶								
新增项目								
调整项目								
完成项目								

填报负责人：_____ 填报人：_____ 填报日期：_____

说明：1. 项目类别：燃煤工业锅炉（窑炉）改造/发电（供热）机组/区域热电联产/余热余压利用/节约和替代石油/电机系统节能/能量系统优化/建筑节能/绿色照明。

2. 项目分类：新增项目/删除项目/完成项目。

3. 项目年节能量达到3000吨标准煤以上或投资金额1000万元以上的节能技改项目均应填报。

11.3.2 填报方式

为规范重点用能单位能源利用状况报告的报送工作，国家发展改革委组织研发了"重点用能单位能源利用状况报告填报系统"软件，各单位采用网上直报方式进行填报或报送电子版。国家发展改革委（环资司）将统一组织填报系统软件的下发和培训工作。

重点用能单位是基本报送单元，实行属地化管理原则。各重点用能单位能源管理负责人负责组织对本单位用能状况进行分析、评价，编写能源利用状况报告，并在每年3月底前将上一年度的能源利用状况报告报送当地管理节能工作的部门。

省级政府管理节能工作的部门应组织对本地区年综合能源消费总量10000t标准煤以上用能单位的能源利用状况报告进行审查。市（区）级政府管理节能工作的部门应组织对本地区年综合能源消费总量5000~10000t标准煤用能单位的能源利用状况报告进行审查。对审查不合格的，应要求其限期整改，重新报送。

省级政府管理节能工作的部门进行审查、汇总后，应在每年4月底前将本地区重点用能单位能源利用状况报告及汇总分析报告，报送国家发展改革委（环资司）。国家发展改革委（环资司）对各省级政府管理节能工作的部门报送的数据进行汇总后，编制全国重点用能单位上一年度能源利用状况公报，向社会公告。

11.3.3 报送时间

能源利用状况报告按年度编报。各重点用能单位应在每年3月底前，将上一年度的能源利用状况报告报送当地管理节能工作的部门。

11.3.4 保障措施

1. 重点用能单位应发挥主体作用

各重点用能单位要高度重视填报工作，加强对填报工作的组织和领导，能源管理负责人要对能源利用状况报告的完整性、真实性和准确性负责。要明确有关人员的职责，加强对能源管理负责人和能源管理人员的培训，提高其专业知识和能力。为保证重点用能单位能源利用状况报告的质量，重点用能单位应加强计量统计体系建设，按规定配备并定期检定能源计量器具、仪表，构建完整的内部统计体系，建立健全的原始记录和统计台帐。

2. 各级管理节能工作的部门要加强组织领导

国家发展改革委（环资司）统一部署和管理重点用能单位能源利用状况报告工作。省级政府管理节能工作的部门要抓好本辖区内重点用能单位"能源利用状况报告"的审查、汇总、分析和上报工作。各市（区）级政府管理节能工作的部门要加强对本辖区重点用能单位"能源利用状况报告"填写的监督和指导。能源利用状况报告制度执行情况纳入节能工作考核内容。

3. 表彰先进典型

国家发展改革委将对能源利用状况报告的填报工作较好的重点用能单位、组织指导和培训成效显著的地方管理节能工作的部门和相关机构给予奖励和表彰。对于未按规定报送或报告内容不实的单位，将依照《中华人民共和国节约能源法》的有关规定进行处罚。

4. 做好保密工作

各级管理节能工作的部门和相关单位应对重点用能单位报送的资料、数据及分析报告等做好严格的保密工作，未经许可，不得擅自对外发布，不得向社会和咨询机构提供。

11.3.5　具体的填报要点

表 11-1 重点用能单位基本情况表填报要点：

1）所属地区填写企业所在的省、市。

2）编号由省（市）汇总部门统一编写，企业不填写。

3）主要产品为耗能量占所有产品总耗能量比例不低于 10% 的产品，若产品种类超过 5 种以上，只需填写耗能量在前 5 位的产品。

4）年产能是指相应产品主体设备的年设计产能。

5）表中只有白色区域是需要企业填写的。

表 11-2 能源消费结构表填报要点：

1）应满足主要逻辑审核关系。

2）企业只填写本企业消耗的有关能源品种数值。如本表未包括企业消耗的能源品种，企业应根据统计部门要求归并入相应能源品种内。

3）能源消费情况应包括本单位、单位的次级部门和主要耗能设备。

4）注意综合能源消费量的计算（电力等）。

5）电力折标系数，按当年火力发电标准煤耗计算。

表 11-2-1 能源消费结构附表填报要点：

1）本表统计范围：能源加工转换活动的重点用能单位。

2）计算"能源加工转换产出"指标使用的折标系数同表 11-2。

3）应满足主要逻辑审核关系。

4）电力折标系数按当年火力发电标准煤耗计算。

表 11-3 能源实物平衡表填报要点：

要满足各种基本逻辑关系，参照能源审计报告。

表 11-4 单位产品综合能耗指标情况表填报要点：

填报单位产品综合能耗以及与上年期比较的变化情况。

表 11-5 影响单位产品（产值）能耗变化因素的说明填报要点：

1）如果上升或下降的单位产品能耗多于 5 种，则只需填写上升或下降幅度在前 5 位的产品。

2）本表根据表 11-1 和表 11-4 的数据自动生成，企业只需填写说明的内容。

表 11-6 节能目标完成情况填报要点：

1）本表节能目标指企业与政府签订的"十一五"节能目标。

2）实际完成节能量指当年环比节能量。

3）量完成率 = 本年度实际完成节能量/ 本年度节能减排分解目标 ×100%

4）目标：单位产值能耗下降率和能源消费控制总量

表 11-7 节能目标责任评价考核表填报要点：

1）目标以责任书为准。

2）上年度未完成的目标，须分摊到后续年度。

3）要用简洁文字说明是否达到考核要求。

表 11-8 主要耗能设备状况表填报要点：

1）主要耗能设备分为专用设备和通用设备。设备概况栏，通用设备按容量与参数等级归类填写，专用设备填写主要设备装备水平、技术先进水平及主要技术参数。

2）设备运行状况栏，填写设备报告期内运行相关情况，包括符合率、运行小时数、设备大修和故障等情况。

3）淘汰更新情况栏，写明该设备是否属于应淘汰设备（参照淘汰设备清单），如属于淘汰设备，说明设备改造更新的时间。

4）列出的设备能源消费量占企业能源消费总量的比例应不低于 80%。

表 11-9 合理用能国家标准执行情况表填报要点：

参照相应的国家标准。

表 11-10 规划期节能技术改造项目表填报要点：

1）从填报年度开始的 3 年为一个规划期。

2）项目类别：燃煤工业锅炉（窑炉）改造/区域热点联产/余热余压利用/节约和替代石油/电机系统节能/能量系统优化/建筑节能/绿色照明。

3）项目年节能量达到 3000tec 以上或投资 1000 万以上的节能技术改造项目均应填报。

表 11-11 与上年相比节能项目变更表填报要点：

1）项目类别：与表 11-10 相同。

2）项目分类：新增项目/删除项目/完成项目。

3）项目年节能量达到 3000tec 以上或投资 1000 万以上的节能技术改造项目均应填报。

第 12 章 合同能源管理

12.1 合同能源管理的定义及概况

12.1.1 合同能源管理的起源

20 世纪 70 年代中期以来，一种基于市场的、全新的节能新机制"合同能源管理"（简称 EPC）在市场经济国家中逐步发展起来，而基于这种节能新机制运作的专业化的"节能服务公司"（在国外称 ESCO，在国内简称 EMCO）的发展十分迅速，尤其是在美国、加拿大，合同能源管理已发展成为一新兴的节能产业。合同能源管理的概念最早是由 19 世纪 70 年代中期在美国成立第一个 ESCO 的克劳特肯先生提出的。合同能源管理机制的实质是：一种以减少的能源费用来支付节能项目全部成本的节能投资方式。这样一种节能投资方式允许用户使用未来的节能收益为工厂和设备升级，以及降低目前的运行成本。能源管理合同在实施节能项目投资的企业（用户）与专门的盈利性能源管理公司之间签订，它有助于推动节能项目的开展。在传统的节能投资方式下，节能项目的所有风险和所有盈利都由实施节能投资的企业承担；在合同能源管理方式中，一般不要求企业自身对节能项目进行大笔投资。

1997 年，合同能源管理模式开始登陆中国。国家发展和改革委员会同世界银行、全球环境基金共同开发和实施了"世界银行全球环境基金中国节能促进项目"，在北京、辽宁、山东成立了示范性能源管理公司。运行几年来，3 个示范合同能源管理公司项目的内部收益率都在 30% 以上。项目一期示范的节能新机制获得很好的效果，即以盈利为目的的 3 家示范 EMCO 运用合同能源管理模式运作节能技改项目很受用能企业的欢迎；所实施的节能技改项目 99% 以上成功，获得了较大的节能效果、温室气体 CO_2 减排效果和其他环境效益。鉴于此，国家发改委与世界银行共同决定启动项目二期。2003 年 11 月 13 日，项目二期正式启动。在中国投资担保有限公司设立世行项目部为中小企业解决贷款担保的难题，并专门成立了一个推动节能服务产业发展、促进节能服务公司成长的行业协会——中国节能协会节能服务产业委员会（EMCA）。

12.1.2 合同能源管理相关概念

1. 合同能源管理（Energy Performance Contracting，简称 EPC）

节能服务公司与用能单位以契约形式约定节能项目的节能目标，节能服务公司为实现节能目标向用能单位提供必要的服务，用能单位以节能效益支付节能服务公司的投入及其合理利润的节能服务机制。这种节能服务机制不是直接推销节能产品或技术，而是推销一种减少能源成本的全新理念和系统方法。

2. 节能服务公司（Energy Services Company，简称，ESCO）

提供用能状况诊断、节能项目设计、融资、改造（施工、设备安装、调试）、运行管理等服务的专业化公司。

3. 合同能源管理项目（Energy Performance Contracting Project）

以合同能源管理机制实施的节能项目。

4. 能耗基准（Energy Consumption Baseline）

由用能单位和节能服务公司共同确认的，用能单位或用能设备、环节在实施合同能源管理项目前某一时间段内的能源消耗状况。

5. 项目节能量（Project Energy Savings）

在满足同等需求或达到同等目标的前提下，通过合同能源管理项目实施，用能单位或用能设备、环节的能源消耗相对于能耗基准的减少量。

12.1.3 合同能源管理机制简介

EMCO 与愿意进行节能改造的用户签订节能服务合同，为用户的节能项目进行投资或融资，向用户提供能源效率审计、节能项目设计、原材料和设备采购、施工、监测、培训、运行管理等一条龙服务，并通过与用户分享项目实施后产生的节能效益来赢利和滚动发展。

按照合同能源管理模式运作节能项目，在节能改造之后，能耗企业原先单纯用于支付能源费用的资金，可用于支付新的能源费用和 EMCO 的费用。合同期后，能耗企业享有全部的节能效益，会产生正的现金流。

12.1.4 采取合同能源管理模式的意义

在我国引进和推广"合同能源管理"具有十分重大的意义。原国家经贸委于 2000 年 6 月 30 日发出《关于进一步推广合同能源管理机制的通告》，随之涌现出许多新兴/潜在的 EMCO。一方面，通过专业化的 EMCO 按照"合同能源管理"方式为能耗企业实施节能改造项目，不仅可以帮助众多企业克服在实施节能项目时所遇到的障碍，包括项目融资障碍、节能新技术/新产品信息不对称障碍等，还可帮助企业全部承担或者部分分担项目的技术风险、经济风险和管理风险等。另一方面，EMCO 帮助能耗企业克服这些障碍，可以加速各类具有良好节能效益和经济效益的项目的广泛实施；更重要的是，基于市场运作的 EMCO 会千方百计寻找能耗企业实施节能项目，努力开发节能新技术和节能投资市场，从而使自身不断发展壮大，终将在我国形成一个基于市场的节能服务产业大军。

12.2 合同能源管理项目运作中的问题

12.2.1 合同能源管理的特点

合同能源管理是 EMCO 通过与客户签订节能服务合同，为客户提供包括能源审计、项目设计、项目融资、设备采购、工程施工、设备安装调试、人员培训、节能量确认和保证等一整套的节能服务，并从客户进行节能改造后获得的节能效益中收回投资和取得利润的一种商业运作模式。

接受 EMCO 服务的客户不需要承担节能实施的资金、技术及风险，并且可以更快地降低能源成本，获得实施节能后带来的收益，并可以获取 EMCO 提供的设备。

合同能源管理项目特点如下：

（1）节能效率高　项目的节能效率一般在10%~40%，最高可达50%。

（2）客户零投资　全部设计、审计、融资、采购、施工监测等均由EMCO负责，不需要客户投资。

（3）节能有保证　EMCO可以向用户承诺节能量，保证客户可以马上实现能源成本下降。

（4）投资回收短　项目投资额较大，投资回收期短，从已经实施的项目来看回收期平均为1~3年。

（5）节能更专业　EMCO提供能源诊断、改善方案评估、工程设计、工程施工、监造管理、资金与财务计划等全面性服务，全面负责能源管理。

（6）技术更先进　EMCO背后有国内外最新、最先进的节能技术和产品作支持，并且专门用于节能促进项目。

（7）客户风险低　客户无须投资大笔资金即可导入节能产品及技术，专业化服务，风险很低。

（8）改善现金流　客户借助EMCO实施节能服务，可以改善现金流量，把有限的资金投资在其他更优先的投资领域。

（9）提升竞争力　客户实施节能改进，节约能源，减少能源成本支出，改善环境品质，建立绿色企业形象，增强市场竞争优势。

12.2.2　节能项目的合同能源管理模式

节能项目的合同能源管理模式大致有以下四种形式：

1. 节能效益分享型

EMCO提供项目的资金和全过程服务，合同规定节能指标和确认节能量（或节能率），合同期内EMCO与能耗企业按照合同约定分享节能效益，合同结束后设备和节能效益全部归能耗企业所有，能耗企业的现金流始终为正。

2. 节能保证型

能耗企业提供全部或部分资金，EMCO提供全过程服务，合同除规定节能指标和确认节能量（或节能率）外还规定如在合同项目期没有达到承诺的节能量，由EMCO赔付全部未达到节能量的经济损失；能耗企业向EMCO支付服务费和EMCO所投入的资金。

3. 能源费用托管型

按合同规定标准，EMCO为能耗企业管理和改造能源系统，承包能源费用；合同规定能源服务质量及其确认方法，不达标时，EMCO按合同给予补偿；EMCO的经济效益来自能源费用的节约，能耗企业的经济效益来自能源费用（承包额）的减少。

4. 能源管理服务型

这种模式是指企业委托EMCO进行能源规划，给予整体节能方案设计、节能改造工程施工和节能设备安装调试。在节能设备运行期内，EMCO通过能源管理服务获取合理的利益，而企业所获得的收益为：因先进技能设备能耗降低而降低的成本和费用。

从目前情况看，大部分合同是第一类，即以节能效益分享型为主。

12.2.3　合同能源管理项目运行中的六个问题

问题一：在中国，大部分EMCO采用"节能效益分享"模式来运作"合同能源管理"

项目，即 EMCO 承担实施项目的全部或大部分资金，客户可以实现自身不投入或少投入资金完成节能技术改造，并享受项目获得的部分节能效益，直至全部节能效益。此种模式的局限性在于，EMCO 有可能因资金问题而影响公司业务的扩展。公司资产有限是开发市场潜力的限制因素，融资能力是限制增长的因素。EMCO 如何能解决项目的融资问题？

答：EMCO 应当考虑运用多种"合同能源管理"模式来克服节能效益分享方式的局限，如可以考虑"保证节能量"模式。即由客户部分融资和租赁，或者它们的组合。

在运用"节能效益分享型"模式中，在国外有两种途径可以帮助 EMCO 解决项目融资的问题：

1）租赁方式。EMCO 可以采用一种商业模式，EMCO 提供并安装设备，但该设备由 EMCO 通过租赁公司以租赁的形式提供给客户。租赁公司从 EMCO 买下设备，一次付款给 EMCO，然后每月从客户收取费用。EMCO 可以向租赁公司保证，如果客户不支付设备款，EMCO 将以尚未支付的余款为价买回设备。EMCO 也可以考虑建立自己的租赁公司。

2）股本融资。公司可以考虑在 EMCO 下组建一个融资子公司。EMCO 持有该子公司部分出资，比如 EMCO 投资 25%，让外来投资者投资 75%，这样 EMCO 可以分散风险，并且创建了一个实体，这样也可以为 EMCO 提供公司的初始投资的 4 倍的贷款担保。如果 EMCO 想在这个实体追求风险投资，则应该考虑设计回购条款，按此条款 EMCO 可以购得其他投资人的股权。为此，EMCO 必须编制商业计划，该计划可以将 EMCO 的业务详细地描述。

问题二：在节能量测量方法方面，怎样定义基线？EMCO 如何核实客户提供的数据？遇到工作负荷和基线变化时应如何处理？

答：不同的客户需要不同的模式。关于基线，必须明确两个关键概念：

1）可靠的基线。首先，尽量多次重复测量基线模型中用到的所有数据，不要依赖客户提供的数据，因为客户提供的数据是不可靠的。其次，将确定基线用到的所有数据，记录在案，必须详细，经过客户同意，并写在合同里。而且在合同中规定，为了使基线反映真实情况，当后来发现原来的基线不反映真实情况时，EMCO 有权改变基线。

2）关于检测和验证计划（M&V）。测量方案应按每个项目的实际情况进行专门设计。节能量测量不应该在工厂级进行而应在设备级进行。对于无法测量的部分，可以与客户在合同里约定以后测量或调整基线，对于节能量，EMCO 只能保证可以测量的部分。

问题三：在客户付款方面，有没有对客户付款的特殊保证手段？如：法律保障、经济保障、技术保障。如果客户不付款，EMCO 可否关闭设备？

答：从客户的角度看，客户的风险主要是合同约定的节能量无法实现。任何情况下，如果客户到期不付款，EMCO 应采取措施撤销项目产生的节能为客户带来的利益。任何措施都可以考虑，从取走有限数量小型的项目关键设备到撤走全部设备（如果需要）。在这种情况下，如果可能，EMCO 为保护自己与分承包商签订使用过的设备回购条款显得极为重要，这样确保一部分资金回收（尽管很少），可减少损失。对于客户付款的问题，关键是要在合同条款中详细约定，也可以要求客户提供反担保来减小风险。选择优良的客户也很关键，EMCO 不可能为一个没有信用或有不付款历史的客户做项目。对潜在客户的信用分析包括：行业背景、财务状况和审计、生产能力和市场、管理、法律环境、生产环境和政府关系等。

问题四：EMCO 进行项目投资后如何来化解金融风险？可能存在客户的变化导致不能及时付款，如何去克服这个问题？如何控制项目中存在的风险？

答：客户不付款的问题是个比较重要的问题，首先要了解客户的财务，最好寻找黄金客户，另一个方式是，在合同中必须详细规定如果客户不按时还款，公司可以取回设备等。还有两个方面要注意，一是项目的成本回收期越短越好，这样风险不大；另一个是在合同中规定设备安装完毕，节能量的测试达到要求后，客户必须付款。

问题五：设备运送到现场，在安装过程中和运营过程中，谁对设备承担责任？对于大型项目，EMCO 如何解决操作项目的问题？

答：运用"合同能源管理"模式运作项目一般来说能够获得高利润，但同时承担的风险也高，所以有一个好的合同是很重要的，应在合同条款中明确确定设备有关的责任。但统一的"合同能源管理"范本并不存在。每个 EMCO 开发自己的合同能源管理业务，每个国家的情况都是很独特的，所以各个 EMCO 应该针对项目制订不同的详细全面的合同。

问题六：在中国，运用"合同能源管理"运作项目时，财务人员如何处理账务？EMCO 应给客户开具何种发票？

答：在项目完成前，设备不能记入固定资产，EMCO 可以给客户开具货物或服务发票。建议 EMCO 用服务发票（服务发票缴税 5.5%，建筑 3.2%，设备销售增值部分的 17%）。一般来说，客户要求 EMCO 开具增值税发票是出于要将设备列入固定资产的考虑。2005 年中国实行新的会计法，新法规定公司在决定其固定资产时有两个选择。这样客户在确定其固定资产时，与得到的发票类型无关。

12.2.4　节能服务公司的业务程序

节能服务公司业务活动的基本程序是：为客户开发一个技术上可行、经济上合理的节能项目。通过双方协商，与客户就该项目的实施签订一个节能服务合同。履行节能服务合同中规定的义务，保证项目在合同期内产生合同中规定的节能量。享受合同中规定的权利，在合同期内收回用于该项目的资金及合理利润。

主要有以下几个步骤：

（1）初始与客户接触　EMCO 与客户进行初步接触，就客户的业务、所使用的耗能设备类型、所采用的生产工艺等基本情况进行交流，以确定客户重点关心的能源问题。向客户介绍 EPC 的基本情况、EPC 业务运作模式及其对客户潜在的利益等。向客户强调指出具有节能潜力的领域。

（2）初步审计　EMCO 通过客户的安排，对客户拥有的耗能设备及其运行情况进行检测，将设备的额定参数、数量、运行状况及操作等记录在案。

（3）审核能源成本数据，估算节能量　采用客户保留的能耗历史记录以及其他历史记录，计算潜在的节能量。

（4）初步的项目建议　基于上述工作，EMCO 起草并向客户提交一份节能项目建议书，描述所建议的节能项目的概况和估算的节能量。

（5）客户承诺，签署意向书　确定客户是否愿意继续该节能项目的开发工作。EMCO 就拟议中的节能服务合同条款向客户作出解释，保证客户完全清楚他们的权利和义务。

（6）详尽的能耗调研　这一步包括 EMCO 对客户的用能设备或生产工艺进行详细的审查，以及对拟议中的项目的预期节能量进行更为精确的分析计算。

（7）合同准备　经与客户协商，就拟议中的节能项目实施准备一份节能服务合同。

（8）项目被接受或拒绝　如果客户对拟定的节能服务合同条款无异议，并且同意由 EMCO 来实施该节能项目，双方正式签订节能服务合同，合同的开发工作到此结束。

（9）签订合同　节能服务合同由 EMCO 与客户双方的法人代表签订。EMCO 和客户双方的律师都应该参与节能服务合同条款的商定和合同文书的准备。大量的案例证明，项目实施和运行过程中发生的许多争议是由项目界定不明确所引起的。所以在签订合同中应该准确描述节能项目和界定节能量范围，界定与项目关联的设备或生产过程，以及它们是否能适应项目正常运行的条件、确定节能量的关键因素。

（10）监测　在某些情况下，需对要改造的耗能设备进行必要的监测工作，以建立节能项目的能耗"基准线"。这一监测工作必须在更换现有耗能设备之前进行。

（11）工程设计　EMCO 组织进行节能项目所需要的工程设计工作。并非所有的节能项目都需要有这一步骤，例如照明改造项目。

（12）建设/安装　EMCO 按照与客户双方协商一致的工作进度表，建设项目和安装合同中规定的节能设备，确保对工程质量的控制，对所安装的设备作详细记录。

（13）项目验收　EMCO 要确保所有设备按预期目标运行，培训操作人员对新设备进行操作，向客户提交记载所作设备变更的参考资料，并提供有关新设备的详细资料。

（14）监测节能量　根据合同中规定的监测类型，完成需要进行的节能量监测工作。

（15）项目维护/培训　EMCO 按照合同的条款，在项目合同期内，向客户提供所安装设备的维护服务。

12.2.5　《合同能源管理技术通则》解读

近日，国家标准化管理委员会发布公告，由发改委资源节约和环境保护司提出，中国标准化研究院、中国节能协会节能服务产业委员会等单位负责起草的 GB/T 24915—2010《合同能源管理技术通则》已于 2010 年 8 月 9 日发布，2011 年 1 月 1 日起正式实施。

《合同能源管理技术通则》规定了合同能源管理的术语和定义、合同类型、技术要求和参考合同文本等。

《合同能源管理技术通则》是列入《"十一五"十大重点节能工程》和《2005～2007 年资源节约和综合利用标准化发展规划》的重要国家标准制定项目。合同能源管理是国内外广泛应用的一种市场化的节能服务机制。国办转发了国家发展改革委等四部门《关于加快推行合同能源管理促进节能服务产业发展的意见》（国办发［2010］25 号），对节能服务产业的发展提出了具体要求，并出台了一系列扶持政策。本领域第一项国家标准《合同能源管理技术通则》的出台，必将为相关政策措施的落实提供技术依据，并为节能服务产业的快速有序发展提供保障。

12.3　合同能源管理的现状与发展趋势

12.3.1　合同能源管理的国内现状

1997 年以来，中国在北京、山东、辽宁成立了三家 EMCO，开展了合同能源管理的试点与示范。从 1997 年到 2006 年底，北京、辽宁、山东 3 家示范企业的能效投资逐年稳步增加，累计为 405 家客户实施了 475 个节能项目，投资总额达 13.31 亿元人民币，通过实施这些项目，EMCO 获得净收益 4.2 亿元人民币，而客户的净收益是示范企业的 8 ~ 10 倍。这些项目产生的节能能力每年达 151 亿 tec，形成的二氧化碳减排能力每年达 145 万 t。

虽然 EMCO 在中国还处于发展的初级阶段，但他们通过实践取得了显著的成绩。三家中国节能服务示范公司成果实践证明：EMC 模式在中国具有巨大市场发展空间。合同能源管理概念被证明在中国现有条件下是可行的。这一市场机制已成为国家节能政策的一个重要方面；EMCO 的成立促进了中国节能工作在计划经济向市场经济转轨过程中机制转换的进程，标志着中国节能工作走上了一个新台阶；三家 EMCO 在公司模式、商务策划等方面进行了成功的探索。合同能源管理模式、标准财务条款和效益分享方法、节能量的验证方法、客户企业的选择标准、项目谈判和管理方法等都已制订出来，并通过 100 多个项目的实际经验得到了完善，以更好地适应中国体制的实际需要。

EPC 在我国进一步发展的主要障碍：

1. 信息障碍

合同能源管理在中国还是全新的概念，在国内尚未广为人知。中国幅员辽阔，EPC 的商业机会多种多样，发展空间广阔，能源合同管理概念的传播工作还必须加大力度，特别是在帮助有兴趣的机构了解能源合同管理的基本概念、借鉴已取得的经验等方面还有许多工作要做。

2. 融资障碍

EPC 示范公司的经验表明，为节能项目直接融资的 EPC 在中国市场仍然最具吸引力，但对 EPC 启动资本金的需要量非常大。由于 EPC 的业务性质尚未被人们所认识，潜在的 EPC 在初创时要从资本市场中筹措资金是十分困难的，因为中国目前的资本市场近期重点仍然是支持国有企业。

3. 管理障碍

尽管多家公司对 EPC 业务十分感兴趣，但其中的大多数却不具备 EPC 所特有的综合的技术和管理能力。在中国特别是原来的国营老企业（恰恰这些企业具有很大的节能改造潜力），其本身的技术力量很强，如果 EPC 不能发挥综合的技术和管理水平，要在这些企业进行节能改造是很困难的。所以潜在的 EPC 急需在 EPC 创建、综合技术能力和商务计划制订等方面得到指导和帮助。

4. 信用障碍

EPC 初建期尚未建立商业信誉，EPC 在中国还是一个新概念，在国内的商业信誉度还比较低，难以获得商业贷款。由于中国国内银行利率数度下调，国内商业银行首先考虑的是贷款投放的安全性问题，对风险业务非常敏感并持消极态度，主要原因是潜在的 EMCO 没有良好的经营业绩，能源合同管理在中国没有得到广泛传播。

5. 担保障碍

在中国目前没有建立起完善的贷款抵押或担保的机制，中国商业银行不可能给新 EMCO 或其客户提供贷款，而这一点也是中国贷方/节能企业最迫切的要求。

6. 市场环境问题

目前较为突出的市场环境问题有：企业节能意识不强；EMCO 节能技术力量不够，缺乏用户信任；节能经济效益缺乏权威的评估方式；节能改造项目融资渠道有限，缺乏经济激励政策；市场诚信不足，项目风险大，缺乏相应的法律保障；缺乏专业人才等。

如何合理地解决上述障碍问题是 EPC 业务在中国成功开展的关键所在。只有这样才有可能使 EPC 从资本市场中获得足够的资本，同时从国内金融机构顺畅、持续地获得所需的商业贷款。不断扩大 EPC 的业务规模，在中国建立起一个使 EPC 可持续发展的市场框架。

12.3.2 合同能源管理的国外现状

在国外，合同能源管理是在 20 世纪 70 年代中期以后逐步发展起来的，尤其在北美和欧洲，EPC 已成为一种新兴的产业。这里简要介绍国外 EPC 的发展概况。

1. 北美 EPC 的发展

北美 EPC 是在 20 世纪 70 年代发生"世界能源危机"时出现并很快发展起来的。这是一种以盈利为目的的专业化能源服务公司。

（1）加拿大 EPC 的发展　加拿大联邦政府和地方政府对此十分重视。加拿大的 6 家大银行都支持 EPC，银行也对客户的项目进行评估，并优先给予资金支持。1992 年，加拿大政府开始实施"联邦政府建筑物节能促进计划"，其目的是帮助各联邦政府机构与 EPC 合作进行办公楼宇的节能工作，并制订了在 2000 年前联邦政府机构节能 30% 的目标。

（2）美国 EPC 的发展　美国是 EPC 的发源地，也是 EPC 产业最发达的国家。在美国，联邦政府和各州政府都支持 EPC 的发展，把这种支持作为促进节能和保护环境的重要政策措施。

1985 年以后，美国政府曾以 25 亿美元的财政预算支持政府机构的节能项目，其目的是使政府在节能和环境保护方面起带头示范作用，其效果是很明显的。凡是实施节能项目的政府楼宇，平均用能下降 15%，而且工作环境得到了改善。

1992 年美国联邦政府通过一个议案，要求政府机构与 EPC 合作进行合同能源管理，达到既不需要增加政府预算，又取得节能效果的目的。该议案要求联邦政府的所有办公楼宇至 2005 年节能 30%（与 1985 年相比）。

美国政府对 ESC 有利的政策包括：

1）政府制订了有关建筑物节能的标准和法规。

2）政府制订的有关环境保护的法案。

3）政府颁布的若干能源审计的标准。

4）各州政府关于电力公司进行综合资源规划（IRP）的法案（ESC 参与其中的机会）。

5）美国国会通过的有关联邦政府的所有办公楼宇至 2005 年节能 30% 的目标的议案。

6）议会通过的有关联邦政府机构应与 ESC 合作进行合同能源管理实现节能目标的议案。

7）美国能源部对政府机关进行具体的指导和帮助，制订了若干关于合同能源管理的指导性文件。

2. 欧洲 EPC 的发展

欧洲各国的能源服务公司是在 20 世纪 80 年代末期逐步发展起来的。欧洲 EPC 运作的项目有别于美国和加拿大，主要是帮助用户进行技术升级以及热电联产类的项目，项目投资规模较大、节能效益分享的时间较长。

（1）西班牙 EPC 的发展　西班牙是电力相对短缺的国家之一，近几年西班牙政府从节约能源、保护环境的目标出发，制定分布了一系列鼓励开发热电联产、可再生能源发展的"硬件"政策。所以，EPC 的业务发展很迅速。

（2）意大利 EPC 的发展　意大利国家电力有限公司和新技术能源环境委员会在推进节能政策和技术开发方面做了大量的工作，特别是国家电力公司已制定了《全面履行京都议定书》，其主要内容是减排温室气体的行动方案，其中也包括了推进 EPC 发展的政策措施。

（3）法国 EPC 的发展　法国环境能源控制署是 20 世纪 70 年代以来法国政府推进节能，控制环境污染的国家事业结构，工作人员已增加到 900 人。该机构目前用于节能和环境保护的资金主要来自政府拨款和企业环境污染收费（或称环境治理收费），其资金的使用中有71% 是通过 EPC 为工业企业实施节能项目。因此，可以预计将来 EPC 的业务发展将会上升到一个新水平。

（4）捷克 EPC 的发展　20 世纪 90 年代初期，捷克开始注重 EPC 产业的发展，在捷克节能中心（SEVEN）的帮助下，美国资助的能效服务（EPS）首先进入捷克市场，接着捷克的一些 EMCO 开始启动，其他国家的 EMCO 也迅速进入。近 20 年来，捷克的 EPC 运作得比较好，期间，捷克制定了相应法律来鼓励 EPC 产业的发展，并且提出一系列公众鼓励计划，例如：能源部为 EMCO 的节能投资提供补贴，能源价格也在某些情况下得到补贴；大多数 EMCO 项目资金主要来自于银行贷款，银行年利率为 10% ~ 20%，这与其他转型国家相比是较低的。

3. 亚洲 EPC 的发展

日本政府采用强制性手段推动 EPC 发展。2002 年，日本政府修改了《节能法》以确保节能工作的顺利开展，其中对所有大型高能耗工业企业和商业楼宇的能效指标提出强制性执行的规定，并要求定期提交能源消费报告，为 EMCO 的业务发展开拓了市场。同时，政府通过提供低息贷款等方式支持 EMCO 事业吸引私营企业和政府部门参与其中，并通过新能源和工作技术开发机构（NEDC）对新能源的使用和节能项目的实施提供支持和帮助。

12.3.3　合同能源管理的新趋势

经过十几年的发展，特别是 2010 年 4 月国务院发文后这一年多以来，合同能源管理这种节能新模式有了长足的进展，知道的人多了，合作的项目多了，成功案例多了，节能服务产业扩张了十几倍。可以说，合同能源管理的春天真正到来了。目前阶段，我国合同能源管理的整体发展出现了一些新的动向，预示出几个新的趋势。

1. 合同能源管理是市场化方法，但是政府推进将越来越强化

合同能源管理是作为一种市场化模式被引进中国的，西方国家搞节能一直是以企业为主体，是企业的自主行为，政府只是帮忙而已。长期以来，国外的节能活动一直是企业自己在搞，后来发现节能量作为市场资源可以交易流通，于是就逐渐形成了一种市场化的机制。中国的政府并不排斥这种市场机制，我国是自上而下地"强行"引进合同能源管理模式，一开始就是"硬引进"，接下来是"软着陆"，事实上现在的很多问题都是出在了"软着陆"的环节。国家以财政奖励为手段引进推广，但是市场在磨合过程中却发生了不少的问题，因为有不少市场资源实际上掌握在政府手里，例如路灯，而政府至今也没有拿出一个合理的机制来分配这些市场资源，眼下政府唯一的办法就是招标，但是殊不知合同能源管理由于不使用政府财政，所以恰恰是不用招标的。

我国搞节能有一个很大的特点，就是大部分能耗大户基本上都是大型国企，像电力、石油天然气、煤炭、钢铁、建材、化工、装备制造等产业的巨头，它们的节能指标任务都很重，这些单位搞节能对市场化的方法还不是很习惯，往往是行政命令说了算。在中国搞合同能源管理，节能服务公司的趋利性十分明显地表现在向政府靠拢上，一方面要靠政府批工程、拿项目，另一方面要拿财政奖励，由于政府财政奖励往往是层层加码，有的时候相当于利润率，大家都趋之若鹜。政府方面现在也出现了一个新动向，就是搞"政府集成"，由政府出面办一个全能型的节能服务公司，采取集成运营商模式统筹本地区的节能服务业务，集成节能技术、产品、服务。目前吉林省、太原市都出现了这种模式，这或许是一个有效率的方法。

2. 合同能源管理解决不了融资难的问题，金融资本早晚要成为领头羊

我国节能服务公司的出身基本上是产品型（供应商型）和服务型（工程资质型）的两种，前者以节能灯、节电器、变频器等居多，后者以节能设计、运行管理的居多，但是大部分都是中小企业。合同能源管理模式的真谛就是投资，从根本上讲，没有投资能力就是没有节能服务能力；换句话说，要想搞好节能服务，首先要搞好投资；合同能源管理的自身规律是节能服务先要有钱，而节能服务公司恰恰没有钱，它们的"第二主业"就是融资，但它们又恰恰遇上融资难。这个怪圈节能服务公司自己是无论如何也跳不出来的。

一方面，现在国内的一些上市企业自己生产节能产品的，都纷纷自己组建节能服务公司，靠合同能源管理形成自己的营销新模式，效果很好；另一方面，非银行金融机构开始大规模介入合同能源管理领域，它们以资本为武器大举收购节能公司或者项目，按照集成运营商的模式拿订单—工程分包—整合收益，效果也很理想。

3. 合同能源管理已出现与其他业态融合发展的新趋势

合同能源管理引人关注：一个是政府的财政奖励，一个是先投入后收钱的经营机制，再一个就是靠管理赚钱。这三个特点很吸引人，其他领域也有人想尝试采取合同能源管理的方式推进产业发展。

事实上，目前在循环经济领域，例如环保改造、静脉产业、城市矿山、资源综合利用等产业，人们都在关注合同能源管理的可借鉴性，大家都希望把财政奖励垫资投入的方法引进来。

12.4 合同范本

12.4.1 合同能源管理范本

甲方：

乙方：

第一部分 商业条款

1. 总则

　　　　（以下简称甲方）与　　　　（以下简称乙方），根据《中华人民共和国合同法》，本着平等互利的原则，由乙方按"合同能源管理"服务模式向甲方提供（EMC项目名称：　　）项目节能服务一事，经过双方友好协商，特订立本节能服务合同（以下简称"合同"）。

2. 项目的名称、内容和目的

2.1 项目名称：　　　　　　（以下简称"项目"）。

2.2 项目内容：　　　　。

2.3 项目目的：通过项目的实施，达到降低能耗，降低成本。

3. 合同的起始日与期限、项目的验收

3.1 本合同以双方签字之日为生效起始日。

合同生效后，乙方开始项目的设计、设备的采购、安装及调试。设备的安装调试期为 30 天。

3.2 节能效益分享的起始日为甲方出具试运行正常的项目验收证明文件的次日，效益分享期为　　个月。

合同有效期为合同起始日至效益分享期满为止。

3.3 项目安装完毕后　　内，由甲方按改造方案检查安装情况；安装检查合格后，试运行　　小时，试运行期间可对设备进行调试。试运行结束后无异常发生，则甲方应签署试运行正常的项目验收证明文件。

4. 效益分享的比例、付款方式

4.1 项目的年节能效益约为人民币　　元（小写：　　万元）（以每月实际节电效益为准）。

4.2 节电率的计算方法。

乙方在进行节电改造工程前，由甲方提供合格的电表，协助乙方在所有要进行节电改造工程的中央空调系统回路中具体设备前安装到位，并用此表按以下方法计算某具体设备（A_1）的节电率 A_1 设备平均节电率（%）

$$SA_1 = (Q 前 A_1 - Q 后 A_1) \div Q 前 A_1$$

其中：Q 前 A_1 = 节电改造前 24 小时的目标中央空调系统 A_1 设备用电量。

Q 后 A_1 = 节电改造后 24 小时的目标中央空调系统 A_1 设备用电量。

完成节电改造工程前的中央空调系统 A_1 设备用电量和完成节电改造工程后的中央空调系统 A_1 设备用电量数据由双方有关人员共同抄表并签名确认，连同计算出 A_1 设备平均节电率。依此类推，测出中央空调系统中其他设备 A_2、A_3、A_4 等的平均节电率 SA_2、SA_3、SA_4 等。统计完后由双方签章生效并作为本协议的附件 B。

4.3 节电效益的计算方法

以自然月为单位，对通过节电改造后所产生的经济效益按以下方法计算：

以设备 A_1 为例

当月设备 A_1 节电效益(元)$MA_1 = (M 前 A_1 - MA_1 抄表) = MA_1 抄表 \times SA_1/(1 - SA_1)$

$$M 前 A_1 = MA_1 抄表 \div (1 - 平均节电率 SA_1)$$

MA_1 抄表 = 节电改造后当月的中央空调系统中设备 A_1 电费（电度表当月实抄的用电数量）。

其中，SA_1 为设备 A_1 的节电率。

当月中央空调系统节电效益（元）$M = MA_1 + MA_2 + MA_3 + MA_4 + \cdots\cdots$

4.4 双方效益的分成

效益分成期为五年，节电改造后按本协议本项第 3、第 4 条的计算方法计算出甲方所节省的总电费，并按甲方 20%、乙方 80% 的比例进行分配，即

$$乙方当月应分配金额(元) = 当月节电效益(元) \times 乙方分成比例(\%)$$

4.5 甲方应在分享效益起始日后，每个月后三天内向乙方付款一次，付款数额为4.2中规定的乙方应分享的数额，直至分享效益期限届满。如果甲方延迟付款，甲方应向乙方支付逾期付款违约金，逾期付款违约金按所欠到期款项的每日0.03%计算。

4.6 该项目由乙方投入设备，但签订本合同后甲方需向乙方交项目总额的30%作为押金，合同正常履行两年后，此押金由乙方无条件退还给甲方。

4.7 在本合同规定的效益分享期内，电价按同期供电部门价格计算。

4.8 如因甲方提供的测量数据不正确而导致用以计算节能量的基线未能反映真实情况时，乙方有权对计算节能量的基线作出调整；节能量的测量应在设备级（而非工厂级）层面上进行。

5. 甲方的责任

除本合同规定的其他责任外，甲方还应：

5.1 对乙方提交的设计、施工方案应在七日之内予以书面核准。

5.2 在本厂区接受附件A所列设备和相关材料、配件，在安装前甲方应按乙方要求予以免费、妥善保管。

5.3 为乙方实施和管理本合同项下的项目提供必要的协助。

5.4 按3.3条款验收项目，及时提供确认安装完成和试运行正常的验收文件。

5.5 根据设备制造商提供的设备操作规程和保养要求或乙方的书面要求，对设备进行操作，配合乙方对设备进行维护、保养。

5.6 在合同有效期内，对设备运行作出记录，并根据乙方要求向乙方提供上述记录。

5.7 若发现本项目安装的设备出现故障，有义务立即通知乙方。

5.8 在本合同有效期内，为乙方维护、检测、修理项目设施和设备提供便利，乙方可合理地接触与本项目有关的甲方设施和设备。

5.9 在合同有效期内，如附件A所列设备发生损坏、丢失，则甲方应在得知此情况后一个工作日内书面通知乙方，配合乙方对设备进行监管。

6. 乙方的责任

除本合同规定的其他责任外，乙方还应：

6.1 负责项目融资，对附件A所列或甲方以书面形式列出、乙方认可的设备进行设计、采购、安装与调试，按期完成施工。

验收合格后，将项目移交甲方运行。

开工前七日内，将设计、施工方案及工期提交甲方予以确认。

6.2 确保设计、供货和安装达到附件A规定的要求。

6.3 根据国家有关施工管理条例和与项目相对应的技术操作规程，认真完成设备的安装和调试。

6.4 对甲方操作人员进行培训，该项培训应不少于五个小时，以使他们能够正确地操作和维护设备。

6.5 除本合同另有规定外，承担项目移交甲方运行前的一切风险损失，但不包括由甲方造成的或甲方未尽到本合同规定的义务引起的损失。

6.6 设备所有权移交甲方时，乙方应将该项目的全部设计资料交给甲方。

6.7 定期派人检查项目的运行情况。

7. 所有权

7.1 在本合同有效期满和甲方付清全部款项之前，项目（包括设备和设施，下同）的所有权属于乙方。

7.2 甲方在本合同有效期满后一个月内，按规定付清乙方应得全部款项之后，才有权取得项目的所有权。

7.3 在本合同生效后的十二个月内，甲方可以依照本合同第4条规定的付款方式以相当于乙方分享总效益的价格（扣除乙方已分享的效益后剩余效益的折现价格）提前购买设备的所有权。在乙方收到全部价款之后，项目所有权归甲方所有。

7.4 项目的所有权由乙方移交给甲方时，应同时移交项目的技术资料。

7.5 甲方违约（如拖延应付款且到本合同终止时仍未付清应付款及逾期付款违约金）时，乙方仍享有项目所有权，直到此种违约状况消除七天后，项目所有权才归甲方。

8. 提前解除合同

8.1 甲方欲提前解除合同，应提前六十日书面通知乙方，并向乙方支付终止费和赔偿乙方的其他损失（如有），终止费按下面公式计算

终止费 =（乙方按合同规定应分享的全部款额 − 终止前已分享的款额）×30%

乙方的其他损失为乙方在项目上的所有人力、物质上的投入加上乙方合理的利润，该损失以本合同得以全面履行情形下的乙方全部收益为限。

8.2 由于甲方未经乙方书面许可而对设备进行实质改动或拆除，影响了本项目的正常运行和节能效益，乙方有权提前解除合同，甲方应支付乙方本合同规定的全部应分享款项，且在此情形下项目仍归乙方所有。

9. 违约责任

9.1 甲方违约：

9.1.1 在本合同生效后、项目移交甲方运行之前，如果甲方解除本合同，则应按本合同规定的效益总额的20%向乙方支付违约金，并承担乙方为此项目所支出的全部费用，如设备购置费、运费、安装费、设计费等。

9.1.2 如果甲方在接到乙方通知后七天内未向乙方支付应分享的款项，则应每日按应付款金额的0.03%支付逾期付款违约金。

9.1.3 如果甲方在接到乙方通知后超过两个月未向乙方支付应分享的款项，则乙方有权收回此项节电工程的所有节电设备，并同时享有追究甲方其他违约责任的权利。

9.1.4 甲方违反在本合同中的一项或多项义务，则乙方有权选择单独或合并采取以下方式要求甲方承担违约责任：

Ⅰ）按甲方实际违约的天数顺延项目的安装调试期。

Ⅱ）延长分享节能效益的时间，直至乙方的损失得全部弥补。

Ⅲ）在保持节能效益总额不变的前提下缩短乙方的分享期，即加大每期甲方的应付款数额。

Ⅳ）解除合同，要求甲方赔偿全部损失。该项损失包括但不限于：乙方的直接损失、项目利润、律师费用和项目相关的其他费用。

9.1.5 因甲方违反国家有关法律法规（尤其是节能环保方面的法律法规），造成项目中

断和停止，如果此种违约若在三十日内得以纠正，且乙方因甲方违约所造成的损失得以补偿，则不视为甲方违约。

9.2 乙方违约：

9.2.1 设备安装完毕三个月后仍不能正常运行。

9.2.2 甲方在设备运行工况与项目验收相同的条件下可随时复验节电率，如果复验节电率低于附件 B 中相应节电率并超过 10% 范围，则甲方应书面通知乙方，双方共同参与节电率复验，如果经双方确认节电率的确低于附件 B 中相应节电率并超过 10% 范围，则视为乙方违约。

9.2.3 乙方不履行或不遵守本合同的规定，则甲方有权要求乙方承担违约责任。

10. 违约补救

10.1 甲方违约的补救：如果甲方违约，乙方有权选择终止合同或直接进入司法解决程序，收回应得和受损失的款项。乙方有权要求甲方承担因此发生的所有费用，包括律师费用和项目其他相关费用。

乙方在事先书面通知甲方的情况下，有权进入甲方生产场地拆除设备，在不损害甲方权益的情况下解除本合同。

10.2 乙方违约的补救：如果乙方违约，甲方有权选择终止合同或直接进入司法解决程序，收回受损失的款项。甲方有权要求乙方承担由此发生的所有费用，包括律师费用和项目其他相关费用。

10.3 一方违约后，另一方当事人应采取适当措施，防止损失的扩大，否则不能就扩大部分的损失要求赔偿。

第二部分 一般条款

11. 乙方的服务标准

乙方应完全履行本合同所规定的义务和职责，保质、保量按时完成项目建设和运行过程中的工作，客观实际地测量节能效果和计算节能效益。对甲方提出的合理要求给予认真考虑，与甲方保持良好的合作关系，尊重甲方的工作人员及其合理化建议，爱护甲方的设备和其他财产，在甲方的场地从事项目的安装运行工作时，遵守甲方工作场地的有关规章制度。

12. 项目设备的改进、改动、拆除和损坏等风险

12.1 设备的改进。在乙方不降低服务标准的前提下，为了改善项目设备的运行状况或提高经济效益，经征得甲方书面同意后，乙方有权在本合同有效期内随时改进项目设备或修改有关程序。甲方在没有充分理由的情况下，不得拒绝乙方的改进意见。

12.2 设备的改动。任何一方如需对设备进行改动，需征得另一方的书面同意方可进行。

12.3 设备的拆除。未经乙方书面同意，甲方不得自行或委托他人拆除项目设备或者进行实质性改动。如果甲方未经乙方书面同意而拆除设备或进行实质性改动，乙方有权立即解除合同，甲方应在接到乙方书面通知之日起十日内无条件地按乙方要求支付本合同第 4 条规定的全部款项。

上述设备的改进、改动和拆除完成后，双方应于当日签署书面文件予以认可，此种认可视为对方的接受。

12.4 设备的损坏或丢失。本合同开始履行后，设备发生损坏或丢失，如果甲方不能证明是乙方或乙方人员所致，则应由甲方承担责任。如果受损坏或丢失的设备已投了保险，甲方应聘请乙方利用保险赔付修理、更换、补充被损坏（或丢失）的设备。如果在设备发生损坏或丢失之日起四十五日内甲方得到的保险金不足以支付修理、更换或补充设备而发生的费用，或者由于受损坏（或丢失）的设备未投保，则应由甲方承担修理、更换或补充设备的费用。

12.5 设备的意外损坏。由于意外事件导致设备损坏，如果甲方不能证明自己采取了足够的预防措施，则应承担修理或更换的费用。如果甲方能够证明自己采取了足够的预防措施，则由甲、乙双方共同承担责任。

12.6 如果因为发生本章规定的情况而影响项目的正常运行，停止运行超过十日，经双方同意，该时间从效益分享期限中扣除，以使得效益分享期限不致受上述情况的影响而缩短。

13. 对设备的大规模改造

未经乙方书面许可，甲方不得对设备进行大规模改造。如果在本合同有效期内，为提高节能效率而欲对设备进行改造，甲、乙双方应事先达成书面一致意见，并对本合同有关条款进行变更之后，方可开始施工。

14. 设备的停止运行/关闭

14.1 停止运行或关闭本合同所涉及的任何设备，甲方应至少提前六十天通知乙方。在紧急情况下，甲方应及时和尽可能地向乙方通报情况。任何停止或关闭行为都不能减轻或影响甲方的付款义务。

14.2 如果因甲方关闭或停止设备运行而导致合同终止，甲方应向乙方支付合同第 4 条所规定的全部款项。

15. 甲方自有设备的使用和更改

15.1 甲方保证在本合同有效期内与项目相关的自有设备能够完全正常运行。如果因为甲方自有设备发生故障，影响到项目的正常运行，导致节能量降低，甲方自行承担责任，并仍需按本合同第 4 条规定的数额向乙方支付分享效益的款项。

15.2 如果甲方欲对自有设备进行更改或对生产计划进行调整，可能对项目的节能量造成影响时，甲方应至少提前七天书面通知乙方，说明这些变化可能对项目节能量产生的影响。当这些改变致使节能量下降时，甲方应承担乙方因此而造成的经济损失。否则，甲方应按本合同第 8.1 条的规定向乙方承担责任。

15.3 如果甲方对项目相关的设备进行检修，影响了项目的正常运行，导致节能量减少，甲方仍需按本合同规定的数额向乙方支付分享款项。

15.4 如果甲方对与本项目相关的设备进行大修，影响了项目的正常运行或停止运行，大修期超过 30 天，改造期间不分成，但双方应以书面方式认可延长相同时间，以弥补效益分享期。

16. 合同的变更、解除和终止

16.1 对本合同及其附件的修改，必须经甲、乙双方签署书面协议才能生效。

16.2 由于不可抗力致使合同无法履行，可以提前解除合同。如果不可抗力事件不足以导致合同无法履行，甲、乙双方应根据其对合同履行的影响程度确定延期履行或部分免除责任。

16.3 由于一方不履行本合同规定的义务，导致项目无法进展或与本项目实施前相比根本不能达到节能的目的，另一方有权解除合同。

16.4 本合同最后签字之后满九十天未实际履行，任何一方均可终止本合同的履行。

16.5 在本合同有效期内甲方被关闭或撤销、停产或停业、转产或与其他单位合并或分立，则本合同对发生此种变化后的甲方或其继承者仍然有效。发生此种情况时，甲方应事先告知有关当事方，并将此条件列入新的实体之中。如果当事方不能接受此种条件，则由甲方应在此变化发生前，按本合同规定购买本项目。乙方也可自行决定拆除所装设备。

如果甲方发生破产而导致本合同终止，项目及甲方为乙方所提供的担保财产不属于破产财产范围。

17. 合同项下权利、义务的转让

17.1 甲方在转让本合同项下的权利和义务之前，应征得乙方同意，在未征得乙方同意之前，甲方无权以任何形式、在实质上转让或转移本合同项下的权利、义务。

17.2 乙方可以通知甲方将本合同及所有的权利、义务转让给乙方所属的分公司或有关联的公司。

17.3 乙方可以将本合同中所有权属于自己的设备作为担保，用于节能服务项目期间的担保。

18. 税、费

由甲方支付给乙方的款项，乙方出具普通商业发票。

19. 不可抗力

按相关国家和地方法律、法规执行。

20. 争议的解决

凡因本合同引起的或与本合同有关的任何争议，双方应协商解决，协商不成，应提交北京市仲裁委员会，按照该会的仲裁程序和规则进行仲裁。仲裁裁决结果是终局的，对双方均有约束力，仲裁费由败诉方承担。

本合同在仲裁过程中，除双方有争议正在进行仲裁的部分之外，其他部分应继续履行。

21. 合同的生效及其他

21.1 本合同的附件为本合同不可分割的组成部分，与本合同具有同等法律效力。本合同的附件包括：

附件 A：节能系统设计方案

附件 B：节能效益的计算及确认

21.2 本合同及附件之间规定不一致时，以规定详细的为准。

21.3 本合同的订立、履行和解释，应遵照中华人民共和国法律、法规及其他有关规定，并应遵守行业惯例。

21.4 甲、乙双方用电报、电传、电话、传真发送通知时，凡涉及各方权利、义务的，应随之以书面信件通过特快专递通知对方。本合同中所列的地址即为甲、乙双方的收件地址。

21.5 本合同中所称的"一方"及"一方当事人"是指甲方或乙方，"双方"或"双方当事人"则是统称甲、乙双方。

本合同中的"意外事件"是指在合同签订以后，不是由于任何一方当事人的过失或疏忽，而是由于发生了当事人既不能预见，又无法事先采取预防措施的客观事故。

本合同中的"商业秘密"是指不为公众所知悉、能为权利人带来经济利益、具有实用性并经权利人采取保密措施的技术信息和经营信息。

21.6 本合同自双方授权代表签署之日起生效。合同文本一式六份，具有同等法律效力，双方各执三份。

本合同由双方授权代表于×年×月×日在××签订。

甲方（盖章）　　　　　　　　乙方（盖章）：

授权代表签字　　　　　　　　授权代表签字：
通讯地址：　　　　　　　　　通讯地址：
电话：　　　　　　　　　　　电话：
传真：　　　　　　　　　　　传真：
开户行：　　　　　　　　　　开户行：
账号：　　　　　　　　　　　账　号：

12.4.2　能源管理合同

甲方：　　　　　　　（简称甲方）
代表人：
地址：
乙方：　　　　　　　（简称乙方）
代表人：
地址：

甲、乙双方经过友好协商，本着公平、协作的精神，依据《合同法》之有关规定，就乙方租用 XX 电器进行节能改造，达成如下条款：

一、合作方式及期限

甲方将其生产的下列丰越智能节电器出租给乙方使用，并负责为乙方安装、调试。作为回报，乙方将节电器前期运行年节省的电费，按下面的比例与甲方分成以作为设备租赁费。双方分成满　　年后，设备全部归乙方所有，其节能效益全部由乙方受益，具体操作如下：

1. 分成比例为：自验收投入运行之日起　　年内甲方　　%，乙方　　%。

2. 总平均节电率的计算：

甲方在安装节电器前，由乙方提供合格的电度表，并协助甲方在所有的目标照明回路中安装到位。

$$总平均节电率\% = (Q 前 - Q 后) \div Q 前$$

其中：$Q 前 = $安装节电器前一周的照明系统用电量

$Q 后 = $安装节电器后一周的照明系统用电量

在同一线路负载相同的条件下，安装节电器前一周的照明及动力系统用量和安装节电器后一周的照明及动力系统用电量数据，由乙方负责人员会同甲方相关人员共同抄表确认。

计算出实际的节电率后，所有参加抄表人员均需签名确认，并由双方公司盖章生效，作为合同附件。乙方若发现节电器节电效果有变化可以随时要求重新确认。

3. 设备月租费的计算

$$设备月租费 = (M 前 - M 后) \times 当年甲方分成百分比$$

其中：$M 前 = M 后 \div (1 - 总平均节电率\%)$

$M 后 = 安装节电器后当月的照明电费$

安装节电器后当月的照明电费为：所有已经安装节电器的照明回路中所有电度表当月实抄的用电总和。

二、付款方式

节电器安装、调试完毕，照明总平均节电率达到 15% 以上 ［如乙方电压稳定（220V 以上），无线路混装现象，节电率可达 25% 以上］验收合格达到甲方承诺的性能技术指标后，自安装、调试完毕之日起，乙方在每月 10 日前支付给甲方上月的设备月租费，其月租费用的计算方法，即以双方认可的节电率，按本合同第一条第三款确定的设备月租费（   元），乙方每月按期支付给甲方。此费用双方约定不受任何因素的影响（如乙方限电影响），按时支付。乙方财务每月 10 日前将应付款汇入甲方指定账号，连续支付   年，甲方在每月 3 日前给乙方开具普通发票便于乙方入账 ［如需开具增值税发票，增值税税款由乙方承担（另加 11%）］。

三、设备归属

在租赁节电器合约期内，设备所有权属甲方所有，合约期结束，设备所有权归乙方所有。

四、甲方承诺

1. 甲方产品符合国家产品质量要求及技术标准。产品使用寿命 10 年，对节电器实行合同期内免费维修。合同期后的维修，双方另签订保修合同，保修费用以不超过整套节电器节约电费的 5% 为准（   元），超过部分由甲方负责。

2. 设备发生故障时，甲方保证（深圳市内）在得到通知后 4 小时内到现场处理。

3. 签订合同后，甲方在   个工作日内完成节电器的安装、调试工作。

4. 负责丰越智能节电器有关使用方法的咨询、指导。

五、乙方承诺

1. 按合同之规定按时付款给甲方，不得无故拖延，但由于甲方发票送达不及时造成的除外。

2. 提供甲方安装与数据测试的便利。提供真实与准确的节能对比数据。

3. 在合同期内，乙方有责任维护甲方的节电器不被人为破坏、受损或盗窃，否则该修理或损失费由乙方承担。

4. 在节电设备租赁期内，乙方应当妥善保管节电设备，如非质量瑕疵原因致使节电设备损坏，由乙方承担维修费用。

5. 安装节电器后，因质量瑕疵原因致使第三人人身损害的，由乙方承担损害赔偿责任。

六、违约责任

1. 乙方未按合同约定支付设备月租费，逾期每天应支付所欠款项 1% 的违约金，逾期超过一个月尚未支付，甲方有权解除合同，并拆走节电设备。节电设备在乙方使用过程中受到损坏的，由乙方承担赔偿责任。乙方在解除合同前已经支付的设备月租费不予退还。

2. 因甲方提供的产品出现固有质量瑕疵，节电设备出现质量问题致使第三人人身损害或者第三人财产损失的，乙方应当在事故发生 24 小时内书面通知甲方，甲方必须及时处理。

3. 任意单方面违背上述协议条款，按有关法律追究违约责任，并赔偿对方的一切经济损失。

4. 乙方在未经过许可的情况下，任意增加节电器的负载而造成节电器的损坏以及其他损失，全部由乙方承担。

七、售后服务

1. 建立客户档案：根据 ISO 9001 的规范及保持良好的商誉，甲方将为乙方建立客户档案以随时跟踪设备的使用情况，保持节电设备运行的良好状态，并可应乙方的要求随时做出抽样检测报告。

2. 对安装于乙方的产品提供相关功能及软件升级服务。

3. 甲方自产品投入运行之日起，对产品提供 3 年免费保修服务。

八、不可抗力

如遇有无法控制的事件或情况（如火灾、风灾、水灾、地震、爆炸、战争、叛乱、暴动或瘟疫等），遭受事件的一方不能履行协议规定的义务，应在 15 日内以书面形式通知另一方，并由当地政府部门或者公证机关出示证明，双方可视具体情况决定继续履行合同，迟延履行合同或者解除合同，因此致使的损失各自承担。

九、合同附件

本合同第一条中测试的节电率数据作为合同附件，由双方经手人员签字盖章，作为日后双方结算的依据。

十、争议解决方式

凡因本合同引起的或与本合同有关的任何争议，双方协商解决，协商不成，可向合同签订地法院提起诉讼。

十一、此合同书一式二份，甲、乙双方各执一份，经双方签字盖章后生效。未尽事宜，双方在友好协商后签署补充协议，所产生的补充协议与本协议具有同等法律效力。

甲方： 乙方：

（盖章） （盖章）

代表： 代表：

参 考 文 献

[1] 王康. 市场化节能新机制——合同能源管理 [J]. 上海节能，2008 (6)：17-18.

[2] 北京阳光才智管理科技有限公司. 合同能源管理 (EPC) 项目商业策划书 [EB/OL]. (2010-06-23) [2013-05-01]. http：//www. doc88. com/p-2397393980419. html.

[3] 合同能源管理项目运作的六个问题 [EB/OL]. (2009-11-01) [2013-05-01]. http：//www. gesep. com/News/Show_30_26480. html.

[4] 王鸿雁. 合同能源管理的特点、业务程序和基本类型 [EB/OL]. (2012-03-16) [2013-05-01]. http：//www. china5e. com/index. php? m = content&c = index&a = show&catid = 17&id = 216071.

[5] 李鹏程. 《合同能源管理技术通则》解读 [J]. 建筑科技，2010 (16)：14-15.

[6] 杨振宇，赵剑锋. 合同能源管理在中国的发展及待解决的问题 [J]. 电力需求侧管理 2004 (6)：

10-12.

[7] 袁海臻,高小钧. 我国合同能源管理的现状、存在问题及对策 [J]. 能源技术经济,2011,23 (1):58-62.

[8] 萧评. 合同能源管理商业模式发展的几个新的趋势 [EB/OL]. (2011-07-29) [2013-05-01]. http://www.emcsino.com/html/news_info.adpx? id=5910.

[9] 雅静. 国家合同能源管理相关法律、法规、政策条目一览 [EB/OL]. (2010-12-02) [2013-05-01]. http://www.emcsino.com/html/news_info.aspx? id=2554.

[10] 易木. 合同能源管理合同范本 [EB/OL]. (2010-06-12) [2013-05-01]. http://www.emcsino.com/html/news_info.aspx? id=501.

第 13 章　能源效率与能源标识

13.1　基本知识

　　能源效率是单位能源所带来的经济效益，是指能源利用中发挥作用的与实际消耗的能源量之比。

　　节能即提高能源效率，是指在服务或活动水平不变的条件下减少能源消耗量，可通过技术创新、优化组织管理和改善部门经济条件来实现，其评价指标主要有能源消费强度、能源转换效率、部门单位增加值能耗、单位产品（服务）能耗、单位能源产品（煤炭等）能耗、发电厂效率、再生能源占消费比例等。

13.1.1　能效等级

　　能效等级是表示家用电器产品能效高低差别的一种分级方法。图 13-1 所示为我国的五个等级的能效比标准，图 13-2 为中国能效等级标识。等级 1 表示产品节电已达到国际先进水平，能耗最低，是企业努力的目标；等级 2 表示产品比较节电，代表节能产品的门槛；等级 3 表示产品能源效率为我国市场的平均水平；等级 4 表示产品能源效率低于市场平均水平；等级 3、4 代表我国的平均水平；等级 5 是产品市场准入指标，低于该等级要求的产品不允许生产和销售，是未来淘汰的产品。能效等级用 3 种表现形式直观表达能源效率等级信息：一是文字部分"耗能低、中等、耗能高"，二是数字部分"1、2、3、4、5"，三是根据色彩所代表的等级指示色标。

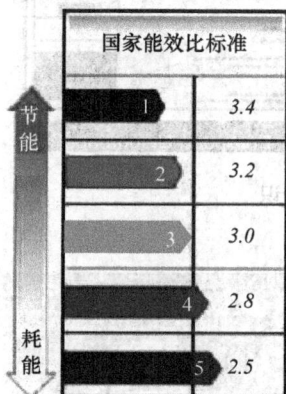

图 13-1　我国的五个等级的能效比标准

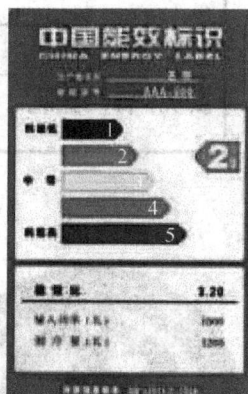

图 13-2　中国能效等级标识

　　图 13-1 中能效比和能效等级的对应关系是：

　　能效比 3.40 以上，能效等级为 1 级。

　　能效比 3.20～3.39，能效等级为 2 级。

　　能效比 3.00～3.19，能效等级为 3 级。

　　能效比 2.80～2.99，能效等级为 4 级。

能效比 2. 60 ~ 2. 79，能效等级为 5 级。

13. 1. 2　能效标识

为贯彻实施能效标准，更有效节约能源、保护环境，世界各国都考虑建立一项节能管理措施——能效标识管理。能效标识又称能源效率标识，是附在耗能产品或其最小包装物上，表示产品能源效率等级等性能指标的一种信息标签，目的是为用户和消费者的购买决策提供必要的信息，以引导和帮助消费者选择高能效节能产品。目前，能效标识制度已在 50 多个国家和地区得到了有效实施，世界各国因实施能效标识计划每年带来的节能价值达 8 亿美元。经过几十年的发展，能效标识制度不断完善，标识类型不断增多。目前，主要有 3 类：保证标识、单一信息标识和比较标识。在推广实施能源效率标识计划的国家和地区中，大多数采用的是强制性方式，属于政府行为，如欧盟、伊朗、巴西、澳大利亚、新西兰、韩国、中国香港、泰国和日本等。加拿大、美国采用的是连续性比较标识（能源指南）。菲律宾则采用了纯信息标识。从实施效果来看，能效等级标识对消费者的影响最大，效果最明显。图 13-3 ~ 图 13-7 所示为各国的相关标识。下面是各国典型空调类产品能效标识的实施情况。

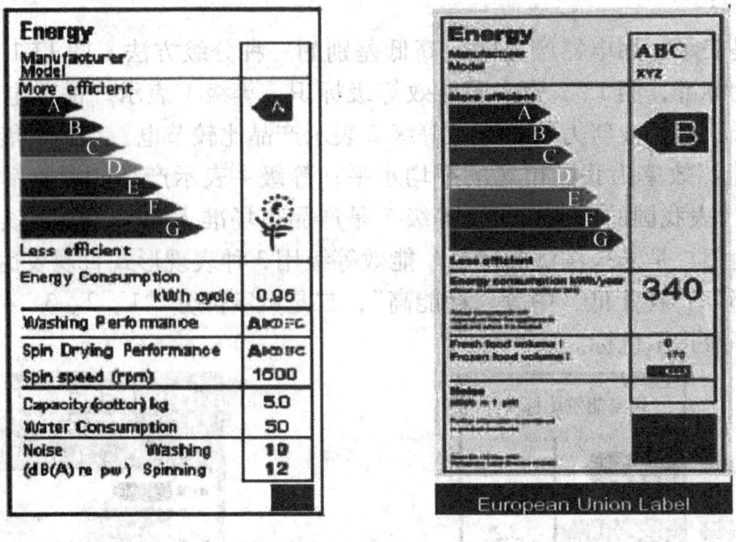

图 13-3　欧盟比较标识

图 13-4　美国 ARI 认证标识

图 13-5　欧盟 Eurovent 认证标识

图 13-6　美国"能源之星"标识

图 13-7　中国节能产品认证标志

1. 欧盟

在 1992 年欧盟颁布的家用电器强制性能效标识框架指令（92/75/EEC）下，欧盟于 2002 年 3 月 22 日颁布了空调产品实施导则 2002/31/EC，确定了空调产品能效标识的适用范围、样式和信息、测试方法和能效等级要求等内容，并规定于 2002 年 4 月 23 日开始实施。2002/31/EC 规定空调产品能效标识主要适用于 EN 255-1 和 EN 814-1 或导则规定的相关协调标准中涉及的家用空气调节器，不包括可以同时使用其他能源和制冷量超过 12 kW 的空调机组。测试方法主要依据 EN 14511，标识样式为白色背景、黑色字体的分级比较标识；主要能效指标为制冷季节年耗电量（kW·h/年）、制冷量、能效比、产品类型（包括单冷和热泵）、冷却方式（风冷和水冷）、制热量、制热性能系数和噪声。2010 年 5 月 19 日，欧盟正式发布 92/75/EEC 修订后的全新指令 2010/30/EU，并于 2010 年 6 月 19 日生效。原指令 92/75/EEC 已于 2011 年 7 月 21 日废止。2010/30/EU 指令彻底改变了 92/75/EEC 指令的框架，不再采取制定具体产品执行措施，而是通过制定各成员国统一遵守的法规来实现。欧盟的能效标识（Energy Label，如图 13-3 所示）将能源效率分为 A、B、C、D、E、F、G 七级，其中 A 级效率最高。

2. 美国

美国联邦贸易委员会（Federal Trade Commission，FTC）1980 年 5 月规定强制实施能源指南（Energy Guide）标识项目，覆盖 17 类产品，其中包括中央空调、冷冻箱、热泵式热水器、冷藏箱、分体式房间空气调节器、窗式房间空气调节器、地源热泵和水环热泵。美国空调产品能效标识主要信息为产品型号、类别、制冷量、年运行成本、能效比、本产品型号的能源使用情况在同类相近产品型号中所处的位置等。

美国能源部已经接受采纳针对家用中央空调器和热泵产品的联邦节能标准，该新能效标准将于 2015 年 1 月开始实施。美国能源部重新确认了针对美国境内生产或进口到美国的中央空调器和热泵产品的能效标准。同时，该标准也设立了北部、南部和西南部地区标准，并将于 2015 年 1 月 1 日实行。法规对设备在待机状态和关机状态的节能标准进行了修订。目前，美国没有允许在空调和热泵产品中使用碳氢作为制冷剂。另外，美国新替代物政策（SNAP）计划也将通过对 4 类碳氢物质的评估，这四类物质是：异丁烷、丙烷、HCR-188C（R441a）和 HCR-188Cl。

图 13-6 所示的美国能源之星标识（ENERGY STAR）属于自愿保证标识。1992 年的美国《能源政策法》（EPACT）要求针对各类办公设备制定自愿性的节能方案，美国环保署（EPA）创立了自愿性保证标识制度"能源之星"，以促进能效产品和减少温室气体排放。开始涉及的产品只有计算机和显示器，1995 年扩展到办公设备和住宅加热制冷设备，之后环保署联合能源部（DOE），进一步在美国家用和商用终端产品等规定了更高的能效标准和

技术要求，并通过实施一些优惠措施鼓励商家和消费者自愿实施。"能源之星"标识作为产品标识和合作关系的一部分，除了满足要求的产品可以使用外，满足要求的商业及组织也可以使用其名字和标志。"能源之星"标识在节能管理与能效标准方面，不仅在美国本土发挥着重要的作用，而且已成为了一个国际性的节能标志，目前已被加拿大、日本、欧盟、澳大利亚等诸多国家引进。从1992年诞生到现在，"能源之星"标准已经发布了4个正式版本，加贴"能源之星"标识成为美国能效标识制度中影响范围最广、实施最为成功的一种能效标识制度。贴上了"能源之星"标识的产品，就标志着其已经获得了美国能源部和环保署认可的能耗指标，消费者主要依据该标识来选购节能产品，同时，依据联邦政令，还可获得政府的优先采购。

3. 澳大利亚

澳大利亚的能效标识制度是由州和领地政府管理并于1986年强制实施。覆盖产品范围为冷藏箱、冷冻箱、空调等。空调产品于1987年实施能效标识；2000年对样式进行了更新，实行了半星制；2010年4月之后，空调能效标识允许采用10星级标识，一旦出现效率超出6星的超高效产品，产品的能效标识就会增加到10星。主要能效和性能指标为耗电量（kW·h/年或kW·h/周期）、制冷能力等。

4. 日本

日本能效标识包括节能标识（单一信息标识）和销售商能效标识（等级比较标识），均为非强制性标识。日本节能标识制度的主管部门是日本经济产业省，具体负责实施的是日本经济产业省下设的日本节能中心。另外，自然资源和能源监督委员会指定日本工业标准委员会（JISC）负责标识具体制定和监督工作。日本能效标识采用非强制性自我声明的实施模式。但值得深思的是日本能效标识实施率高，几乎达到100%，且至今未发生过冒用、虚假标示能效指标等违规行为。这有赖于其较高的社会诚信度及多年来形成的监管体系。日本节能标识制度作为标准制度体系框架的一部分，于2000年开始实施，针对的是产品制造商，目的是让消费者能够直接了解到某类产品能效水平及耗能量。目前涉及空调、电冰箱、冷柜等共16类。标识内容包括目标限定值完成率图标、节能标准完成率、能源消耗率（量）和目标年限。另外，日本政府认识到消费者对能效标识的了解主要来自销售商。为扩大能效标识的影响，提高消费者购买高效节能产品意识和推动能效水平提高，在2005年对《节约能源法》的第5次修订中增加了针对产品销售商的能效标识制度。该项标识制度目前涉及空调、电冰箱等4类产品，标识内容包括产品类型、标识版本号、5星评级（政府、行业协会、企业等相关机构协商确定不同产品的目标限定值完成率与星等级之间的对应关系）、节能标识、企业名称、产品型号和预计年度耗能费用。

5. 墨西哥

墨西哥能源部于2011年11月1日发布通报G/TBT/N/MEX/220，对标准草案PROY NOM 015 ENER 2011：家用冰箱和冷冻柜的能效、限量、测试方法和标签向公众进行公开咨询，以及要求提出意见。该标准草案适用于在墨西哥市场销售的高度多达1104dm^{3}的家用冰箱、家用冰箱冰柜，以及高度最多为850dm^{3}的使用密闭式电动驱动压缩机的家用冷冻箱。进口产品需为测试提供三个样品，合格评定程序则适用于国内生产和进口的产品。

6. 中国

中国节能认证，是指依据国家相关的节能产品认证标准和技术要求，按照国际上通行的产品质量认证规定与程序，经认证机构确认并通过颁发认证证书和节能标志，证明某一产品符合相应标准和节能要求的活动。我国的节能产品认证工作受国家质检总局的监督和指导，认证的具体工作由中国质量认证中心负责组织实施。图 13-7 所示为中国产品节能认证标志，由 "energy" 的第一个字母 "e" 构成一个圆形图案，中间包含了一个变形的汉字 "节"，寓意为节能。缺口的外圆又构成 "CHINA" 的第一字母 "C"，"节" 的上半部简化成一段古长城的形状，与下半部构成一个烽火台的图案，一起象征着中国。"节" 的下半部又是 "能" 的汉语拼音第一字母 "N"。整个图案中包含了中英文，以利于与国际接轨。

　　我国能效标识的样式、规格、加施方式、备案和公告方式基本一致，但具体产品的适用范围和能效信息有所不同。如图 13-2 所示，我国的能效标识为蓝白背景（未显示颜色）的彩色标识，顶部标有 "中国能效标识"（CHINA ENERGY LABEL）字样的彩色标签，背部有粘性，一般粘贴在产品的正面面板上。下面详细介绍各类产品实施情况。如电冰箱能效标识的信息内容包括产品的生产者、型号、能源效率等级、24h 耗电量、各间室容积、依据的国家标准号。空调能效标识的信息包括：产品的生产者、型号、能源效率等级、能效比、输入功率、制冷量、依据的国家标准号。不同等级分别由不同的颜色和长度来表示。最短的是深绿色，代表 "未来四年的节能方向"，也就是国际先进水平，其次是绿色、黄色、橙色和红色。等级指示色标是根据色彩所代表的情感安排的，其中红色代表禁止，橙色、黄色代表警告，绿色代表环保与节能。我国能效标识制度从 2005 年 3 月 1 日起正式实施，采用的是能效等级比较标识，是强制性节能管理措施，如果产品上没有能效等级标识，则不允许上市。

　　我国能效标识采用企业自我声明、能效信息备案、市场监督管理的实施模式。其中，企业自我声明是制度的关键特点，包括企业自行安排检测、印制、粘贴标识，企业需对信息准确性负责；能效信息备案是制度的主要管理手段，备案工作包括能效标识的核验与公告；市场监督管理是制度有效实施的保障，该实施模式降低了标识实施难度，但同时也对企业诚信和市场监管提出较高要求。我国能效标识制度主管部门为国家发展和改革委员会、国家质检总局、国家认监委三部门以跨部门协调会议的方式开展协商工作。国家质检总局和国家发展和改革委员会共同授权中国标准化研究院承担能效标识的备案管理及能效标识相关研究、备案核验、宣传、培训、市场检查、协调等工作，地方质检部门负责标识的地方监督管理。

13.2　我国的能源效率与能源政策

13.2.1　能源效率的总体状况

　　能源消费强度是反映一个国家或地区整体能源效率水平的综合性指标，表示的是生产单位 GDP 所消耗的能源数量。自 1980 年以来，我国的节能减排取得巨大成效，至今，我国能源消费强度急剧下降，是全球能源消费强度下降最快的国家。按 2005 年不变价格计算，1980 年我国一次能源消费强度为 3.405tec/万元，到 2002 年降至 1.08tec/万元，22 年间平均年降幅为 5%。从 2003 年开始，我国一次能源消费强度的下降趋势发生逆转，连续三年出现小幅攀升。2006 年，国家将能源消费强度降低 20% 作为 "十一五" 期间的约束性指标，采取了诸多强力措施，使消费强度再次下降，但下降幅度明显变小，表明节能难度加大。2006～2008 年单位 GDP 能耗分别下降了 2.7%、5.0% 和 5.2%，2009 年上半年下降了

3.6%。2005～2009 年，中国的能源消费强度降低了 15.6%。但与发达国家之间的差距仍然很大，2008 年，全世界能源消费强度（单位 GDP 产出消耗的能源量）为 3t 油当量/万美元 GDP，而中国为 7.5t 油当量/万美元 GDP，是世界平均水平的 2 倍多，美国的 4 倍多，日英德法等国的近 8 倍，甚至不如很多发展中国家。我国不但人均能源占有量居世界末位，而且能源利用效率排名也相当靠后，人均 GDP 为 4000 美元，我国还处在工业化和城市化的黄金时期就已经面临资源和环境的约束，这是现阶段我国的基本国情。我国与发达国家能源效率差距的原因，主要有以下三个方面：

1. 产业结构

第一、二、三大产业间的能源强度差异很大，同样一单位 GDP，第三产业的能源消费最少，能源强度最低，能源效率最高。2010 年我国三大产业的比例为 10.3∶46.3∶43.4，其中，工业占 39.7%，工业始终占第二产业 95%以上。工业比重大，第三产业占比偏低，不但低于发达国家 80%左右的水平，还低于世界平均水平 48%。这种产业结构不合理，造成我国能源消费量巨大，经济发展受到能源的约束。另一方面导致我国能源效率低下，形成恶性循环。改进的措施是：优化产业结构、升级利用新技术、新设备、新制度、淘汰落后设备和产能、减少能源浪费、提高利用效率。

2. 技术进步

发达国家处于世界科技前沿，尽管我国在各方面取得巨大成就，但与发达国家之间的差距仍然很大。现在国内很多先进技术和管理经验等都是从外国引进的，很多是发达国家淘汰的。同时由于历史和现实的原因，我国区域经济发展很不平衡，各地的技术水平也存在很大差异，导致各地能源效率存在差异。改进的措施是：改变经济增长方式，提高增长质量；改变传统的依赖高投入的粗放模式，而要依靠技术进步的集约型增长方式；加大科研投入，鼓励创新，对勇于创新的企业实行税收减免和优惠政策；推进职业教育和素质教育，培养高技能产业工人和高素质人才。

3. 价格机制

市场经济应该让价格发挥优化资源配置的功能。让价格反映资源的稀缺性并体现在经济发展中的作用和贡献。但现实中，国家对煤炭、电力等能源实行价格管制，很难反映供需之间的关系。改进的措施是：推进能源价格改革，让市场发挥其资源配置的功能。理顺能源价格关系，构建科学合理的价格形成机制，充分发挥价格信号的市场传导作用。

我国与世界发达国家的能源效率差距、技术差距使得我国存在后发优势，进行产业结构调整，加大能源效率投资，加强引进外资与自主创新，通过技术进步提高能源效率，建立节能减排和能源效率提升的长效机制，进一步推进能源价格改革，加强区域产业结构调整，促使先进技术扩散，树立新的资源安全观，可促进能源资源的合理开发利用和效率的提高，故我国能源效率还有很大的提升空间和潜力。

13.2.2 能源战略与能源政策

1. 能源战略

以往的能源战略，一般先确定某期间的能源需求，然后根据能源资源生产储备状况确定能源投资和供给，改变简单地从能源供给侧考虑满足能源需求，将节能（能源需求侧管理）作为满足能源需求的一个组成部分。在战略调整下，中国能源需求基本公式应是：能源需求量＝节能量＋能源供给量。在能源需求量既定和资金量有限时，要保证多少能源供给和多少节能，取决于投入，即资金既可以投向能源生产（进口），也可以投向节能。有多种政策组合可供选择。如果将更多资金投入节能，节能量就提高，但能源生产投入相应减少。政府可以通过选择能源供给投入和节能投入，使满足能源需求的成本最小化，因此，政府投入和公共政策如何引导资金流向，对能源投入的选择至关重要。

改变仅受资源约束的能源供需增长和能源结构战略规划，将 CO_2 排放作为满足能源需求的约束，即对能源需求公式中的能源供给量加上 CO_2 排放约束。以往的能源战略中，减排目标主要针对 SO_2、粉尘和氮氧化物等，没有明确包括 CO_2；而真正能够影响能源结构的是 CO_2 排放。特定的 CO_2 约束量会有相对应的能源结构。CO_2 排放约束越紧，煤炭在一次能源消费结构中的比例越低，油气保持越稳定，而核能、风能和太阳能等新能源的比例则不断上升，不同的碳排放量对应的能源结构，其能源成本会有所不同，对经济增长、就业等的影响也会有所不同。在能源价格较低的时候，能源之间也会有替代，但替代成本比较大，替代动力不强，替代需要的投资大，因而替代可能是不经济的。随着能源价格上涨，替代动力和替代条件会日益充分。能源价格越高，替代投资就相对越小，替代可能性就越大。一旦能源价格走到一定高度，很多能源替代都将成为可能。日益增强的替代性使各种能源产品的价格具有联动性，如石油价格上行会带动煤炭价格上涨，尽管可能会有一段滞后期。这种价格联动关系既与能源替代相关，也受心理和其他因素的影响。能源替代性和价格联动性使各种能源之间具有约束的相关性，各种能源的生产和消费也互相约束。所以，能源各行业规划只有站在能源整体的高度才切合实际。

2. 能源政策

依据实际制定节能减排目标。正是中国的工业化、城市化进程以及煤炭的资源和价格优势，决定了目前中国重工业化的产业结构和以煤为主的能源结构。从现在至 2020 年，是中国进入中等收入国家行列的关键时期。根据发达国家的经验，一旦完成经济阶段转换，上述阶段性相关问题就比较容易解决。中国的政策不能脱离阶段性经济发展规律。这不是说中国不需要尽力节能减排，而是说，不要轻谈经济结构调整和确立不切实际的节能减排目标。至少在 2020 年之前，中国经济将继续保持较快增长，重工业化仍将延续，CO_2 排放量也将持续增加，可以将此进程作为节能减排的机会。同时，城市化进程也是生活方式选择的过程，政府的政策引导和城市战略与规划可以选择更为低碳的生活方式。

要正确把握能源需求这一有效能源战略规划的起点。能源需求预测和规划应当符合中国阶段性经济增长的规律，能源投资规划应避免短期化，以避免短缺对经济的影响，减小匆忙应对短缺对经济、环境和能源结构的影响。需要对中国能源安全作更为广义的界定，中国能源安全必须兼顾石油战略储备和低碳的能源多元化。而且，在新的能源和环境形势下，行业能源战略规划拘泥于本行业的角度存在明显的不足。

重视中国低碳经济发展成本问题。低碳发展的成本，微观地说是增加消费者的能源成本，宏观地说则是对 GDP 增长的负面影响。要使全球减排有意义，发展中国家和发达国家都必须参与，发展中国家尽量控制增量，发达国家减少排放总量，这就是中国的碳强度目标与发达国家减少碳排放的承诺目标的一致性和区别。这其实也反映了共同减排、不同责任的基本原则。温室气体是一个超越国界的问题，但解决问题必须考虑不同国家的实际情况。只有世界各国共同合作致力于该问题的研究与解决，在合理公平、合乎实际的国际气候框架下统筹减排，兼顾发展中国家的能源成本问题，才有望使全球气候变暖问题得到有效解决。

兼顾能源强度和碳强度目标。中国经济发展受到两方面约束：一方面是能源需求大幅度增长和能源资源有限性的约束；另一方面是环境容量的约束。中国的可持续发展要求通过节能来减排，同时需要通过改变能源消费结构减排，降低对化石能源的依赖，发展清洁的可再生能源。解决 CO_2 排放问题，重点应当是在经济发展中减少能耗，而不是耗能之后再去解决减排问题。

13.3　我国能效标识的理念与发展

13.3.1　能效标识的起源

法国和德国在世界上首先实施了强制性比较标识（等级标识），使消费者能够在相似型号产品中进行能源性能的对比。1978 年，加拿大实施了强制性比较标识，当时标识覆盖的产品有房间空气调节器、冷冻箱、冷藏箱、冷冻-冷藏箱。1980 年，美国推出了强制性的"能源指南"能效标识项目，产品包括房间空气调节器、洗衣机、洗碗机、冰箱、炉具、热水器。同年，澳大利亚针对燃气器具推出了自愿性的比较标识。1986 年，该国的强制性电器能效标识生效，覆盖了主要的家用电器产品。1994 年，欧盟开始实施统一的强制性比较标识，产品逐步覆盖了冰箱、洗衣机、干衣机、洗碗机和空调等。

我国于 2004 年 8 月发布的《能源效率标识管理办法》，标志着强制性的能效标识制度在我国正式建立。截至 2007 年年底，世界上已经有多个国家实施了能效标识制度，覆盖了 49 亿人口，提高了终端用能设备能源效率，减缓了能源需求的增长势头，减少了温室气体排放，取得了明显的经济和社会效益。在标识类型上，采用等级比较标识已成为国际共识。家用电器作为最早实施的产品，影响力深远，目前仍是主要目标产品。此外，照明产品也已成为重要部分，办公设备和大型商用设备正在逐步被覆盖。标识制度作为重要的节能管理措施，不仅自身发挥着引导节能消费、推广高效节能产品、促进节能减排的重要作用，而且正日益成为其他节能政策的技术支撑，如美国的节能产品补贴制度、中国的节能产品惠民工程和家电下乡政策等的实施，都是依托能效标识进行的。

13.3.2　能效标识的理念

能效标识的目的是鼓励消费者购买那些能够以最少的耗能来提供能源服务的电器。对消费者来说，能效标识为他们提供的信息，使家电的能效成为一种"可见"的特性。这样，在消费者作出购买决定的过程中，就能够将能源使用和运行费用这两个因素考虑进去，从而倾向于购买高能效的产品。从制造和销售的角度来看，当制造商意识到标识已对消费者产生实际影响或将要产生潜在的影响时，他们就会对现有产品的能效进行改善。与此同时，分销商和零售商也会随之针对产品的能效标识来调整库存和产品陈列。这些变化形成的互动，将导致市场上所有产品的平均能效得到提高。2009 年，国家发展改革委、财政部组织实施了"节能产品惠民工程"，通过财政补贴方式推广高效节能产品，从而推动用能产品能效水平提升，节约能源。同时，完善能效标准标识体系和节能监管体系，发挥它们对高效节能产品市场消费的引导和监督，构建有利于高效节能产品推广的长效机制。"节能产品惠民工程"

的推广产品，是根据产品总体能耗水平和高效节能产品市场份额等情况，对能效等级为 1、2 级以上或按一定原则确定为高效节能的产品进行推广。如《节能产品惠民工程高效节能房间空调器推广实施细则》中明确规定，推广资格申请资料应包含能效标识的备案证明和推广产品能效检测报告。由此可见，能效标准标识是节能产品惠民工程实施的技术基础。

截至 2012 年 7 月，针对"节能产品惠民工程"高效节能产品的推广，已发布了 4 批高效节能空调推广目录，涉及 25 家空调企业的 5892 个型号的高效节能空调，已推广高效节能空调 2000 多万台，高效节能空调产品的市场份额从 6% 提高到 70% 左右，零售价格下降 50% 左右，成为市场的主流产品。

13.3.3　能效标识的发展

随着经济持续快速发展，我国能源消耗逐年增加，已经成为继美国之后的第二大能源消费国。据初步测算，到 2020 年，我国一次能源消费总量将达到 30 亿 tec，能源供需矛盾已经成为我国社会经济可持续发展的瓶颈。据测算，我国主要用能产品单位能耗比国外先进水平高 40%；燃煤工业锅炉平均热效率为 55% ~ 70%，风机水泵系统效率仅为 30% ~ 40%，而国外先进水平相应为 80% 和 70% 以上。因此，如何利用成本高、效益高的节能措施，以节约能源，提高终端用能产品能效，已成为节能工作面临的一项重要课题。

我国从 20 世纪 80 年代中期着手研究能效标准，经历了 20 世纪 80 年代的起步、90 年代的稳步发展，以及新世纪的全面提升这 3 个发展阶段。截至 2012 年 7 月，我国共发布能效标准 44 项（其中两项已被废除），涉及 6 大类产品，其中包括家用电器 12 种（即家用电冰箱、房间空气调节器、变频空调等）、商用设备 4 种（即单元式空调、冷水机组、多联式空调等）。能效标准的研究与发布，有利于反映我国目前和将来的能源特征，对引导有序的市场竞争、促进节能技术进步、平衡国际贸易中的"绿色壁垒"，可以且正发挥着重要作用。在能效标准的基础上，为更有效地节约能源、保护环境，2004 年 8 月 13 日，国家发展改革委和国家质检总局第 17 号令正式发布《能源效率标识管理办法》，这标志着能效标识制度在我国正式建立。2006 年国务院发布《关于加强节能性能效标识制度》（国发 [2006] 28 号），提出应"加快实施强制性能效标识制度，扩大能效标识在家用电器、电动机、汽车和建筑上的应用"。2008 年 4 月 1 日实施的新的《节能法》第 18、19 和 73 条明确了我国能效标识制度的实施、管理及法律责任，确立了该制度的法律基础；《中华人民共和国国民经济和社会发展的第十一个五年规划纲要》中明确"推行强制性能效标识制度"。

截至 2012 年 7 月，我国共发布实施能源效率标识产品目录七批二十三类产品，涉及家用电器、工业设备、照明器具、办公设备、电子信息等多个领域。能效标识制度在国家有关部门的高度重视下，实施的各个环节包括前期的研究、中期的实施和推广以及后期的监督和评估都取得了长足的发展。能效标识目录研究与发布、产品备案核验和公告、实验室备案、宣贯培训和监督检查的实施体系业已初步建立。

13.4　我国制冷空调的能效标准

13.4.1　能效标准的由来

中国位于北半球的中低纬度地区，大多数地区属于东亚季风性气候，同时伴随很强的大陆性气候特征。冬天温度较低，低于同纬度地区 5～18℃。夏天温度又较高，高于同纬度地区 2℃以上。

中国是房间空调器生产和消费大国，据国家统计局的数字，中国的空调产量从 1995 年的 520 万台迅速增长到 2004 年的 6000 多万台，年均增长率保持在 20% 以上，如图 13-8 所示。在我国，制冷量小于 14000W 的窗式空调器、分体空调器统称为房间空气调节器，简称为空调器；制冷量大于 7000W（没有上限）的分体式空调，有一个室外换热器用空气或水作为热源，室内则有一个换热器转换给风系统，称为单元式空气调节机，简称为空调机。前者多数用于民用，后者多数用于小型商场、宾馆或写字楼。这两种空调系统在本质上没有多大区别，并有 7000～14000W 范围的重合。而有变速压缩机的一拖多或多拖多的系统，大多数有多个室内换热器（终端），制冷剂流到室内与空气换热，被称为多联机。多联机又覆盖了从房间空调器到单元式空气调节机相同的容量范围，如图 13-9 所示。近年，随着市场需求量的增加，多联机有增加的趋势。

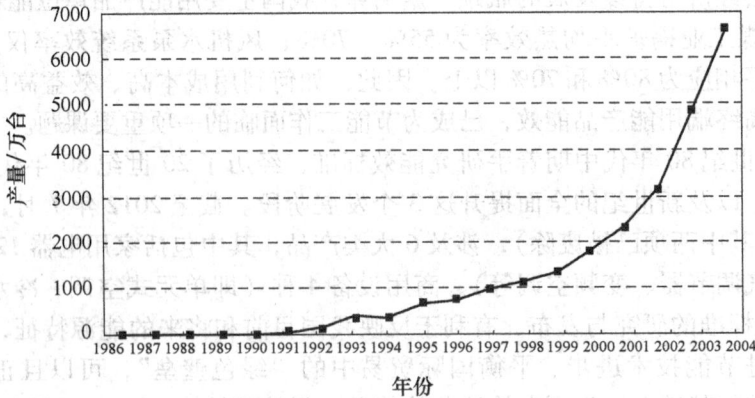

图 13-8　我国房间空调器产量变化

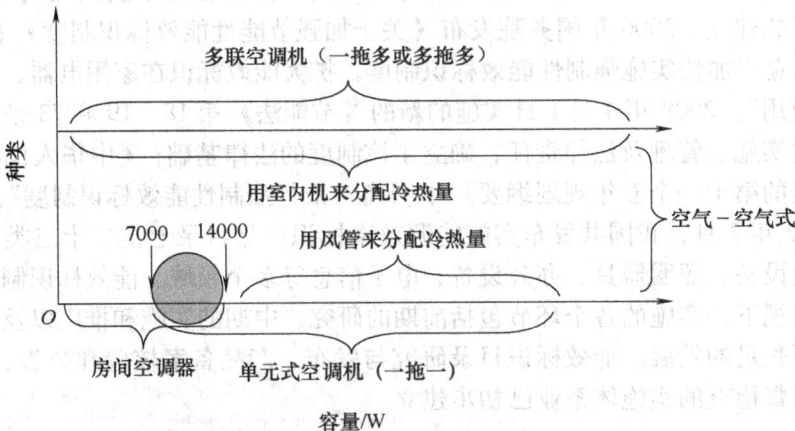

图 13-9　不同冷量下的空调类型划分

虽然房间空调器和单元式空调单机功率比较小，但因其数量众多，因而能耗总量也很巨大。因此，提高空调类耗能设备的能源效率是节约能源的关键之一。但是，由于企业传统或技术路线的不同，对提高空调器或空调机组用能效率的技术方法和技术路线各有不同。当前

空调界似乎存在 "EER 与 SEER" 或 "EER 与 IPLV" 之争，家用空调界存在 "定频空调和变频空调" 之争。同时，国家已经出台关于变转速空调以及多联机系统的能效限定值及能效等级的国家标准，分别用 SEER 和 IPLV 进行衡量两类空调的能效水平。

在 20 世纪我国基本没有单独的制冷空调的能效标准，只在相关产品标准中对能源效率有所注明。到 90 年代随制冷空调产品生产数量和使用数量的迅速增加，制冷空调设备的耗能急剧上升，引起各方面的注意，开始进行制定我国制冷空调产品的能效标准的前期准备工作。经过政府部门、企业和研究机构的共同努力，一些标准相继出台，并且体现了标准的积极作用。

从节能、环保和促进技术进步等角度出发，2008 年国家颁布了 GB 12021.2—2003《家用电冰箱耗电量限定值及能源效率等级》。该标准不仅规定了冰箱在标准状况下耗电量的限定值，并且规定了冰箱的能效等级为 1~5 级，其中 1 级、2 级为节能产品，1 级最节能，5 级为能效合格产品。按照冰箱在标准状态下实际耗电量与限定值的比较，比值小于 0.55 的为能效 1 级，也就是说，在通常情况下，能效 1 级冰箱的耗电量相当于该型号冰箱标准允许的耗电量的 55%，即节能 45% 以上；比值在 0.56~0.65 之间的为能效 2 级冰箱；比值在 0.66~0.80 之间的为能效 3 级冰箱；比值在 0.81~0.90 之间的为能效 4 级冰箱，能效 5 级冰箱为能效水平刚满足标准的合格产品；比值大于 1 的产品为不合格产品，国家标准强制其不允许进入市场。1 级是企业努力的目标，约占当前产品总量的 5%；2 级代表节能产品的门槛，约占当前产品总量的 20%；3 级、4 级代表我国的平均水平，约占当前产品总量的 50%；5 级代表能效限定值，是未来淘汰的产品，约占当前产品总量的 25%。

2004 年 12 月，财政部、国家发展改革委发布《节能产品政府采购实施意见》，要求优先采购实施意见中公布的节能产品，逐步淘汰能耗高产品。2005 年 9 月，我国出台了 GB 12021.3—2004《房间空气调节器能源效率限定值及能效等级》、GB 19576—2004《单元式空气调节机能源效率限定值及能效等级》两项空调能效国家标准。标准的实施有助于国家能源政策的实施，根据测算，这次公布的房间空调器能效标准，能效平均提高了 15%。采用此标准，每年全国降低高峰负荷几十万千瓦，平均每台家用空调可节电 80 度左右，到 2020 年，全国可降低高峰负荷 3600 万 kW。2005 年 9 月开始实施 GB/T 19577—2004《冷水（热泵）机组能效限定值及能源效率等级》，以及冷水机组国家空调能效标准和能效等级标识，对市场上的水冷式冷水机组设立了能效比最低门槛，鼓励消费者采购能效等级较高的产品。2009 年 7 月，对节能产品政府采购清单进行调整，节能清单中的空调机等九类产品列为政府强制采购节能产品。2010 年 6 月 1 日起，实施新的《房间空气调节器能效限定值及能效等级》强制性国家标准，与现行标准相比，能效限定值提高了 23% 左右。同时，新标准将房间空调器产品按照能效比大小划分为三个等级。

13.4.2　能效标准的依据

正是由于我国经济的繁荣发展、城市化的深入进行及人民生活水平的逐步提高使得空调制冷设备的使用越来越广泛。居民收入的增加及生活条件的改善，舒适健康的生活变成了现实，家用电冰箱、房间空调器几乎成为了家庭的生活必需品。科技含量较高的技术性产业（如电子通信、医药、化工等）需要工艺性空调；虚拟经济的发展造就的写字楼更是促进集中中央空调的发展。而当前，消耗于建筑物的能耗不容忽视，在建筑能耗中，采暖和空调是主要部分。

应对空调能耗大的情况，一种方法是增加能源供给，另一种则是提高能源效率。但更严重的是空调负荷是一种短暂而集中的负荷，其供电峰谷差很大，使电网不堪重负，出现拉闸限电现象。另外，使用时间短，造成了使用时负荷率低，使得电力系统的负荷特性恶化。再者，空调负荷的随机性极大，往往一场暴雨就可能使几百万千瓦负荷瞬间消失，对以火电机组为主力的电网的安全运行构成极大的安全隐患。

空调制冷设备对环境的影响一是制冷剂排放造成的臭氧层破坏及温室效应，二是来源于驱动这些设备所消耗的化石能源排放的 CO_2 产生的温室效应。我国《能源中长期发展规划》提出2010 年家用电器能源效率总体达到目前国际先进水平，部分家用电器达到国际领先水平，2020年主要耗能设备能源效率达到目前国际先进水平，家用电器能源效率达到国际领先水平。

我国能效标准的制定具有科学性、合理性和可操作性，得到了显著的成效。但是，由于我国曾经长期处于计划经济的体制下，多数标准的"起始点"保留了行业垄断的特点，各标准之间理论基础的可比性较差。所参考的国外标准方面，电冰箱以欧美为准，家用空调器以美日为准，冷水机组以美国为准。不能否认，在世界上同样存在行业垄断现象，一个行业长期发展的结果是与相邻行业"互不相干"。例如，螺杆式冷水机组与离心式冷水机组都有各自的理论体系。这些问题随着标准的不断细化，问题会越来越严重。通过对现行的各项标准分析，存在如下的情况：

随着人们生活水平的不断提高，冰箱已成为人们必不可少的家用电器之一，由于其常年处于开机状态，所以是家中的主要耗电来源。因此，高品质冰箱应该在满足安全、保鲜、冷冻功能的同时，兼备节能、环保、低噪的功能。为帮助消费者选择安全和性能方面质量优越的冰箱产品，国家颁布了冰箱产品能效限定值标准（强制性国家标准）：GB 12021.2—2008《家用电冰箱耗电量限定值及能源效率等级》。按照 GB 12021.2—2008 进行测算，得出图13-10 ~ 图 13-13 的计算结果。图 13-10 和图 13-11 是对 3 星级室冷藏箱的耗电情况分析，由图 13-10 看出，对有效容积为 220 ~ 310L 的 3 星级室冷藏箱，实测耗电量分别低于 0.71 ~ 0.88kW·h/24h 时，可获得的能效指数为 50%，即可实现 1 级能效等级。对于有效容积为260L 的 3 星级室冷藏箱，实测耗电量低于 0.78kW·h/24h 时，其能效指数低于 50%，可实现 1 级能效等级。图 13-12 和图 13-13 是对冷藏冷冻箱的耗电情况分析，由图 13-12 看出，对有效容积为 220 ~ 310L 的冷藏冷冻箱，实测耗电量分别低于 0.56 ~ 0.68kW·h/24h 时，可获得的能效指数为 40%，即可实现 1 级能效等级。对于有效容积为 260L 的冷藏冷冻箱，实测耗电量低于 0.592kW·h/24h 时，其能效指数低于 40%，可实现 1 级能效等级。

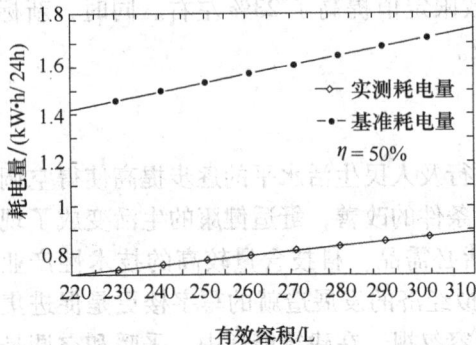

图 13-10　3 星级室冷藏箱 1 级能效等级耗电分析

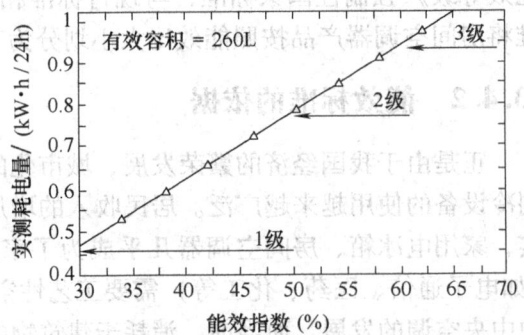

图 13-11　3 星级室冷藏箱各能效等级实测耗电分析

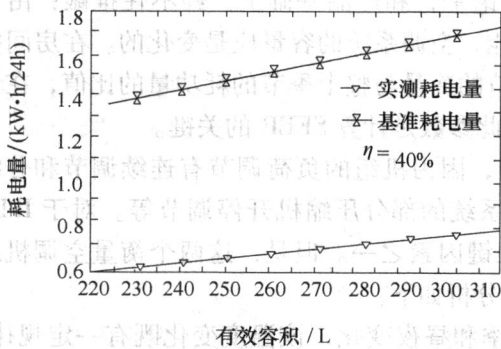

图 13-12　冷藏冷冻箱 1 级能效等级耗电分析　　图 13-13　冷藏冷冻箱各能效等级实测耗电分析

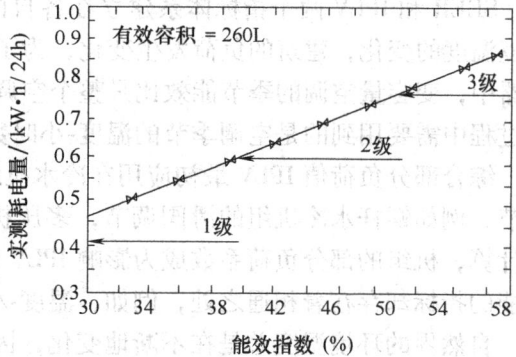

　　原有标准指标采用分级制度，使得区间内的不同产品存在就低不就高的现象，不利于产品的技术进步，如图 13-14 所示。在 EER 与制冷量的关系上，以电冰箱最为科学，有一个线性公式，EER 随制冷量的增加而上升。无论什么形式、多大容量的电冰箱，均可通过基本公式算出其能效值。而对于家用空调器，容量越小，EER 越高；单元式空调机的 EER 不仅低于家用空调器，而且无论多大容量都不变；冷水机组的能效指标按 528kW 和 1163kW 分为三档，间距过大。图 13-15 所示为我国现行不同类型、不同容量的制冷空调设备能效标准的规律。

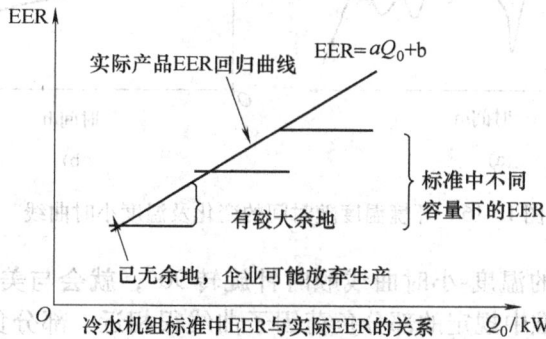

图 13-14　冷水机组标准中 EER 与实际 EER 的关系

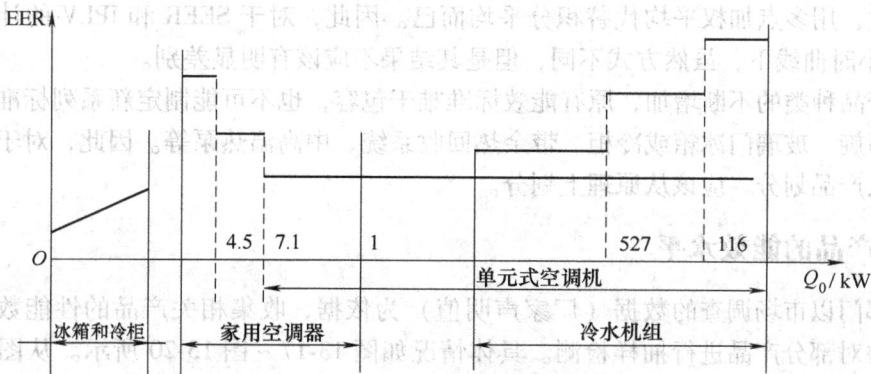

图 13-15　我国现行不同类型、不同容量的制冷空调设备能效标准的规律

SEER 和 IPLV 两个指标体系建立在各自的理论平台和产品基础上，经不住推敲；由于环境温度的变化，建筑的负荷发生变化，为了节能，空调系统的容量应是变化的。在房间空调器中，变容量空调的季节能效比是整个空调季节的冷量与整个季节的耗功量的比值，在计算过程中需要用到的是空调季节的温度-小时数，此参数是计算 SEER 的关键。

综合部分负荷值 IPLV 最初应用在冷水机组中，因为机组的负荷调节有连续调节和分级调节，例如螺杆水冷机组的滑阀调节，多压机的系统的部分压缩机开停调节等。对于 IPLV 的计算，机组的部分负荷系数成为影响 IPLV 的关键因素之一。但是，这两个衡量空调机组性能的指标却存在着相通之处，例如，温度-小时分析如下：

自然界的环境温度总是在不断地变化，因四季和昼夜变化，该温度变化既有一定规律，但也有很大的随机性。人们利用频谱理论，将温度随绝对时间变化的曲线，转化为温度-小时曲线，该曲线对于一个地区有相对的稳定性，并可用于分析空调、采暖时的负荷变化，如图 13-16 所示。不同地区的温度-小时曲线不同，但都有相似性，即极端（偏高或偏低）温度的小时数较少，即对应满负荷或低负荷下的设备运行小时数较少；平均温度附近的小时数较多，即在 40% ~60% 的负荷率下，设备运行小时数较多。

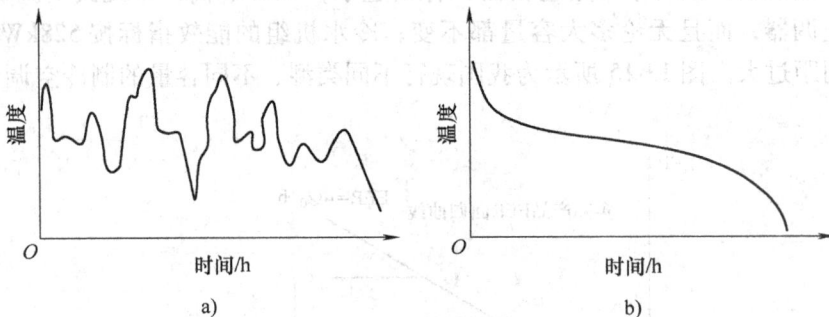

图 13-16　环境温度随时间的变化及温度小时曲线

如果将图 13-16b 中的温度-小时曲线顺时针旋转 90°，就会与美国 AIR210/240—2003、ARI550/590—1998 等标准中规定的部分负荷因子曲线很相近。部分负荷因子曲线经过数学转换，消除了坐标单位，变成了完全无量纲的曲线，但本质上还是温度-小时曲线。这样说来，SEER 用 6 个点、3 个点，还是 2 个点进行计算，IPLV 用 4 个点进行计算，都是围绕着相同的曲线，用多点加权平均代替积分平均而已。因此，对于 SEER 和 IPLV 的计算，在相同的温度-小时曲线下，虽然方式不同，但是其结果不应该有明显差别。

由于产品种类的不断增加，原有能效标准难于包容，也不可能制定新系列标准。主要表现在数码涡旋、玻璃门冰箱或冷柜、带余热回收系统、中高温热泵等。因此，对于标准的划分不应该从产品划分，应该从原理上划分。

13.4.3　产品的能效水平

检测部门以市场调查的数据（厂家声明值）为依据，收集相关产品的性能数据，建立数据库，并对部分产品进行抽样检测。具体情况如图 13-17 ~ 图 13-20 所示。从图中数据点的分布可以看到，对于水冷式冷水机组，制冷量由小到大，能效比（EER）呈向右上倾斜的带状分布。测试数据绝大多数落在样本数据之内。从图上直观地看，能效比分布范围较大。造成这种现象的原因主要是未按制冷压缩机类型对机组分类。风冷式冷水机组的测试数据集中在小冷量范围内，比统计值低。

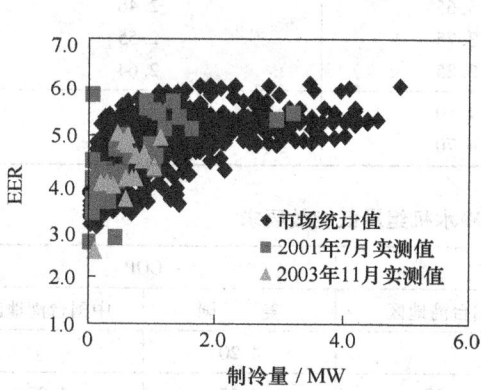

图 13-17　水冷冷水机组能效比统计值与实测值

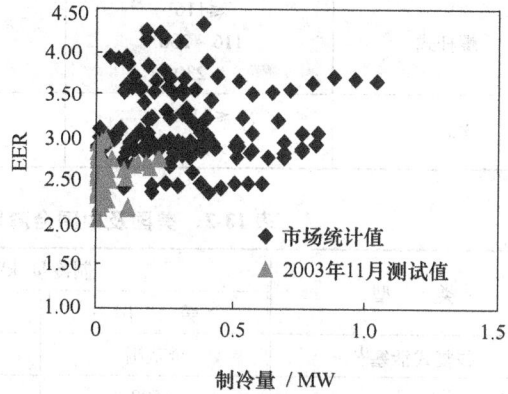

图 13-18　风冷冷水机组能效比统计值与实测值

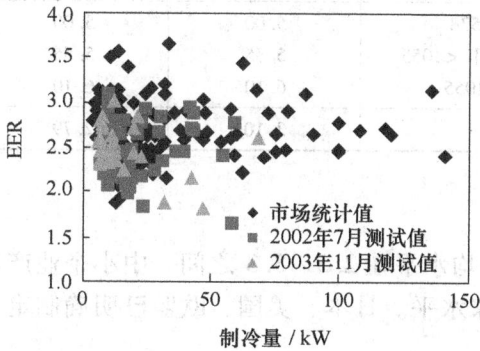

图 13-19　风冷单元式空调机能效比统计值与实测

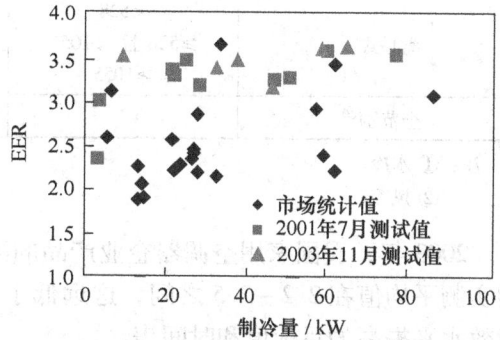

图 13-20　水冷单元式空调机能效比统计值与实测

　　水冷单元式空调机的样本值在相同的制冷量范围内多数低于测试值，表明其在实际应用中的效果要比样本好。风冷式的测试值与样本值在大致相同的制冷量下差别很大，这说明各个厂家的水平有很大差异。

　　对比表 13-1 和表 13-2 发现，对制冷量段的划分不同，我国的能效要求比美国和我国台湾地区的低很多。就水冷活塞式而言，美国的要求比我国最高的要求高 0.6。以螺杆式机组最大制冷量段比较，美国比我国高 1.65，我国台湾地区比大陆高 0.8。在离心式机组最大制冷量段，美国比我国高 1.4。分析表明，我国冷水机组的能效水平比先进国家和地区低很多，有很大的提升空间。

表 13-1　我国冷水机组最低能效要求

压缩机类型	机组制冷量/kW	水　冷　式	风冷和蒸发冷却式
往复活塞式	>50~116	3.50	2.48
	>116	3.60	2.57
涡旋式	>50~116	3.55	2.48
	>116	3.65	2.57

（续）

压缩机类型	机组制冷量/kW	水 冷 式	风冷和蒸发冷却式
螺杆式	≤116	3.65	2.46
	116~230	3.75	2.55
	>230	3.85	2.64
离心式	≤1163	4.50	
	>1163	4.70	

表 13-2 美国及中国台湾地区冷水机组最低能效要求

类 型	制冷量/kW		COP	
	美 国	中国台湾地区	美 国	中国台湾地区
往复式活塞①	全范围		4.20	
回转式①	<528	<528	4.45	4.07
	≥528 且 <1055	≥528 且 <1759	4.90	4.19
	≥1055	≥1759	5.50	4.65
离心式①	<528	<528	5.00	5.00
	≥528 且 <1055	≥528 且 <1055	5.55	5.55
	≥1055	≥1055	6.10	6.10
全范围②			3.10	2.79

注：① 水冷。
　　② 风冷。

2003 年，我国家用空调器企业产品的能效比平均水平在 2.5~3.3 之间，中小企业产品的实测平均值在 2.2~2.5 之间，这远低于发达国家水平。日本、美国、欧盟已明确制定了能效水平提高的目标值和时间表。

欧盟国家空调的能效比标准从 2.2~3.2 共划分为 7 个等级。美国从 2006 年起推行的空调能效标准中，家用中央空调的季节能效比标准强制提升至 3.25，比原有市场中出售的空调能效提高 30%，最高能效标准将达到 3.6。日本对空调标准规定更为严格，要求 COP <4 的空调不能进入市场。日本 2004 年生效的新能源法规定制冷量小于 2500W 的分体式空调的能效比应达到 5.27 以上；2500~3200W 的分体式空调器的能效比应达到 4.90 以上；3200~4000W 的分体式空调的能效比应达到 3.65 以上。因此，只有提升我国空调的能效水平，才能使我国的空调产品进入国际市场，增强国际竞争力。

13.4.4　现行标准

1. 家用电冰箱

现行标准 GB 12021.2—2008《家用电冰箱耗电量限定值及能源效率等级》，代替 GB 12021.2—2003《家用电冰箱耗电量限定值及能源效率等级》。规定了家用电冰箱耗电量限定值、能源效率等级与节能评价值判定方法、耗电量试验方法及检验规则。适用于电动机驱动压缩式、供家用的电冰箱（含 500L 以上的电冰箱）。不适用于嵌入式、透明门展示用或其他特殊用途的电冰箱产品。与 GB 12021.2—2003 相比，主要变化如下：

1）增加了气候类型的修正系数 CC。

2）对如下类型的电冰箱的耗电量方程进行了修订：

① 含有 15L 及以上容积且具有冰温区功能的变温间室电冰箱。

② 容积小于或等于 100L 的电冰箱。

③ 容积大于 400L 并带有穿透式自动制冰功能的电冰箱。

3）增加了基准耗电量定义和计算方程。

表 13-3 列出了电冰箱新旧能效指数的差异，从表中可以看出，新的电冰箱能效指数较旧标准提高了一大步。新标准考虑到冷藏冷冻箱的产销量最大，企业在该类产品中的节能研究更为深入，节能技术应用更为广泛，也对此提出了更高的要求。

表 13-3　电冰箱新旧能效指数的差异

能 效 等 级	新能效指数		GB 12021.2—2003 能效指数
	冷藏冷冻箱	其 他 类 型	
1	$\eta \leqslant 40\%$	$\eta \leqslant 50\%$	$\eta \leqslant 55\%$
2	$40\% \leqslant \eta \leqslant 50\%$	$50\% \leqslant \eta \leqslant 60\%$	$55\% \leqslant \eta \leqslant 65\%$
3	$50\% \leqslant \eta \leqslant 60\%$	$60\% \leqslant \eta \leqslant 70\%$	$65\% \leqslant \eta \leqslant 80\%$
4	$60\% \leqslant \eta \leqslant 70\%$	$70\% \leqslant \eta \leqslant 80\%$	$80\% \leqslant \eta \leqslant 90\%$
5	$70\% \leqslant \eta \leqslant 80\%$	$80\% \leqslant \eta \leqslant 90\%$	$90\% \leqslant \eta \leqslant 100\%$

2. 房间空调器

房间空气调节器（以下简称房间空调器）自 2005 年 3 月 1 日起实行能效标识管理。采用空气冷却冷凝器、全封闭型电动机-压缩机，制冷量在 14000W 及以下，气候类型为 T1 的空气调节器均应按要求加施能效标识［不包括风管式、移动式、转速可控型和多联式空调（热泵）机组］；标识样式为 5 级分类；主要能效指标为能效比（EER）、输入功率和制冷量；随着 2009 年 5 月 19 日"节能产品惠民工程"高效节能房间空调器推广政策的实施和 GB 12021.3—2004 的修订，《房间空气调节器能源效率标识实施规则》也进行了修订，并于 2010 年 6 月 1 日正式实施。

现行标准 GB 12021.3—2010《房间空气调节器能效限定值及能源效率等级》，代替 GBT12021.3—2004《房间空调器能效限定值及能源效率等级》。新标准的适用范围和能效指标没有变化，但标识调整为 3 级分类，并增加了实验室备案的相关要求，规定了房间空气调节器的能源效率限定值、节能评价值、能源效率等级的判定方法、试验方法及检验规则。适用于采用空气冷却冷凝器、全封闭型电动机-压缩机，制冷量在 14000W 及以下，气候类型为 T1 的空气调节器。不适用于移动式、变频式、多联式空调机组。

新标准由原标准的五个等级能效修订为三个等级。入门级为 3 级，最高级为 1 级。对于 2 匹以下空调，新 3 级相当于旧 2 级。新 2 级相当于旧 1 级，新 1 级相当于旧"超 1 级"。占市场份额 10% ~20% 的旧 3 级空调将彻底退出市场。原空调能效标准共分为 5 个等级，1~5 级的能效比分别为 3.4、3.2、3.0、2.8 和 2.6（能效比 3.2 以上为节能空调），5 级（能效比 2.6）最耗能，是准入标准。新标准下，能效比 3.2 以上的空调才能准入市场，旧 3 ~5 级空调将彻底退出。新 1 级将成为高端主流产品，新 3 级将成为中低端大众级产品。目前市场上各能效级别的空调占比大致为：旧 2 级 60%、旧 1 级 10%、旧 3 级 10%、变频 10%，其他 10%。新 3 级（即旧 2 级）成为入门级的产品之后，产品系列将大为丰富，成为各家品牌主打市场的中坚力量；而新1级由于极高的能效比，使用更高效的制冷压缩机，以及成本更高的换热器，成本相比旧1级应至少上升5%，将定位为企业获取丰厚利润的中高端产品。

2010年6月前房间空气调节器备案企业73家，备案产品型号20476个，2010年6月至2011年11月，备案企业62家，备案产品型号15386个。图13-21所示为2005年3月1日至2011年12月1日房间空调器能效标识备案型号能效等级分布情况。可以看出，实施之初节能空调产品备案型号占比很少，随着2009年国家"节能产品惠民工程"高效节能房间空调器推广政策的实施，节能空调占比大幅度提升。2010年下半年，节能空调产品备案型号占比仍然非常高，2011年随着国家补贴政策的结束，各能效等级产品备案情况趋于稳定。

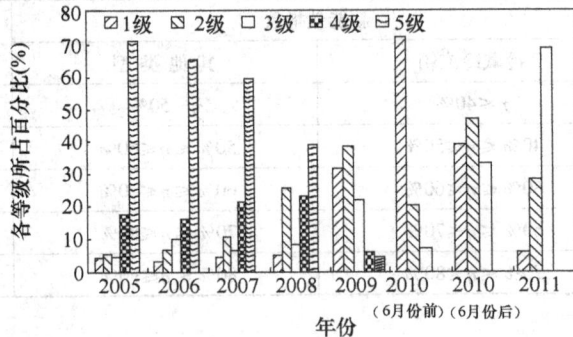

图13-21 2005年3月1日至2011年12月1日房间空调器能效标识备案型号能效等级分布情况

3. 单元式空调机

单元式空气调节机（以下简称单元式空调机）自2007年3月1日起实行能效标识管理。依据的能效标准为GB/T 19576—2004《单元式空气调节机能效限定值及能源效率等级》，本标准规定了单元式空气调节机能源效率限定值、能源效率等级、节能评价值、试验方法和检验规则。本标准适用于名义制冷量大于7100W、采用电动机驱动压缩机的单元式空气调节机、风管送风式和屋顶式空调机组，均应加施能效标识［不包括多联式空调（热泵）机组和变频空调机］，标识样式为5级分类，主要能效指标为能效比（EER）、输入功率和制冷量。

截至2011年12月1日，单元式空气调节机备案企业61家，产品型号3331个。图13-22所示为2007年3月1日至2011年12月1日单元式空调机能效标识备案型号能效等

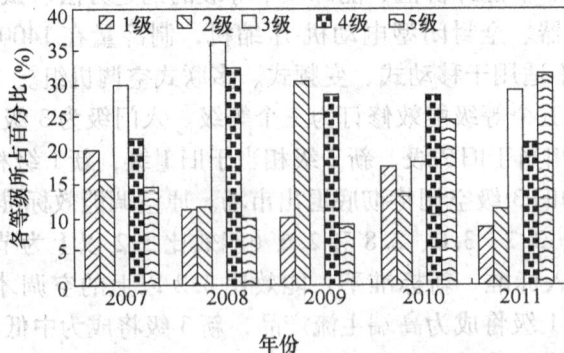

图13-22 2007年3月1日至2011年12月1日单元式空调机能效标识备案型号能效等级分布情况

级分布情况。从图中可以看出，2 级以上备案产品型号占比一直不高，甚至在实施 2 年后出现下降趋势，3～5 级备案型号居多，占比约 70%，产品能效水平须进一步提高。

4. 冷水（热泵）机组

冷水机组自 2008 年 6 月 1 日起实行能效标识管理。电动机驱动压缩机的蒸气压缩循环冷水（热泵）机组均应加施能效标识（不适用于蒸发器或冷凝器的进出水温差超过 7℃的冷水机组、污垢系数未按 GB/T 18430.1—2007 标准的规定、载冷剂非水或冷却水非水的机组）；标识样式为 5 级分类；主要能效指标为性能系数、制冷量和消耗总电功率；依据的能效标准为 GB/T 19577—2004《冷水（热泵）机组能效限定值及能源效率等级》，本标准规定了冷水机组能源效率限定值、能源效率等级、节能评价值、试验方法和检验规则。本标准适用于电动机驱动压缩机的蒸汽压缩循环冷水（热泵）机组。

截至 2011 年 12 月 1 日，冷水机组备案企业 78 家，备案产品型号 8234 个。图 13-23 所示为 2008 年 6 月 1 日至 2011 年 12 月 1 日冷水机组能效标识备案型号能效等级分布情况。从图中可以看出，冷水机组 2 级以上产品备案型号逐年稳步上升，整体占比近 50%，5 级产品备案型号逐年下降，3 级以上产品备案型号占比近 80%，产品整体能效水平较高。

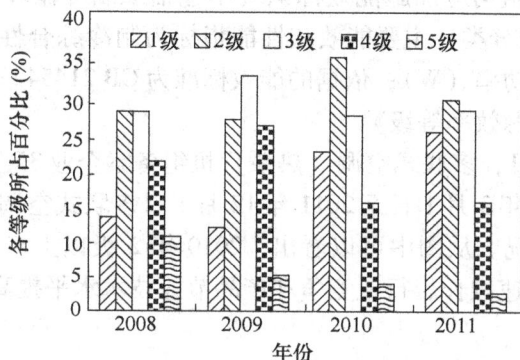

图 13-23　2008 年 6 月 1 日至 2011 年 12 月 1 日冷水机组能效标识备案型号能效等级分布情况

5. 转速可控型房间空气调节器

转速可控型房间空气调节器自 2009 年 3 月 1 日起实行能效标识管理。采用空气冷却冷凝器、全封闭转速可控型电动压缩机（包括采用交流变频、直流调速或其他改变压缩机转速的方式），制冷量在 14 000 W 及以下，气候类型为 T1 的转速可控型房间空气调节器均应加施能效标识［不包括移动式空调器、定速式空调器、多联式空调（热泵）机组和带风管式空调器］；标识样式为 5 级分类；主要能效和性能指标为制冷季节能源消耗效率（W·h/W·h）、额定制冷量（W）和制冷季节耗电量（kW·h，按照全年制冷运行 1136h 计算）；依据的能效标准为 GB 21455—2008《转速可控型房间空气调节器能效限定值及能源效率等级》。截至 2011 年 12 月 1 日，转速可控型房间空气调节器备案企业 44 家，备案产品型号 5761 个。图 13-24 所示为 2009 年 3 月 1 日至 2011 年 12 月 1 日转速可控型房间空气调节器能效标识备案型号能效等级分布情况。从图中可以看出，2 级以上产品备案型号平均占比约 46%，4 级和 5 级产品备案型号数量逐年减少，自 2010 年起 5 级产品型号已没有备案。消费者节能意识的提高、市场竞争的变化和节能技术水平的提高逐渐淘汰了低能效产品，市场对节能产品的需求也趋于理性。

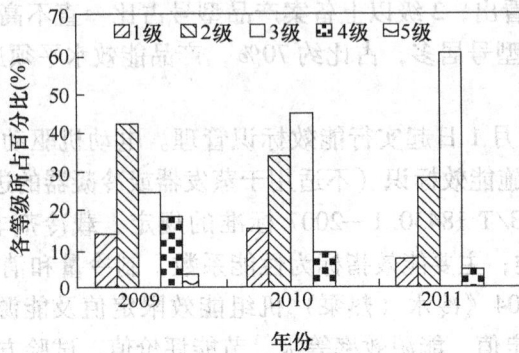

图 13-24 2009 年 3 月 1 日至 2011 年 12 月 1 日转速可控型房间空气调节器
能效标识备案型号能效等级分布情况

6. 多联式空调（热泵）机组

多联式空调（热泵）机组自 2009 年 3 月 1 日起开始实施能效标识制度。气候类型为 T1
的多联式空调（热泵）机组均应加施能效标识（不包括双制冷循环系统和多制冷循环系统
的机组）；标识样式为 5 级分类；主要能效和性能指标为制冷综合性能系数（W/W）、额定
制冷量（W）和制冷消耗功率（W）；依据的能效标准为 GB 21454—2008《多联式空调（热
泵）机组能效限定值及能源效率等级》。

截至 2011 年 12 月 1 日，多联式空调（热泵）机组备案企业 35 家，备案产品型号 1 697
个。图 13-25 所示为 2009 年 3 月 1 日至 2011 年 12 月 1 日多联式空调（热泵）机组能效标识
备案型号能效等级分布情况。从图中可以看出，2010 年 2 级以上产品备案型号平均占比约
88%。2011 年，受市场迅速增长、行业竞争和产品节能技术水平提高的影响，1 级产品备案
型号已接近 100%。

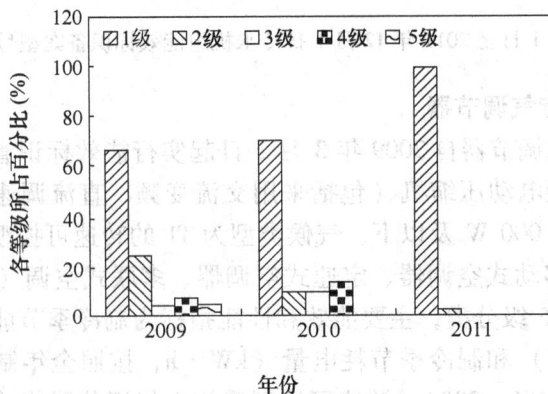

图 13-25 2009 年 3 月 1 日至 2011 年 12 月 1 日多联式空调（热泵）
机组能效标识备案型号能效等级分布情况

截至 2011 年 12 月 1 日，我国已对房间空气调节器、转速可控型房间空气调节器、多联
式空调（热泵）机组和冷水机组 4 类空调产品进行了实验室备案管理，共备案实验室 157
家，第三方实验室和企业实验室分别占比 17.2% 和 82.8%。

13.4.5　制冷空调系统优化

制冷机组的高效运行直接影响着用户的经济效益。空调制冷是能耗大户，提高产品效率、采用节能型产品至关重要。

1. 制冷压缩机

制冷压缩机是制冷系统中最重要的部件之一，起着压缩和输送制冷剂的作用。据统计，制冷压缩机的能耗通常约占制冷装置的三分之二或更高，其内部结构复杂、价格昂贵，进行能效分析十分必要。目前，市场制冷压缩机的类型很多，有活塞式、螺杆式、离心式、涡旋式制冷压缩机，对于不同形式的制冷压缩机的不同损失，计算方法各不相同，因此，针对不同形式的制冷压缩机应进行详细的分析，以确定制冷压缩机的效率。

2. 换热器

换热器的强化和优化对于制冷空调系统同样重要，换热器的结构形式不同，计算形式同样不同，关联式也各不相同，因此，对换热器的强化分析同样必不可少。换热器的强化主要表现在：

1）制冷剂在管内进行冷凝、蒸发过程的传热强化。主要是与换热管的管径和内表面的结构有关。

2）翅片与空气进行热交换的传热强化。主要与翅片尺寸和翅片的结构形状有关。

3）换热器在系统内整体配置的优化。可以提高换热器的总体传热效果和制冷空调系统的能效比。

提高换热效率应该是目前提高换热器性能的主要方法，使用各种高效传热管是达到这一目的的有效途径。

参 考 文 献

[1] 王彦彭. 我国节能减排指标体系研究 [J]. 煤炭经济研究，2009 (2)：31-33.
[2] 王彦彭. 我国节能减排进程的评价与比较 [J]. 技术经济与管理研究，2010 (3)：116-121.
[3] 曹宁，王若虹. 中国能效标识制度实施概况 [J]. 制冷与空调，2009, 9 (1)：9-14.
[4] 国家发展和改革委员会资源节约和环境保护司. 能源效率标识实施指南 (V) [M]. 北京：中国质检出版社，中国标准出版社，2011.
[5] 中国标准化研究院，等. 中国用能产品能效状况白皮书 (2010) [M]. 北京：中国标准出版社，2010.
[6] 全国能源基础与管理标准化委员会. GB 21454—2008 多联式空调 (热泵) 机组能效限定值及能源效率等级 [S]. 北京：中国标准出版社，2008.
[7] 李建武，王安建，王高尚. 中国能源效率及节能潜力分析 [J]. 地球学报，2010, 10 (5)：733-740.
[8] 向波. 我国与发达国家的能源效率差距到底有多大 [J]. 商场现代化，2011, 649 (6)：64.
[9] 林伯强. 中国能源战略调整和能源政策优化研究 [J]. 电网与清洁能源，2012, 28 (1)：3-11.
[10] 林伯强. 日本大地震对全球能源发展产生的影响 [J]. 电网与清洁能源，2011, 27 (4)：1-3.
[11] 蒋志洲，夏玉娟. 我国能效标识制度的起步与发展 [J]. 质量与标准化，2012 (7)：11-13.
[12] 贺婷婷，曹宁，卢业，等. 我国制冷空调产品能效标识制度实施概况 [J]. 制冷与空调，2012, 12 (2)：78-83.
[13] 卢苇. 蒸气压缩式集中空调机组能源效率标准的研究 [D]. 天津：天津大学，2004.

第 14 章　能源管理基础题库

14.1　节能减排技术

14.1.1　多项选择题（正确选项有 2 个或 2 个以上）

1. 在自然界中取得的未经任何改变或转换的能源，称之为一次性能源，如（　　）。

A. 原煤　　　　B. 电力　　　　C. 天然气　　　　D. 煤气　　　　E. 风能

2. 能源按照是否可以再生，分为可再生能源和不可再生能源，下面属于可再生能源的是（　　）。

A. 太阳能　　　B. 海浪能　　　C. 煤炭　　　　D. 石油　　　　E. 生物质能

3. 目前发电主要依靠烧煤，因此节约用电可减少排放（　　）。

A. 粉尘　　　B. 二氧化碳　　C. 氮氧化物　　　D. 二氧化硫　　E. 氧气　　F. 白色污染

4. 目前我国首批实行能效标识的家用电器有（　　）。

A. 电视机　　　B. 空调　　　C. 电冰箱　　　D. 吸尘器

5. 下列生活行为中不利于环保有（　　）。

A. 穿羊绒衫　　　　　　　　　B. 用布袋子购物

C. 用一次性筷子就餐　　　　　D. 发电子贺卡

6. 夏季空调节电方法多，下面说法正确的是（　　）。

A. 频繁开门窗　　　　　　　　B. 常洗过滤网

C. 调高室内温度　　　　　　　D. 设置节电状态

7. 修订后的《节约能源法》增加的节能内容主要是（　　）。

A. 建筑节能　　　　　　　　　B. 交通运输节能

C. 公共机构节能　　　　　　　D. 企业节能

8. 根据国际能源专家分析，今后将会优先开发利用的新能源是（　　）。

A. 核聚变能量　　B. 生物质能　　C. 太阳能　　　D. 风能　　　E. 地热能

9. 中水是指城市污水经处理设施深度净化后达到国家规定《生活杂用水水质标准》指标，能在一定范围内重复使用的再生水，中水的使用范围包括（　　）。

A. 灌溉　　　　　　　　　　　B. 冷却设备补充用水

C. 牲畜饮用　　　　　　　　　D. 城市喷泉

E. 生活用水

10. 建筑能耗是指建筑物使用过程中的能源消耗，主要包括（　　）等方面的能耗。

A. 采暖　　　B. 空调　　　C. 电梯　　　D. 照明　　　E. 热水供应

11. "绿色建筑"是指（　　）。

A. 房屋立体绿化、保持湿度　　　B. 房屋外墙呈绿颜色

C. 高效利用资源　　　　　　　　D. 最低限度影响环境

E. 居住健康舒适安全

12. 《节约能源法》第三十八条规定，各级人民政府应当按照因地制宜、多能互补、综合利用、讲求效益的方针，加强农村能源建设，开发、利用（　　　）等可再生能源和新能源。

A. 沼气　　　　B. 太阳能　　　C. 风能　　　　D. 水能　　　　E. 地热

13. 关于2008年北京奥运会三大主题，下面正确答案是（　　　）。

A. 绿色奥运　　　B. 科技奥运　　C. 人文奥运　　　D. 开放奥运

14. 节约能源的积极作用有（　　　）。

A. 缓解能源供需矛盾

B. 提高经济增长质量和效率

C. 减少环境污染

D. 保障国民经济持续、快速、健康发展

15. 建设资源节约型社会需要抓好的重点工作是（　　　）。

A. 节约经费　　　　　　　　B. 节约能源

C. 节约粮食　　　　　　　　D. 节约利用土地

E. 节约用水

16. 二次能源是将一次能源经过加工或转换得到的能源，如（　　　）。

A. 电力　　　　B. 煤气　　　C. 原油　　　　D. 焦炭　　　　E. 天然气

17. 温室气体是能将阳光带来的部分热量和地表释放的部分热量截留在地球大气中的气体。温室气体主要是（　　　）。

A. 二氧化碳　　B. 甲烷　　　C. 氧化亚氮　　D. 二氧化硫　　E. 氮气

18. 太阳能利用的基本方式有（　　　）。

A. 燃烧　　　　　　　　　　B. 太阳能发电

C. 光热利用　　　　　　　　D. 光化利用

19. 目前使用最多的太阳能收集装置，主要有（　　　）。

A. 平板型集热器　　　　　　B. 蒸发器

C. 聚焦集热器　　　　　　　D. 真空管集热器

20. 以下电冰箱节电方法正确的是（　　　）。

A. 将冰箱摆放在环境温度低、通风良好的位置

B. 不要把热饭、热水直接放入

C. 冰箱内食品应摆放整齐，尽量占满空间

D. 保持冰箱内清洁、及时除霜

21. 窗式空调器如何布置才能充分发挥其效率（　　　）。

A. 避免安装在阳光直射的地方

B. 不安装在有油污等污浊空气排放的地方

C. 离地面高度大于0.6m，离天花板距离大于0.2m

D. 运行时，最好用布遮盖空调器百叶窗，以免灰尘进入

14.1.2 节能通识

1. 空调的功率和房间大小应该匹配，1 匹空调适合（　　）左右的房间？
A. 12m² 　　　B. 18m² 　　　C. 20m² 　　　D. 22m²

2. 空调、电视机等电器用遥控器关闭后，如不关闭电源开关或未拔掉插销，仍然会耗电吗？（　　）
A. 多数会耗电 　B. 不会耗电 　C. 少数会耗电

3. 能源是人类赖以生存的基础，我国使用的能源以（　　）为主。
A. 石油 　　　B. 煤炭 　　　C. 天然气 　　　D. 汽油

4. 我国是世界第（　　）大能源消费国。
A. 一 　　　B. 二 　　　C. 三 　　　D. 四

5. 我国目前生物质资源可转换为能源的潜力约（　　）亿吨标准煤，今后随着造林面积的扩大和经济社会的发展，生物质资源转换为能源的潜力可达 10 亿吨标准煤。
A. 1 　　　B. 5 　　　C. 7 　　　D. 4

6. 我国的《环境保护法》是（　　）年实施的。
A. 1988 　　　B. 1989 　　　C. 1990 　　　D. 2000

7. （　　）由中华人民共和国第十届全国人民代表大会常务委员会第十四次会议通过，自 2006 年 1 月 1 日起施行。
A. 《能源法》 　　　　　B. 《物权法》
C. 《可再生能源法》 　　D. 《节能法》

8. 到 2010 年，我国单位 GDP 能耗降低（　　）左右，这是国家"十一五"规划纲要提出的重要约束性指标。
A. 10% 　　　B. 15% 　　　C. 20% 　　　D. 25%

9. 在夏季开车使用空调，会增加（　　）的耗油量。
A. 5% 　　　B. 20% 　　　C. 30% 　　　D. 40%

10. 国务院办公厅于 2007 年 6 月 1 日发布了《关于严格执行公共建筑空调温度控制标准的通知》，要求所有公共建筑内的单位，包括国家机关、社会团体、企事业组织和个体工商户，除医院等特殊单位以及在生产工艺上对温度有特定要求并经批准的用户之外，夏季室内空调温度设置不得低于（　　）℃；冬季室内空调温度设置不得高于（　　）℃。
A. 25；18 　B. 26；20 　C. 27；19 　　D. 28；21

11. 能效标识上标示的是产品（　　）方面的指标。
A. 能源效率 　　　　B. 产品质量
C. 安全状况 　　　　D. 环保程度

12. 能效等级中（　　）级表示产品达到国际先进水平、最节电、耗能最低。
A. 1 　　　B. 2 　　　C. 3 　　　D. 4

13. 能效等级达到（　　）级以上的才能称为节能空调器。
A. 1 　　　B. 2 　　　C. 3 　　　D. 4

14. 目前空调、冰箱的中国能效等级分为（　　）个等级？
A. 3 　　　B. 4 　　　C. 5 　　　D. 6

15. 第一个获得节能认证的产品是（　　）。
　A. 房间用空调器　　　　　B. 坐便器
　C. 洗衣机　　　　　　　　D. 电冰箱
16. 汽车行驶中产生的尾气中对大气造成危害最大的成份是（　　）。
　A. 二氧化碳　　B. 一氧化碳　　C. 二氧化硫　　D. 臭氧
17. 汽车耗油量通常随着排气量的上升而（　　），因此购买那些排量约1.0L、每100km油耗5L以下的小排量的汽车更加节油。
　A. 增加　　　　B. 减少　　　　C. 不变　　　　D. 急剧减少
18. 2005年7月颁布了《公共建筑节能设计标准》，按照这些新标准设计的新建筑将比老建筑节能（　　）以上。
　A. 20%　　　　　　B. 50%　　　　　C. 75%
19. 可再生能源包括太阳能、水能、风能（　　）等。
　A. 生物质能　　B. 核能　　　C. 热能
20. 为了减少太阳辐射的影响，冷墙体外表面应喷涂（　　）。
　A. 白色　　　　B. 红色　　　C. 蓝色　　　D. 黑色
21. 判断表冷器表面是否结露，主要看表面温度是低于还是高于空气（　　）而定。
　A. 干球温度　　B. 湿球温度　　C. 露点温度　　D. 环境温度

14.1.3　判断题

1. 节能减排指的是减少能源浪费和降低废气排放。（　　）
2. 电视、计算机不用时及时切断电源，既节约用电又防止插座短路引发火灾的隐患。（　　）
3. 保持冰箱处于无霜状态，不能节能。（　　）
4. 太阳能可以加热水和发电。（　　）
5. 全球变暖所导致的后果：气温升高、冰盖融化、海平面上升。（　　）
6. 空调温度应设置在26℃以下，这样能耗相对较少。（　　）
7. 凡是变频空调就能省电。（　　）
8. 计算机屏幕保护越简单的越好，最好是不设置屏幕保护。（　　）
9. 双层玻璃窗比单层玻璃窗保温性能好。（　　）
10. 电视的亮度与耗能有关。（　　）
11. 国家鼓励和扶持在新建建筑和既有建筑节能改造中采用太阳能、地热能等可再生资源。（　　）
12. 节约能源资源，是指加强能源资源的管理，采取技术上可行，经济上合理以及环境和社会可以承受的措施，减少各个环节中的损失和浪费，使之更加合理、有效地利用、使用能源资源。（　　）
13. 《中华人民共和国节约能源法》规定，严禁新建技术落后、能耗过高、浪费严重的工业项目。（　　）
14. 对已建成的建筑物，住户不可以安装太阳能利用系统。（　　）
15. 建设可再生能源并网发电项目不需要政府的行政许可。（　　）

16. 可再生能源发电的上网电价可以适时调整。（　　）
17. 空调器在获得相同制冷量的前提下，能效比越大，耗电量越小。（　　）

14.1.4　简答题

1. 你认为，我国节能减排工作应如何开展？
2. 什么是《京都议定书》？
3. 什么是温室气体？
4. 什么是建筑节能？
5. 简述太阳能利用的基本方式。
6. 简述循环经济的概念。
7. 链条炉排工业锅炉可以采用的节能改造技术有哪些？
8. 链条炉分层燃烧的特点有哪些？
9. 工业窑炉节能技改内容有哪些？
10. 什么是燃烧节能技术？
11. 余热利用的设备及用途？
12. 地热能开发利用方式有哪些？
13. 余热的利用方式有哪些？
14. 电光源的节能技术有哪些？
15. 试写出热力学第一定律和第二定律对节能工作的指导意义。

14.2　新能源技术

14.2.1　基本概念

1. 二次能源是人们由_____转换成符合人们使用要求的能量形式。
2. 一次能源，又称_____。它是自然界中以_____形态存在的能源，是直接来自自然界而未经人们加工转换的能源。
3. 我国的能源消耗仍以_____为主。
4. 随着科学技术的发展和社会的现代化，在整个能源消费系统中，_____次能源所占的比重将增大。
5. 煤炭、石油、天然气、水能、太阳能、风能、生物质能、海洋能、地热能等都是_____次能源；电能、汽油、柴油、焦炭、煤气、蒸汽、氢能等都是_____次能源。
6. _____是国民经济发展和人民生活所必需的重要物质基础。
7. 能源在现代工业生产中占有重要地位。从技术上来说，现代工业生产有 3 项不可缺少的物质条件：一是_____，二是_____，三是_____。
8. 从能量转换的角度来看，风力发电机组包括两大部分：一部分是风力机，由它将_____转换为_____；另一部分是发电机，由它将_____转换为_____。
9. 生物能源的优点首先在于其_____。
10. 目前能为人类开发利用的地热能源，主要是_____和_____两大类资源，人类对这两类资源已有较多的应用。

11. 潮汐能是指海水涨潮和落潮形成的水的_____ 和 _____。

12. 把地热资源根据其在地下热储中存在的不同形式，分为_____、_____、_____、干热岩型资源和岩浆型资源等几类。

13. 生物质能的利用主要有_____，_____ 和 _____三种途径。

14. _____ 作为与太阳能、风能并列的可再生能源之一，在国际上受到广泛的重视。

15. 煤炭、石油、天然气、水能和核裂变能等是_____能源；太阳能、风能、地热能、海洋能及核聚变能等是_____能源。

16. 从根本上说，生物质能来源于_____，是取之不尽的可再生能源和最有希望的"绿色能源"。

14.2.2　知识问答

1. 什么叫做能源？
2. 何为生物质？
3. 何为地热能？
4. 何为燃料电池？
5. 何为太阳能热发电技术？
6. 什么是可再生能源？什么是不可再生能源？
7. 发展新能源与可再生能源的重大战略意义是什么？
8. 通常把生物质能资源划分为几大类别？

14.3　清洁生产

14.3.1　知识问答

1. 清洁生产的目标是：_____。
2. _____是实施清洁生产较为成熟、应用较广泛的一种方法。
3. 清洁生产不能只着眼于污染，应该转向_____。
4. 清洁生产审核目的主要有两个，即_____。
5. 企业开展清洁生产审核主要分为 7 个阶段，即_____。

14.3.2　知识简答

1. 什么是清洁生产？
2. 什么是清洁生产审核？
3. 实施清洁生产可为企业带来哪些优势和效益？
4. 清洁生产审核的思路是什么？
5. 清洁生产审核从哪几个方面分析污染物产生的原因，提出清洁生产方案？
6. 简述清洁生产审核的主要程序和各阶段的主要内容。

14.4　能源审计与计量

14.4.1　知识选择

1. 节约资源是我国的基本国策，国家实行（　　）的能源发展战略。

A. 开发为主，合理利用

B. 利用为主，加强开发

C. 节约与开发并举，把节约放在首位

D. 开发与节约并举，把开发放在首位

2. 国家实行有利于节能和环境保护的产业政策，（　　）发展节能环保型产业。

A. 鼓励发展第三产业

B. 鼓励发展重化工业

C. 限制发展高耗能，资源性行业

D. 限制发展高耗能，高污染行业

3. 用能单位应当建立（　　），对节能工作取得成绩的集体，个人给予奖励。

A. 目标考核制　　　　　　　B. 节能目标责任制　　　　C. 节能领导小组

4. 公共机构应当按照规定进行（　　），并根据能源审计结果采取提高能源利用效率的措施。

A. 能源审计　　　　　　　　B. 能源计量

C. 节能检查　　　　　　　　D. 节能监督

5. 国家对家用电器等使用面广、耗能量大的用能产品，实行（　　）。

A. 单位产品耗能限额标准

B. 能源效率标识管理

C. 节能产品认证

D. 能源之星认证

6. 能源系统的总效率大致由三部分组成，应该是（　　）。

A. 贮存效率、传输效率、终端利用效率

B. 开采效率、贮运效率、加工转换效率

C. 开采效率、中间环节效率、终端利用效率

D. 采贮效率、加工转换效率、终端利用效率

14.4.2　知识问答

1. 重点用能单位所报送的能源利用状况报告的主要内容是什么？

2. 综合能耗与能耗限额的统计计算范围有何异同？

3. 什么是合理用能？

4. 有效用能的主要措施有哪些？

5. 充分用能的主要手段是什么？

6. 简述企业能源计量检测的三个层次即三级能源计量的含义。

7. 《节约能源法》对重点用能单位能源管理人员的要求是什么？

8. 简述能源计量器具配备的基本要求。

9. 能源审计的四个主要步骤是什么？

10. 重点工序能耗监测的检查项目有哪些？

14.5 合同能源管理

知识问答

1. 节能服务公司（EMCO）一般向客户提供的节能服务主要有哪些？

2. 合同能源管理机制的优点有哪些？

3. 合同能源管理的分类有哪些？

4. 节能服务企业主要有哪几种类型？

5. 合同能源管理中节能量计量需要注意的问题有哪些？

6. 在中国，大部分 EMCO 采用"节能效益分享"模式来运作"合同能源管理"项目，即 EMCO 承担实施项目的全部或大部分资金，客户可以实现自身不投入或少投入资金完成节能技术改造，并享受项目获得的部分节能效益，直至全部节能效益。此种模式的局限性在于，EMCO 有可能因资金问题而影响公司业务的扩展。公司资产有限是开发市场潜力的限制因素，融资能力是限制增长的因素。EMCO 如何能解决项目的融资的问题？

7. 在节能量测量方法方面，怎样定义基线？EMCO 如何核实客户提供的数据？遇到工作负荷和基线变化时如何处理？